新工科·普通高等教育汽车类系列教材

“十三五”江苏省高等学校重点教材（编号：2019-1-039）

汽车发动机原理

第3版

主　编　吴建华

副主编　常　绿

参　编　安永东　周　立　董　勇

　　　　崔宏耀　周立迎　吴海荣

主　审　林学东

机械工业出版社

本书是“十三五”江苏省高等学校重点教材。

本书讲述了发动机的工作过程，主要包括发动机的性能、发动机的换气过程、发动机废气涡轮增压、燃料与燃烧化学、柴油机混合气的形成与燃烧、汽油机混合气的形成与燃烧、发动机的特性、发动机排放与噪声以及车用发动机的发展趋势。

本书可作为车辆工程专业的本科教材，也可供从事发动机的设计、制造和运用的工程技术人员和技术工人参考。

本书配有 PPT 课件，免费赠送给采用本书作为教材的教师，可登录 www. cmpedu. com 注册下载，或联系编辑（tian. lee9913@ 163. com）索取。

图书在版编目（CIP）数据

汽车发动机原理/吴建华，孙丽主编. —3 版. —北京：机械工业出版社，2020. 9（2025. 6 重印）

新工科·普通高等教育汽车类系列教材 “十三五”江苏省高等学校重点教材

ISBN 978-7-111-66409-3

Ⅰ. ①汽… Ⅱ. ①吴… ②孙… Ⅲ. ①汽车-发动机-理论-高等学校-教材 Ⅳ. ①U464. 11

中国版本图书馆 CIP 数据核字（2020）第 160836 号

机械工业出版社（北京市百万庄大街 22 号 邮政编码 100037）
策划编辑：宋学敏 责任编辑：宋学敏
责任校对：樊钟英 封面设计：张 静
责任印制：张 博
三河市宏达印刷有限公司印刷
2025 年 6 月第 3 版第 8 次印刷
184mm×260mm · 15. 5 印张 · 360 千字
标准书号：ISBN 978-7-111-66409-3
定价：45. 00 元

电话服务	网络服务
客服电话：010-88361066	机 工 官 网：www. cmpbook. com
010-88379833	机 工 官 博：weibo. com/cmp1952
010-68326294	金 书 网：www. golden-book. com
封底无防伪标均为盗版	机工教育服务网：www. cmpedu. com

序
Preface

汽车被称为“改变世界的机器”。由于汽车工业具有很强的产业关联度，因而被视为一个国家经济发展水平的重要标志。我国汽车工业自2009年以来产销量连续保持全球第一，它正在成为拉动国民经济增长的动力源。汽车工业的繁荣使汽车及其相关产业的人才需求量大幅度增长。相应地，作为汽车工业人才培养主要基地的高等院校也得到了长足发展。据不完全统计，迄今全国开办汽车类专业的高等院校已达百余所。

从未来发展趋势看，打造我国自主品牌、开发核心技术是我国汽车工业的必然选择，但当前我国汽车工业还处在以技术引进、加工制造为主的阶段，这就要求在人才培养时，既要具有前瞻性又要与我国实际情况相结合。在注重培养具有自主开发能力的研究型人才的同时，应大力培养知识、能力、素质结构具有鲜明的“理论基础扎实，专业知识面广，实践能力强，综合素质高，有较高的科技运用、推广、转换能力”特点的应用型人才。这也意味着对我国高等教育的办学体制、机制、模式和人才培养理念等提出了全新的要求。

为了满足新形势下对汽车类高等工程技术人才培养的需求，在中国机械工业教育协会车辆工程学科教学委员会的领导下，成立了教材编审委员会，组织制订了多个系列的教材。其中，为了解决高等教育应用型人才培养中教材短缺、滞后等问题，组织编写了普通高等教育汽车类专业系列教材。

本系列教材在学科体系上适应普通高等院校培养应用型人才的需求；在内容上注重介绍新技术和新工艺，强调实用性和工程概念，减少理论推导；在教学上强调加强实践环节。此外，本系列教材将力求突出以下特点：

1）全面性：目前本系列教材包括汽车设计与制造、汽车运用与维修、汽车服务工程、物流工程等专业方向，今后还将扩展专业领域，更全面地涵盖汽车类专业方向。

2）完整性：对于每一个专业方向，今后还将继续根据行业变化对教学提出的要求填平补齐，使之更加完善。

3）优质性：在教材编审委员会的领导下，继续优化每一本教材的规划、编审、出版和修订过程，使教材的生产过程逐步实现优质和高效。

4）服务性：根据需要，为教材配备课件和教学辅助材料，举办新教材讲习班，在相应网站开设研讨专栏等。

相信本系列教材的出版将对我国汽车类专业的高等教育产生积极的影响，为我国汽车行业应用型人才培养模式的创新做出有益的探索。由于我国汽车工业正处于快速发展阶段，对人才会不断提出新的要求，这也就决定了高等教育的人才培养模式和教材建设将处于不断变革之中。我们衷心希望更多的高等院校加入到本系列教材建设的队伍中来，使教材体系更加完善，以更好地为培养汽车类专业高等教育人才服务。

中国汽车工程学会　常务理事
中国机械工业教育协会
车辆工程学科　副主任
林　逸

第3版前言

Preface

本书自 2005 年出版以来，数次重印，一直作为汽车类专业的教材。近年来，编者通过科学研究工作以及对国内外汽车发动机原理发展的了解，对本书各章的内容有了更深入的认识，加上读者对本书提出了宝贵意见，最终促成了本书第 3 版的问世。

本书紧紧围绕立德树人根本任务和科教兴国、创新驱动发展、人才强国战略，坚持新发展理念，以党的二十大精神指导汽车类人才培养。本书除了保持第 2 版的基本结构和基本内容外，主要在以下方面进行了修订：

1）更新了第三章中汽油机增压的内容，并对车用增压发动机的性能略做修改。

2）更新了第五章中柴油机燃烧过程的优化部分的内容。

3）更新了第八章中影响汽油机有害排放物生成的主要因素、影响柴油机有害排放物生成的主要因素以及发动机排放标准与测试等内容。

4）去掉了第九章发动机试验内容。

5）将第 2 版中的第十章车用发动机的发展趋势修改为第九章，并对内容进行了更新、修改，去掉了电控技术的陈旧内容，修改了燃烧技术内容，增加了燃料电池技术内容，并对复习思考题进行了相应调整。

6）去掉了参考文献未引用的第 49 条。

本书由淮阴工学院吴建华、金陵科技学院孙丽任主编，淮安信息职业技术学院常绿和湖北汽车工业学院韩同群任副主编。黑龙江工程学院安永东、辽宁石油化工大学何立、西华大学童勇、黑龙江工程学院崔宏耀、贵阳学院周立迎以及聊城大学吴海荣参与编写工作。

本书由吉林大学汽车工程学院林学东主审。在书稿编写过程中，林学东教授多次审阅书稿，提出了许多宝贵意见，在此深表感谢。

本书作为汽车类专业本科教材，也可供从事发动机的设计、制造和运用的工程技术人员和技术工人参考。

本书参考了相关教材和内燃机专业期刊的许多资料，在此一并表示感谢。

由于编者水平有限，难免有不足之处，欢迎广大读者指正。

编　者

第2版前言

Preface

本书自2005年出版以来，数次重印，一直作为汽车类专业的教材。七年来，编者通过科学研究工作以及对国内外汽车发动机原理发展的了解，对本书各章的内容有了进一步的认识；各校老师与同学也对本书提出了宝贵意见。2008年7月，中国机械工业教育协会机械工程与自动化学科委员会车辆工程学科组年会在东北林业大学召开，会上有关专家也对本书提出了修改意见。这些原因促使编者对本书第1版进行修订。

本书除了保持第1版的基本结构和基本内容外，主要在以下方面进行了修订：

1）增加了第9章发动机试验的内容。

2）删除了第6章中汽油机电控喷射系统结构的部分内容。

3）把原来的第9章车用发动机发展趋势调整为第10章，删除了这一章中燃料电池部分的内容。

4）第1版中冲量系数计算方法理论性很强，此次修订了冲量系数的计算方法。

5）突出了基本要求和概念，精炼了部分内容。

本书由淮阴工学院吴建华任主编，淮阴工学院常绿和湖北汽车工业学院韩同群任副主编。淮阴工学院吴建华、黑龙江工程学院安永东、西华大学童勇、黑龙江工程学院崔宏耀、湖北汽车工业学院韩同群、淮阴工学院常绿、淮阴工学院王军、贵阳学院周立迎以及聊城大学吴海荣共同完成了本次修订工作。

本书由吉林大学汽车工程学院林学东主审。在书稿编写过程中，林学东教授多次审阅书稿，提出了许多宝贵意见，在此深表感谢。

在本书的编写过程中参考了有关教科书、内燃机专业期刊的许多资料，在此一并对其作者表示感谢。

本书为汽车类专业的本科教材，也可供从事发动机设计、制造和运用的工程技术人员、技术工人参考。

由于编者水平有限，难免有不足之处，欢迎广大读者批评指正。

编　者

第1版前言

Preface

汽车工业是国民经济支柱产业，随着汽车工业的迅速发展，急需大量汽车发动机制造、维修与应用等方面的生产第一线的应用型高级技术人才。作为培养这方面人才的高等院校的车辆工程专业发展迅速，而适合应用型本科车辆工程专业的教材又十分缺乏。为满足教学的需要，根据 2004 年 2 月在哈尔滨和 4 月在扬州召开的全国应用型本科车辆工程专业教材工作会议制定的《汽车发动机原理》教材编写大纲，由淮阴工学院、湖北汽车工业学院、北京吉利大学、黑龙江工程学院、西华大学等院校的有关教师共同编写了本书。

应用型本科车辆工程专业的学生毕业后大部分工作在企业生产第一线，他们需要很强的专业技术应用能力。本书内容以加强针对性和应用性为原则，紧跟汽车发动机技术不断发展的形势，在教学内容现代化方面做了尝试。例如，柴油机混合气的形成增添了柴油机电控和可变技术等方面的内容，汽油机混合气的形成则以电控汽油喷射为主线展开讲述，不再涉及化油器形成混合气的内容。每一章的内容我们都融合了汽车发动机近期发展比较成熟的新技术，第九章着重介绍了车用发动机的现状及其发展趋势。

本书讲述了发动机的工作过程，主要内容包括发动机的性能指标、发动机的换气过程、发动机废气涡轮增压、燃料与燃烧化学、柴油机混合气的形成与燃烧、汽油机混合气的形成与燃烧、发动机特性、发动机排放与噪声、车用发动机的发展趋势等。本书按“全国应用型本科车辆工程专业教材工作会议”商定的 50～60 学时编写。

本书由淮阴工学院吴建华担任主编，淮阴工学院常绿、湖北汽车工业学院韩同群、北京吉利大学周炜担任副主编。淮阴工学院吴建华、黑龙江工程学院安永东、西华大学童勇、黑龙江工程学院崔宏耀、湖北汽车工业学院韩同群、淮阴工学院常绿、北京吉利大学周炜、淮阴工学院周立迎共同编写了本书。

本书由吉林大学汽车工程学院林学东教授担任主审。在书稿编写过程中，林学东教授多次审阅书稿，提出了许多宝贵意见，编者深表感谢。

本书为车辆工程专业本科教材，也可供从事发动机的设计、制造和运用的工程技术人员、技术工人参考。

本书参考了有关教科书、内燃机专业期刊的许多资料，在此一并表示感谢。

由于编者水平有限，错误在所难免，欢迎广大读者批评指正。

编　者

常用符号
Common Symbols

A/F——空燃比
B——每小时发动机的耗油量
b_e——有效燃油消耗率
b_i——指示燃油消耗率
C_m——活塞平均速度
D——气缸直径
d_k——燃烧室凹坑口直径
F_i——示功图面积
K_T——转矩适应系数
K_n——转速适应系数
K_a——混合气的空气量比例系数
H_u——燃料低热值
i——气缸数
L——燃烧 1kg 燃油实际供给空气量
L_0——燃烧 1kg 燃油理论供给空气量
M——进气马赫数
m_e——比质量
n——发动机转速
n_1——平均压缩多变指数
n_2——平均膨胀多变指数
P_e——有效功率
P_m——机械损失功率
P_i——指示功率
P_L——升功率
P_p——泵气损失功率
p——压力
p_a——环境压力
p_{co}——压缩终了压力
p_{ex}——膨胀终了压力
p_{de}——进气终了压力
p_r——排气终了压力
p_{max}——最高爆发压力
p_{me}——平均有效压力
p_{mi}——平均指示压力
p_{mm}——平均机械损失压力
p_t——循环平均压力
Q——热量
Q_1——循环单缸燃烧发热量
Q_2——循环单缸燃烧散热量
S——活塞行程
Re——雷诺数
T_a，t_a——环境温度
T_{co}，t_{co}——压缩终了温度
T_{de}——进气终了温度
T_{ex}，t_{ex}——膨胀终了温度
T_{max}，t_{max}——最高燃烧温度
T_r，t_r——排气终了温度
T——热力学温度
T_{tq}——曲轴转矩
V_a——气缸总容积
V_c——气缸压缩容积
V_s——气缸工作容积
v_T——湍流火焰传播速度
v_L——层流火焰传播速度
W——循环功
W_i——循环指示功
W_m——实际机械损失功
W_e——循环有效功

ϕ_a——过量空气系数

ε_c——压缩比

η_t——循环热效率

η_{et}——有效热效率

η_{it}——指示热效率

η_m——机械效率

η_r——燃烧效率

η_T——涡轮效率

$\eta_{ad\text{-}k}$——绝热效率

ϕ_c——充量系数

θ_{fj}——喷油提前角

θ_{ig}——点火提前角

θ_H——供油提前角

ρ_0——初始膨胀比

λ_p——压力升高比

κ——等熵指数

π_k——增压比

π_r——膨胀比

φ_k——增压度

τ——冲程数(四冲程 $\tau=4$,二冲程 $\tau=2$),时间

τ_i——着火落后期

φ——曲轴转角

Ω——涡流比

μ——转矩储备系数

γ——残余废气系数

目 录
Contents

第一章 Chapter 1

发动机的性能

发动机的性能指标主要包括动力性能指标（功率、转矩和转速）、经济性能指标（燃料及润滑油消耗率）以及运转性能指标（冷起动性能、噪声和排气品质）等。

衡量一台发动机的质量主要是对以上性能指标进行评定，但在评定时不仅要考虑性能指标，还要从可靠性、耐久性、结构工艺性、使用维修性、生产实际条件以及使用特点等多方面予以综合评定。

本章主要阐述发动机的动力性能、经济性能及运转性能指标。通过深入到发动机工作过程的各个阶段，对其进行分析，从中找出影响性能的因素及提高性能的一般规律。

第一节　发动机理论循环

一、三种基本循环

发动机的理论循环是将非常复杂的实际工作过程加以抽象简化，忽略次要因素后建立的循环模式。通过对理论循环的研究，达到以下目的：

1）确定循环热效率的理论极限，以判断实际发动机经济性能和工作过程进行的完善程度以及改进的潜力。

2）有利于分析比较发动机不同热力循环方式的经济性能和动力性能。

3）通过分析发动机理论循环的热效率和平均压力，明确提高以理论循环热效率为代表的经济性能和以平均压力为代表的动力性能的基本途径。

在进行理论循环研究之前，首先必须对发动机的实际过程进行必要的简化假设，这也是建立理论循环的一个重要依据。总结起来，这些假设有以下几点：

1）假设工质是理想气体，其物理常数与标准状态下的空气物理常数相同，整个循环中工质的物理性质及化学性质不变，工质比热容为常数。

2）假设工质是在闭口系统中作封闭循环。

3）假设工质的压缩及膨胀是绝热等熵过程。

4）假设燃烧是外界无数个高温热源等容或等压向工质加热。工质放热为等容放热。

5）假设循环过程为可逆循环。

工程热力学中曾经讨论过三种发动机的理论循环，即等容加热循环、等压加热循环和混合加热循环。早期的发动机由于转速低，循环时间较长，因此习惯上的处理方式是汽油机混合气燃烧迅速，近似为等容加热循环；高增压和低速大型柴油机，由于受燃烧最高压力的限制，大部分燃料在上止点以后燃烧，燃烧时气缸压力变化不显著，因而近似为等压加热循环；高速柴油机介于两者之间，其燃烧过程视为等容、等压加热的组合，近似为混合加热循环。

对混合加热循环及其两个极端情况即等容和等压加热循环进行对比分析，有利于准确、全面地理解理论循环及其影响因素的物理实质，因此，发动机的理论循环分析传统上就是指这三种循环的对比分析，图 1-1 所示为三种发动机理论循环的 p-V 图。

理论循环是用循环热效率 η_t 和循环平均压力 p_t 来评定的。

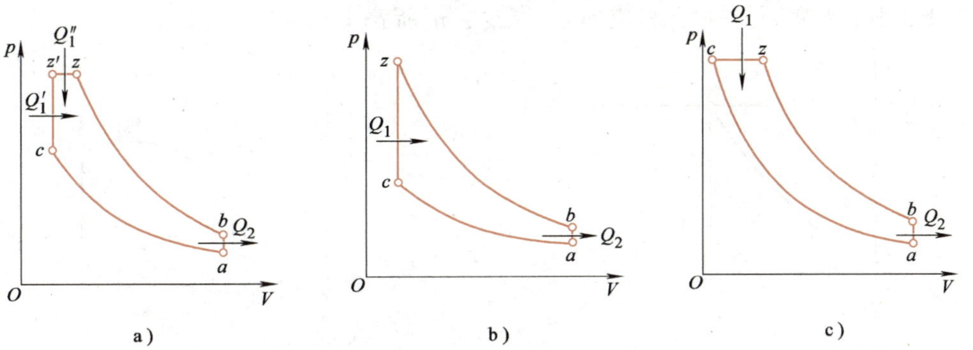

图 1-1 发动机理论循环的 p-V 图

a）混合加热循环 b）等容加热循环 c）等压加热循环

二、循环热效率 η_t

η_t 是工质所做循环功 W（J）与循环加热量 Q_1（J）之比，用以评定循环经济性，即

$$\eta_t=\frac{W}{Q_1}=\frac{Q_1-Q_2}{Q_1}=1-\frac{Q_2}{Q_1} \tag{1-1}$$

式中，η_t 是循环热效率；W 是工质所做循环功（J）；Q_1 是循环加热量（J）；Q_2 是工质在循环中放出的热量（J）。

按工程热力学公式，三种循环的热效率分别如下：

混合加热循环热效率为

$$\eta_t=1-\frac{1}{\varepsilon_c^{\kappa-1}}\frac{\lambda_p\rho_0^{\kappa}-1}{(\lambda_p-1)+\kappa\lambda_p(\rho_0-1)} \tag{1-2}$$

式中，ε_c 是压缩比，$\varepsilon_c=V_a/V_c=(V_s+V_c)/V_c=1+V_s/V_c$，其中，$V_a$ 为气缸总容积，V_c 为气缸压缩容积，V_s 为气缸工作容积；ρ_0 是初始膨胀比，$\rho_0=V_z/V_{z'}$；λ_p 是压力升高比，$\lambda_p=p_z/p_c$；κ 是等熵指数。

对式（1-2）取 $\rho_0=1$，得等容加热循环热效率为

$$\eta_t=1-\frac{1}{\varepsilon_c^{\kappa-1}} \tag{1-3}$$

对式（1-2）取 $\lambda_p=1$，得等压加热循环热效率为

$$\eta_t=1-\frac{1}{\varepsilon_c^{\kappa-1}}\frac{\rho_0^{\kappa}-1}{\kappa(\rho_0-1)} \tag{1-4}$$

三种循环热效率 η_t 的影响因素分述如下：

（1）混合加热循环热效率 η_t 的影响因素 由式（1-2）可知，随着压缩比 ε_c 的增大，η_t 提高。显然，提高了 ε_c，就提高了循环平均吸热温度，降低了循环平均放热温度，扩大了循环温差，增大膨胀比，如图 1-2 所示；而当 ρ_0 值增大，循环总加热量 Q_1 和 ε_c 保持不变时，意味着等压加热部分增大，等容加热部分相应减少（图 1-3），此时 η_t 下降；

当 λ_p 增大，循环总加热量 Q_1 和 ε_c 不变时，ρ_0 减小，即平均膨胀比 $V_b/[(V_z-V_{z'})/2]$ 增加，图 1-3 中 $z-b$ 变到 $z'-b'$，相应的 Q_2 减少，η_t 提高。

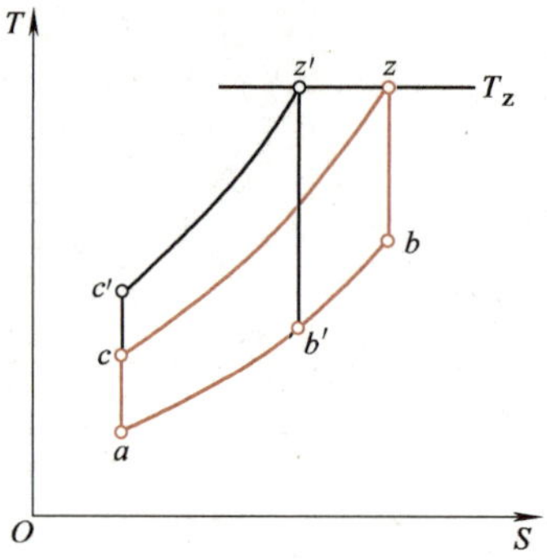

图 1-2　最高温度相同时，提高压缩比 ε_c 对循环的影响

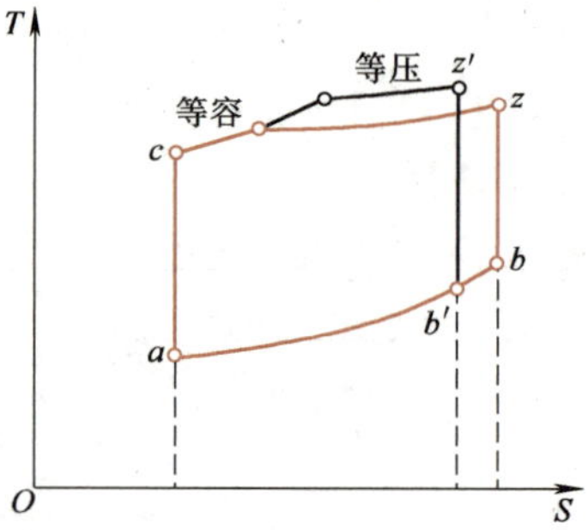

图 1-3　λ_p、ρ_0 对 η_t、p_t 的影响

(2) 等容加热循环热效率 η_t 的影响因素　由式（1-3）可知，随着压缩比 ε_c 的增大，η_t 提高。图 1-4 所示为等容加热循环效率 η_t 与压缩比 ε_c 的关系。

(3) 等压加热循环热效率 η_t 的影响因素　由式（1-4）可知，随着压缩比 ε_c 的增大，如图 1-2 所示，η_t 提高；而当 ρ_0 值加大时，随着加热量 Q_1 的增加，若 ε_c 保持不变，由式（1-4）可知，因平均膨胀比减小，放出的热量 Q_2 增加，η_t 下降。

等熵指数 κ 对循环效率 η_t 的影响如图 1-5 所示。随着 κ 值的增大，η_t 将提高。κ 值取决于工质的性质，双原子气体 $\kappa=1.4$，多原子气体 $\kappa=1.33$。

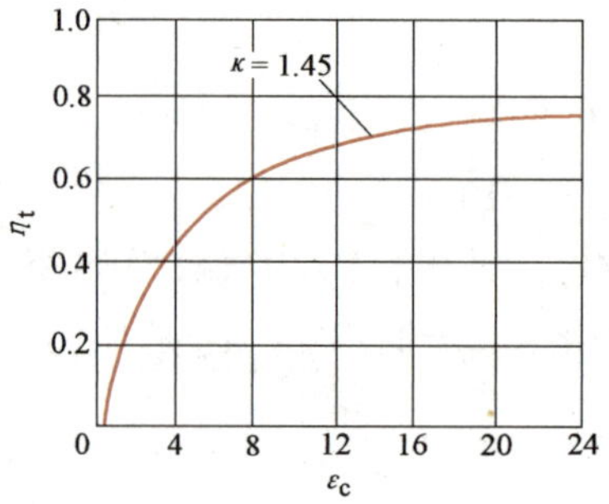

图 1-4　等容加热循环效率 η_t 与压缩比 ε_c 的关系

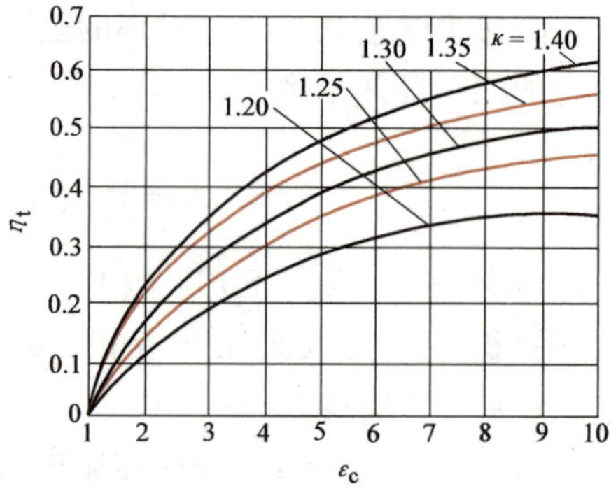

图 1-5　η_t 与 κ、ε_c 的关系

由以上理论循环中可知，在用于指导实践时，必须考虑到发动机实际工作条件的约束和限制。

(1) 结构条件的限制　尽管从理论循环的分析可知，提高压缩比 ε_c 和压力升高比 λ_p 对提高循环热效率 η_t 有利，但这将导致最高循环压力 p_z 的急剧升高，从而对承载零件的强度要求更高，这势必缩短发动机的使用寿命，降低发动机的使用可靠性，为此只好增加发动机的质量，结果造成发动机体积与制造成本的增加。因此，在实际设计时，对上述参数的选择必须根据具体情况权衡利弊而定。

(2) 机械效率的限制　发动机的机械效率 η_m 与气缸中的最高循环压力 p_z 密切相关，

这是因为 p_z 值决定了曲柄连杆机构的质量、惯性力以及主要承压面积的大小等。不加限制地提高 ε_c 以及 λ_p，将引起 η_m 的下降。从有效指标上看，将导致由压缩比 ε_c 和压力升高比 λ_p 提高所带来的收益得而复失。这一点，对于本来压缩比已经很高的柴油机来说更为明显。

(3) 燃烧方面的限制 若压缩比定得过高，汽油机将会产生爆燃、表面点火等不正常燃烧的现象。对于柴油机而言，过高的压缩比将使压缩终了的气缸容积变得很小，对制造工艺的要求极为苛刻，燃烧室设计的难度增加，也不利于燃烧的高效进行。

目前，柴油机的压缩比 ε_c 一般为 12~22，最高循环压力 p_z=7~14MPa，压力升高比 λ_p 为 1.3~2.2。汽油机的压缩比 ε_c=6~12，p_z=3~8.5MPa，λ_p 为 2.0~4.0。

三、循环平均压力 p_t

循环平均压力 p_t（kPa）是指单位气缸容积所做的循环功，用来评定气缸工作容积的做功能力，即

$$p_t=\frac{W}{V_s}$$

式中，W 是循环所做的功（J）；V_s 是气缸工作容积（L）。

根据工程热力学公式，混合加热循环的平均压力为

$$p_t=\frac{\varepsilon_c^{\kappa}}{\varepsilon_c-1}\frac{p_{de}}{\kappa-1}[(\lambda_p-1)+\kappa\lambda_p(\rho_0-1)]\eta_t \tag{1-5}$$

式中，p_{de} 是进气终点压力（kPa）。

对于式（1-5），取 $\rho_0=1$，得等容加热循环的平均压力为

$$p_t=\frac{\varepsilon_c^{\kappa}}{\varepsilon_c-1}\frac{p_{de}}{\kappa-1}(\lambda_p-1)\eta_t$$

对于式（1-5），取 $\lambda_p=1$，得等压加热循环的平均压力为

$$p_t=\frac{\varepsilon_c^{\kappa}}{\varepsilon_c-1}\frac{p_{de}}{\kappa-1}\kappa(\rho_0-1)\eta_t$$

可见，p_t 是随进气终点压力 p_{de}、压缩比 ε_c、初始膨胀比 ρ_0、等熵指数 κ 和循环热效率 η_t 的增加而增加。

四、三种基本循环的比较

三种理论循环的比较见表 1-1。

表 1-1 三种理论循环的比较

循环名称	循环热效率	循环特点
等容加热循环	$\eta_t=1-\frac{1}{\varepsilon_c^{\kappa-1}}$	加热过程在等容条件下很快完成，循环热效率仅与压缩比有关

（续）

循 环 名 称	循环热效率	循 环 特 点
等压加热循环	$\eta_t=1-\frac{1}{\varepsilon_c^{\kappa-1}}\frac{\rho_0^{\kappa}-1}{\kappa(\rho_0-1)}$	加热过程在等压条件下缓慢完成，负荷的增加使得循环热效率下降
混合加热循环	$\eta_t=1-\frac{1}{\varepsilon_c^{\kappa-1}}\frac{\lambda_p\rho_0^{\kappa}-1}{(\lambda_p-1)+\kappa\lambda_p(\rho_0-1)}$	介于上述两者之间

汽、柴油机实质上都是按混合加热循环运行的。由于混合气形成方式、负荷调节方式和着火、燃烧方式的差异，各种燃烧参数范围有所差别。下面利用理论循环分析的结论，对比分析汽、柴油机的三种基本循环的循环热效率的差别及其原因。

（1）同一机型不同加热模式的对比　此时，ε_c、Q_1 不变，三种循环的 T-S 图如图 1-6 所示。等容加热循环、混合加热循环、等压加热循环三种循环在 T-S 图上的曲线分别为 acz_1b_1a、$acz_2'z_2b_2a$，acz_3b_3a，由于等容线的斜率比等压线的斜率大，在相同 Q_1 的情况下，在图中从左到右应依次为 z_1b_1、z_2b_2 和 z_3b_3。因此放热量 Q_2 必然是等压加热循环最大，等容加热循环最小。于是有

$$\eta_{tV}>\eta_{tm}>\eta_{tp}$$

式中，η_{tV} 是等容加热循环热效率；η_{tm} 是混合加热循环热效率；η_{tp} 是等压加热循环热效率。这一结论实际上是要提高循环加热“等容度”的理论基础。

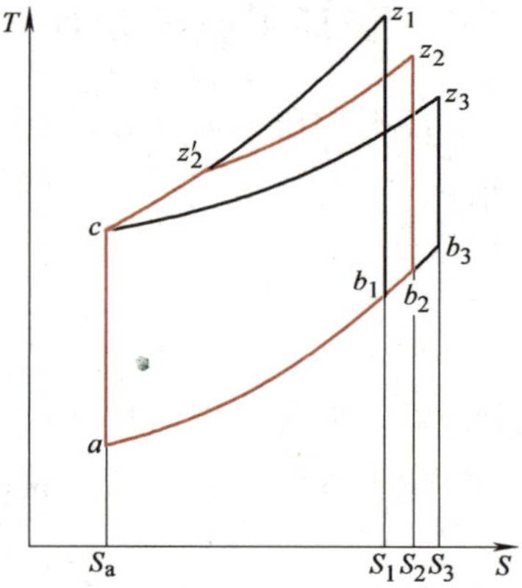

图 1-6　同一机型不同加热模式三种理想循环热效率的比较

从图中还可以看出，等容加热循环平均加热温度最高，而等压加热循环平均加热温度最低，混合加热循环则介于两者之间，即

$$T_{m1V}>T_{m1m}>T_{m1p}$$

式中，T_{m1V} 是等容加热循环平均加热温度；T_{m1m} 是混合加热循环平均加热温度；T_{m1p} 是等压加热循环平均加热温度。

（2）三种循环具有相同加热量 Q_1 时的对比　为了便于对比，先假定三种循环具有相同的最高压力 p_{max}。如图 1-7 所示，分别作出与图 1-6 符号相似的三种循环的 T-S 图，此时，加热终了的状态点 z_1、z_2 和 z_3 都在 p_{max} 线上。由于等容、等压线斜率的差别，压缩终了的温度将是 $T_p>T_m>T_V$，即等压循环压缩终了的温度最高，混合循环次之，等容循环最低。在相同 Q_1 的条件下，与图 1-6 所示相反，从左到右依次是 z_3b_3、z_2b_2 和 z_1b_1，即放热量 $Q_{2V}>Q_{2m}>Q_{2p}$，于是有

$$\eta_{tp}>\eta_{tm}>\eta_{tV}$$

（3）汽、柴油机负荷变化（Q_1 不同）时的对比　就柴油机而言，由于是喷雾压燃后边喷油边燃烧，当负荷下降时，喷油时间缩短，但初期相当于等容燃烧的部

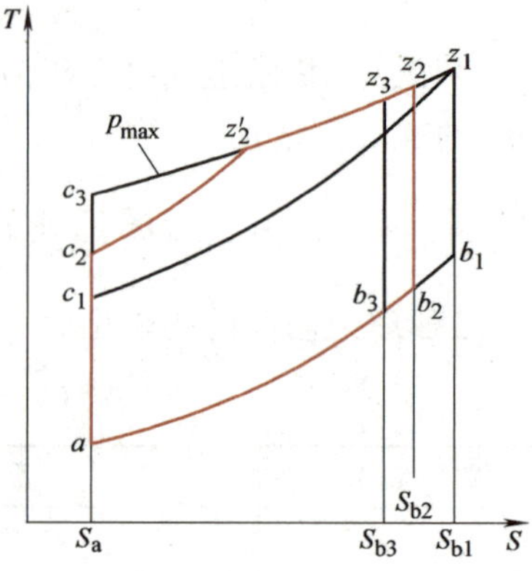

图 1-7　等 p_{max} 和 Q_1 时三种理想循环热效率的比较

分变化不大。这相当于 λ_p 基本不变而 ρ_0 减小，此时 η_t 将提高。

汽油机则是点火后火焰传播燃烧。无论负荷大小，火焰传播距离都不改变。负荷减小时残余废气系数增大，燃烧速度降低，燃烧时间加长。这相当于 λ_p 下降而 ρ_0 上升，此时 η_t 将降低。汽、柴油机的这种相反变化的趋势，将使中、低负荷时二者耗油量的差距进一步扩大。

第二节　四冲程发动机的实际循环

发动机的冲程即为行程，发动机的工作过程就是实际循环不断重复进行的过程。发动机实际循环是由进气、压缩、燃烧、膨胀和排气五个过程组成的，较之理论循环复杂得多，图 1-8 所示为四冲程发动机示功图。

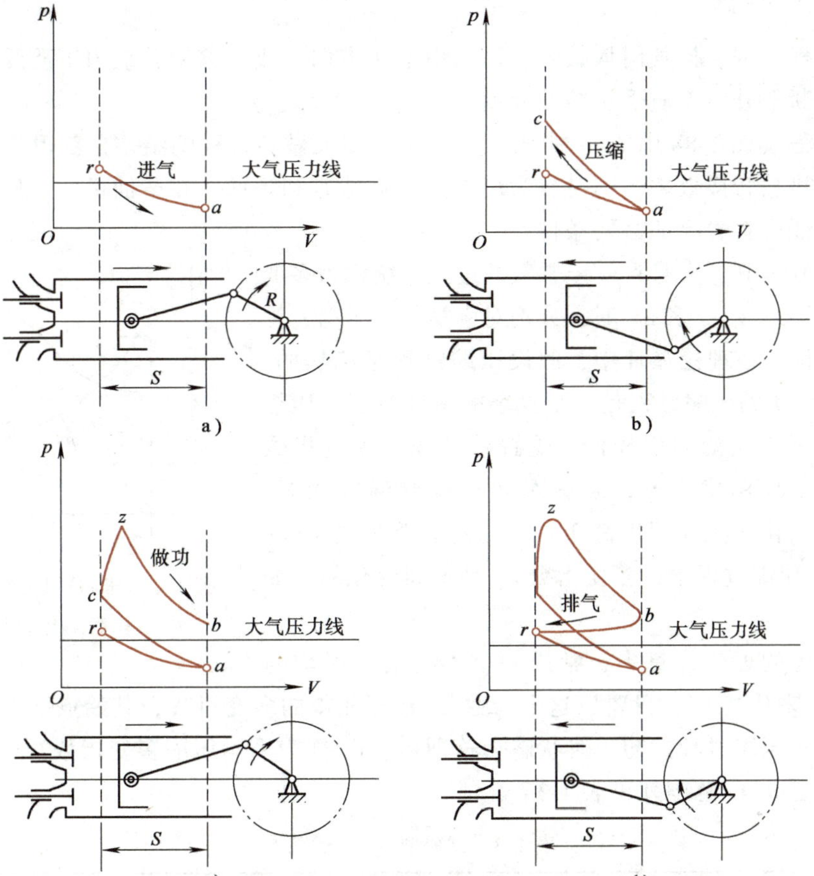

图 1-8　四冲程发动机示功图

a）进气过程　b）压缩过程　c）膨胀过程（做功过程）　d）排气过程

一、进气过程

进气过程如图 1-8a 中的 *ra* 曲线，为了使发动机连续运转，必须不断吸入新鲜工质，即进气过程。此时进气门开启，排气门关闭，活塞由上止点向下止点移动。首先是上一循环留在气缸中的残余废气膨胀，压力由排气终了的压力 p_r 下降到小于大气压力，然后新鲜工质才被吸入气缸。由于进气系统的阻力，进气终了压力 p_{de} 一般小于环境压力 p_a，压力差 p_a-p_{de} 用来克服进气系统阻力。因为气流受到发动机高温零件及残余废气的加热，进气终了温度 T_{de} 总是高于大气温度 T_a。

进气终了压力 p_{de} 和进气终了温度 T_{de} 的范围列于表 1-2。

表 1-2　进气终了压力 p_{de} 和进气终了温度 T_{de} 的范围

发动机类型	进气终了压力 p_{de}/MPa	进气终了温度 T_{de}/K
汽油机	0.080～0.092	340～380
柴油机	0.080～0.095	300～340

二、压缩过程

压缩过程中进、排气门均关闭，活塞由下止点向上止点移动，缸内工质受到压缩，温度、压力不断上升，工质受压缩的程度用压缩比 ε_c 表示。

压缩过程（图 1-8b 中的 ac 曲线）的作用是增大做功过程的温差，获得最大限度的膨胀比，提高热功转换效率，同时也为燃烧过程创造有利条件。在柴油机中，压缩后气体的高温还是保证燃料着火的必要条件。

工程热力学中，凡满足 pv^n = 常数的过程，统称为多变过程。n 值为 0、1、κ 和 $\pm\infty$ 时，分别对应等压、等温、等熵和等容过程。在理论循环中，假设压缩过程是绝热的。实际上，发动机的压缩过程是一个复杂的多变过程。压缩开始时，新鲜工质的温度较低，受缸壁加热，多变指数 $n_1'>\kappa$；随着工质温度上升，某一瞬间与缸壁温度相等，$n_1'=\kappa$；此后，由于工质温度高于缸壁，向缸壁传热，$n_1'<\kappa$。因此，在压缩过程中，多变指数 n_1' 是不断变化的，如图 1-9 所示。

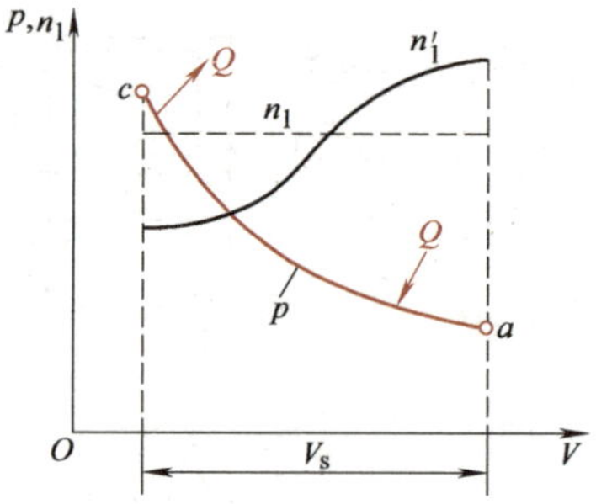

图 1-9　压缩过程及压缩多变指数变化过程

但在实际的近似计算中，常用一个不变的、平均的多变指数 n_1 来代替 n_1'，只要以这个指数 n_1 计算而得的多变过程，其始点 a 和终点 c 的工质状态与实际压缩过程的初、终状态相符即可。n_1 称为平均压缩多变指数。

试验测定 n_1 的范围列于表 1-3。

表 1-3　试验测定 n_1 的范围

发动机类型	n_1	发动机类型	n_1
汽油机	1.32～1.38	增压柴油机	1.35～1.37
高速柴油机	1.38～1.40		

n_1 主要受工质与缸壁间的热交换及工质泄漏情况的影响。当发动机转速提高时，因热交换的时间缩短，向缸壁的传热量及气缸泄漏量减少，所以 n_1 增大。而当泄漏量增加或气缸温度降低时，n_1 减小。

压缩终了的压力和温度可用以下两式计算：

$$p_{co}=p_{de}\varepsilon_c^{n_1}$$

式中，p_{co} 是压缩终了压力（kPa）；p_{de} 是进气终了压力（kPa）；ε_c 是压缩比；n_1 为平均压缩多变指数。

$$T_{co}=T_{de}\varepsilon_c^{n_1-1}$$

式中，T_{co} 是压缩终了温度（K）；T_{de} 是进气终了温度（K）。

p_{co}、T_{co} 的范围列于表 1-4。

表 1-4　p_{co}、T_{co} 的范围

发动机类型	p_{co}/MPa	T_{co}/K
汽油机	0.8~2.0	600~750
柴油机	3.0~5.0	750~1000
增压柴油机	5.0~8.0	900~1100

压缩比 ε_c 是发动机的一个重要的结构参数。在汽油机中，为了提高热效率，希望增加压缩比，但受到汽油机不正常燃烧的限制，压缩比 ε_c 不能过大。在柴油机中，为了保证喷入气缸的燃料能及时自燃以及冷起动时可靠着火，必须使压缩终了有足够高的温度，因此要求有较高的压缩比。

三、燃烧过程

燃烧过程（图 1-8c 中的 *cz* 曲线）中进、排气门均关闭，活塞处在上止点前后。燃烧过程的作用是将燃料的化学能转变为热能，使工质的压力、温度升高。燃烧放出的热量越多，放热时越靠近上止点，热效率越高。

燃烧过程中，柴油机应在上止点前就开始喷油（图 1-10a 中的 *c′*点），喷进气缸中的柴油迅速蒸发而与空气混合，并借助于气缸中被压缩的具有很高内能的空气的热量而自燃。起初因燃烧速度很快，而气缸容积变化很小，所以工质的压力、温度剧增，接近于等容，如图 1-10a 中的 *cz′*曲线；接着，一面喷油，一面燃烧，燃烧速度缓慢下来，且随着活塞向下止点移动，气缸容积增大，气缸压力基本不变，而温度继续上升，该过程接近于等压，如图 1-10a 中 *z′z* 曲线。

在汽油机燃烧过程中，汽油与空气混合形成的可燃混合气是在上止点前由电火花点火而燃烧（图 1-10b 中的 *c′*点），火焰迅速传播到整个燃烧室，工质的压力、温度剧烈上升，整个燃烧接近于等容加热，如图 1-10b 中的 *cz* 曲线所示。

燃烧的最高爆发压力 p_{max} 及最高温度 T_{max} 列于表 1-5。

表 1-5　燃烧的最高爆发压力 p_{max} 及最高温度 T_{max}

发动机类型	p_{max}/MPa	T_{max}/K
汽油机	3.0~8.0	2200~2800
柴油机	4.5~14.0	1800~2200

可见，柴油机因压缩比高，燃烧的最高爆发压力 p_{max} 很高，但因柴油机的过量空气系数 ϕ_a 相对于汽油机大，所以柴油机的最高燃烧温度 T_{max} 反而比汽油机低。

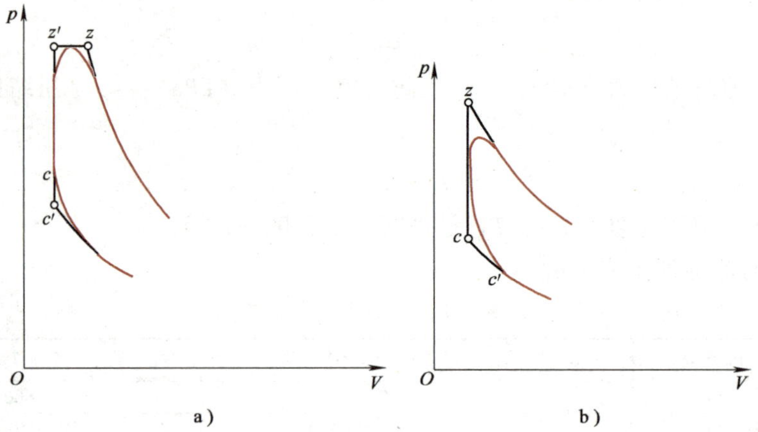

图 1-10　发动机实际循环的燃烧过程

a）柴油机　b）汽油机

四、膨胀过程

膨胀过程如图 1-8c 中的 *zb* 曲线所示。此时，进、排气门均关闭，高温、高压的工质推动活塞由上止点向下止点移动而膨胀做功，气体的压力、温度也随即迅速降低。

膨胀过程中有热交换损失、漏气损失和补燃现象，因此膨胀过程也是一个多变过程，多变指数 n_2' 是不断变化的。膨胀过程初期，由于补燃，工质被加热，$n_2'<\kappa$；到某一瞬时，对工质的加热量与工质向缸壁等的散热量相等，$n_2'=\kappa$；此后，工质向缸壁散热，$n_2'>\kappa$，如图 1-11 所示。

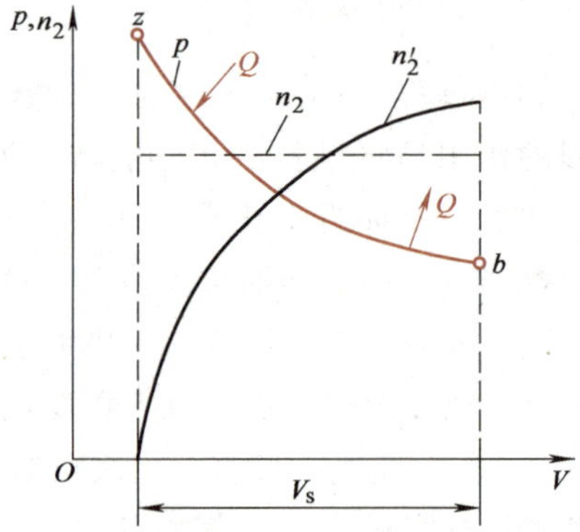

图 1-11　膨胀过程及多变指数变化过程

如同压缩过程一样，为简便起见，在计算中常用一个不变的平均膨胀多变指数 n_2 代替 n_2'，只要以这个指数 n_2 计算的多变过程，其始点 *z* 与终点 *b* 的状态与实际膨胀过程始、终点的状态相同即可。n_2 的范围列于表 1-6。

表 1-6　n_2 的范围

发动机类型	n_2	发动机类型	n_2
汽油机	1.23～1.28	柴油机	1.15～1.28

n_2 主要取决于补燃工质放热量的多少、工质与缸壁间的热交换及漏气情况。当转速增加，补燃增多，传热和漏气的时间缩短时，n_2 减小；混合气的形成与燃烧不充分，补燃增加，n_2 减小。当缸壁、活塞环磨损量大，漏气增加以及气缸直径小，相对散热表面积加大，工质传出热量增加时，n_2 增大。

膨胀终了压力可用下式计算：

$$p_{ex}=p_{max}\left(\frac{V_z}{V_b}\right)^{n_2}$$

式中，p_{ex} 是膨胀终了压力(MPa)；p_{max} 是最高爆发压力(MPa)；V_z、V_b 分别是活塞运行到对应压力点时气缸的体积；n_2 为平均膨胀多变指数。

膨胀终了温度(K) 可用下式计算：

$$T_{ex}=T_{max}\left(\frac{V_z}{V_b}\right)^{n_2-1}$$

式中，T_{ex} 是膨胀终了温度(K)；T_{max} 是最高爆发压力时对应点的温度(K)。

p_{ex}、T_{ex} 的范围列于表 1-7。

表 1-7　p_{ex}、T_{ex} 的范围

发动机类型	p_{ex}/MPa	T_{ex}/K	发动机类型	p_{ex}/MPa	T_{ex}/K
汽油机	0.3~0.6	1200~1500	柴油机	0.25~0.5	800~1200

可见，由于柴油机膨胀比大，转化为有用功的热量多，热效率高，所以膨胀终了的温度和压力均比汽油机小。

五、排气过程

排气过程如图 1-8d 中的 *br* 曲线所示。当膨胀过程接近终了时，排气门打开，废气开始靠自身压力自由排气，膨胀过程结束时，活塞由下止点返回上止点移动，将气缸内的废气排出。

排气过程中，由于排气系统有阻力，排气终了压力 p_r 大于环境压力 p_a，压力差p_r-p_a用来克服排气系统的阻力。排气系统阻力越大，排气终了压力 p_r 越大，残留在气缸中的废气就越多。

排气温度是检查发动机工作状况的一个参数。如果排气温度低，说明燃料燃烧后转变为有用功的热量多，工作过程进行得好。

排气终了压力 p_r（MPa）和排气终了温度 T_r（K）的范围列于表 1-8。

表 1-8　排气终了压力 p_r 和排气终了温度 T_r 的范围

发动机类型	压力 p_r/MPa	温度 T_r/K	发动机类型	压力 p_r/MPa	温度 T_r/K
汽油机	0.105~0.125	900~1100	柴油机	0.103~0.108	700~900

六、发动机实际循环与理论循环的比较

为了了解实际循环的热量分配情况，寻找其损失所在，将实际循环与理论循环进行比较。这里用的理论循环是最简单的空气标准循环，它除了不可避免地向冷源放热外，没有其他损失。研究实际循环与空气标准循环的差异，就可找出热量损失所在。分析差异的原因，可探求提高热量有效利用的途径。

图 1-12 所示为四冲程非增压发动机实际循环与理论循环的比较，其差别由以下损失引起。

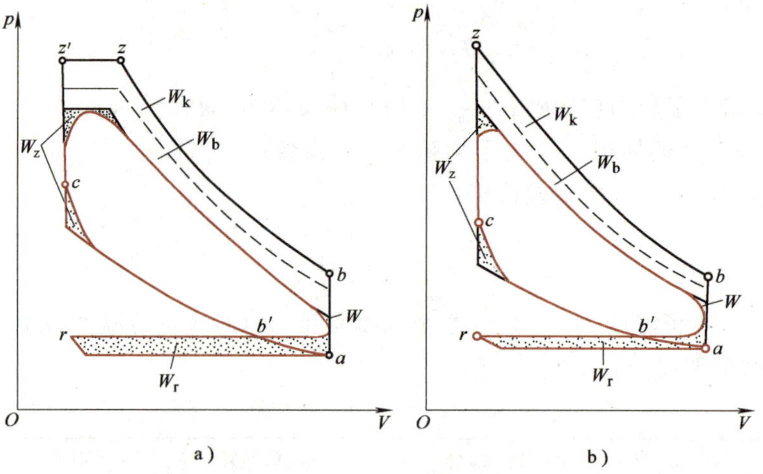

图 1-12　四冲程非增压发动机实际循环与理论循环的比较

a）柴油机　b）汽油机

W_k—实际工质影响引起的损失　W_z—非瞬时燃烧损失和补燃损失　W_r—换气损失　W_b—传热、流动损失　W—提前排气损失

1. 实际工质的影响

理论循环中假设工质比热容是定值，而实际气体的比热容是随温度上升而增大的，且燃烧后生成 CO_2、H_2O 等气体，这些多原子气体的比热容又大于空气，上述原因导致循环的最高温度降低。加之实际循环还存在泄漏，使工质数量减少。实际工质影响引起的损失如图 1-12 中 W_k 所示。这些影响使得发动机实际循环热效率 η_t 比理论循环低。

2. 换气损失

为了使循环重复进行，必须更换工质，由此而消耗的功称为换气损失，如图 1-12 中 W_r 所示。其中，因工质流动时需要克服进、排气系统阻力所消耗的功，称为泵气损失，如图 1-12 中曲线 $rab'r$ 包围的面积所示。因排气门在下止点前提前开启而产生的提前排气损失，如图 1-12 中面积 W 所示。

3. 燃烧损失

1）非瞬时燃烧损失和补燃损失。实际循环中燃料燃烧需要一定的时间，因而喷油或点火在上止点前，并且燃烧还会延续到膨胀行程，由此形成非瞬时燃烧损失和补燃损失，如图 1-12 中 W_z 所示。

2）不完全燃烧损失。实际循环中会有部分燃料、空气混合不良，部分燃料由于缺氧产生不完全燃烧损失。

3）在高温下，如不考虑化学不平衡过程，燃料与氧的燃烧化学反应在每一瞬间都处在化学动平衡状态，如

$$2CO_2 = 2CO + O_2 \qquad 2H_2O = 2H_2 + O_2$$

$$2H_2O + O_2 = 4OH \qquad H_2 = 2H$$

$$O_2 = 2O \qquad N_2 + O_2 = 2NO$$

以上各式向右的反应为高温热分解，需吸收热量。但在膨胀后期及排气较低温度时，以上各式向左反应，同时又放出热量。上述过程使燃烧放热的总时间拉长，实质上是降低了循

环的等容度而降低了热效率 η_t。

4. 传热损失

在实际循环中，气缸壁（包括气缸套、气缸盖、活塞、活塞环、气门和喷油器等）和工质间自始至终存在着热交换，使压缩、膨胀线均脱离理论循环的绝热压缩、膨胀线而造成损失，如图 1-12 中 W_b 所示。

5. 缸内流动损失

缸内流动损失是指压缩及燃烧、膨胀过程中，由于缸内气流（涡流与湍流）所形成的损失。体现为，在压缩过程中，多消耗压缩功；燃烧、膨胀过程中，一部分能量用于克服气流阻力，使作用于活塞上做功的压力减小。

缸内流动损失一般不会太大。但人为设计的强涡流、湍流工作的燃烧室，如柴油机涡流室与预燃室，对流动损失会有较大影响。这一设计的目的是牺牲部分动力性能和经济性能来换取其他性能，如高速性和噪声、排放等性能的改善。直喷式柴油机燃烧室有时也组织各种类型的较强气流来改善混合气的形成与燃烧，流动损失会因此而得到补偿。

由于上述各项损失的存在，使实际循环热效率低于理论循环。表 1-9 列出了发动机的理论循环热效率和指示热效率值。

表 1-9　发动机的理论循环热效率和指示热效率值

名　称	汽　油　机	柴　油　机	名　称	汽　油　机	柴　油　机
理论循环热效率 η_t	0.54～0.58	0.64～0.67	指示热效率 η_{it}	0.30～0.40	0.40～0.45

表 1-10 列出了各种损失使热效率下降的热量分配的大致情况。

表 1-10　各种损失使热效率下降的热量分配

各种损失使热效率下降	汽　油　机	柴　油　机	各种损失使热效率下降	汽　油　机	柴　油　机
工质比热容变化	0.1～0.12	0.09～0.1	传热损失	0.03～0.05	0.04～0.01
燃烧不完全及热分解	0.08～0.1	0.06～0.09	提前排气	0.01	0.01

第三节　发动机的指示性能指标

以工质对活塞所做的功为计算基准的指标称为指示性能指标，简称指示指标。指示指标不受动力输出过程中机械摩擦和附件消耗等各种外来因素的影响，直接反映由燃烧到热功转换的工作循环进行的好坏，因而在工作过程的分析研究中得到了广泛应用。

燃料燃烧产生的热量是通过气缸内进行的工作循环转化为机械能的，即气缸中工质燃烧，气体压力升高，高压气体的压力作用在活塞顶上，通过曲柄连杆机构，在克服了发动机内部各种损耗后，对外做功。压力方向与活塞运动方向相同时对活塞做正功，反之做负功。因此，要研究发动机的动力性能和经济性能，应首先对发动机一个工作循环中热功转换的质和量两方面加以分析。

发动机气缸内部进行的实际工作循环是非常复杂的，为获得正确反映气缸内部实际情况的试验数据，通常利用不同形式的发动机数据采集系统来观察或记录相对于不同活塞位置或曲轴转角时发动机气缸内工质压力的变化，所得的结果即为 p-φ 示功图或 p-V 示功图，如图 1-13 所示。p-V 示功图和 p-φ 示功图可以利用发动机曲柄连杆机构中的活塞位移和曲轴转角之间的几何关系互相转换。

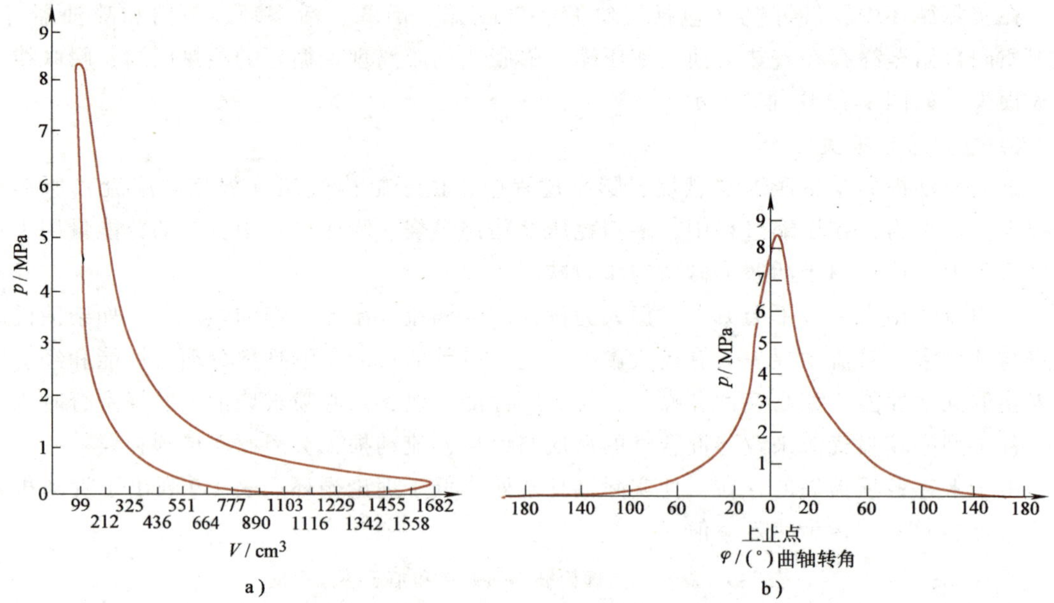

图 1-13　120 单缸试验柴油机的 p-V 图和 p-φ 图

a) p-V 图　b) p-φ 图

p-V 图上，曲线所包围的面积表示工质完成一个实际循环所做的有用功，该图称为示功图，p-φ 图称为展开示功图。从示功图可以观察到发动机工作循环的不同阶段（压缩、燃烧、膨胀）以及进气、排气行程中的压力变化。通过数据处理，运用热力学知识，将它们与所积累的试验数据进行分析比较，可以对整个工作过程或工作过程不同阶段进展的完善程度做出正确的判断。

一、指示功和平均指示压力

指示功是指气缸内完成一个工作循环所得到的有用功 W_i。指示功的大小可以由 p-V 图中封闭曲线所占有的面积求得。图 1-14 所示分别为四冲程非增压和增压发动机的示功图。

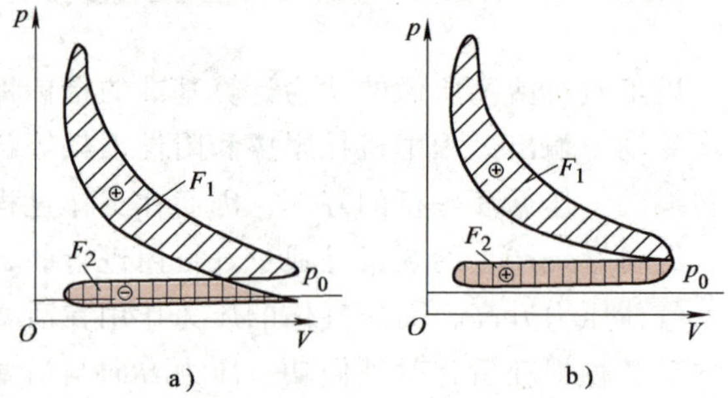

图 1-14　发动机的 p-V 图

a) 四冲程非增压发动机　b) 四冲程增压发动机

图 1-14a 中，四冲程非增压发动机的指示功面积 F_i 由相当于压缩、燃烧、膨胀行程中所得到的有用功面积 F_1 和相当于进气、排气行程中所消耗的功的面积 F_2（即泵气损失）相减而成，即 $F_i = F_1 - F_2$。图 1-14b 所示的四冲程增压发动机，由于进气压力高于排气压力，在换气过程中，工质是对外做功的，因此，换气功的面积 F_2 应与面积 F_1 叠加起来，即 $F_i = F_1 + F_2$。

用下式计算 W_i（N · m 或 J）值：

$$W_i = \frac{F_i ab}{10^6}$$

式中，F_i 是示功图面积（cm^2）；a 是示功图纵坐标比例尺（Pa/cm）；b 是示功图横坐标比例尺（cm^3/cm）。

指示功 W_i 反映了发动机气缸在一个工作循环中所获得的有用功的数量，它除了和循环中热功转换的有效程度有关外，还和气缸容积的大小有关。

平均指示压力是指单位气缸容积一个循环所做的指示功，即

$$p_{mi} = \frac{W_i}{V_s}$$

式中，p_{mi} 是平均指示压力（Pa）；W_i 是发动机一个工作循环的指示功（J）；V_s 是发动机气缸工作容积（m^3）。V_s 也常用 L 为单位，W_i 用 kJ 为单位，则 p_{mi} 的单位为 MPa。

循环指示功 W_i 也可以写作

$$W_i = p_{mi} V_s = p_{mi} \frac{\pi D^2 S}{4} \tag{1-6}$$

式中，D 和 S 分别为气缸直径（m）和活塞行程（m）。

平均指示压力可以理解为一个假想的平均不变的压力，以这个压力作用在活塞顶上，使活塞移动一个行程 S 所做的功，即为循环指示功 W_i，如图 1-15 所示。

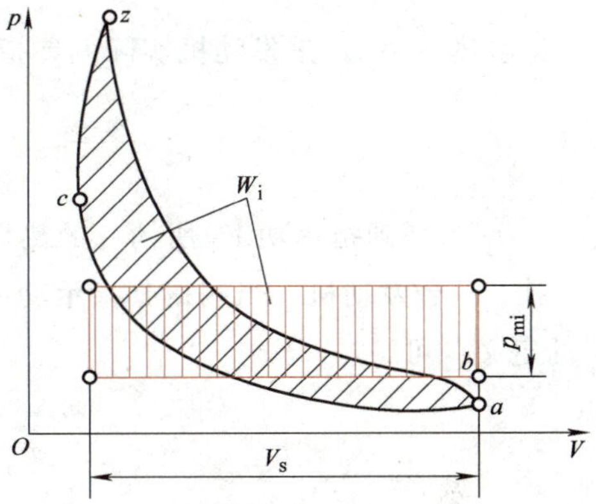

图 1-15　指示功与平均指示压力

平均指示压力是从实际循环的角度评价发动机气缸工作容积利用率高低的一个参数，p_{mi} 越高，同样大小的气缸容积可以发出更大的指示功，气缸工作容积的利用程度越佳。平均指示压力是衡量发动机实际循环动力性能的一个很重要的指标。

一般发动机在标定工况下的 p_{mi} 值列于表 1-11。

表 1-11　一般发动机在标定工况下的 p_{mi} 值

发动机类型	p_{mi}/MPa	发动机类型	p_{mi}/MPa
四冲程非增压柴油机	0.6~0.95	四冲程小客车用汽油机	0.65~1.25
四冲程增压柴油机	0.85~2.6	四冲程载货车用汽油机	0.6~0.85
二冲程柴油机	0.35~1.3	二冲程小型风冷汽油机	0.4~0.85
四冲程摩托车用汽油机	0.9~1.43		

二、指示功率

发动机单位时间内所做的指示功称为指示功率 P_i。

假设一台发动机的气缸数为 i，每缸的缸径为 D(m)，活塞行程为 S(m)，工作容积为 V_s(m^3)，平均指示压力为 p_{mi}(Pa)，转速为 n(r/s)，根据 p_{mi} 的定义，每循环气体所做的指示功（J）见式（1-6）。

实际应用时，一般采用 p_{mi}(MPa)、V_s(L) 和 n(r/min) 来求 P_i(kW)。显然，具有 i 个气缸的发动机的指示功率（W）为

$$P_i=\frac{p_{mi}V_s ni}{30\tau} \tag{1-7}$$

式中，τ 是冲程数，当为四冲程发动机时，$\tau=4$；当为二冲程发动机时，$\tau=2$。

对四冲程发动机，把 $\tau=4$ 代入，得

$$P_i=\frac{p_{mi}V_s ni}{120}$$

三、指示热效率和指示燃油消耗率

指示热效率 η_{it} 是发动机实际循环指示功与所消耗的燃料热量的比值，即

$$\eta_{it}=\frac{W_i}{Q_1}$$

式中，Q_1 为得到指示功 W_i 所消耗的热量（J）。

对于一台发动机，当测得其指示功率 P_i（kW）和每小时耗油量 B（kg/h）时，根据 η_{it} 的定义，可得

$$\eta_{it}=\frac{3.6\times10^3 P_i}{BH_u}$$

式中，3.6×10^3 是 1kW · h 的热当量[kJ/(kW · h)]；B 是每小时发动机的耗油量（kg/h）；H_u 是所用燃料的低热值（kJ/kg）。

指示燃油消耗率 b_i[g/(kW · h)]是指单位指示功的耗油量，通常以单位指示千瓦小时的耗油量来表示，即

$$b_i=\frac{B}{P_i}\times10^3$$

因此，表示实际循环的经济性能指标 η_{it} 和 b_i 之间存在以下关系：

$$\eta_{it}=\frac{3.6\times10^6}{H_u b_i} \tag{1-8}$$

第四节　发动机的有效性能指标

以曲轴输出功为计算基准的指标称为有效性能指示，简称有效指标。有效指标可用来直接评定发动机实际工作性能的优劣，因而在生产实践中获得广泛应用。

一、发动机动力性指标

1. 有效功和有效功率

循环净指示功 W_i 由前述示功图直接求出。而每循环曲轴输出的单缸功量 W_e，则是循环功的有效指标，称为循环有效功。

理论上，由净指示功变为输出有效功，应该扣除运转时传动件消耗的摩擦损失功和各种附件（风扇、水泵等）所消耗的运转功。此两项相加应是循环的实际机械损失功 W_m。于是有

$$W_e = W_i - W_m$$

生产实践中，很少有人直接通过示功图测出 W_i 值。对于自然吸气机型，一般都是先由试验台架的测功机测算出 W_e 值。W_m 值也可以测量，遗憾的是，所有实用的测量 W_m 值的方法，在测得的数据中都包含泵气损失功，无法将其消除。于是，人们干脆把泵气损失也归入机械损失中。

根据以上分析，显然，发动机的有效功率 P_e 有以下关系式

$$P_e = P_i - P_m$$

式中，P_e 是有效功率（kW）；P_i 是指示功率（kW）；P_m 是机械损失功率（kW）。

2. 有效转矩

发动机工作时，由功率输出轴输出的转矩称为有效转矩 T_{tq}。

发动机的有效功率 P_e（kW）可以利用各种形式的测功器和转速计分别测出发动机在某一工况下曲轴的输出转矩 T_{tq} 及在同一工况下的发动机转速 n，按下式求得

$$P_e = T_{tq}\frac{2\pi n}{60}\times 10^{-3} = \frac{T_{tq}n}{9550}$$

式中，P_e 是发动机的有效功率（kW）；T_{tq} 是发动机输出转矩（N · m）；n 是发动机转速（r/min）。

3. 平均有效压力

平均有效压力 p_{me}（MPa）是发动机单位气缸工作容积输出的有效功。与平均指示压力相似，平均有效压力可看成是一个假想的、平均不变的压力作用在活塞顶上，使活塞移动一个行程所做的功，等于每循环所做的有效功。平均有效压力是衡量发动机动力性能的一个很重要的参数，它与有效功率之间的关系是

$$P_e = \frac{p_{me}V_s ni}{30\tau} = \frac{T_{tq}n}{9550} \tag{1-9}$$

式中，p_{me} 是平均有效压力（MPa）。

可见，平均有效压力 p_{me} 值反映了发动机输出转矩 T_{tq} 的大小。

发动机的 p_{me} 值列于表 1-12。

表 1-12　发动机的 p_{me} 值

发动机的类型	p_{me}/MPa	发动机的类型	p_{me}/MPa
农用柴油机	0.6~0.8	四冲程摩托车用汽油机	0.78~1.2
汽车用柴油机	0.65~1	四冲程小客车汽油机	0.65~1.2
强化高速柴油机	1~2.9	四冲程载货汽车用汽油机	0.6~0.7
固定船用中速柴油机	0.6~2.5	二冲程小型风冷汽油机	0.4~0.65

4. 转速 n 和活塞平均速度 C_m

提高发动机转速，即增加单位时间的做功次数，从而使发动机体积小、重量轻和功率大。

转速 n 增加，活塞平均速度 C_m 也增加，n（r/min）与 C_m（m/s）之间的关系为

$$C_m = \frac{Sn}{30} \tag{1-10}$$

式中，S 是活塞行程（m）。

C_m 大，则活塞组的热负荷和曲柄连杆机构的惯性力均增大，磨损加剧，寿命下降，为了提高转速又不使 C_m 过大，可以减小行程 S，即对于高速发动机，在结构上采用较小的行程缸径比（S/D）值。但（S/D）值小也会造成燃烧室高度减小，燃烧室表面积与容积的比值增大，混合气形成条件变差，不利于燃烧。

n、C_m、（S/D）值的范围列于表 1-13。

表 1-13　n、C_m、（S/D）值的范围

发动机的类型	n/(r/min)	C_m/(m/s)	S/D
小客车汽油机	5000~8000	12~18	0.7~1.0
载货车汽油机	3600~4500	10~15	0.8~1.2
汽车柴油机	2000~5000	9~15	0.75~1.2
增压柴油机	1500~4000	8~12	0.9~1.3

二、发动机经济性指标

衡量发动机经济性能的重要指标是有效热效率 η_{et} 和有效燃油消耗率 b_e。

1. 有效热效率

有效热效率是实际循环的有效功与为得到此有效功所消耗的热量的比值，即

$$\eta_{et} = \frac{W_e}{Q_1}$$

实际上，很容易导出下列关系式

$$\eta_{et} = \frac{3.6 \times 10^3 P_e}{BH_u} \tag{1-11}$$

在测得发动机的有效功率和每小时耗油量 B 以后，可利用此式计算 η_{et} 值。

2. 有效燃油消耗率

有效燃油消耗率 b_e[g/(kW·h)]用每小时单位有效功率所消耗的燃料（g）来表

示，即

$$b_e = \frac{B}{P_e} \times 10^3$$

b_e[g/(kW·h)]又可表示为

$$b_e = \frac{3.6 \times 10^6}{\eta_{et} H_u} \tag{1-12}$$

可见，有效燃油消耗率与有效热效率成反比，知道其中一值后，可求出另一值。

一般发动机在标定工况下的 b_e 和 η_{et} 值列于表 1-14（其中较低的 b_e 值属排气涡轮增压的四冲程、二冲程柴油机）。

表 1-14　发动机在标定工况下的 b_e 和 η_{et} 值

发动机的类型	b_e/[g/(kW·h)]	η_{et}	发动机的类型	b_e/[g/(kW·h)]	η_{et}
低速柴油机	190~225	0.38~0.45	四冲程汽油机	274~410	0.30~0.20
中速柴油机	195~240	0.36~0.43	二冲程汽油机	410~545	0.20~0.15
高速柴油机	215~285	0.30~0.40			

三、发动机强化指标

1. 升功率 P_L

升功率 P_L(kW/L)是发动机每升工作容积所发出的有效功率，即

$$P_L = \frac{P_e}{V_s i} = \frac{p_{me} V_s i n}{30\tau V_s i} = \frac{p_{me} n}{30\tau} \tag{1-13}$$

可见，升功率 P_L 是从发动机有效功率的角度对其气缸工作容积的利用率进行的总的评价，它与 p_{me} 和 n 的乘积成正比。P_L 值越大，发动机的强化程度越高，发出一定有效功率的发动机尺寸越小。因此，不断提高 p_{me} 和 n 的水平以获得更强化、更轻巧、更紧凑的发动机，一直是发动机工作者致力以求的奋斗目标，因而 P_L 是评定一台发动机整机动力性能和强化程度的重要指标之一。

2. 比质量 m_e

比质量 m_e(kg/kW)是发动机的质量 m 与所给出的标定功率之比，即

$$m_e = \frac{m}{P_e} \tag{1-14}$$

升功率 P_L(kW/L)和比质量 m_e(kg/kW)的范围列于表 1-15。

表 1-15　升功率 P_L(kW/L)和比质量 m_e(kg/kW)的范围

发动机的类型	P_L/(kW/L)	m_e/(kg/kW)	发动机的类型	P_L/(kW/L)	m_e/(kg/kW)
汽油机	30~70	1.1~4.0	拖拉机柴油机	9~15	5.5~16
汽车柴油机	18~30	2.5~9.0			

3. 强化系数 $p_{me}C_m$

平均有效压力 p_{me} 与活塞平均速度 C_m 的乘积称为强化系数，它与活塞单位面积的功

率成正比。强化系数越大，发动机的热负荷和机械负荷越高。因为发动机的发展趋势是强化程度不断提高，所以强化系数 $p_{me}C_m$ 值增大，也是技术进步的一个标志。

强化系数 $p_{me}C_m$ 的范围列于表 1-16。

表 1-16　强化系数 $p_{me}C_m$ 的范围

发动机的类型	$p_{me}C_m$/(MPa·m/s)	发动机的类型	$p_{me}C_m$/(MPa·m/s)
汽油机	8~17	重型汽车柴油机	9~15
小型高速柴油机	6~11		

第五节　机械损失与机械效率

发动机的机械损失消耗了一部分指示功率，而使对外输出的有效功率减少。降低机械损失，特别是摩擦损失，使实际循环得到的功尽可能转变成对外输出的有效功，是提高发动机性能的一个重要方面。

一、机械效率

在评定发动机机械损失时，除了机械损失功率 P_m 外，还可应用单位气缸工作容积的比参数——平均机械损失压力 p_{mm}。平均机械损失压力 p_{mm} 是指发动机单位气缸工作容积一个循环所损失的功，它可以用来衡量机械损失的大小。类似 p_{me} 的表达式，p_{mm} 可表示为

$$p_{mm}=\frac{30\tau P_m}{V_s in}$$

式中，p_{mm} 是平均机械损失压力（MPa）；P_m 是机械损失功率（kW）；V_s 是气缸工作容积（L）；n 是转速（r/min）；i 是气缸数目。

机械效率是有效功率与指示功率的比值，即

$$\eta_m=\frac{P_e}{P_i}$$

也可以表示为

$$\eta_m=\frac{p_{me}}{p_{mi}}=1-\frac{P_m}{P_i}=1-\frac{p_{mm}}{p_{mi}}$$

结合前面指示热效率、有效热效率的定义，可以得出下列关系式

$$\eta_{et}=\eta_{it}\eta_m \tag{1-15}$$

可见，在 η_{et} 中已经考虑到发动机实际工作时的一切损失了。

在致力于提高发动机性能指标时，应尽可能减少机械损失，提高机械效率。若不注意这点，有时在改善气缸内部指示指标的同时，却不自觉地增加了机械损失，以至于不能获

得预期的改进效果。

二、机械损失的测定

机械损失的测定方法有多种，常用的方法有示功图法、倒拖法、灭缸法和油耗线法等。

1. 示功图法

运用各种示功器获取气缸的示功图，从中算出 P_i 值，从测功器和转速计读数中测出发动机的有效功率，从而可以算出 P_m、η_m 及 p_{mm} 值，这种直接测定方法是在真实的试验工况下进行的，从理论上讲也完全符合机械损失的定义，但试验结果的正确程度往往决定于示功图测录的正确程度。由于上止点处缸内压力的变化非常平缓，在 p-V 图或 p-φ 图上活塞上止点位置不易正确确定。而上止点位置的少许误差，会引起 W_i 测算值的较大误差。此外，在多缸发动机中，各个气缸存在一定的不均匀性，而在试验中往往只测录一个气缸的示功图用以代表其他各缸，这也会引起一定的误差。因此，当上止点位置能得到精确校正时，示功图法才能取得较满意的结果。

2. 倒拖法

在电力测功器的试验台上，先使发动机在给定工况稳定运转，当冷却液、机油温度达到正常数值时，立即切断对发动机的供油（柴油机）或停止点火（汽油机），同时将电力测功器转换为电动机，倒拖发动机到同样转速，并且维持冷却液和机油温度不变，这样测得的倒拖功率即为发动机在该工况下的机械损失功率。

倒拖法测定机械损失功率设定的工况与发动机实际运行情况相比，首先，气缸内无可燃混合气燃烧，因而作用在活塞上的气体压力在膨胀行程中大幅度下降，使活塞、连杆、曲轴的摩擦损失有所减少；其次，按这种方法求出的摩擦功率中含有不应该有的泵气损失功率 P_p 这一项，且由于排气行程中温度低、密度大，使 P_p 比实际工况还要大；再次，倒拖在膨胀、压缩行程中，由于充量向气缸壁的传热损失，以致 p-V 图上膨胀线和压缩线不重合而处于它的下方，即出现了图 1-16 所示的负功。实际上，在测量该工况的有效功率时，这部分传热损失已被考虑在内。

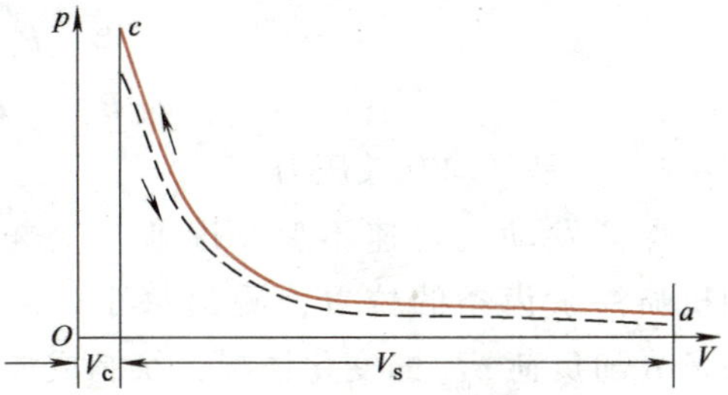

图 1-16 发动机被倒拖时的 p-V 图

上述三种因素的综合结果是：倒拖时所消耗的功率要超过柴油机在给定工况工作时的实际机械损失，如在低压缩比发动机中，误差约为 5%；而在高压缩比发动机中，误差有时可高达 5%~15%，因而倒拖法在测定汽油机机械损失时得到较广泛的应用。

3. 灭缸法

灭缸法仅适用于多缸发动机。当发动机调整到给定工况稳定工作后，先测出其有效功率 P_e，之后在喷油泵齿条位置或节气门位置不变的情况下，停止向某一气缸（如第一缸）供油或点火，并用减少制动力矩的办法迅速将转速恢复到原来的数值，并重新测定其有效功率 P'_{e1}。这样，如果灭缸后其他各缸的工作情况和发动机的机械损失没有变化，则被熄

灭的气缸原来所发出的指示功率 P_{i1} 为

$$P_{i1}=P_e-P'_{e1}$$

依次将各缸灭火，则有

$$P_{i2}=P_e-P'_{e2}$$

$$\vdots$$

把各式相加，最后可以从各缸指示功率的总和中求得整台发动机的指示功率 P_i 为

$$P_i=\sum_{k=1}^{i}(P_e-P'_{ek})$$

式中，i 为气缸数。

因此整台发动机的机械损失功率 P_m 为

$$P_m=(i-1)P_e-(P'_{e1}+P'_{e2}+\cdots) \tag{1-16}$$

采用这种方法时，只停止一缸的燃烧不致引起进、排气系统的异常变化，如排气管结构不致因一个气缸灭火而引起足以破坏其他气缸换气规律和充量系数的改变，测量结果就会相当准确，其误差在 5%以下。对于汽油机，由于进气情况的改变，往往得不到正确的结果。同样的道理，该方法也不能用于废气涡轮增压发动机及单缸发动机。

4. 油耗线法

由指示效率的定义可导出

$$BH_u\eta_{it}=3.6\times10^3P_i=3.6\times10^3(P_e+P_m) \tag{1-17}$$

当柴油机空转（无负荷），若 η_{it} 不随负荷增减而变化时，应有

$$B_0H_u\eta_{it}=3.6\times10^3P_m \tag{1-18}$$

两式相除，得

$$\frac{B}{B_0}=\frac{P_e+P_m}{P_m}=\frac{p_{me}+p_{mm}}{p_{mm}} \tag{1-19}$$

式中，p_{me} 是平均有效压力。

保证发动机转速不变，逐渐改变柴油机喷油泵齿条的位置，测出每小时耗油量 B 随负荷 p_{me} 的变化情况，绘制成如图 1-17 所示的曲线，此曲线称为负荷特性曲线。在曲线中找出接近直线的线段，并顺此线段作延长线，直至与横坐标相交，则交点到坐标原点的长度即为该发动机的平均机械损失压力 p_{mm} 的数值。使用此方法的基础是，假设转速不变时 p_{mm} 和指示热效率都不随负荷增减而变化。

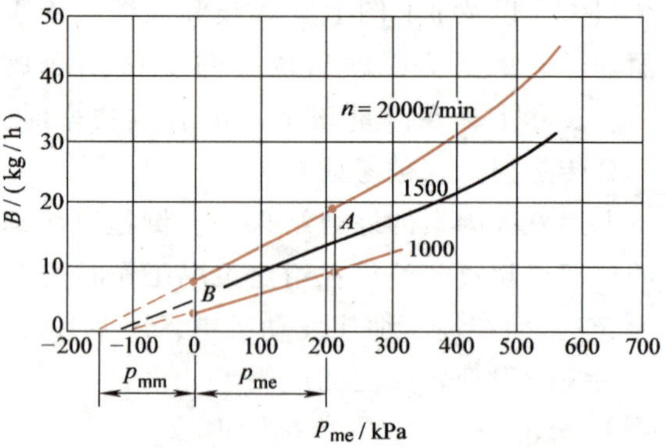

图 1-17　用油耗线法求 p_{me} 值示意图

根据以上的分析，得到图 1-17 中 A、B 两工况的关系式为

$$B_A H_u \eta_{it} = 3.6\times10^3 P_i = 3.6\times10^3(P_e + P_m)$$

$$B_B H_u \eta_{it} = 3.6\times10^3 P_m$$

两式相除，得

$$\frac{B_A}{B_B} = \frac{P_e + P_m}{P_m} = \frac{p_{me} + p_{mm}}{p_{mm}}$$

这个方法虽然只是近似的方法，但只要在低负荷附近，燃油消耗量曲线为直线就相当可靠，即使没有电力测功器和示功器也能进行测定。但是，这种方法不适合用于用节气门调节功率的汽油机。

当测得其 p_{mm} 值后，其机械效率可近似地用下式估算

$$\eta_m = \frac{p_{me}}{p_{me} + p_{mm}} = 1 - \frac{p_{mm}}{p_{me} + p_{mm}} = 1 - \frac{B_B}{B_A} \tag{1-20}$$

在以上所介绍的几种测定机械效率的方法中，倒拖法只能用于配有电力测功器的情况，因而不适用于大功率发动机，较适用于测定压缩比不高的汽油机的机械损失。对于排气涡轮增压柴油机（$p_b < 0.15\text{MPa}$），由于倒拖法和灭缸法破坏了增压系统的正常工作，只能用示功图法、油耗线法来测定机械损失。对于排气涡轮中增压、高增压的柴油机（$p_b \geq 0.15\text{MPa}$），除示功图外，尚无其他适用的方法可取代。

一般发动机的机械效率见表 1-17。

表 1-17　一般发动机的机械效率

发动机的类型	机械效率 η_m	发动机的类型	机械效率 η_m
非增压柴油机	0.78~0.85	汽油机	0.80~0.90
增压柴油机	0.80~0.92		

第六节　热　平　衡

热平衡表示热量的分配情况。只有了解热量损失所在，才能进一步减少它或设法利用它。

发动机热平衡通常按下列方法由试验确定。

一、发动机所耗燃油的热量 Q_T（kJ／h）

在发动机中，热量是由燃料燃烧而产生的，假设燃料完全燃烧，则每小时所发出的热量 Q_T 为

$$Q_T = BH_\mu \tag{1-21}$$

式中，Q_T 是发动机所耗燃油的热量（kJ/h）；B 是发动机每小时的耗油量（kg/h）；H_μ 是燃料低热值（kJ/kg）。

二、转化为有效功的热量 Q_E（kJ／h）

若测得发动机的有效功率 P_e，则因为

$$1\text{kW}\cdot\text{h}=3.6\times10^3\text{kJ}$$

所以

$$Q_E=3.6\times10^3P_e \tag{1-22}$$

三、传递给冷却介质的热量 Q_S（kJ/h）

传递给冷却介质的热量包括实际循环中工质与缸壁的传热损失，废气通过排气道时传给冷却介质的热量，活塞与缸壁摩擦产生又传给冷却介质的热量以及润滑油传给冷却介质的热量等。

$$Q_S=G_Sc_S(t_2-t_1) \tag{1-23}$$

式中，G_S 是通过发动机冷却介质每小时的流量（kg/h）；c_S 是冷却介质的比热容[kJ/(kg·℃)]；t_1、t_2 是冷却介质的入口和出口温度（℃）。

四、废气带走的热量 Q_R（kJ/h）

废气带走的热量 Q_R(kJ/h)为

$$Q_R=(B+G_K)(c_{pr}t_2-c_{pk}t_1) \tag{1-24}$$

式中，B、G_K 是每小时消耗的燃料量和空气量（kg/h）；c_{pr}、c_{pk} 是废气和空气的比定压热容[kJ/(kg·℃)]；t_2 是靠近排气门处的废气温度（℃）；t_1 是进气管入口处工质的温度（℃）。

五、燃料不完全燃烧热损失 Q_B（kJ/h）

在汽油机中，因采用空气不足的浓混合气，在柴油机中，因空气和燃料混合不均，均可产生不完全燃烧。近似计算为

$$Q_B=Q_T(1-\eta_r) \tag{1-25}$$

式中，η_r 是燃烧效率。

六、其他热量损失 Q_L（kJ/h）

其他热量损失包括所有未计及的损失。由于不能分别给予它们准确的估计，一般只根据下式确定其总值

$$Q_L=Q_T-(Q_E+Q_S+Q_R+Q_B) \tag{1-26}$$

热平衡常以燃料总热的百分数表示，即

$$q_e=\frac{Q_E}{Q_T}\% \quad q_s=\frac{Q_S}{Q_T}\% \quad q_r=\frac{Q_R}{Q_T}\% \quad q_b=\frac{Q_B}{Q_T}\% \quad q_l=\frac{Q_L}{Q_T}\%$$

则有

$$q_e+q_s+q_r+q_b+q_l=100\% \tag{1-27}$$

图1-18所示为发动机的热平衡图，图中 Q_i 为转变为指示功的热量，设 Q_T 为燃料在缸内完全燃烧每小时放出的热量（kJ/h），此时不计入 Q_B 损失。由该图可以清楚地看到发动机中的热量流动情况以及各项损失如何纳入外热平衡的各个项目。

热平衡中各项数值的范围见表1-18。

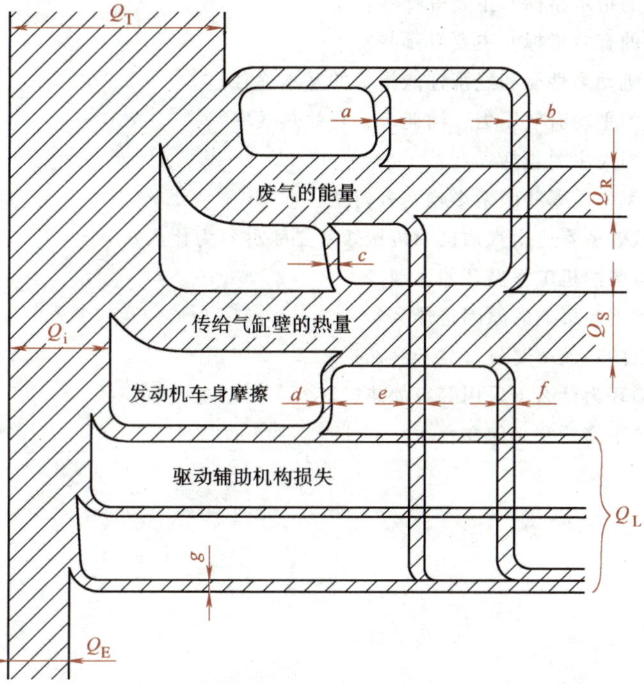

图 1-18　发动机的热平衡图

a—从残余废气和排气中回收的热量　*b*—由气缸壁传给进气的热量　*c*—排出废气传给冷却液的热量
d—在摩擦中传给冷却液的部分热量　*e*—从排气系统辐射的热量　*f*—从冷却液和水套壁辐射的热量
g—从曲轴箱壁和其他不冷却部分辐射的热量

表 1-18　热平衡中各项数值范围

型　式	q_e	q_s	q_r	q_b	q_l
汽油机	25～30	12～27	30～50	0～45	3～10
柴油机	30～40	15～35	25～45	0～5	2～5
增压柴油机	35～45	10～25	25～40	0～5	2～5

由表 1-18 可知，在燃料的总热量中，仅有 25%～40%的热量转变为有效功，其余60%～75%都损失掉了。其中，主要由废气带走，其次传给冷却液，在某些汽油机中不完全燃烧损失的热量所占比例也不小。

冷却液带走的热量占总热量的 10%～35%，其中一部分是排气道中废气传给冷却液的热，一部分是由摩擦产生的热，真正由燃烧、膨胀过程散出的热约占冷却损失的 15%。

废气带走的热量占总热量的 25%～50%，废气涡轮增压是回收这部分热量的一种方式，由表 1-18 可知，增压发动机的有效热效率最高。

复习思考题

1. 简述发动机的实际工作循环过程。
2. 画出四冲程发动机实际循环的示功图，它与理论示功图有什么不同？说明指示功的概念和意义。
3. 提高发动机实际工作循环热效率的基本途径是什么？可采取哪些基本措施？

4. 什么是发动机的指示指标？主要有哪些？
5. 什么是发动机的有效指标？主要有哪些？
6. 总结提高发动机动力性能和经济性能指标的基本途径。
7. 什么是发动机的平均有效压力、油耗率、有效热效率？
8. 发动机的机械损失主要包括哪些？
9. 什么是机械效率？受哪些因素影响？有何意义？
10. 如何测定机械效率？适用汽油机的机械效率是哪种？为什么？
11. 简述汽油机与柴油机工作循环的区别。
12. 排气终了温度偏高可能的原因是什么？
13. 为什么柴油机的热效率要显著高于汽油机？
14. 柴油机工作循环为什么不采用等容加热循环？
15. 研究发动机热平衡的意义何在？

第二章 Chapter 2

发动机的换气过程

汽车发动机换气过程的任务是将气缸内的废气排除，并充入尽可能多的新鲜空气或燃料和空气的混合气，同时功耗要少。

在可燃混合气中燃料所占容积很小，而且燃料是强制进入，多供一些燃料容易做到，而更多地充入空气却很困难。如果能使每循环进入气缸的空气量增多，就可以多供一些燃料，使燃烧放出的热量增加，从而提高发动机的转矩和功率。

第一节　四冲程发动机的换气过程

一、换气过程

四冲程发动机的换气过程包括从排气门开启直到进气门关闭的整个时期，占 410°～480°曲轴转角。换气过程可分为自由排气、强制排气、进气和燃烧室扫气四个阶段。图 2-1 所示为四冲程发动机换气过程的典型曲线。

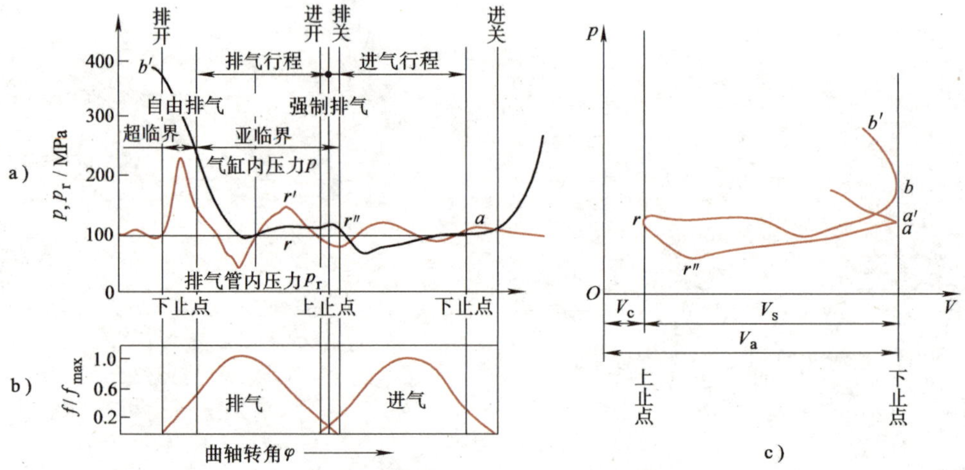

图 2-1　四冲程发动机换气过程的典型曲线

1. 自由排气阶段

从排气门打开到气缸压力接近排气管压力的这个时期称为自由排气阶段。由于配气机构惯性力的限制，若在活塞到达下止点时才打开排气门，则在气门开启的初期，开度极小，废气不能顺畅流出，缸内压力来不及下降，在活塞向上回行时形成较大的反压力，增加排气行程所消耗的功。因此，有必要在活塞到达下止点之前打开排气门，从排气门开始打开到活塞到达下止点期间的曲轴转角称为排气提前角。一般排气提前角为 30°～80°曲轴转角。

从图 2-1 中可以看到，在排气门刚开启时气缸内废气压力还很高，缸内压力与排气管压力之比往往大于临界值，排气的流动处于超临界状态，废气以声速流过排气门开启截面。在超临界排气时期内，废气流量与排气管内压力 p_r 无关，只取决于气缸内的气体状态和气门最小开启截面。随着废气大量流出，气缸内压力迅速下降，排气的流动转入亚临界状态。到某一时刻气缸内和排气管内压力相等，自由排气阶段结束。

自由排气阶段应在活塞到达下止点后 10°~30°曲轴转角处结束，时间过长会增加强制排气活塞推出功，使排气损失加大。在发动机高速运转时，同样的自由排气时间（以秒计）所相当的曲轴转角增大，为使缸内废气及时排出，应该加大排气提前角。自由排气阶段虽然占整个排气时间的百分比不大，但废气流速很高，排出废气量可达 60%以上。

2. 强制排气阶段

这个阶段废气是通过活塞的上行强制推出。缸内平均压力比排气管内平均压力略高一些，约为 10kPa。气流速度越高，压力差值越大，功耗越多。压力差是由排气门及排气道处的阻力造成的。

强制排气阶段接近终了时，在上止点附近，废气尚有一定的流动能量，可利用气流的惯性进一步排除废气。同时，如果排气门在上止点时关闭，在上止点之前它就要开始关小，产生较大节流作用，此时活塞还在向上运动，致使缸内压力上升，结果排气消耗的功和残余废气量都会增加。因此，排气门是在活塞过了上止点后才关闭的，从上止点到排气门完全关闭终了的这段曲轴转角称为排气迟闭角。一般排气迟闭角为 10°~35°曲轴转角。

3. 进气过程

为了保证活塞下行时，进气门开启面积足够大，使新鲜空气顺利流入气缸，进气门在上止点前就开始打开。进气门提前开启角一般为上止点前 0°~40°曲轴转角。

为了充分利用高速气流的动能，进气门也需在下止点后关闭，从而实现在下止点后继续充气，增加进气量。进气门迟闭角一般为下止点后 40°~70°曲轴转角。

由图 2-1 中气缸压力线可以看到，在进气行程初期，由于气门开启面积很小，活塞也开始向下运动，同时又要克服气流的惯性，因此，缸内产生很大的负压，新鲜空气流入气缸。随着气门开启，进入缸内的气体量增加，气缸压力和温度逐渐上升，到进气终了时，由于进气动能部分转变为压能，压力有一些提高，几乎回升到接近或略高于进气管内压力。

4. 气门重叠和燃烧室扫气

由于排气门的迟后关闭和进气门的提前开启，存在进、排气门同时打开的现象，称为气门重叠。气门重叠期间进气管、气缸、排气管连通，可以利用气流的压差和惯性清除残余废气，增加进气量。特别是增压发动机，其进气压力高，有一定数量的新鲜充量直接扫过燃烧室，帮助清除废气后进入排气管，扫气效果更明显。因为汽油机新鲜充量是可燃混合气，扫气会造成燃料的损失，所以气门重叠的角度选择以新鲜充量不流入排气管为原则。柴油机没有燃料损失问题，但气门重叠角过大，会发生气门与活塞相碰的问题。对于增压发动机，扫气的优点有很多，可以适当加大气门重叠角。在非增压发动机中，重叠角一般为 20°~60°曲轴转角。增压柴油机的重叠角一般为 80°~160°曲轴转角（图 2-2）。

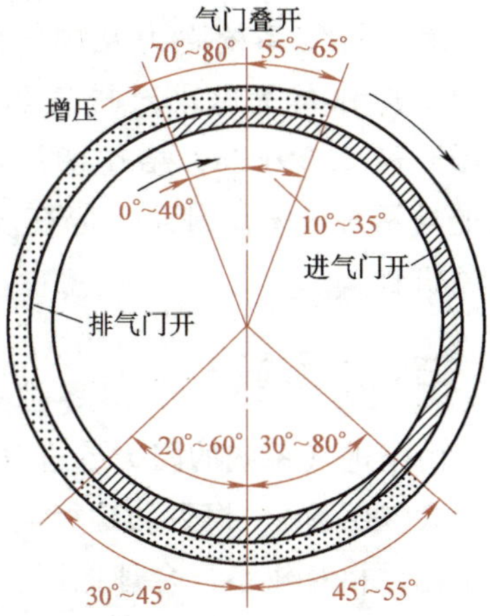

图 2-2　四冲程发动机进、排气相位图（外圈表示增压）

二、排气损失

从排气门提前打开，直到进气行程开始，缸内压力到达大气压力前循环功的损失称为排气损失。它可分为自由排气损失和强制排气损失。自由排气损失（图2-3中面积 W）是因排气门提前打开，排气压力线从 p_b' 点开始偏离理想循环膨胀线，引起膨胀功的减少。强制排气损失（图2-3中面积 Y）是活塞将废气推出所消耗的功。

如图2-4所示，随着排气提前角的增大，自由排气损失面积 W 增加，而此时强制排气损失面积 Y 应减小，因而最有利的排气提前角应使面积（$W+Y$）之和最小。当排气门截面小，发动机转速高时，按曲轴转角计算的实际超临界排气时期延长，为减少排气损失，应适当加大排气提前角。

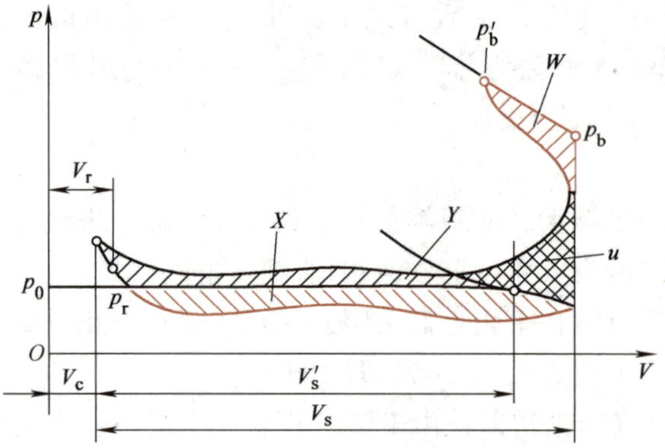

图2-3 四冲程发动机换气损失

W—自由排气损失 Y—强制排气损失

X—进气损失 $X+Y-u$—泵气损失

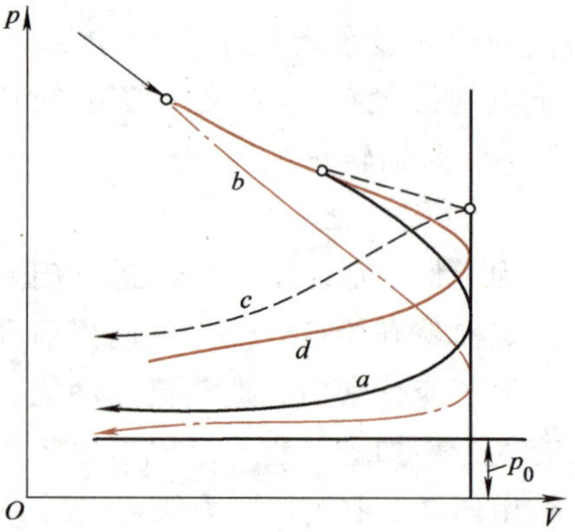

图2-4 排气门提前角和排气损失

a—最合适 b—过早

c—过晚 d—排气门面积过小

减小排气系统阻力及排气门处流动损失是降低排气损失的主要方法。排气消声系统的结构和布置形式对排气阻力影响也很大，关系到排气管内的排气背压。排气背压每升高3.39kPa，增压柴油机耗油率在各种负荷下平均增加0.5%，而非增压柴油机平均增加1%，因而，应在不牺牲消声性能的前提下最大限度地降低排气背压，提高经济性。

三、进气损失

由于进气系统的阻力，进气过程的气缸压力低于进气管压力（非增压发动机中一般设为大气压力），损失的功相当于图2-3中 X 所表示的面积，称为进气损失。它与排气损失相比，相对较小。合理地调整配气定时，加大进气门的流通截面积，正确设计进气管流道以及降低活塞平均速度均可以减少进气损失。

排气损失与进气损失之和称为换气损失，如图2-3所示的面积（$W+X+Y$）。而实际示功图中将面积（$X+Y-u$）表示的损耗称为泵气损失。

第二节　四冲程发动机的充量系数

一、充量系数 ϕ_c

ϕ_c 是衡量不同发动机动力性能和进气过程完善程度的重要指标，称为充量系数，又称充量效率或容积效率。它的定义为每缸每循环实际吸入气缸的新鲜空气质量与进气状态下理论计算充满气缸工作容积的空气质量之比，即

$$\eta_v=\frac{m_a}{m_s}=\frac{V_1}{V_s}$$

式中，m_a 是实际进入气缸的新鲜空气的质量；V_1 是实际进入气缸的新鲜空气在进气状态下的体积；m_s 是进气状态下理论计算充满气缸工作容积的空气质量；V_s 是气缸工作容积。

二、影响充量系数 ϕ_c 的因素

1）参考图 2-3，进气门关闭时气缸内的气体总质量为

$$m_a=(V_c+V'_s)\rho_a \tag{2-1}$$

式中，V'_s 是进气门关闭时，活塞顶至上止点的气缸容积。

2）在排气门关闭时气缸内残余废气的质量为

$$m_r=V_r\rho_r \tag{2-2}$$

3）进入气缸新鲜空气的质量为

$$\eta_v V_s\rho_s=(V_c+V'_s)\rho_a-V_r\rho_r$$

$$\eta_v=\frac{(V_c+V'_s)\rho_a-V_r\rho_r}{V_s\rho_s} \tag{2-3}$$

经变换推导得

$$\eta_v=\xi\frac{\varepsilon_c}{\varepsilon_c-1}\frac{T_s}{p_s}\frac{p_a}{T_a}\frac{1}{\gamma+1} \tag{2-4}$$

式中，$\xi=\dfrac{V_c+V'_s}{V_c+V_s}$；$p_a$、$T_a$ 是进气终了时气体的压力、温度；p_s、T_s 是进气状态下气体的压力、温度；γ 是残余废气系数，$\gamma=\dfrac{m_r}{\eta_v V_s\rho_s}$，即进气过程结束时，气缸内残余废气质量与气缸内新鲜充量之比；ε_c 是压缩比。

1. 进气门关闭时缸内压力 p_a

由式（2-3）可知，p_a 对充量系数 ϕ_c 的影响较大，p_a 值越高，η_v 值越大。

$$p_a=p_s-\Delta p_a$$

式中，Δp_a 是气体流动时，由于进气系统阻力而引起的压降。这种流动阻力的一般公式可写成

$$\Delta p_a = \lambda \frac{\rho v^2}{2}$$

式中，λ 是管道阻力系数；ρ 是进气状态下气体的密度（kg/m^3）；v 是管道内气体流速（m/s）。Δp_a 主要取决于各段管道阻力系数 λ 和管道内气体流速 v。若 λ 大和 v 高，Δp_a 增加，使 p_a 下降。

进气门是整个进气系统截面最小、流速最大的地方，因此也是进气阻力的重要部分。发动机转速 n 升高，气体流速增加，Δp_a 显著加大（呈平方关系），使 p_a 迅速下降。

汽车发动机的使用特点是转速和负荷都不断地在宽广的范围内变化。例如，汽车沿阻力降低的道路行驶，当汽油机节气门开度保持一定时，车速会不断增加。由于曲轴转速增高，气流速度加大，p_a 迅速下降。

综上所述，负荷变化时，柴油机和汽油机进气门关闭时缸内压力 p_a 的变化不同。柴油机 p_a 基本不随负荷变化，汽油机 p_a 随负荷变化显著。p_a 随使用工况（转速、负荷）的变化，也决定了充量系数 ϕ_c 的变化，从而直接关系到发动机的使用性能。

2. 进气门关闭时缸内气体温度 T_a

进气门关闭时，缸内气体温度 T_a 高于进气状态温度 T_s。引起 T_a 升高的原因是新鲜工质进入发动机与高温零件接触而被加热，新鲜工质与高温残余废气混合而被加热。T_a 值越高，充入气缸工质的密度越小，充量系数 ϕ_c 降低。因此，在条件允许的情况下应力求降低T_a 值。

当负荷不变而转速增加时，由于新鲜工质与缸壁等接触时间短，壁面等传至空气的热量减少，T_a 稍有下降。当转速不变而增加发动机负荷时，因为缸壁温度升高，使进气门关闭时缸内气体温度 T_a 有所上升。

3. 残余废气系数 γ

气缸中残余废气增多会使燃烧恶化，使充量系数 ϕ_c 下降，对发动机的经济性能和排放性能也有影响。

进、排气门的叠开角大、压缩比高，γ 值下降，故一般柴油机的 γ 值较低。γ 的一般范围如下：

四冲程非增压柴油机	0.03～0.06
四冲程增压柴油机	0.00～0.03
四冲程汽油机	0.06～0.16

排气终了时废气压力 p_r 高，说明残余废气密度增加，γ 上升，充量系数 ϕ_c 下降。与进气过程同理，p_r 主要决定于排气系统特别是排气门处的阻力，而且转速越高，流阻越大，p_r 越高。

汽油机在低负荷运转时，因节气门关小，新鲜充量减少，γ 大大增加，稀释可燃混合气，使燃烧过程缓慢，易造成汽油机低负荷工作不稳定和经济性变差。目前电控汽油发动机普遍采用排气再循环技术，根据不同的运行状态，发动机电控单元控制再循环废气的量，使 γ 在一定范围内变化，从而控制尾气中氮氧化合物的含量（详见第八章）。

4. 进、排气相位角

由于进气门迟闭而使 $\xi<1$，新鲜充量的容积减小，但进气时 p_a 值却可能因气流惯性而有所增加。合适的配气相位应该考虑 ξp_a 具有最大值。

5. 压缩比

压缩比 ε_c 增加，余隙容积减小，残余废气的相对量随之减少，因此充量系数 ϕ_c 有所增加。

6. 进气状态

进气温度 T_s 升高及进气压力 p_s 下降均会使进入气缸充量的密度减小，绝对进气量减少。但是，由式（2-4）可知，充量系数 ϕ_c 是在同一进气状态下的相对值。进气温度 T_s、进气压力 p_s 变化一般对充量系数 ϕ_c 影响不大。

第三节　提高发动机充量系数的措施

一、降低进气系统的阻力

发动机的进气系统（非增压发动机）由空气滤清器、进气管、进气道和进气门组成。减少各段通路对气流的阻力可以有效提高充量系数 ϕ_c。

1. 减少进气门处的流动损失

在整个进气系统中，进气门处的通过断面最小，而且截面变化大，因此流动损失大部分集中于此。

（1）进气马赫数 M　进气马赫数 M 是进气门处气流平均速度 v_m 与该处声速 α 之比 $\left(M=\dfrac{v_m}{\alpha}\right)$，它是决定气流性质的重要参数。$M$ 反映了气体流动对充量系数的影响，是分析充量系数的一个特征数。

进气门处气流平均速度 v_m 定义为实际进入气缸的新鲜空气与进气门有效时间截面值 $F(t)$ 之比，即

$$v_m=\frac{\eta_v V_s}{F(t)}$$

$$F(t)=\mu_m F_m(t)(t_e-t_c)=\mu_m F_m(t)(\theta_e-\theta_c)\frac{1}{6n}$$

式中，μ_m 是进气门开启期间的平均流量系数；$F_m(t)$ 是进气门平均开启面积；t_c、t_e 是进气门开、关时间；θ_c、θ_e 是进气门开、关角度。

$$M=\frac{V_s\eta_v}{\alpha\mu_m F_m(t)(t_e-t_c)}=\frac{6V_s\eta_v n}{\alpha\mu_m F_m(t)(\theta_e-\theta_c)} \tag{2-5}$$

$$M\propto\frac{FC_m}{\alpha\mu_m F_m(t)(\theta_e-\theta_c)}\propto\left(\frac{D}{d}\right)^2\frac{C_m}{\alpha\mu_m(\theta_e-\theta_c)} \tag{2-6}$$

式中，F 是活塞面积；C_m 是活塞平均速度；D、d 是活塞与进气门直径。

大量试验结果表明，当 M 超过一定数值时，在0.5左右，充量系数 ϕ_c 便急剧下降。M 是决定气流性质，影响充量系数 ϕ_c 的重要参数，应使 M 在最高转速时不超过一定数值。M 受气门大小、形状、升程规律及进气相位等因素的影响。

（2）减少气门处流动损失 由式（2-5）和式（2-6）可知，增大气门相对通过面积，提高气门处流量系数以及合理的配气相位是限制 M 值、提高充量系数 ϕ_c 的主要方法。

增大进气门直径可以扩大气流通路截面积，提高充量系数 ϕ_c。目前在两气门（一进、一排）结构中，进气门直径可达活塞直径的45%～50%，气门和活塞面积之比为0.2～0.25。通常牺牲排气门直径来增大进气门直径，一般进气门直径比排气门直径大15%～20%。不过排气门直径也不能过分缩小，否则会导致不合理地增加排气损失和残余废气量。高速发动机可采用较小的行程缸径比 S/D，气缸直径相对增大，使得气门直径有可能增大，因而使进气能力相应增加，进气马赫数 M 下降，从而提高充量系数 ϕ_c。

增加气门的数目，采用三气门结构（两个进气门、一个排气门），四气门结构（两个进气门、两个排气门），甚至五气门结构（三个进气门、两个排气门），这些都是增大进气门流通面积，降低排气损失的有效措施。此外，在汽油机上，四气门的燃烧室紧凑，可增加压缩比，两个气道能适当改变进气气流扰动状况，改善部分负荷的性能，提高了燃油经济性。另外，四气门结构能减少排气阻力，降低泵气损失。但它的结构相对复杂，造价较高。

改进配气凸轮型线，适当增加气门升程，在惯性力容许的条件下，使气门开闭尽可能快，都可以提高气门处的通过能力。

改善气门处的流体动力性能，可以降低流动阻力。例如，气门头部到杆身的过渡形状为平面形顶时，过渡半径小，流动阻力较大。改为凹面形顶，过渡半径较大，利于改善进气流动。又如气门升起后，气门头不应过分靠近缸壁或燃烧室侧壁，因为过于接近壁面导致部分通道不能有效利用。

2. 减少进气道、进气管和空气滤清器的阻力

气缸盖内的进气道形状比较复杂，因受到气门导管凸台的影响，截面形状急剧改变，进气阻力增大。为减少进气道阻力，气道通路断面应有足够的面积，各断面要避免突变。进气道内部过渡圆角半径应大一些，避免急剧转弯等。

进气管必须保证足够的流通截面积，管道表面光洁，避免急转弯及流通截面突变，以减少阻力。为保证各气缸进气均匀，各缸进气管应独立且长度尽可能一致。进气管的整体走势和内壁断面形状要满足使新鲜充量在气缸中形成涡流的要求。

空气滤清器阻力随结构的不同而变化。油浴式滤清器的原始阻力对小功率发动机小于980Pa；对中等以上功率发动机则大于980Pa；随着使用时间增加，阻力可增至2990Pa。采用微孔纸质滤芯的原始阻力不大于390Pa，但积尘以后阻力可增到3900～5900Pa。必须在保证滤清效果的前提下，尽可能减小空气滤清器的阻力。例如，加大通过截面，改进滤清性能以及设计、制造低阻高效滤清器等。在使用中要经常清洗滤清器，特别要避免油污堵塞纸芯，及时更换滤芯等。

二、减少对进气充量的加热

新鲜空气在吸入过程中，受到进气管、进气道、气门、气缸壁和活塞等一系列受热零件

的加热，引起温升。温升的大小与许多因素有关，如发动机转速与负荷，冷却液温度和进气本身的温度等。从结构方面来看，进、排气管两侧分开布置，可以避免或减少高温排气管对进气的加热，有利于提高充量系数。柴油机和现代高速汽油机，为获得较高充量系数而采用进、排气管分两侧布置的方案。为了避免进气受热，有的发动机的进气歧管采用工程塑料制成。

三、降低排气系统流通阻力

降低排气系统流通阻力，使气缸内废气压力 p_r 下降，这样不仅可以减少残余废气系数 γ，有利于提高充量系数，还可以减少泵气功。

在排气系统中，流通截面最小处在排气门座处，这里的气流速度最高，压力降最大。如果将排气道的一部分做成扩压形，则能使通过气门座缝隙的气体动能一部分转化为压力能，使压力获得明显回升，从而降低了气缸内与排气管内的压力差，降低了气缸内的废气压力，达到提高充量系数 ϕ_c 和降低泵气功的目的。同时，选择良好的排气歧管的流形，避免排气道内截面突变、急转弯和凸台，有助于降低整个流通阻力。此外，在满足必要的消声效果要求下，应尽可能降低消声器的流通阻力。

四、合理选择进、排气相位角

合理选择进、排气相位角，可以获得较好的充气效果，特别是在高转速时，适当推迟进气门关闭时间，可以利用高速气流的惯性来增加每循环气缸的充气量。即转速一定，气流动能一定，则存在相应的最佳进气门迟闭角度。

传统发动机的配气定时是不能改变的，此时，充量系数 ϕ_c 在某一转速下达到最高值，说明在这个转速下工作，能最好地利用气流惯性充气。当转速高于此转速时，气流惯性增加，而进气门迟闭角不变，就使一部分本来可以利用气流惯性进入气缸的气体被关在气缸之外，加之转速上升，流动阻力增加，因而使充量系数 ϕ_c 下降。当转速低于此转速时，气流惯性减小，又可能使一部分气体被推回进气管，充量系数 ϕ_c 也下降。

利用气门可变正时技术则可在全部转速范围内提高充量系数。在进气行程中，进气管内由于活塞下行产生的向下压力波到达进气门即将反射的瞬间，关闭进气门，可以较好地利用这种惯性增压。试验表明，当发动机转速升高时，这种压力波的波峰随曲轴转角的变化向曲轴转角增大的方向推移。优化气门正时可以提高充量系数，当发动机转速增高时，推迟进气门关闭可以充分利用进气充气的惯性增压效应，提高转矩；低转速时，进气充气惯性增压效应减弱，为保证最大有效压缩比，不再推迟进气门关闭。这样可以使发动机在高、低转速时均获得较高的充量系数 ϕ_c。

五、采用谐振进气与可变进气歧管

谐振进气和可变进气歧管都是利用进气管的动态效应来提高充量系数的。由间断进气而引起的进气压力波动对发动机进气量影响很大，进气管长度、直径等进气系统参数会改变进气压力波。适当调整这些参数，可以有效地利用进气管的压力波，以增加充量系数，改善转矩特性，这已在车用发动机上得到利用。

进气管压力波动对充量系数的影响主要决定于下止点后到进气门关闭这一期间，进气管靠近气缸一端压力的变化情况。进气门打开初期，由于活塞向下运动以及气流惯性，气缸内产生很大的负压（即真空度），进气管内也产生很大负压，新鲜空气从进气管的外端流入。同时从气缸中传出膨胀波，通过气门、气道沿进气管向开口端传播。当膨胀波到达开口端后，又从开口端向气缸方向反射回压缩波。此压缩波反射到气缸后，使气缸内的压力上升。如果进气管的长度适当，使从膨胀波发出到压缩波回到气缸处所经过的时间，正好与进气门从开启到关闭所需的时间配合，即压缩波到达气缸时，进气门正好处于关闭前夕，则能把较高压力的空气关在气缸内，实现增压效应，这种效应是本循环的波动效应。反之，若进气管的长度不适当，进气门关闭时，压力不是处于波峰位置而是在波谷，即到达气门外的不是压缩波而是膨胀波，那么就会降低气缸压力，得到相反的结果。

当进气门关闭后，进气管里的气柱还在继续波动，对下一个进气循环的进气量有影响，这一影响称为前面循环波动效应。进气门关闭时，进气管内流动的空气因急速停止而受到压缩，在进气门处产生压缩波，向进气管的开口端（即入口端）传播。当压缩波传到管端时，将要产生反射波，由于这种边界条件（开口、管外压力不变）的作用，反射波的性质与入射波的性质相反，即为膨胀波，该波向进气门处传播，到达进气门处时，若气门尚未打开，则其边界条件为封闭型（速度为0），那么在气门处的反射波的性质与入射波的性质相同，即为膨胀波，此膨胀波向进气管的管端传播，在开口端再次反射时，反射波为压缩波，又向进气门处传播。这样周而复始，气波在进气管中来回传播，进气门处的压力也时高时低，形成压力波动。如果使正压力波与下一循环的进气过程重合，就能使进气终了时压力升高，从而提高充量系数。如与负压力波重合，则气门关闭时压力会下降，充量系数 ϕ_c 降低。

压力波动的固有频率 f_0 为

$$f_0=\frac{\alpha}{4L} \tag{2-7}$$

式中，α 是进气管内声速（m/s）；L 是进气管长度（m）。

当发动机转速为 n(r/min)时，进气频率 f_n 为

$$f_n=\frac{n}{60\times2}=\frac{n}{120}$$

用 q 来表示波动次数，则有

$$q=\frac{f_0}{f_n}=\frac{30\alpha}{nL} \tag{2-8}$$

上式说明了进气管内压力波动的固有频率和发动机进气频率之间的配合关系。

当 $q=1\frac{1}{2}$，$2\frac{1}{2}$，…时，下一次气门开启期间正好与正的压力波相重合，使充量系数 ϕ_c 增加。当 $q=1$，2，…时，进气频率与压力波动频率合拍，下一次气门开启期间与负的压力波重合，使充气量减少。本次循环的压力波动衰减小、振幅大，而前面循环的压力波动是经过多次反射后的波，衰减大、振幅小（图2-5）。

汽车发动机的工作转速范围宽广。转速不同，理想的进气管长度不同，一般高转速用

较短进气管，低转速所需进气管较长。传统的进气管常常只能满足在某一常用的转速区域运转时，进气动态效果较佳。

谐振进气系统利用一定长度和直径的进气歧管与一定容积的谐振室，在特定的转速下产生大幅值压力波，从而增加进气。在此基础上，随转速变化控制谐振室接入进气道，可以在特定的高、低两个转速阶段，利用进气管的动态效应来提高充量系数。

随着电子控制技术的发展，出现了可变进气歧管。图 2-6 所示为可变长度进气歧管。当发动机低速运转时，发动机电控单元 5 发出指令，转换阀控制装置 4 关闭转换阀 3，这时空气经空气滤清器 1 和节气门 2 沿着细长的进气歧管流进气缸。弯曲细长的进气歧管提高了进气速度，气流的动能增大，使进气量增多。当发动机转速增高时，转换阀开启，空气通过空气滤清器和节气门直接进入粗短的进气歧管。粗短的进气歧管进气阻力小，也使进气量增多。

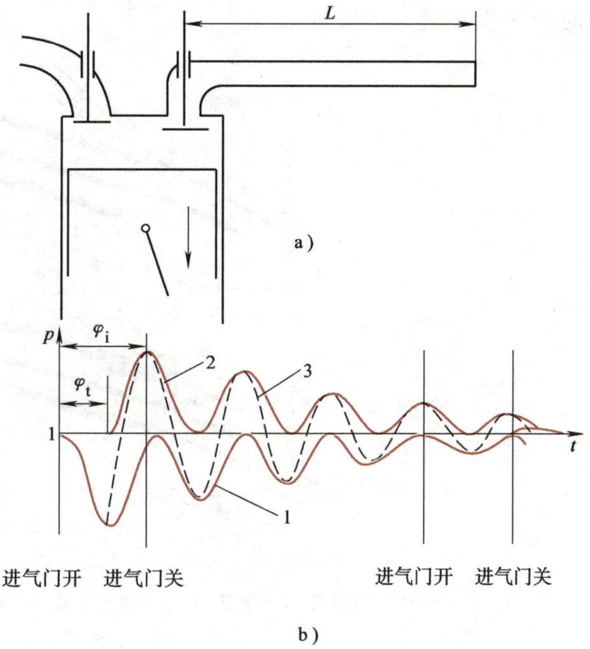

图 2-5　进气管内压力波动

a）进气系统简图　b）进气门处压力波动

1—吸气波　2—反射波　3—合成波

φ_i—进气持续角　φ_t—曲轴转角　L—进气管长度

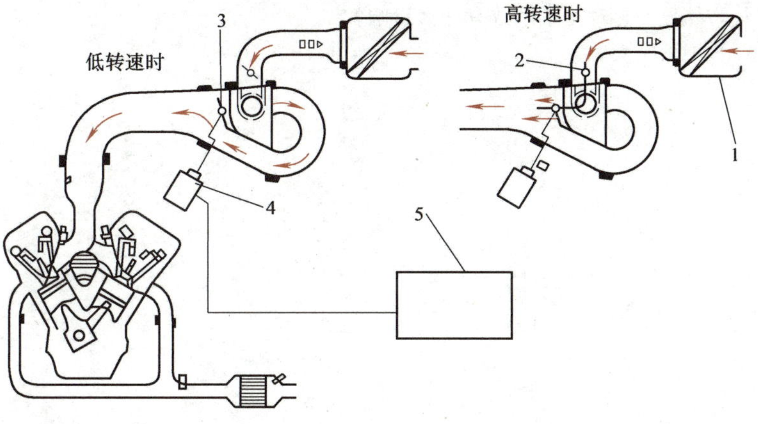

图 2-6　可变长度进气歧管

1—空气滤清器　2—节气门　3—转换阀　4—转换阀控制装置　5—发动机电控单元

另一种可变进气歧管——双通道可变进气歧管如图 2-7 所示。它的每个歧管有一长一短两个进气通道。根据发动机转速的高低，通过旋转阀控制空气流经哪一个通道。当发动机在中、低速运转时，旋转阀将短进气通道封闭，空气沿长进气通道经进气道进入气缸。当发动机高速工作时，旋转阀使长进气通道短路，将长进气通道也变为短进气通道。空气同时经两个短进气通道进入气缸。

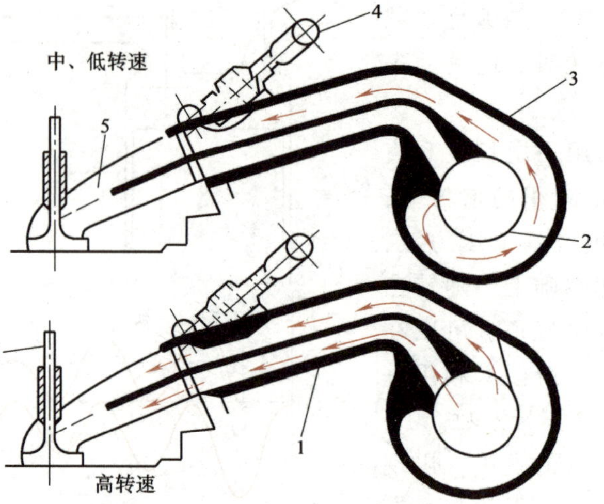

图 2-7　双通道可变进气歧管

1—短进气通道　2—旋转阀　3—长进气通道　4—喷油器　5—进气道　6—进气门

复习思考题

1. 为什么发动机进气门要迟后关闭、排气门要提前开启？提前与迟后的角度与哪些因素有关？
2. 四冲程发动机的换气过程包括哪些阶段？这些阶段是如何界定的？
3. 影响充量系数的主要因素有哪些？
4. 提高发动机工作转速，从换气方面会遇到哪些阻碍因素？应如何克服？
5. 什么是进气管动力效应？怎样利用它来提高充量系数？
6. 什么是进气马赫数？它对充量系数有什么影响？

第三章 Chapter 3

发动机废气涡轮增压

第一节　概　述

所谓增压，就是利用增压器将空气或可燃混合气进行压缩，再送入发动机气缸的过程。增压后，每循环进入气缸内的新鲜充量密度增大，使实际充气量增加，从而达到提高发动机功率和改善经济性能的目的。

提高发动机功率的方法有很多。由公式

$$P_e = \frac{p_{me} V_s i n}{30\tau} \times 10^{-3}$$

可以得到

$$P_e \propto iD^2 Snp_{me}/\tau \propto iD^2 C_m p_{me}/\tau \tag{3-1}$$

而

$$p_{me} \propto \frac{\eta_{it}}{\alpha} \eta_m \eta_v \rho_s \tag{3-2}$$

由式（3-1）和式（3-2）可知，提高发动机的单机功率有以下三种途径：

1）改变发动机的结构参数，如增加气缸数 i，增大气缸直径 D、活塞行程 S 和减少冲程数 τ 等。

2）提高发动机转速 n 或活塞平均速度 C_m。

3）提高发动机的平均有效压力 p_{me}。

显然，用加大车用发动机结构参数来提高发动机功率，将受到安装位置和自重的限制。用提高发动机转速，向高速发动机发展虽然是可行的，但发动机转速的提高受到活塞平均速度的限制，因为充量系数 ϕ_c 和机械效率 η_m 都将随着活塞平均速度的提高而显著下降。此外，燃料经济性、发动机运转可靠性、机件寿命及噪声等因素也限制了活塞平均速度的提高。只有提高发动机的平均有效压力是最经济有效的方法，它可通过减小过量空气系数 ϕ_a，提高充量系数 ϕ_c 和增加进入气缸的充量密度 ρ_s 来实现发动机单机功率的提高。

增压就是增加进入发动机气缸的充量密度 ρ_s 从而提高平均有效压力，达到提高发动机功率，改善燃料经济性能和排放性能的目的。

为了说明发动机在采用增压后使功率得到提高的程度，提出增压度的概念。所谓增压度 φ_k，是指发动机在增压后增长的功率与增压前的功率之比，即

$$\varphi_k = \frac{P_{e-k} - P_{e-0}}{P_{e-0}} = \frac{P_{e-k}}{P_{e-0}} - 1$$

式中，P_{e-0}、P_{e-k} 分别为增压前、后的功率。

目前，车用发动机的增压度不高，φ_k 在 10%～60%的范围内，大部分为 20%～30%（而船用大型低速四冲程柴油机的增压度可达到 3.0 以上）。这是因为车用发动机增压不仅要求功率增加，而且还要在较大的转速和负荷范围内满足动力性能、经济性能、排放与成本等多方面的要求，一般增压度不宜过高。

增压比 π_k 是指增压后气体压力 p_k 与增压前气体压力 p_0 之比，即 $\pi_k=p_k/p_0$。

通常，增压按两种方法分类。一种是按增压系统的结构形式分类，另一种是按增压比分类。

1）低增压：$\pi_k=1.3\sim1.6$，对应的 $p_{me}=700\sim1000\text{kPa}$。

2）中增压：$\pi_k=1.6\sim2.5$，对应的 $p_{me}=1000\sim1500\text{kPa}$。

3）高增压：$\pi_k>2.5$，对应的 $p_{me}>1500\text{kPa}$。

此外，超高增压 $\pi_k>4.5\sim5.5$，对应的 $p_{me}>2500\text{kPa}$。

按增压系统的结构形式分类有机械增压系统、废气涡轮增压系统、复合式增压系统、组合式涡轮增压系统和气波增压系统等。

（1）机械增压系统　机械增压系统如图 3-1 所示，在机械增压系统中，压气机 5 由发动机曲轴 3 通过齿轮变速器或其他类型传动装置驱动，将气体压缩并送入发动机气缸。增压器可用离心式压气机、罗茨式压气机、螺旋转子式压气机或滑片转子式压气机等。

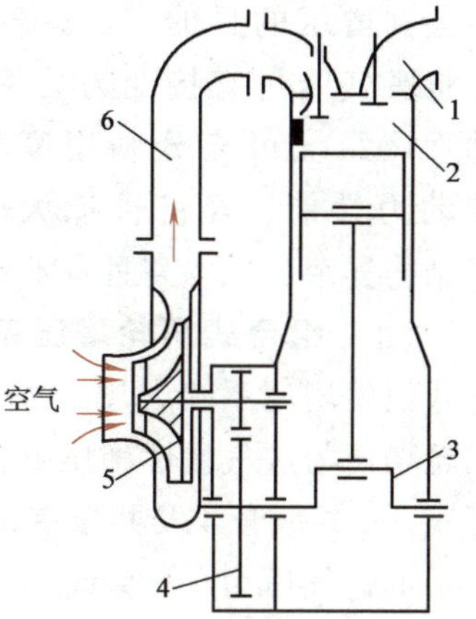

图 3-1　机械增压系统

1—排气管　2—气缸　3—曲轴　4—齿轮副　5—压气机　6—进气管

机械增压系统可有效提高内燃机功率并能用于二冲程发动机扫气以及复合增压系统中。p_k 值不宜超过 160kPa，因为 p_k 与驱动压气机消耗的发动机功率成正比，如 p_k 值高，将导致整机性能下降，特别是比油耗上升。

（2）废气涡轮增压系统　废气涡轮增压系统（图 3-2）利用发动机排出的具有一定能量的废气进入涡轮 3 并膨胀做功，废气涡轮的全部功率用于驱动与涡轮机同轴旋转的压气机 5 的工作叶轮，在压气机中将新鲜空气压缩后再送入气缸。废气涡轮与压气机通常装成一体，称为废气涡轮增压器，它的结构简单，工作可靠。一般自吸式发动机合理加装废气涡轮增压系统后，功率可提高 30%~50%，比油耗降低 5%左右，有利于改善整机动力性能、经济性能及排放品质，因而得到广泛应用。

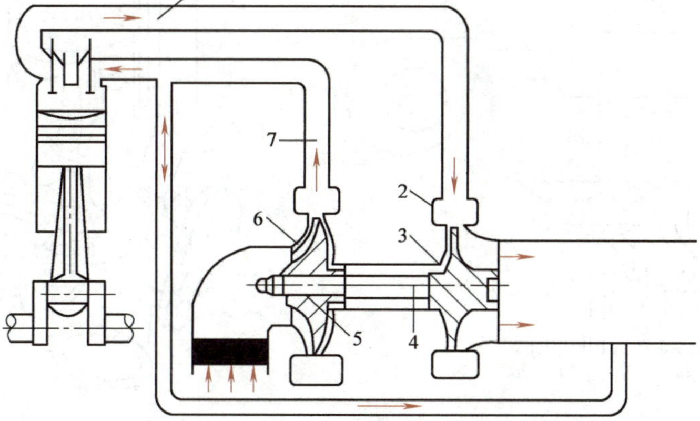

图 3-2　废气涡轮增压系统

1—排气管　2—涡轮壳体　3—涡轮　4—转子轴　5—压气机　6—集气器　7—进气管

（3）复合式增压系统　复合式增压系统如图 3-3 所示，它将废气动力涡轮与废气涡轮增压器串联起来工作。在某些增压度较高的发动机上，废气能量除驱动废气涡轮增压器外，尚有多余的能量用于驱动低压废气动力涡轮 7，该动力涡轮通过齿轮变速器及液力偶合器 5 与发动机输出轴 4 联接。这样，废气涡轮增压器达到增压的目的，而废气动力涡轮将废气能量直接变为功率送给曲轴。该系统可充分利用废气能量，使动力性能、经济性能大为改善，但结构复杂、成本高且技术难度大。

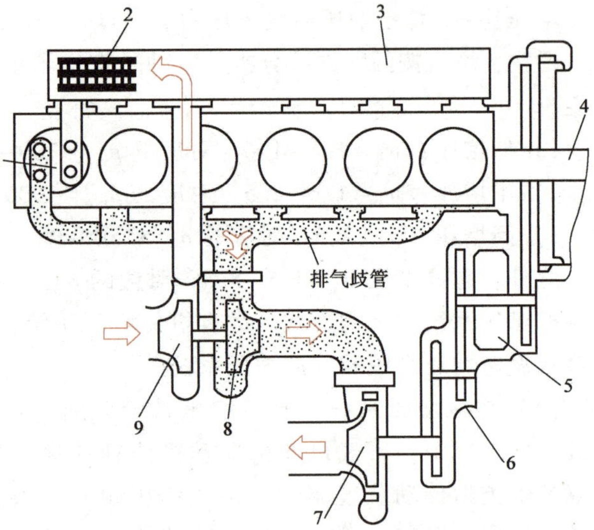

图 3-3　复合式增压系统

1—气缸　2—中冷器　3—进气歧管　4—输出轴　5—液力偶合器　6—齿轮系统　7—动力涡轮　8—涡轮　9—压气机

（4）组合式涡轮增压系统　组合式涡轮增压系统（图 3-4）由废气涡轮增压与进气惯性增压组合而成。在该增压系统中，除废气涡轮增压器 1 外，还有由稳压箱 3、共振管 4 及共振室 5 等构成的进气惯性增压系统，利用压力峰值可进一步提高增压后的进气压力。该系统使发动机加速性能变好，并对改善发动机的低速转矩有利。

（5）气波增压系统　气波增压系统如图 3-5 所示。所谓气波增压，是由曲轴驱动一个特殊转子，在转子中废气直接与空气接触，利用高压废气的脉冲气波迫使空气在互相不混合的情况下受到压缩，从而提高进气压力。

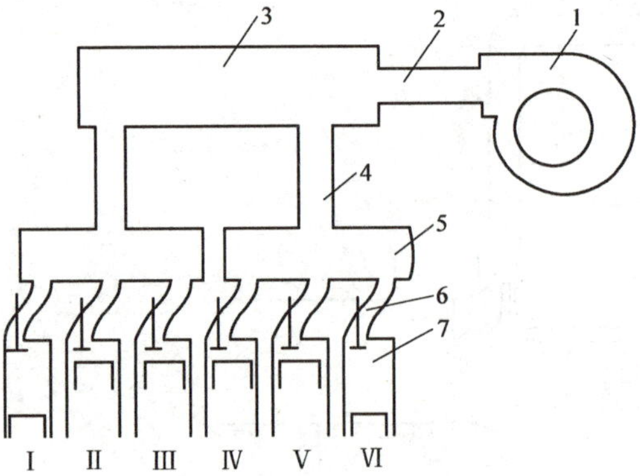

图 3-4　组合式涡轮增压系统

1—涡轮增压器　2—连接管　3—稳压箱　4—共振管　5—共振室　6—进气管　7—气缸

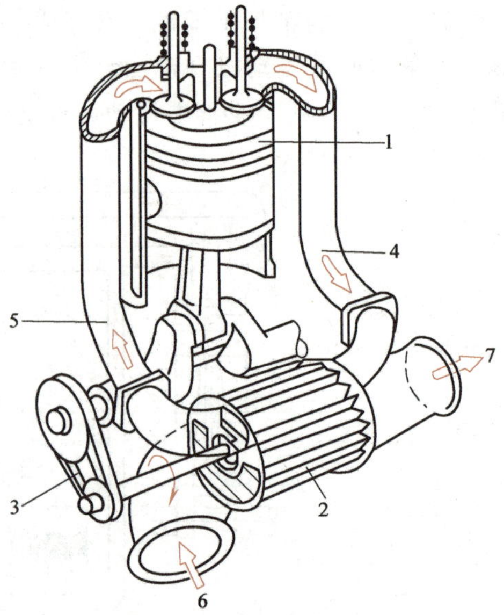

图 3-5　气波增压系统

1—气缸　2—转子　3—带传动　4—高压排气　5—高压空气　6—低压空气　7—低压排气

气波增压器是利用气波（膨胀波和压缩波）传递能量的一种新型能量交换器，是近年来发展起来的新型增压技术。它具有结构简单、加工方便的特点，与废气涡轮增压器相比，可改善低速转矩，且加速性能好，改善性能的工况范围大，最能适应汽车运行要求。但目前仍存在不少问题，如质量、体积大，噪声大，转子安装困难以及进、排气阻力对压力波影响大等，尚需进一步研究。

从实际应用的情况来看，较为常见的是涡轮增压和机械增压，其中涡轮增压占了绝大部分，故作为本章叙述重点。与其他增压方式相比，涡轮增压的主要优点如下：

1）在内燃机不做重大改变，质量、体积增加很少的情况下，一般可使功率提高20%~50%，而且容易实现高增压。

2）由于压气机消耗的功是涡轮从废气中回收的一部分能量，再加上相对减少了机械损失和散热损失，提高了机械效率和热效率，使内燃机涡轮增压后油耗率降低5%~10%，经济性能有明显提高。

3）可降低排气噪声和烟度。废气在涡轮中可以实现充分膨胀，使排气噪声降低；废气中的有害成分也可减少，因而减少了对环境的污染。正是由于涡轮增压的这些突出优点，使其在各种用途的内燃机中得到了广泛应用。

涡轮增压也有一些缺点，如涡轮增压内燃机气体流路长，加速性能较差，热负荷问题较严重（特别是高增压时）以及对大气温度和排气背压较敏感。

第二节 废气能量的利用

涡轮增压器是利用内燃机排出气缸的废气能量进行工作的，因此，提高废气能量的利用对改善涡轮增压发动机的性能有重要意义。

从内燃机的热平衡分析可知，燃料通过燃烧所释放的总热量中，超过25%被废气带走，而废气中的可用能，又约占废气总能量的60%。充分利用这部分废气能量，是提高内燃机热效率的重要途径。

一、废气的最大可用能

目前生产的增压柴油机中，除有些潜艇用柴油机采用机械增压系统外，其他几乎都采用废气涡轮增压系统。废气涡轮增压系统就是通过柴油机的废气来驱动涡轮增压器工作的，从而吸收废气能量来实现增压的目的。下面结合四冲程增压柴油机的理论示功图（图3-6），分析说明可被涡轮增压器利用的柴油机废气中的能量。

如图3-6所示，1-2为压气机的进气过程，2-a为压气机绝热压缩过程，a-c为柴油机绝热压缩过程，c-z为柴油机等容燃烧过程，z-z'为等压燃烧过程，z'-b为柴油机绝热膨胀过程，b-4为等容排气过程，4-5为等压排气过程，5-4-T'为废气涡轮的进气过程，K'-2-1为涡轮排气过程。

图3-6中，面积1-2-a-3-1为压气机耗功，其中面积8-2-a-6-8为进入发动机气缸并留在气缸内的空气的压缩耗功，面积1-8-6-3-1为扫气空气的压缩耗功。面积a-c-z-z'-b-a为

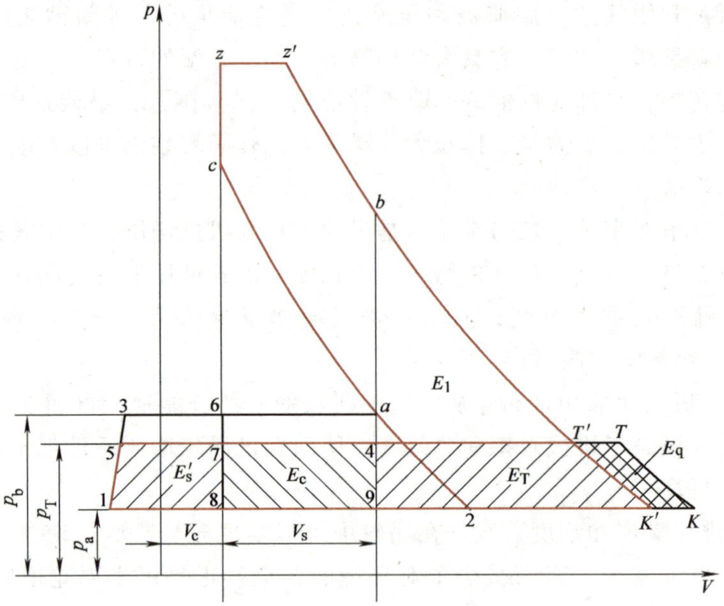

图 3-6　四冲程增压柴油机理论示功图

柴油机缸内气体膨胀功，面积 6-7-4-a-6 为柴油机泵吸正功，这两块面积之和为柴油机指示功。面积 b-9-K'-b 为柴油机排气门打开时废气等熵膨胀至大气压力 p_a 时所能做的功，用 E_b 表示，其中面积 b-4-T'-b 为废气经排气门节流和排气歧管中自由膨胀所损失的能量，用 E_1 表示；剩余的面积 4-9-K'-T'-4 为废气在涡轮中进一步膨胀所回收的能量，用 E_T 表示，则

$$E_b = E_1 + E_T$$

面积 1-K-T-5-1 为涡轮中废气的总能量，用 E_2 表示，由四部分组成：①面积 1-8-7-5-1 为扫气空气进入涡轮后具有的能量，用 E_s'表示；②面积 8-9-4-7-8 为活塞推出废气使废气增加的能量，用 E_c 表示；③面积 4-9-K'-T'-4 为废气在涡轮中的膨胀功，即 E_T；④面积 T'-K'-K-T-T'为损失的能量 E_1 中的一小部分，转变为热能，加热废气，使焓值增加而得的附加能量，用 E_q 表示，故

$$E_2 = E_s' + E_c + E_T + E_q$$

由此可见，废气的最大可用能 E 由三部分组成：①排气门打开时，气缸内气体等熵膨胀到大气压力 p_a 所做的功，即 $E_b = E_1 + E_T$；②活塞推出废气，废气得到的能量 E_c；③扫气空气所具有的能量

$$E_s = E_s' + E_s''$$

式中，E_s'' 是面积 5-7-6-3-5 所代表的扫气空气流经进、排气门的节流损失。这样，废气的最大可用能量可表示为

$$E = E_b + E_c + E_s = E_1 + E_T + E_c + E_s$$

排气门前废气具有的能量，在流经排气门、气缸盖排气歧管、排气总管，最后到达涡轮前，存在一系列的损失，能量损失 ΔE 包括以下方面

$$\Delta E = \Delta E_V + \Delta E_C + \Delta E_D + \Delta E_M + \Delta E_F + \Delta E_h$$

式中，ΔE_V 是流经排气门处的节流损失；ΔE_C 是流经各种缩口处的节流损失；ΔE_D 是管道面积突扩时的流动损失；ΔE_M 是不同参数气流掺混和撞击形成的损失；ΔE_F 是由于气体的黏性而形成的摩擦损失；ΔE_h 是气流向外界散热所形成的能量损失。这些损失直接影响废气的能量可被涡轮回收的程度，也是废气涡轮增压柴油机排气管设计和改进时必须关注的重要方面。

ΔE_V 是能量传递中的主要损失，占总损失的 60%~70%。尤其是在排气初期，气缸中高压、高温气体流出时，因排气管中压力低而形成超临界流动，所以减少这部分节流损失对提高废气中能量的利用率是很重要的。在设计时，应使排气门的通流面积尽可能大(一般采用四气门结构)、开启速度尽可能快，以使废气很快流出，排气门后的压力 p_r 很快升高，从而减少节流损失。有些低速机为此采用开启速度较快的凹弧排气门凸轮。另外，排气管容积不应太大，排气管要细而短。当在结构上受限制时，做得“细而长”比“粗而短”要好。因为在排气初期，大量废气涌入较细长的歧管中，形成“堵塞”，很快在排气门后建立起较高的压力波峰，减小排气门前后压差，从而大大减少节流损失，并把气体所具有的较大速度在歧管中保持下来并传送到涡轮，提高了对废气动能的利用率。虽然由于歧管中流速高而使摩擦损失加大，但其他损失减小，因而总体上，它的能量传递效率较高。细而长的排气管不仅能够使排气门后的压力 p_r 在排气初期很快升高，而且又能很快下降，使活塞排挤功减少，并有利于扫气。

为减少流经各种缩口处的节流损失 ΔE_C，应力求管道光顺、避免缩口。

ΔE_D 是由于排气管路直径大小变化而形成的，故目前经常把排气总管内径做得与歧管内径一样大，以避免突扩损失。

至于 ΔE_M，由于气流的掺混总是不可避免的，但应力求避免气流撞击，故一般排气歧管都不用 T 形接头或十字接头，而用顺着气流的斜向接头，以避免撞击损失。

摩擦损失 ΔE_F 是由气流与管壁的摩擦形成的，因此要力求管壁光滑，减少摩擦。

为降低能量损失 ΔE_h，一般大型涡轮增压柴油机的排气管都用石棉包裹以隔热。若为了降低舱室温度而必须冷却，宜采用中间有空气或水夹层的非直接冷却。

通常，反映能量传递过程中的损失多以废气能量传递效率 η_E 表示，即

$$\eta_E = \frac{E_T}{E_C}$$

式中，E_T 是涡轮进口处气体的可用能量；E_C 是排气门前气体的可用能量。

二、影响脉冲能量利用的因素

脉冲增压系统就是要尽可能地利用脉冲能量，而脉冲能量的利用又主要取决于排气管中压力波的合理组织。这与气缸内的压力，排气歧管的粗细、长短以及喷嘴环喉部面积大小等均有密切的关系。为了充分利用废气脉冲能量，要求：

1）排气门打开后，排气歧管内的压力应尽快建立起来，以减少流动损失。

2）废气自排气门逸出应迅速，阻力尽可能小。

3）柴油机扫气过程中，排气管中的压力要尽可能低，以利于扫气进行。

下面分析影响脉冲能量利用的主要因素。

（1）排气门开启定时　排气门开启定时的早晚，对脉冲压力波的大小有直接影响。当排气门开启较早时，涡轮进口焓值高，涡轮做功能力大。但过早地打开排气门，也将使气缸内的燃气在膨胀行程对活塞所做的功减少，无助于整机功率的提高和经济性能的改善。因此，必须权衡利弊，找出排气门的最佳开启定时。

（2）排气门流通面积　排气门最大有效流通截面积对脉冲压力波的大小有显著的影响。当排气门流通面积增大，废气自排气门排出不仅阻力小，而且排出迅速，在排气歧管中能很快建立起较高的压力，有利于脉冲能量的利用。但增大排气门流通面积往往受到缸盖结构的限制。

（3）排气门开启规律　排气凸轮升程越大，凸轮作用角越小，意味着排气门开启越迅速，缸内压力下降得越快，排气歧管上脉冲压力波建立得越敏捷，脉冲能量利用得越好。因此，要在气门机构允许的加速度范围内，使气门的开启速度越快越好。

（4）排气管流通面积　排气管流通面积的大小直接影响废气在管中的流动速度，也影响压力波在管中的传递速度。当排气管长度一定时，流通面积减小，排气管容积就减小，排气管中的脉冲压力就建立得迅速，排气门内外的压力差小，脉冲压力波峰值高，脉冲能量利用就好。但排气歧管的流通面积也不能过小，因为流通面积过小，流动速度过大，流动损失会显著增加。

（5）排气管长度　排气管长度直接影响脉冲压力波的反射时间、反射波和下一个脉冲波互相干扰的程度，从而影响脉冲能量的利用。废气在排气管中的流动是不稳定的，压力波以该处声速 α 传播。对于长为 L 的排气管，在排气门处建立起来的压力波经过 L/α 时间后到达涡轮端，在同一时刻，排气管各处的波形互不相同。排气管两端边界条件不同，引起的压力波的反射，进一步加剧了压力波沿管长的变化。

在发动机一定工况下，转速和废气温度一定，当取适当排气管长度时，可使反射波的波峰和下一个压力波的波峰正好重合，波峰压力升高，波谷压力下降，对扫气十分有利，脉冲能量利用最佳。在实际增压系统中，发动机工况变化复杂，而受总体布置的限制，排气管一般只能做成某一适当长度。

（6）涡轮当量流通面积　涡轮当量流通面积与排气管压力波大小、增压器转速、增压压力和温度乃至发动机背压等参数均有密切联系。减小涡轮当量流通面积，排气管压力和涡轮转速增加，增压压力增加，但活塞排空耗功增加，对扫气也不利。应综合考虑，予以优化匹配。

第三节　废气涡轮增压器的基本结构和工作原理

废气涡轮增压器是利用内燃机排出的部分废气能量，推动涡轮机高速旋转，从而带动安装在同一根轴上的离心式压气机，增大内燃机进气压力的工作机械。按废气在涡轮机中不同的流动方向，可分为径流式废气涡轮增压器与轴流式废气涡轮增压器两类。一般车用发动机多采用径流式，以适应高转速及较高响应性能的要求。

径流式涡轮增压器由离心式压气机（包括压气机叶轮、压气机蜗壳等）、径流式涡轮

（包括涡轮叶轮、涡轮蜗壳等）和中间体三个主要部分，以及支承装置、密封装置、冷却系统和润滑系统等组成。图 3-7 所示为径流式涡轮增压器。

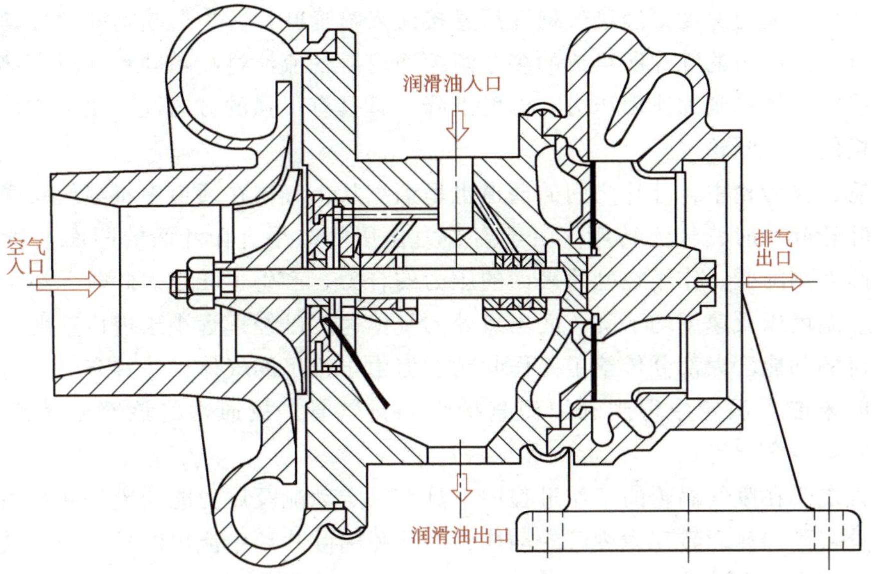

图 3-7　径流式涡轮增压器

一、径流式涡轮的工作原理

涡轮的功用是将废气所拥有的能量尽可能多地转化为涡轮旋转的机械功。下面以小型径流式涡轮为例，介绍涡轮的工作原理与主要工作参数。

1. 燃气在涡轮机中的流动

径流式涡轮机主要由进气蜗壳，喷嘴叶片环（简称喷嘴环），工作叶轮以及进、出气道等组成，如图 3-8 所示。废气从工作叶轮转子的外缘由进气蜗壳流入，经过一系列工作

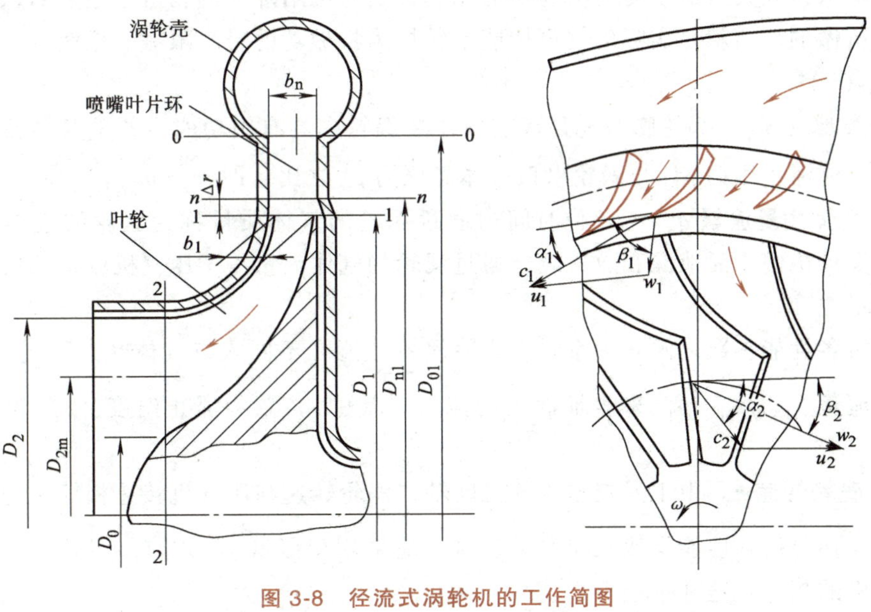

图 3-8　径流式涡轮机的工作简图

路径后从涡轮中心轴向流出。进气蜗壳的作用是引导内燃机的废气均匀地进入涡轮。根据增压系统的要求，蜗壳可以有一个或两个甚至更多的进气口。由内燃机中排出的气体具有一定的压力、温度与速度，经进气蜗壳后直接流入喷嘴叶片环中。喷嘴叶片环是周向均匀安装、带有一定倾角的叶片所组成的多个渐缩通道。气流流过喷嘴叶片环时，部分压力能转变为动能，气体得到加速而压力、温度下降，且具有很强的方向性，便于均匀而有序地流入涡轮机的工作叶轮。

在涡轮工作叶轮中，叶片之间的通道也呈渐缩状，气体在通道中将继续膨胀。当气流流过工作叶轮叶片时，气流转弯。由于离心力作用的结果，在叶面的凹面上压力得到提高，而在凸面则降低。作用在叶片表面的压力的合力，产生了转矩。此时，在工作叶轮出口处压力、温度以及速度均下降，而出口处的气体速度已经远远小于进口速度，说明气体膨胀所获得的动能已大部分传给了工作叶轮。但由于排出的气体仍然具有的一定速度，且该部分动能未能在涡轮中得到利用而直接进入排气管，故通常将该部分动能称为余项损失。

总而言之，在废气涡轮的工作过程中，具有一定动能及压力能的废气在喷嘴叶片环通道中仅部分得到加速而转变为废气的动能，而从喷嘴叶片环中流出的具有一定动能及压力能的废气，则在工作叶轮中大部分转变为机械功，最终用来驱动压气机。

2. 涡轮机特性曲线

涡轮机的主要工作参数有涡轮效率、膨胀比、气体流量和涡轮转速等，并以这些参数及其相互关系来表示涡轮机的工作性能。

（1）涡轮效率η_T　涡轮将废气能量转换为机械功的有效程度称为涡轮效率，即

$$\eta_T = \frac{W_T}{H_T}$$

式中，W_T 是涡轮机轴上的有用功；H_T 是废气所拥有的能量，即可用焓降，可以理解为废气在涡轮机入口处具有的压力能与动能的总和。当可用焓降在涡轮机中绝热膨胀至涡轮出口背压时所做的功，就是实际废气可用能量转换为机械功的最高限额。据统计，涡轮效率 $\eta_T = 0.65 \sim 0.85$。

（2）膨胀比 π_T　涡轮膨胀比是代表气体在涡轮中具有做功能力的重要参数，定义为涡轮进口气体滞止压力 p_T^* 与涡轮出口气体静压力 p_0' 之比，即 $\pi_T = p_T^* / p_0'$。

（3）气体质量流量 q_{mT}　单位时间内通过涡轮的气体质量称为涡轮的气体流量。在涡轮增压发动机中，无泄漏和放气时，通过涡轮的气体流量等于压气机流量和发动机燃烧的燃料流量之和。

在分析各性能参数之间的关系时，为使涡轮性能在不同入口气体状态下具有可比性，采用相似流量 $q_{mT}\sqrt{T_T^*}/p_T^*$ 来表征涡轮的流量。其中，T_T^* 为滞止温度，p_T^* 为气体滞止压力。

（4）涡轮转速 n　由于涡轮与压气机同轴，涡轮转速与压气机转速相等，统称涡轮增压器转速。在分析各性能参数之间的关系时，应采用相似量纲 $n/\sqrt{T_T^*}$。但涡轮的相似转速和压气机的相似转速并不相等。

于是，涡轮机所发出的功率 P_T（kW）为

$$P_T=\frac{q_{mT}H_T}{1000}\eta_T$$

在涡轮机变工况运行时，上述参数之间的关系就是涡轮机的特性。涡轮机特性曲线是以相似流量 $q_{mT}\sqrt{T_T^*}/p_T^*$ 为横坐标，以膨胀比 p_T^*/p'_0 为纵坐标，以相似转速 $n/\sqrt{T_T^*}$ 为参变量的一组曲线，如图 3-9 所示。

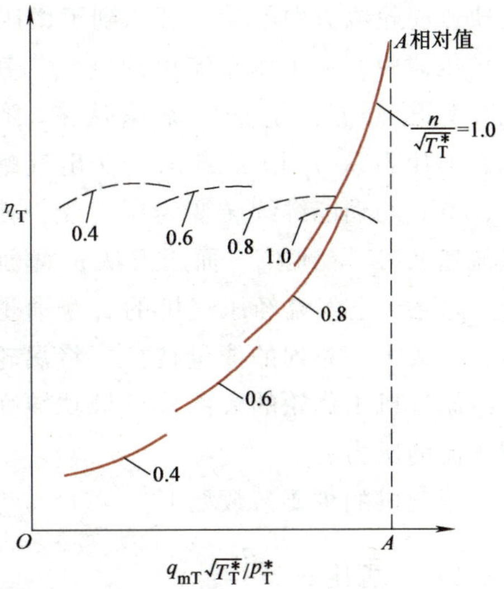

图 3-9　涡轮机的特性曲线

由图 3-9 可知，当转速一定时，相似流量随膨胀比的增大而增大，直到达到流量最大值，喷嘴环或涡轮叶片轮中某处气流速度已经达到当地声速，即使再继续增大膨胀比，该处的气流速度仍维持当地声速，涡轮流量也不会再增加，这种现象称为涡轮机的阻塞现象，此时的流量称为阻塞流量。涡轮实际工作时，由于喷嘴出口处流速最高，往往是该处先于叶轮发生流量阻塞。当膨胀比不变，转速增加时，由于离心力的增加使叶轮进口处的压力增加，使喷嘴环出口气流速度下降，喷嘴环前后压差减小，使流量降低；同理，当流量不变时，随转速增加膨胀比会增大。

径流式涡轮在小流量时有较多的优点，如效率高、膨胀比大、结构简单、尺寸小及制造成本低等，因而在小功率的内燃机中应用较多。它的缺点是变工况的性能不佳、工作叶轮和高温气流接触面积大以及热应力大等。

二、离心式压气机的工作原理与特性

1. 基本工作原理和主要参数

离心式压气机一般由进气道 1、工作轮 2、扩压器 3 及出气蜗壳 4 组成，如图 3-10 所示。

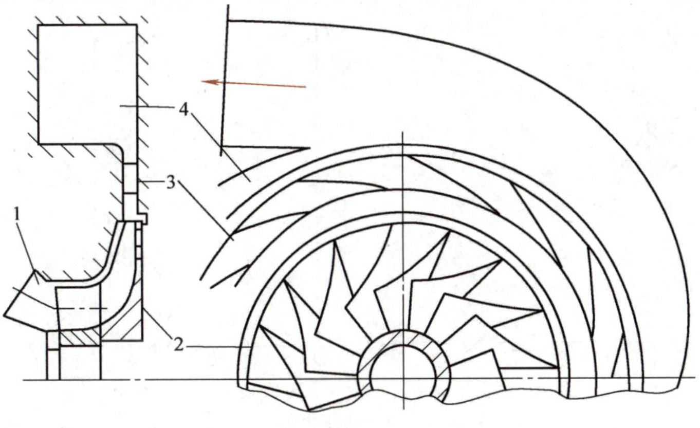

图 3-10　离心式压气机简图

1—进气道　2—工作轮　3—扩压器　4—出气蜗壳

空气沿收敛型的轴向进气道略有加速地进入工作轮，并沿着工作轮上叶片所构成的通道流动，由于工作轮中的空气随工作轮一起旋转，工作轮的机械能传递给气体，转变为气体的动能，使气体运动的线速度增大，使之能克服气体所受径向压差的作用，而沿着螺旋线轨迹向轮缘方向运动。既达到了增压的目的，又使气流速度从 C_1 增加到 C_2（图 3-11）。在扩压器中，从工作轮流出的空气，其动能变为压力能，使空气流速从 C_2 降到 C_3，而压力从 p_2 增加到 p_3。在出气蜗壳中，空气的动能继续转变为压力能，使空气流速从 C_3 降到 C_4，而压力从 p_3 增加到 p_4。总之，空气流经压气机的各个通道之后，完成了一系列的能量转换，将涡轮机传给压气机工作轮的大部分机械功转变为空气流的压力能。

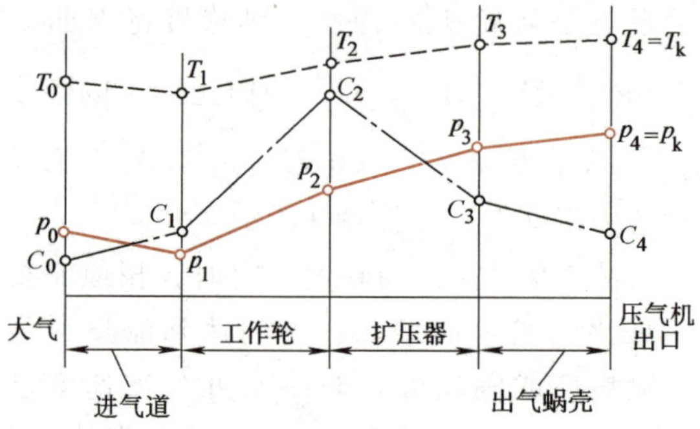

图 3-11　压气机中气流参数的变化

压气机的主要参数如下：

1）增压比 $\pi_k=\dfrac{p_k}{p_0}$。

2）流经压气机的每秒质量流量 m_k(kg/s)或容积流量 V_0(m^3/s)（相应于压气机的进口状态）。

3）压气机转速 n_k。由于压气机的工作轮与废气涡轮共轴旋转，因此，压气机的转速 n_k 就是涡轮的转速 n，每分钟可达几万转，甚至十几万转。

4）压气机的绝热效率 $\eta_{ad\text{-}k}$。$\eta_{ad\text{-}k}$ 可定义为1kg空气的绝热压缩功 $h_{ad\text{-}k}$ 与实际压缩功 h_k 之比。其物理意义可表述为转动压气机的功有多少转变为有用的压缩功，用来表明压气机流通部分设计的完善程度。

图 3-12 所示为压气机中的压缩过程。p-V 和 T-S 图中的 0 点表示压气机进口处的空气状态，4′点表示绝热压缩时压气机出口处的空气状态。但实际的压缩过程是多变过程，它的出口状态沿着熵增的方向达到点 4。

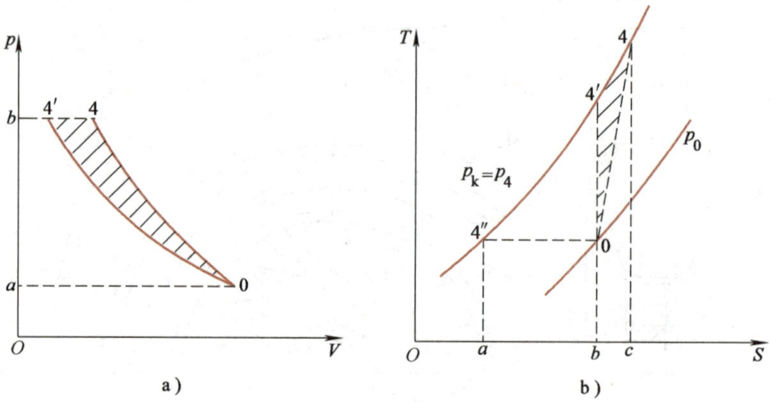

图 3-12　压气机中的压缩过程

根据绝热方程式

$$T_4' = T_0\left(\frac{p_k}{p_0}\right)^{\frac{k-1}{k}}$$

按理想情况，将 1kg 空气从 p_0 压缩到 p_k，耗功最小的是绝热过程，所需的绝热压缩功为

$$h_{ad-k} = c_p(T_4' - T_0) = \frac{k}{k-1}RT_0\left[\left(\frac{p_k}{p_0}\right)^{\frac{k-1}{k}} - 1\right]$$

因为实际压缩是多变过程，伴随着摩擦和流动损失，所以将 1kg 空气从 p_0 压缩到 p_k 消耗的实际压缩功为

$$h_k = c_p(T_4 - T_0) = \frac{k}{k-1}R(T_4 - T_0)$$

故压气机的绝热效率 η_{ad-k} 为

$$\eta_{ad-k} = \frac{h_{ad-k}}{h_k} = \frac{\frac{k}{k-1}RT_0\left[\left(\frac{p_k}{p_0}\right)^{\frac{k-1}{k}} - 1\right]}{\frac{k}{k-1}R(T_4 - T_0)} = \frac{T_4' - T_0}{T_4 - T_0}$$

目前在涡轮增压器上应用的单级离心式压气机的绝热效率 $\eta_{ad-k} = 0.60 \sim 0.81$。

如已知 1kg 空气的绝热压缩功为 h_{ad-k}，空气的质量流量为 m_k，则驱动压气机所需的功率可表达为

$$P_k = m_k \frac{h_{ad-k}}{\eta_{ad-k}}$$

2. 压气机特性曲线

(1) 压气机的流量特性 压气机的流量特性表示压气机转速 n_k 不变时，压气机的增压比 π_k 和绝热效率 η_{ad-k} 随空气质量流量 m_k 的变化关系。通常以增压比 π_k 为纵坐标、流量 m_k 为横坐标、转速 n_k 为参变量，以等绝热效率曲线的形式绘制压气机的特性曲线，通常也称为增压器特性线，从而可方便地看出在各种工况下压气机主要工作参数之间的相互关系。

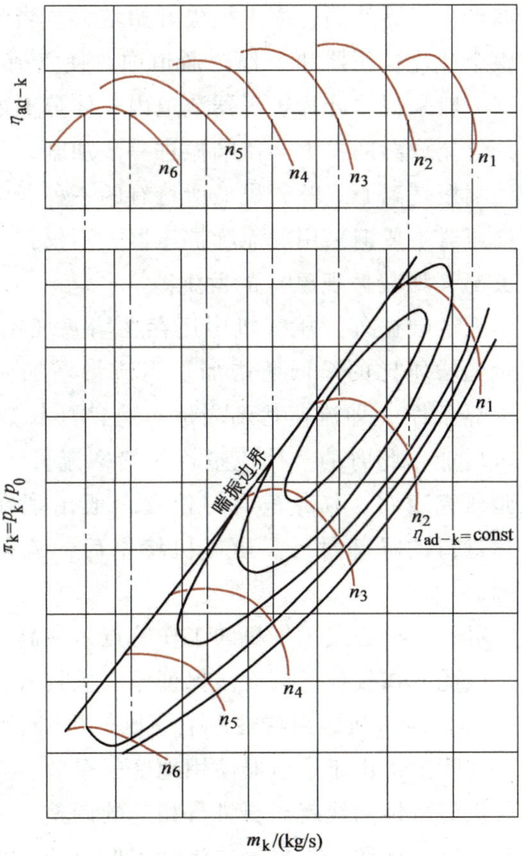

图 3-13 径向式叶片单级离心式压气机的流量特性曲线

图 3-13 所示为径向式叶片单级离心式

压气机的流量特性曲线，可用于考察某一转速下增压比的变化。从图中可以看出，曲线的左边有一条称为喘振边界的边界线，从喘振边界开始，随着流量的增加，增压比开始是增加的；当流量到达某一值后，增压比达到最高；进一步增加流量时，增压比反而逐渐降低；直到流量超过某值后，性能曲线甚至接近垂直状，这时增压比继续降低，空气流量不再增加，即压气机的流量特性达到所谓的堵塞工况。于是，增压器的特性曲线类似抛物线。

(2) 压气机的喘振与堵塞　从图3-13中可以看出，在压气机的特性曲线上有一条喘振线，又称稳定工作边界。喘振线的含义是当压气机工作在喘振线右侧时，其工作是稳定的；而处于喘振线左侧时，压气机的工作就变得不稳定甚至有危险了。因此，把出现喘振的工作点称为喘振点，对应的流量就是喘振流量。显然，随着流量和转速的增加，喘振点对应的增压比是向增大方向移动的。压气机出现喘振后，气流出现强烈的振荡，引起工作轮叶片强烈的振动，并产生很大的噪声，压气机的出口压力显著下降，并伴随很大的压力波动，这样，不仅达不到预期的压力升高效果，严重时还会损坏压气机的元件，如叶片等。因此，不允许压气机在喘振条件下工作。

喘振是由于流量过小时，在叶片扩压器内和工作轮进口处气流与壁面分离而引起的。分离产生气流旋涡，撞击损失开始增大。当流量小于某一数值后，气流的分离现象会扩展到整个叶片扩压器和工作轮通道内，使气流产生强烈的振荡和倒流，这就是压气机的喘振。一般来说，叶片扩压器流道内气体分离的扩大是压气机喘振的主要原因，而工作轮进口处气流分离的扩大会使喘振进一步加剧。

喘振是离心式叶轮机械所特有的一种异常工作现象，必须给予足够的重视。例如，小型增压器中普遍采用的无叶扩压器，不仅扩大了工作流量范围，又可以避免压气机的不稳定工况（如喘振现象）的发生。

除了喘振外，压气机中还存在堵塞现象。在增压器某一转速下，通过压气机的气体流量随增压比的降低而增加。当流量增加到一定数值后，压气机通道中的某个截面达到临界条件（即流速达到当地声速，马赫数为1）。当增压比继续降低时，气体流量却不再增加，此时的气体流量称为堵塞流量，它也是该转速下压气机所对应的最大流量。试验研究表明，临界截面的位置一般出现在叶片扩压器的进口喉部附近，或在工作轮叶片进口的喉部附近。压气机堵塞后，流量便不能再增加，从而限制了压气机的流量范围。

可见，离心式压气机的工作特点是在高转速时可能发生堵塞，在低转速时可能引起喘振。因此，在设计时应设法保证压气机具有宽广的工作范围。

(3) 压气机通用特性　上述压气机特性曲线中的参数都是在一定的大气状态下测得的。实际上，由于增压器使用地区、季节、气候条件的变化，大气环境条件的差异很大，压气机的特性曲线就需要进行相应的调整，否则无法使用，这无疑会带来很大的不便。为了解决这一问题，根据气体流动相似原理，采用相似参数来绘制压气机特性曲线。由此所得到的特性曲线就不受环境条件变化的影响，因而称为压气机的通用特性曲线。限于篇幅，在此不再赘述。

第四节 废气涡轮增压的类型

一、废气涡轮增压系统的基本类型

在涡轮增压内燃机中，根据废气能量的利用方式，可以分为定压涡轮增压系统和脉冲（变压）涡轮增压系统两种基本类型，其他增压系统大都是由这两种系统演变而来的。

1. 定压涡轮增压系统

定压涡轮增压系统（图3-14a）的特点是涡轮前的废气压力基本保持恒定。把各缸的排气管部通向一根排气总管，且排气总管的容积要足够大，应能起稳定压力的作用。这时虽然各气缸的排气时间互有差异，压力波动较大，但汇集到排气总管后，互相混合减速和滞止，基本保持恒定压力，然后，废气按定压由排气总管导入涡轮机的喷嘴环。

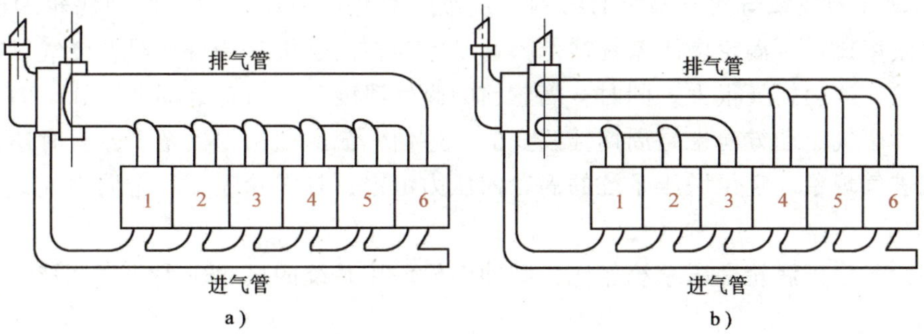

图3-14 涡轮增压系统的两种基本形式

a）定压涡轮增压系统 b）脉冲涡轮增压系统

2. 脉冲涡轮增压系统

为了更好地利用内燃机废气的脉冲能量，可以采用脉冲涡轮增压系统，如图3-14b所示。这种增压系统的特点是各缸的排气歧管做得短而细，涡轮增压器尽量靠近气缸，并且几个气缸（通常两个缸或三个缸）连接一根排气管，这样在每一根排气管中就形成几个连续的互不干扰的废气脉冲波（或称废气压力波）进入废气涡轮机中；同时把涡轮的喷嘴环根据排气管的数目分组隔开，使它们互不干扰。由于涡轮在进气压力波动较大的条件下工作，该系统又称为变压式涡轮增压系统。

定压涡轮增压系统和脉冲涡轮增压系统具有下列不同特点。

（1）废气能量利用的效果 脉冲涡轮增压由于排气过程的超临界阶段相对较短，气流的流动阻力小，废气能量的损失比定压涡轮增压系统小。同时，在脉冲增压系统中，充分考虑了对废气脉冲能量的应用；而在定压涡轮增压系统中，脉冲能量由于排气管容积大而几乎损失殆尽，因而脉冲增压对废气能量的利用比定压增压要好。但是，当增压比提高时，定压增压系统排气管内的压力也相应提高，排气损失有所下降，且脉冲能量在废气能量中所占的比重随增压比的增加而减小，因此两种系统对废气能量的利用效果将随增压比的提高而逐渐接近。一般而言，当增压比小于2.5时，采用脉冲增压系统对于废气能量的利用是比较有利的。

(2) 内燃机气缸内的扫气作用　在内燃机扫气期间，脉冲涡轮增压系统的排气管压力正处于波谷，因此即使在部分负荷工况，仍能保持足够的扫气压力差，以保证气缸有良好的扫气，达到提高充量系数、减小燃烧室中受热零件热负荷的目的。在定压涡轮增压系统中，由于排气管压力波动小，扫气压力差就大为减小，不容易保证气缸内的扫气。

(3) 内燃机的加速性能　在脉冲涡轮增压系统中，由于排气管容积较小，当内燃机负荷改变时，废气的压力波就会立刻发生变化，并迅速传到涡轮机，从而改变增压器转速，以适应负荷变化的要求，因此采用脉冲增压系统的内燃机加速性能较好。此外，当内燃机转速降低时，脉冲增压系统的可用能与定压增压系统的可用能之比增大，有利于改善内燃机的转矩特性。在排气管容积较大的定压增压系统中，涡轮机前的压力变化比较缓慢，加速性能比较差，特别是在低增压时，废气能量的利用程度差，加速性能不佳。定压增压系统的转矩特性也不如脉冲增压系统。

(4) 增压器效率与增压系统的结构　从废气涡轮的效率来看，脉冲涡轮增压系统的平均绝热效率比定压涡轮增压系统略低。这是因为在内燃机开始排气时，废气以很高的流速进入涡轮，流动损失很大。同时，涡轮前的废气温度和压力都是周期性脉动的，进入工作轮叶片的废气流动方向也是周期性改变的，这使气流的撞击损失增大；有时还存在涡轮机的部分进气现象。定压增压系统的涡轮前压力恒定，且涡轮喷嘴环全周进气，涡轮的效率较高。

此外，与定压涡轮增压系统相比，脉冲涡轮增压系统的尺寸较大，排气管的结构也比较复杂。

综上所述，可以得出这样的结论，即在低增压时，采用脉冲增压是较为有利的；而在高增压时，则是两种系统同时存在，各有所长，应根据实际情况（如用途、气缸数目、发动机冲程数及在发动机上的安装等）综合考虑。例如，车用发动机大部分时间都在部分负荷下工作，对加速性能和转矩特性要求较高，故在高增压的车用发动机上较多采用脉冲增压系统。

二、改善车用增压发动机转矩特性的途径

为了保证发动机在低速时具有较高的增压压力和较高的转矩，同时保证发动机在高速时增压压力不致过高，防止发动机热负荷过高和涡轮增压器超速，可以通过旁通放气和变截面涡轮来实现涡轮增压器的调节，改善发动机和涡轮增压器的匹配，从而改善车用增压发动机的转矩特性。

1. 排气旁通

涡轮增压发动机的离心式压气机，其转速范围通常低于1/4发动机额定转速，出口工质压力增加甚微；高于该转速后，压力逐步上升，如果不加控制，则压力会超过发动机所能承受的最高增压压力。为此，涡轮增压器常采用排气旁通或其他措施，以使其压力控制在许用值以下。

图3-15所示为带旁通阀的增压压力调节装置，旁通阀与增压器的涡轮并联连接在内

燃机的排气管上。旁通阀的阀门固定在膜片上。膜片上部通大气，并受弹簧的作用，下部与压气机出口的增压空气相通。平时，弹簧将旁通阀的阀门压在阀座上，内燃机排气管排出的废气不能经阀门旁通到涡轮出口的排气管内。

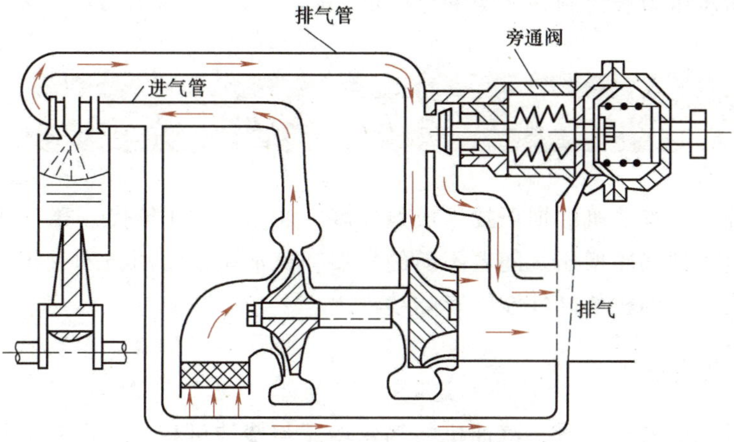

图 3-15 带旁通阀的增压压力调节装置

一旦增压压力对膜片的作用力超过弹簧预压紧力，旁通阀打开，一部分废气不经涡轮做功而直接从涡轮出口排入大气中。涡轮做功基本维持不变，压气机转速稳定，工质的增压压力基本维持稳定。旁通的废气量最多时可达 30%～40%，仍能使空气增压压力基本稳定。但这种调节只限于全负荷时的增压压力调节。

2. 进气旁通

部分增压空气返回到压气机入口或大气中，减少进入气缸的空气量，使发动机进气压力适当降低，以适应发动机的要求。但这种方式消耗了部分涡轮所做的功，对增压发动机的效率有一些影响。

3. 可变截面涡轮

(1) 双蜗壳通道涡轮 蜗壳入口通道由壁板分隔成两个通道，然后再汇总到涡轮叶轮边缘入口处。在蜗壳总入口处，有一个开关平板阀。发动机低速工作时，平板阀关闭，气流仅通过一个通道流向涡轮，由于流通截面较小，废气流速增加，并以接近 90°的角度冲向涡轮的叶片，推动叶轮旋转的能量大，于是涡轮和压气机的转速都迅速增加。而在发动机转速较高时，平板阀开启，气流通过两个通道流向涡轮，气流速度较低，并以钝角冲向叶片，于是涡轮及压气机保持在适当的转速上。

(2) 可变蜗壳通道流通截面涡轮 蜗壳通道流通截面面积随曲面形阀门不同开度而改变。曲面形阀门由膜片式作用器操纵，后者本身由可变阀角度控制器控制。控制器可以让增压工质的压力传到膜片上，使曲面形阀门开启，使通道打开。需要时，放走增压空气，让曲面形阀门关掉部分通道。流通截面减小后，废气流速增大使撞向涡轮叶片冲量增加，于是涡轮增压器转速及增压压力上升。如果流通截面扩大，则结果相反。

(3) 变喷嘴环流通截面涡轮 改变涡轮流通截面可以通过调节位于蜗壳与涡轮叶轮间的喷嘴环角度实现。各喷嘴环叶片通过轴销固定在蜗壳上，当发动机在低速、低负荷工况下工作时，喷嘴环叶片转动使流通截面变小，废气流速增加，并以较小的角度、较大的冲量推动涡轮高速旋转。而当发动机在高速、大负荷工况下工作时，喷嘴环叶片的转动使流通截面变大，于是废气流速减小，并以较大的角度、较小的冲量推动涡轮旋转。于是增压器的转速及增压压力被控制在适当的范围内。

第五节　现代车用汽油机增压

相较于柴油机，汽油机的增压技术成熟较晚。20 世纪 20 年代，赛车开始采用机械增压，后来逐渐过渡到涡轮增压。随着不断的发展，汽油机的增压技术近年来获得了重大突破，各种装备增压汽油机的高性能轿车陆续推出。

一、汽油机增压的技术难点

从废气能量利用的观点看，汽油机的涡轮增压与柴油机相比并没有本质的区别，但长期以来，汽油机的涡轮增压技术除了在赛车发动机和高性能轿车发动机中得到应用外，在其他应用领域，其普及性远不如柴油机。究其原因，是由于两种发动机在工作过程中的不同特点所决定的。限制汽油机增压的主要技术障碍包括爆燃、混合气的调节、热负荷和增压器的特殊要求等，分述如下：

（1）爆燃　汽油机增压后，由于混合气压缩始点的压力、温度增高，以及燃烧室受热零件热负荷提高等原因，将促使爆燃的发生。为此，必须采用降低压缩比、推迟点火时刻或采用进气中冷等技术措施，但相应会带来热效率下降、排温过高和成本增加等不利影响。正因如此，汽油机的增压比一般比柴油机低得多，一般功率最高增加幅度为 40%～50%。

（2）混合气的调节　汽油机采用变量调节，化油器式发动机进行增压时气体流经化油器喉口的压力是变化的，不仅难于精确供应一定浓度的混合气，还增加了一些如增压方案的选择、化油器的密封和加速响应性能等新问题。而电控汽油喷射技术的应用，则为增压技术在汽油机中的应用扫除了一大障碍。

（3）热负荷　汽油机的过量空气系数小，燃烧温度高，膨胀比小，废气温度也比柴油机高 200～300℃。增压后，汽油机的整体温度水平提高，热负荷问题加重。同时，为避免可燃混合气的损失，一般气门叠开角不大，燃烧室的扫气作用不明显，因此，增压汽油机的排气门、活塞、涡轮等处的热负荷均比增压柴油机严重。

为此，汽油机在进行涡轮增压时，一般都采用涡轮前放气的调节方案，以抑制发动机高速、高负荷时增压压力的过度增长，这不仅是限制最高燃烧压力的需要，也是抑制爆燃、降低热负荷的需要。

（4）增压器的特殊要求　汽油机增压比低、流量范围广、热负荷高、最高转速高且转速变化范围大，这就要求增压器体积小、耐高温性能好、转动惯量小，同时还要保证效率在一定的范围内，并要求有增压调节装置。如此苛刻的要求，导致其成本比柴油机用增压器高。

二、汽油机涡轮增压的主要技术措施

1. 缸内直喷汽油机装备废气涡轮增压

缸内直喷（Gasoline Direct Injection，GDI）式汽油机，也称为燃油分层喷射（Fuel Stratified Injection，FSI）系统。采用缸内直喷技术可大幅提高汽油机的热效率，其原因如下：

1）近似空气循环，比热比 κ 值大，接近空气（由 1.3 左右变为 1.4），循环效率 η_i 增大。

2）基本取消了进气节流，泵气损失降低 15%以上；燃油汽化使压缩终点温度降低，爆燃倾向减小，压缩比可提高（由 10 提高到 12 以上），改善经济性（比油耗）；燃烧放热速率提高。

3）中小负荷时燃烧室周边基本是空气，散热损失小。

缸内直喷是汽车节能减排的重要技术之一，从运行特性看，较气道喷射（MPI）汽油机，具有瞬态响应快、冷起动排放低、快速起停、热效率高及可实现分层燃烧等特点。

缸内直喷技术能使燃油在更高的压力下直接喷入燃烧室中，能有效优化进气混合效率。使燃料燃烧更充分，在缸内直喷技术的基础上增加涡轮增压后，会同时具有传统汽油机高速大功率和类似柴油机低速保持较大转矩的特性，使汽油机的动力更强，响应更快，油耗和排放更低。因此，涡轮增压结合缸内直喷技术具有较大的优越性。

图 3-16 所示为大众 1.4TSI 机械+涡轮双增压系统。

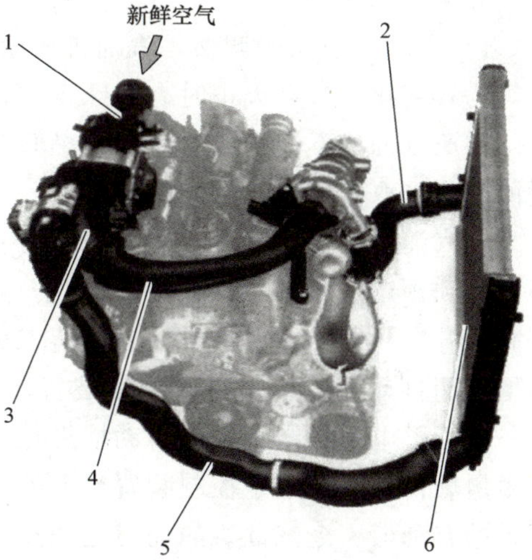

图 3-16 大众 1.4TSI 机械+涡轮双增压系统

1—进气接管 2—增压空气冷却器前接 3—调节阀接管 4—压力管 5—增压空气冷却器后接管 6—增压空气冷却器

2. 增压压力控制系统

汽油机运行转速范围比柴油机宽，从低速到高速进气流量变化范围大，涡轮增压器的特性很难完全满足各种工况的要求，可能出现低速时增压压力不足，高速时增压压力过高的情况。此外，汽油机过量空气系数范围窄，排温高，涡轮入口的废气可用能大，再加上为了避免爆燃及限制热负荷，使汽油机允许的增压压力比柴油机低。为此，必须对汽油机的增压压力进行控制，可以选择加装废气旁通阀（图 3-17）、采用可变喷嘴涡轮增压器等改进措施。其中，采用可变喷嘴涡轮增压器的方法对增压器和汽油机性能的改善最为明显。

3. 减小增压后的“反应滞后”现象

非增压汽油机的加速性较好，但增压后，当节气门位置突然变化时，要求混合气浓度迅速变化，但增压器供气往往跟不上，导致增压汽油机的“反应滞后”现象比增压柴油机更为严重。一般可采用脉冲涡轮增压、增压器前置方案，带旁通阀的控制系统，减小

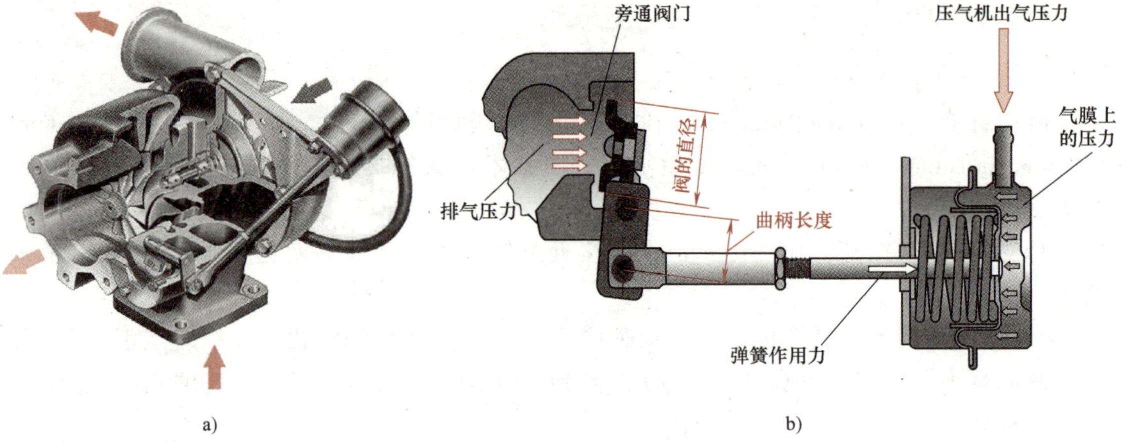

图 3-17　废气旁通工作原理

a）废气旁通位置　b）工作原理

进、排气管长度及容积，提高压缩比和可变点火正时等措施，以减小“反应滞后”现象。

4. 点火系统的调整

1）点火提前角的调整。汽油机增压后，由于压缩比、混合气成分、混合气压力和温度等均有变化，对点火正时有特殊要求。

增压汽油机不带中冷器时，爆燃倾向随增压压力的增加而上升，对此，必须减小点火提前角或采取其他消除爆燃的措施。

当汽油机满负荷工作时，增压压力将随转速升高而增大，在采用放气阀控制时，增压压力达到预定值后虽不再随转速上升，但由于增压器效率下降，使增压空气的温度随转速升高而升高。因此，汽油机在满负荷工况下，爆燃容易在高转速出现，故应采用随增压压力增加而自动推迟点火提前角的装置。在美国通用汽车公司生产的别克增压 V6 汽油机上，采用了电子控制装置来自动推迟点火提前角，推迟的幅度为 4°~20°曲轴转角。该装置由爆燃传感器、电子控制装置和电子点火装置等组成。它能使点火提前角始终处于接近爆燃的有利值，令汽油机的动力性和经济性都得到提高。

此外，增压汽油机如果降低压缩比，在使用抗爆剂或较高辛烷值的燃料时，应适当增大点火提前角。

2）增压汽油机应选用冷型火花塞并适当缩小火花塞的间隙。

除上述主要技术措施外，对汽油机和增压器的润滑，机油散热器、中冷器、汽油机冷却系统的强化及防止增压器喘振等都应给予充分考虑。

总体而言，增压汽油机具有升功率高、油耗较低和排污较少等优点。可是从车辆应用的角度看，对增压汽油机在不同运行工况下的整机性能还需要做进一步分析。

三、汽油机废气涡轮增压系统的布置

对于直接喷射式汽油机采用增压时，燃油在缸内直接喷入，类似柴油机。汽油机的废气涡轮增压布置方式可参见宝马双涡轮增压系统的结构，如图 3-18 所示。

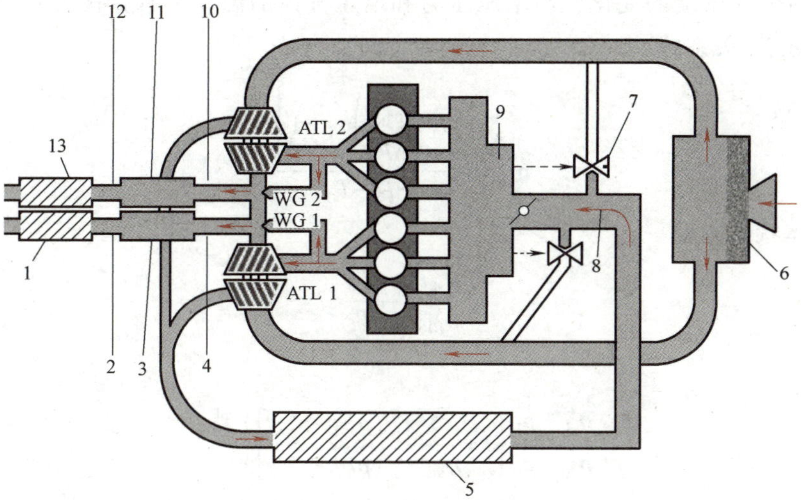

图 3-18 宝马双涡轮增压系统的结构

1—地板-催化器 1 2—发动机附近催化器 1 3—催化器 1 后氧传感器 4—氧传感器 1
5—中冷器 6—进气噪声消声器 7—换气阀 8—节气门前压力传感器 9—压力传感器 10—氧传感器 2
11—发动机附近催化器 2 12—催化器 2 后氧传感器 13—地板-催化器 2

第六节 车用增压发动机的性能

一、增压前后发动机动力性能及经济性能的变化

内燃机的动力性能指标（以有效功率 P_e 为代表）与经济性能指标（以有效燃油消耗率 b_e 为代表）可以表示为

$$P_e \propto \frac{\eta_{it}}{\phi_a}\phi_c \eta_m \rho_s n$$

$$b_e \propto \frac{1}{\eta_{it}\eta_m}$$

假定增压前后内燃机的转速 n 及过量空气系数 ϕ_a 保持不变，并以下标“0”表示非增压（原机）参数，下标“k”表示增压后的参数，则有

$$\frac{P_{ek}}{P_{e0}} = \frac{\rho_{sk}\eta_{itk}\phi_{ck}\eta_{mk}}{\rho_{s0}\eta_{it0}\phi_{c0}\eta_{m0}}$$

$$\frac{b_{ek}}{b_{e0}} = \frac{\eta_{it0}\eta_{m0}}{\eta_{itk}\eta_{mk}}$$

根据假定，过量空气系数 ϕ_a 在增压前后保持不变，则增压后的供油量将相应增大，以适应空气质量增加的需要，同时配气定时也要进行适当的调整，这样可以保证热效率基本不变或略有提高，故可认为 $\eta_{itk}/\eta_{it0} \approx 1$。

增压前后气体密度的变化，与增压压力和增压气体的温度都有直接关系。根据压气机的绝热效率 η_{ad-k} 关系式

$$\eta_{ad-k}=\frac{T_0\left[\left(\frac{p_k}{p_0}\right)^{\frac{k-1}{k}}-1\right]}{T_k-T_0}$$

以及理想气体状态方程

$$\frac{\rho_{sk}}{\rho_{s0}}=\frac{p_k T_0}{p_0 T_k}$$

可以求得

$$\frac{\rho_{sk}}{\rho_{s0}}=\frac{p_k}{p_0}\left\{1+\frac{1}{\eta_{ad-k}}\left[\left(\frac{p_k}{p_0}\right)^{\frac{k-1}{k}}-1\right]\right\}^{-1}$$

由此可见，增压前后工质密度的变化，与增压比 p_k/p_0 和压气机绝热效率 η_{ad-k} 直接相关，增压比高则工质密度增幅大；即使在增压比确定之后，降低压缩过程中空气的温升，也同样可以提高绝热效率，从而使进气密度增加。对增压后的进气进行中间冷却可以达到这一目的，这就是增压发动机特别是高增压时较多采用进气中冷技术的原因。

由于增压后平均指示压力提高，而平均机械损失压力 p_{mm} 基本保持不变（在转速相同的前提下），机械效率在增压后将是增加的。实际上

$$\frac{\eta_{mk}}{\eta_{m0}}=\frac{p_{mik}-p_{mmk}}{p_{mik}}\frac{p_{mi0}}{p_{mi0}-p_{mm0}}$$

将 $p_{mmk}\approx p_{mm0}$ 以及定义式 $p_{mm0}=p_{mi0}(1-\eta_{m0})$ 代入后，得

$$\frac{\eta_{mk}}{\eta_{m0}}=\frac{1}{\eta_{m0}}\left[1-\frac{p_{mi0}}{p_{mik}}(1-\eta_{m0})\right]$$

由于 $p_{mik}>p_{mi0}$，上式最终的结果是大于1的，这就意味着增压后内燃机的机械效率得到了提高。

增压后充量系数可用下面的近似关系式估算

$$\frac{\phi_{ck}}{\phi_{c0}}=\left(\frac{T_k}{T_0}\right)^{0.25}$$

由于 $T_k>T_0$，故增压后内燃机的充量系数是增大的。

二、增压内燃机性能估算

利用上述公式，可以对增压后发动机的性能参数进行估算。下面给出一个增压发动机的计算实例。

[例1] 一台6缸柴油机，原机的机械效率为0.78，增压比为1.57，压气机的绝热效率为0.74，增压前发动机的进气温度为15℃，无进气中冷。试估算其增压后

动力性能与经济性能的变化情况。

[解] 根据绝热效率的定义式，可以得到增压前后温度的变化值

$$\frac{T_k}{T_0}=1+\frac{1}{\eta_{ad\text{-}k}}\left[\left(\frac{p_k}{p_0}\right)^{\frac{k-1}{k}}-1\right]=1+\frac{1}{0.74}[1.57^{\frac{0.4}{1.4}}-1]=1.186$$

根据状态方程，增压后气体密度的改变为

$$\frac{\rho_{sk}}{\rho_{s0}}=\frac{p_k}{p_0}\frac{T_0}{T_k}=\frac{1.57}{1.186}\approx 1.324$$

增压前后，内燃机充量系数的变化为

$$\frac{\eta_{vk}}{\eta_{v0}}=\left(\frac{T_k}{T_0}\right)^{0.25}=1.186^{0.25}=1.044$$

于是，增压前后平均指示压力之比为

$$\frac{p_{mik}}{p_{mi0}}=\frac{\rho_{sk}}{\rho_{s0}}\frac{\phi_{ck}}{\phi_{c0}}=1.324\times 1.044\approx 1.382$$

机械效率的变化率

$$\frac{\eta_{mk}}{\eta_{m0}}=\frac{1}{\eta_{m0}}\left[1-\frac{p_{mi0}}{p_{mik}}(1-\eta_{m0})\right]=\frac{1}{0.78}\left[1-\frac{1}{1.382}\times(1-0.78)\right]=1.078$$

于是，有效功率与燃油消耗率的变化即可求出

$$\frac{P_{ek}}{P_{e0}}=\frac{p_{mik}}{p_{mi0}}\frac{\eta_{mk}}{\eta_{m0}}=1.382\times 1.078\approx 1.490$$

$$\frac{b_{ek}}{b_{e0}}=\frac{\eta_{it0}}{\eta_{itk}}\frac{\eta_{m0}}{\eta_{mk}}\approx\frac{\eta_{m0}}{\eta_{mk}}=0.928$$

车用增压柴油机可以改善车辆的经济性能，但在不同运行区的经济性能是不一样的。一般非增压柴油机在最大转矩点的平均有效压力 $p_{me}=800\sim900\text{kPa}$。进一步提高 p_{me}，将由于空气量不足，而受到冒烟的限制。而同一排量的增压柴油机在最大转矩点的平均有效压力 $p_{me}=1100\sim1300\text{kPa}$。增压使指示功率和有效功率都提高了（机械效率也提高了），可以明显改善高负荷区的运行经济性能。增压不仅使功率范围扩大，而且高负荷的经济运行范围也扩大了；至于在低负荷区，涡轮增压器的能量转换较差，柴油机进、排气阻力及换气损失增加，此时增压对经济性能没有明显的好处。显然，增压柴油机的这一特点，有利于经常处于高速满载运行的长途运输重型载货汽车。

三、废气涡轮增压对发动机其他性能的影响

1. 降低排气污染和噪声

通常增压柴油机为富氧燃烧，有害气体 HC 和 CO 的排放量一般为非增压机的 1/3～1/2，如果措施得当（如采用高喷射率并延迟喷射），NO_x 的排放量也显著降低，尤其是

在采用增压中冷以后，对减少有害排放物更为有利。

由于与非增压内燃机相比，废气能量可以在涡轮中得到进一步的利用，因而增压发动机的排气噪声有所降低。增压后，由于压缩终点温度与压力提高，着火落后期缩短，压力升高比有所降低，燃烧柔和，燃烧噪声有所降低。由于涡轮增压器的设置，排气噪声也有所减少。在稳定的高负荷工况，增压柴油机总的噪声级（取决于机械噪声水平）比非增压低3~5dB（A），在低负荷工况降低噪声的效果没有这么明显。

2. 低速转矩性能变差

一般涡轮增压柴油机在低速段转矩性能很不理想，影响了车辆的加速性能及爬坡能力。其原因主要是低速时发动机排出的废气能量低，增压器增压压力不高，致使循环供气量不足，转矩增量明显比高速时低。采用脉冲增压，充分利用低速时的脉冲能量，使增压器与柴油机在较低转速下实现最佳配合，是可以改善其低速转矩的。现在各种增压机型可以获得较好的转矩储备。不过，增压后最大转矩所对应的转速比非增压机型有所增加，这对改善载货汽车的牵引性能是不利的。

3. 加速性能变差

内燃机对负荷与转速的迅速响应，对车辆行驶的安全性和经济性都是有利的。可是由于废气涡轮增压器与内燃机没有机械联系，增压器自身的惯性使其对突变负荷的响应能力变差，因此，增压内燃机的加速性能比非增压内燃机差。在加速过程中增压压力上升缓慢，使柴油机转速及平均有效压力增加都要经历一段相对较长的时间过程，而且在加速过程中烟度也会增加。为了防止加速时冒烟，需要加装增压压力未达到规定值时的限制供油量的装置，因而进一步延缓了整个加速过程。

为了改善加速性能，可以采用脉冲增压系统，减少进、排气管道容积，采用放气调节或可变喷嘴，减少转子的转动惯量以及采用较小的气门重叠角等。另外，利用车辆上空气制动系统的高压空气向压气机工作轮进行喷射，可以起到帮助增压器加速的作用，这是简单而有效的方法。

目前，由于缸内直喷技术的成熟应用，低速转矩性能和加速性能均得到改善。

4. 起动与制动有一定困难

柴油机起动时，因无高温废气，涡轮机无法正常工作，压气机也就不能正常供气。增压柴油机在起动瞬时的进气压力及温度均不高，再加上增压柴油机的压缩比较低，使起动时压缩终了的温度降低，造成着火与起动困难。

增压可以在保持原机功率和较高转矩的情况下，适当降低内燃机转速，从而减少机械损失和磨损，不仅改善了整机的经济性能，而且使可靠性及使用寿命提高，维修费用降低。因此，一般非增压机改为增压机后，转速均有所降低，这时，车辆后桥传动比也应做相应改动。应该指出，增压促使经济性能改善，是需要重新组织内燃机的工作过程，并与车辆参数合理配合才能实现的。

复习思考题

1. 发动机废气能量是如何利用的？
2. 增压前、后发动机的性能参数是如何变化的？

3. 为什么增压后要采用进气中冷技术？
4. 压气机与涡轮的工作参数有哪些？
5. 车用发动机采用增压时应进行哪些调整？
6. 如何处理增压器与发动机的匹配问题？
7. 汽油机增压的技术难点有哪些？

第四章 / Chapter 4

燃料与燃烧化学

第一节　发动机燃料

发动机的燃料几乎都是由地下石油经现代的提炼技术加工得到的，它是发动机产生动力的来源。发动机的生存与发展、结构与性能上的差异以及对环境的污染等，无不与燃料的种类和品质有着密切的关系。

由于资源、成本及使用性能方面的优势，车用发动机以汽油和柴油为基本燃料。电火花点火式发动机主要使用汽油，故一般称这种发动机为汽油机；压燃式发动机主要使用柴油，一般称为柴油机。汽油主要由5~11个碳原子的烷烃、环烷烃和烯烃组成，其沸点在205℃以下。柴油是沸点为170~370℃的烃类混合物，通常从原油中分馏出来之后，即可直接使用。

随着社会的进步与发展，人类对能源的需求量越来越大，导致了能源的枯竭和对生态环境的严重破坏。为了保护大气品质和合理利用有限的石油资源，越来越多的人在努力探索发动机的代用燃料，如现在使用较广泛的醇类燃料（甲醇、乙醇）、气体燃料（液化石油气、天然气、氢气），这对改善地球环境和节省能源都有积极作用。

一、汽油

汽油的性能对汽油机的工作有很大影响，因此对它有一定的要求。汽油的主要性能有抗爆性、蒸发性、氧化安定性、抗腐蚀性及清净性等。

1. 抗爆性

抗爆性是指汽油在发动机气缸内燃烧时抵抗爆燃的能力，用辛烷值表示。辛烷值是代表点燃式发动机燃料抗爆性的一个约定数值，通过在规定条件下的标准发动机试验中和标准燃料进行比较来测定，采用和被测定燃料具有相同的抗爆性的标准燃料中异辛烷的体积百分比来表示。

在一台专用的可改变压缩比的单缸试验机上，用被测定的汽油作为燃料，在一定的条件下运转，改变试验机的压缩比，直至其产生标准强度的爆燃燃烧，然后，在同样的压缩比下，换用由一定比例的异辛烷（一种抗爆燃燃烧能力很强的碳氢化合物，规定它的辛烷值为100）和正庚烷（一种抗爆燃燃烧能力极弱的碳氢化合物，规定它的辛烷值为0）混合而成的标准燃料，在相同的条件下运转，不断改变标准燃料中异辛烷和正庚烷的比例，直到单缸试验机产生与被测汽油相同强度的爆燃燃烧为止。此时，标准燃料中所含异辛烷的百分数就是被测汽油的辛烷值。

测定汽油的辛烷值可以采用不同的试验方法，常用的有马达法与研究法。

马达法辛烷值（MON）是以较高的混合气温度（一般加热至149℃）和较高的发动机转速（一般为900r/min）的苛刻条件为其特征的实验室标准发动机测得的辛烷值。它表示汽油在发动机常用工况下低速运转时的抗爆能力。

研究法辛烷值（RON）是以较低的混合气温度（一般不加热）和较低的发动机转速（一般为600r/min）的中等苛刻条件为其特征的实验室标准发动机测得的辛烷值。它表示汽油在发动机重负荷条件下高速运转时的抗爆能力。

马达法规定的试验转速及进气温度比研究法高，因而马达法辛烷值（MON）低于研究法辛烷值（RON）。一般采用研究法辛烷值来确定汽油的抗爆性。如要比较全面地表示抗爆性，则可同时标出 RON 和 MON 值，然后用抗爆指数来衡量，抗爆指数 =（MON+RON）/2。

2. 蒸发性

汽油只有从液态蒸发成为汽油蒸气，并与一定比例的空气混合成为可燃混合气后，才能在汽油机中燃烧。在现代汽油机中，可燃混合气形成的时间很短。因此，汽油蒸发性的好坏，对形成的混合气质量有很大影响。

蒸发性越强，越容易汽化，形成的混合均匀的可燃混合气燃烧速度越快，并且燃烧越完全，因而不仅发动机易起动，加速及时，各工况间转换灵敏、柔和，而且能减小机件磨损、降低汽油消耗。但蒸发性也不能太强，因为蒸发性过强的汽油在炎热夏季以及大气压力较低的高原和高山地区使用时，容易使发动机的供油系统产生“气阻”，甚至发生供油中断。另外，在储存和运输过程中的蒸发损失也会增加。

蒸发性很弱的汽油，难以形成良好的混合气，这样不仅会造成发动机起动困难、加速缓慢，而且未汽化的悬浮油粒还会使发动机工作不稳定，油耗上升。如果未燃尽的油粒附着在气缸壁上，还会破坏润滑油膜，甚至窜入曲轴箱稀释机油，从而使发动机润滑遭破坏，造成机件磨损增大。

汽油的蒸发性用汽油蒸发量为10%、50%、90%和100%时所对应的温度来评定，分别称为10%馏出温度、50%馏出温度、90%馏出温度和干点。通过汽油的蒸馏试验，可以确定这些温度。将一定数量的汽油（通常为100mL）放在蒸发器内加热，使之按一定速度蒸发，然后将蒸发出来的汽油蒸气通过冷凝器凝成液体，并用量筒测量其体积，当量筒中冷凝的汽油量为被试验汽油量的10%时，测出的蒸发器中汽油蒸气的温度便是10%馏出温度。用同样的方法，可以得出其余温度。

在10%馏出温度时，从汽油中蒸发出的是低沸点、高饱和蒸气压的轻质成分。10%馏出温度低，表明汽油中所含的轻质部分低温时容易蒸发，从而有较多的汽油蒸气与空气混合形成可燃混合气，使汽油机冷机起动比较容易。因此，用10%馏出温度来评价汽油的起动品质，此温度越低，汽油的起动品质越好。

50%馏出温度的高低表明汽油中中间馏分蒸发性的好坏。此温度低，说明汽油的中间馏分容易蒸发，有利于汽油机的加速和由冷的状态很快转入工作状态。

90%馏出温度可以表明汽油中难以蒸发的重质成分含量。此温度高，表明汽油中不易蒸发的重质含量多。汽油中这些重质成分在混合气形成的过程中很难蒸发，它们附着在进气管和气缸壁上，将增加燃油消耗，稀释气缸壁上的机油和加大气缸磨损。

3. 氧化安定性

汽油抵抗大气或氧气的作用而保持其性质不发生长久性变化的能力称为氧化安定性。它直接影响汽油的储存、运输和在发动机上的应用。氧化安定性不好的汽油，易发生氧化、缩合和聚合反应，生成酸性物质和胶状物质，从而导致燃料供应系统堵塞，气门关闭不严，气缸散热不良，增大爆燃倾向。

汽油的化学组成对其氧化安定性影响很大，其中烷烃、环烷烃和芳香烃在常温液态条件下，都不易与空气中的氧发生反应，因而其氧化安定性好。而烯烃（不饱和烃）在常温液态条件下，不仅容易和空气中的氧气发生氧化反应，而且彼此之间还会发生缩合和聚合反应，因而氧化安定性差。

对汽油氧化安定性的评定项目有两个：实际胶质和诱导期。实际胶质是在规定的条件下测得的发动机燃料的蒸发残留物。残留物越多，汽油的质量越差。诱导期是在规定的加速氧化条件下，油品处于稳定状况所经历的时间。一般诱导期越长，汽油化学安定性越好。为了提高汽油的氧化安定性，近代石油炼制工业除了采用催化重整和加氢精制等先进工艺外，还普遍向汽油中添加抗氧防胶剂和金属钝化剂。

4. 清净性

采用喷射式汽油机的汽车最常发生的问题是在进气系统和喷油器上产生沉淀，其主要原因是汽油中不稳定的化合物，如不饱和烯烃和二烯烃，以及添加剂带入了低分子量化合物等。为了经常保持进气系统的清洁，充分发挥汽油喷射的优点，可向汽油中加入汽油清净剂。它是一种具有清净、分散、抗氧、破乳和防锈性能的多功能复合添加剂，一般是聚烯胺和聚醚胺类化合物。清净剂通过其抗氧化和表面活性作用，可以清除喷嘴、进气门上的积炭，使这些部件保持清洁，油路畅通。

汽油清净剂作为机内净化的手段，在发达国家早已普遍采用。20 世纪 50 年代研究的第 1 代汽油清净剂，主要用来解决汽车化油器的积炭问题。20 世纪 80 年代初研制的第 2 代清净剂主要用于解决喷嘴堵塞的问题，20 世纪 80 年代末研制的第 3 代汽油清净剂，不但对化油器和喷嘴的积炭有清洗作用，而且对进气门也有清洗作用。目前应用广泛的是具有良好的清除发动机燃油喷嘴、进气阀等处沉积物功能，同时又不造成燃烧室沉积物大幅增加的第 4 代清净剂。抑制活塞顶、排气阀沉积物的第 5 代清净剂开发于 20 世纪 90 年代末期，目前只有德国和美国的部分公司生产和使用。现在，美国销售的汽油全部添加清净剂，欧洲不少地区也添加清净剂，估计目前世界汽油清净剂年消耗量在 40 万 t 左右。

5. 汽油规格

各国根据本国汽车发动机的结构特点、使用条件、石油炼制水平来制定相应的汽油规格。我国车用汽油国家标准是 GB 17930—2016。受能源及环境等因素的影响，我国近年来在全国推广使用车用乙醇汽油。车用乙醇汽油，是在车用汽油中加入一定比例的燃料乙醇而形成的一种新型车用燃料。按照我国标准 GB 18351—2017《车用乙醇汽油（E10）》，车用乙醇汽油是用 90%（体积分数）的普通车用汽油与 10%（体积分数）的燃料乙醇调和而成，用 E10 表示。

根据标准，我国使用的车用乙醇汽油按研究法辛烷值分为 89 号、92 号、95 号和 98 号四个牌号。目前我国车用乙醇汽油标准见表 4-1。

二、柴油

柴油主要用于压燃式发动机（柴油机），其中轻柴油用于高速柴油机，重柴油用于中、低速柴油机，重油用于大型低速柴油机。汽车用柴油机都是高速机，必须用轻柴油。

表 4-1　我国车用乙醇汽油标准（GB 18351—2017）

项　　目		质量指标			试验方法
		89	92	95	
抗爆性：					
研究法辛烷值（RON）	不小于	89	92	95	GB/T 5487
抗爆指数（RON+MON)/2	不小于	84	87	90	GB/T 503、GB/T 5487
铅含量[a]/(g/L)	不大于	0.005			GB/T 8020
馏程：					GB/T 6536
10%蒸发温度/℃	不高于	70			
50%蒸发温度/℃	不高于	110			
90%蒸发温度/℃	不高于	190			
终馏点/℃	不高于	205			
残留量（体积分数）(%)	不大于	2			
蒸气压[b]/kPa					GB/T 8017
11 月 1 日至 4 月 30 日		45~85			
5 月 1 日至 10 月 31 日		40~65[c]			
胶质含量/(mg/100mL)	不大于				GB/T 8019
未洗胶质含量（加入清净剂前）		30			
溶剂洗胶质含量		5			
诱导期/min	不小于	480			GB/T 8018
硫含量[d]/(mg/kg)	不大于	10			SH/T 0689
硫醇（博士试验）		通过			NB/SH/T 0174
铜片腐蚀（50℃，3h）/级	不大于	1			GB/T 5096
水溶性酸或碱		无			GB/T 259
机械杂质[e]		无			GB/T 511
水分（质量分数）(%)	不大于	0.20			SH/T 0246
乙醇含量（体积分数）(%)		10.0±2.0			NB/SH/T 0663
其他有机含氧化合物含量[f]（质量分数）(%)	不大于	0.5			NB/SH/T 0663
苯含量[g]（体积分数）(%)	不大于	0.8			SH/T 0693
芳烃含量[h]（体积分数）(%)	不大于	35			GB/T 30519
烯烃含量[h]（体积分数）(%)	不大于	18			GB/T 30519
锰含量[h]/(g/L)	不大于	0.002			SH/T 0711
铁含量[h]/(g/L)	不大于	0.010			SH/T 0712
密度[i]（20℃）/(kg/m^2)		720~775			GB/T 1884、GB/T 1885

[a] 车用乙醇汽油（E10）中，不得人为加入含铅、含铁、含锰的添加剂。

[b] 也可采用 SH/T 0794 进行测定，在有异议时，以 GB/T 8017 方法为准。换季时，加油站允许有 15 天的置换期。

[c] 广西全年执行此项要求。广东、海南两省使用车用乙醇汽油（E10）的地区全年执行此项要求。

[d] 也可采用 GB/T 11140、SH/T 0253、ASTM D7039 进行测定，在有异议时，以 SH/T 0689 方法为准。

[e] 也可采用目测法：将试样注入 100mL 玻璃量筒中观察，应当透明，没有悬浮和沉降的机械杂质及分层，在有异议时，以 GB/T 511 方法为准。

[f] 不得人为加入。也可采用 SH/T 0720 进行测定，在有异议时，以 NB/SH/T 0663 方法为准。

[g] 也可采用 SH/T 0713、GB/T 28768、GB/T 30519 进行测定，在有异议时，以 SH/T 0693 方法为准。

[h] 也可采用 GB/T 11132、GB/T 28768 进行测定。在有异议时，以 GB/T 30519 方法为准。

[i] 也可采用 SH/T 0604 进行测定，在有异议时，以 GB/T 1884、GB/T 1885 方法为准。

柴油的物理和化学性能对柴油机的性能和起动以及燃油供给系统的工作和寿命都有影响，因此国家标准规定柴油有十余种性能和质量指标，以保证柴油的品质能符合柴油机的工作要求。

1. 自燃性

柴油的自燃性常用十六烷值来评定。在柴油机中，柴油与空气组成的混合气是靠活塞压缩而自行着火的。燃油在没有外界火源的情况下能自行着火的最低温度称为自燃点。柴油的自燃点越低，自燃性越好，则柴油机工作较柔和，在低温时也易于起动。

柴油的自燃性是与一种标准燃料进行比较来加以评定的。标准燃料是正十六烷和 α—甲基萘的混合物。正十六烷自燃性最好，作为自燃性好的标准，其十六烷值定为 100。α—甲基萘最不易自燃，作为自燃性差的标准，其十六烷值定为 0。柴油的自燃性通常介于正十六烷与 α—甲基萘之间。将上述两种成分按不同比例混合，可得出不同十六烷值的标准燃料，其十六烷值为该混合物中正十六烷所占的体积百分数。如果某种柴油与某种标准燃料的自燃性相同，则该标准燃料的十六烷值即为该柴油的十六烷值。将柴油与标准燃料进行比较的试验方法和仪器设备，由国家标准加以规定。

实践证明，十六烷值过高或过低的柴油，都对柴油机的性能或工作不利。十六烷值过高，喷入燃烧室的柴油来不及与空气充分混合就着火，使燃油不能得到及时而完全的燃烧，造成排气冒黑烟，柴油机的经济性降低。十六烷值过低则使柴油机工作粗暴，起动也较困难。因此，柴油的十六烷值通常规定在适中的范围，一般高速柴油机采用十六烷值为 40~65 的柴油。

2. 雾化和蒸发性

馏程、运动黏度、密度、闪点都是与雾化和蒸发性有关的油品指标。馏程中 50% 蒸发温度越低，说明柴油中轻质馏分越多，发动机易于起动。馏程中 90% 蒸发温度越低，说明柴油中重质馏分少，可以提高发动机的动力性和经济性。

柴油的黏度是柴油重要的物理性能之一，是表示其稀稠程度及流动性的指标。它影响燃油的喷雾质量、过滤性及在油道中的流动性。黏度过高，柴油的喷雾质量差，使燃烧过程恶化，柴油机的功率和经济性能降低；黏度过低，柴油易通过喷油泵柱塞偶件和喷油器针阀偶件之间的间隙漏出，使供油量不准确。此外，低黏度的柴油，在上述精密偶件的摩擦表面上不易形成油膜，使其润滑不良而加速磨损，缩短使用寿命。柴油黏度随温度而变化，温度越高，黏度越低，故应选择合适的黏度。

柴油加热后，柴油蒸气与外界的空气混合形成混合气。混合气与火焰接触发生闪火的最低温度称为闪点。闪点越高，表明燃油在储存、运输和使用中越不易着火而引起火灾，即越安全。同时为了控制柴油蒸发性不致太强，有国际规定要求柴油的闪点应不低于某一温度。

3. 硫含量

硫天然地存在于原油中，柴油中的硫明显地增加了排气中的微粒物，不利于环保；对于装有催化转化器的汽车，硫使转化器的寿命降低；硫和硫化物在燃烧时易生成二氧化硫，遇到气缸内的蒸气或水分就会形成亚硫酸，腐蚀零件，而且排放到大气中的硫化物也极易与水分结合形成酸雨，给环境带来危害；硫还会增加柴油机的磨损。各国标准对硫含量均提出了严格的要求，甚至要求零含量。

4. 安定性

安定性是指柴油在运输、储存和使用过程中应保持其外观颜色、组成和使用性能不变的能力。影响安定性的因素主要是柴油中所含的不安定组分，它们是二烯烃、烯烃和环烷芳香烃。

5. 低温流动性

低温时，柴油中的石蜡成分会析出而使柴油的流动性变差，特别是在寒冷地区，析出来的石蜡可能堵塞柴油滤清器，使发动机起动不良，甚至运转中熄火。因此，车用柴油的低温流动性十分重要。柴油失去流动性而开始凝固的温度称为凝点。当柴油接近凝点时，流动性已很差，不但喷雾恶化，而且供油也很困难，柴油机无法正常工作。

我国用于汽车的轻柴油执行的标准是GB/T 19147—2016《车用柴油》。标准中柴油的牌号分为5号、0号、-10号、-20号、-35号和-50号，柴油的牌号划分依据是柴油的凝固点。

标准要求，选用轻柴油牌号应遵照以下原则：

1）5号轻柴油适用于风险率为10%的最低气温在8℃以上的地区。

2）0号轻柴油适用于风险率为10%的最低气温在4℃以上的地区。

3）-10号轻柴油适用于风险率为10%的最低气温在-5℃以上的地区。

4）-20号轻柴油适用于风险率为10%的最低气温在-14℃以上的地区。

5）-35号轻柴油适用于风险率为10%的最低气温在-29℃以上的地区。

6）-50号轻柴油适用于风险率为10%的最低气温在-44℃以上的地区。

第二节 代用燃料及应用

到目前为止，汽车发动机绝大多数还是使用石油制品的液体燃料——汽油和柴油。尽管二者有不少缺点，如有害排放相对严重等，但综合来看，还不能为其他燃料大量替代。因此，习惯上将汽油、柴油称为汽车发动机的常规燃料，其余的则称为代用燃料。

一、代用燃料分类

1. 按物态区分

代用燃料按物态可分为气体代用燃料和液体代用燃料两类。

(1) 气体代用燃料 气体代用燃料包括压缩天然气和液化石油气等，其他有氢气（H_2）、沼气（CH_4）、发生炉煤气（CO）及水煤气（$CO+H_2$）等。此外，某些化工产品的气体燃料，如二甲基醚（CH_3-O-CH_3）也可用作柴油机代用燃料。

(2) 液体代用燃料 液体代用燃料包括甲醇（CH_3OH）、乙醇（C_2H_5OH）和某些动、植物油及可燃的化工液体副产品。

2. 按化学成分区分

代用燃料按化学成分可分为除汽油、柴油之外的烃燃料C_nH_m和含氧燃料两类。

(1) 除汽油、柴油之外的烃燃料 C_nH_m 它们的主要成分是碳（C）和氢（H）。C和H的含量适中时多为液体。C分子数减少多为气体，如 CH_4、天然气及液化石油气等，极限情况不含C就是纯氢 H_2；反之，C分子增加多为重质燃料，C分子进一步增多，基本不含H时就成为煤炭。

(2) 含氧燃料 含氧燃料的成分中除C和H外，还含有一定比例的氧。甲醇（CH_3OH）、乙醇（C_2H_5OH）以及动、植物油和煤气（CO）都是含氧燃料。氧不能自燃但能助燃，因而含氧燃料的热值都不高，但由于其自身含氧，所需外界空气量也相应减少，其混合气热值并不一定比烃类燃料低。

代用燃料能否在汽车上得到应用，受到其理化特性、安全与环保特性、价格以及供给等因素的影响，限于篇幅，本书仅介绍已有成功实例的代用燃料汽车发动机，并简述其发展前景。

二、天然气

天然气可以采用压缩天然气（CompreSSed NaTural GaS，CNG）、液化天然气（Liquefied Natural Gas，LNG）和吸附天然气技术（AdSorBed NaTural GaS，ANG）或水合物（Hydrate）的方式在汽车发动机中加以利用，其中CNG的利用方式采用最多。由于天然气的储藏量很大，将作为一种洁净燃料被应用，至今已分别在汽油机和柴油机上开发了多种利用技术。

1. 天然气的性质

天然气以甲烷为主要成分，随产地不同，甲烷含量不同，一般为83%~99%。由于组成变化，理论混合比、发热量也将产生差异，故与常温下处于液态的汽油与柴油的运输和储存方法有很大差异。由于天然气的密度低于汽油，使吸入发动机的新鲜空气质量减少，发动机的输出功率将会下降，只为液体燃料的90%左右。因此，对于车用天然气，各国都制定了相应的标准或技术要求。

天然气的研究法辛烷值为130，十六烷值为零，只能点燃不能压燃。由于常温常压下呈气态，容易形成混合气，为实现稀薄燃烧提供了条件，便于应用稀燃技术降低CO和HC的排放量。

由于天然气是气体燃料，容易与空气混合均匀，故冷起动后，有害排放物HC和CO的量很少，碳烟、微粒的量也很少。燃料分子中的碳原子数少，单位发热量的 CO_2 排出量比较少。同时排放物中的未燃HC是甲烷，因而产生光化学烟雾的可能性小。

2. 天然气发动机

(1) 单燃料天然气发动机 专用的天然气发动机通常具有较高的压缩比，并且多采用燃料喷射系统和特制的天然气汽车用催化转化器。图4-1所示为丰田汽车公司开发的5S—FNE型天然气汽车发动机的燃料供给系统。由压缩气瓶出来的CNG经过滤清器过滤后，流入压力调节装置；调节后的CNG经油气分离器进入喷射系统，由喷油器喷入各缸的进气道。为了对喷射的燃气量进行精确控制，燃料供给系统中安装了温度传感器和压力传感器。

天然气发动机的燃气供给方式通常有混合器式、单点喷射式和多点喷射式三种。不同

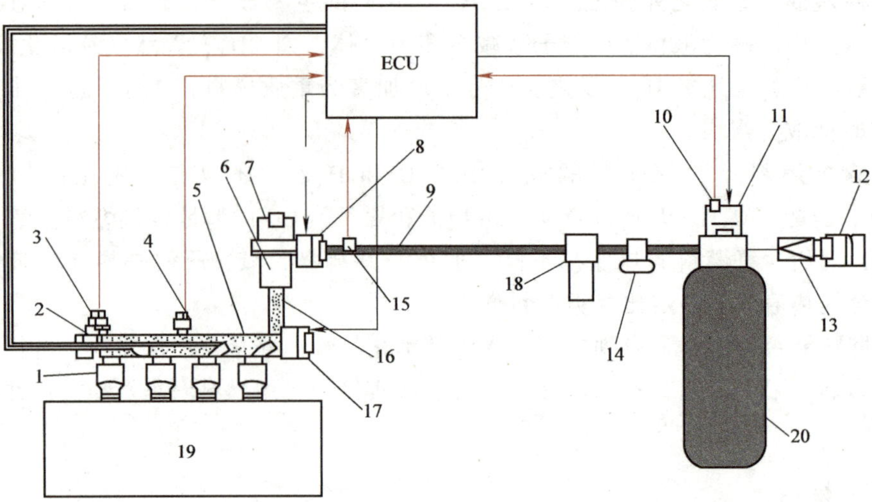

图 4-1 丰田 5S—FNE 型天然气汽车发动机的燃料供给系统

1—喷油器 2—出气阀 3，15—压力传感器 4，10—温度传感器 5—输气管 6—分离器 7—压力调节器 8—阀门 9—气管 11—内置电磁切断阀 12—加气嘴 13—单向阀 14—手动阀 16—燃气管 17—切断阀 18—滤清器 19—发动机 20—燃气瓶

燃气供给方式的优缺点见表 4-2。由表 4-2 可知，单点喷射式是一种较好的折中方案。

表 4-2 不同燃气供给方式的优缺点

类型	响应性	功率	混合气形成	开发费用	缸内混合均匀性	成本
单点喷射式	较好	较好	较好	较好	较好	较好
混合器式	较差	较差	较好	较好	较好	较好
多点喷射式	好	好	好	差	好	较差

(2) 双燃料天然气发动机 双燃料天然气发动机主要是在现有的汽油机、柴油机的基础上加装 CNG 供给系统改装而成，以柴油机改装为例，供油系统仅喷入少量柴油，用于引燃天然气与空气的混合气。CNG 经过电磁阀、滤清器、压力调节器进入混合器与空气混合后进入燃烧室燃烧。这种方式比较容易实现，排气中颗粒物和碳烟的含量较少。但这种方式与压缩天然气专用方式相比，排气的清洁程度还不够理想，气缸和活塞的热负荷会增大，使这些零部件的可靠性和耐久性出现问题。双燃料天然气发动机由于必须携带两套燃料系统，因而结构复杂；另外，还有柴油和天然气燃烧的最佳比例控制困难等问题。

三、液化石油气

液化石油气（LPG）分为油田液化气和炼油厂液化气两种。液化石油气的主要成分是丙烷（C_3H_8）和丁烷（C_4H_{10}）。油田液化气来自各油田，不含烯烃，可直接用作车用燃料。炼油厂液化气主要是催化裂化过程和延迟焦化炼油过程的产物，含有大量丁烯（C_4H_8）、丙烯（C_3H_6）以及少量乙烷及异丁烯。因烯烃类为不饱和烃，燃烧后结胶、积炭严重，对发动机的火花塞、气门及活塞环等零件损坏较大，不适于直接用作车用燃料。

一般烯烃含量要低于6%才能用作车用燃料。

与天然气发动机一样，可将LPG发动机分为单燃料、两用（可切换）燃料及双燃料（LPG和柴油）三类。单燃料指发动机的燃料供给系统专为燃用LPG燃料而设计，其结构保证气体燃料能有效利用。两用燃料是可在两种燃料中进行转换使用，设有两套燃料供给系统，无论是使用LPG还是汽油，发动机都能正常工作，利用选择开关实现发动机从一种燃料到另一种燃料的转换，两种燃料不允许同时混合使用。双燃料汽车是指汽车发动机工作时同时使用两种燃料的汽车，一般用压燃的少量柴油引燃LPG与空气的混合气而实现燃烧，这种发动机也可用纯柴油工作。因此，该系统有同时供给汽车两种燃料的装备，配备两个供给系统及两个独立的燃料储存系统。依据发动机的运行工况、燃料品质和发动机参数，按一定比例同时向发动机供给LPG和柴油。低负荷及怠速时自动转换到纯柴油工作方式。

混合器式LPG发动机燃料供给系统的结构如图4-2所示。该系统主要由气瓶4、滤清器7、蒸发调节器16、混合器9、连接管路、冷却液加热系统、控制线路、电磁阀8及开关等组成。液态的LPG靠其自身的蒸气压力被压出容器，通过高压管路13经滤清器7将杂质滤掉，然后经电磁阀8流入蒸发调节器16，在调节器内被降压、汽化、调压，从而变成气态，最后通过混合器9与空气混合，进入发动机14。滤清器的作用是滤掉LPG中的杂质，以保证电磁阀的功能和蒸发调节器的减压、调压功能不下降；蒸发调节器的作用是将来自高压管路的LPG减压，使其汽化并保持适当的压力供给混合器；冷却液加热系统的作用是利用冷却液的热量加热LPG，促使LPC汽化。

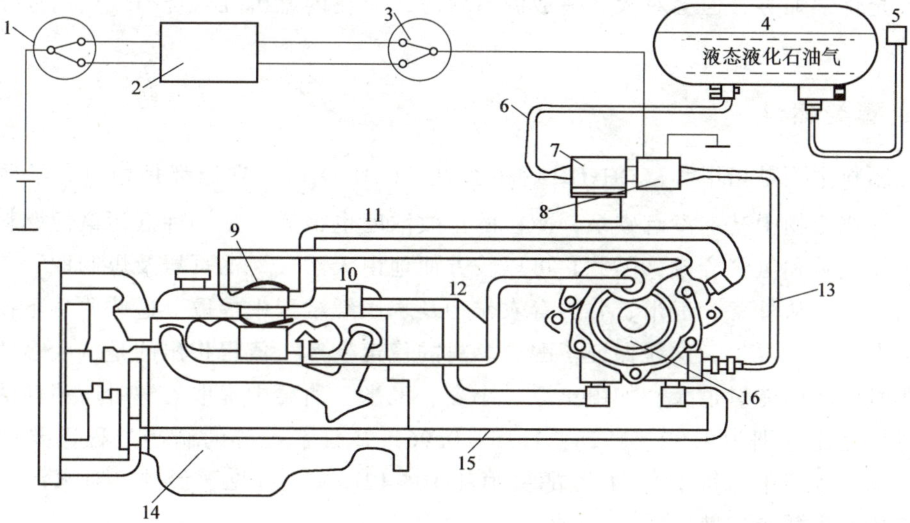

图4-2　混合器式LPG发动机燃料供给系统的结构

1—点火开关　2—电磁阀继电器　3—LPG开关　4—气瓶　5—气瓶充气口　6，13—高压管路
7—滤清器　8—电磁阀　9—混合器　10—低压通道　11—主通道　12—负压通道
14—发动机　15—冷却液路　16—蒸发调节器

我国的石油产量已远不能满足汽车增长的需要，已经成为石油净进口国。我国天然气的产量、储量很大，大力发展天然气/液化石油气发动机是一条可行的道路。天然气与液

化石油气燃料相比具有以下特点：

1）天然气的体积低热值和质量低热值略高于汽油，但理论混合气热值比汽油低，甲烷含量越高，相差越大，纯甲烷理论混合热值比汽油低10%左右；液化石油气则介于汽油和天然气之间。

2）抗爆性能高。天然气的主要成分是甲烷，甲烷的研究法辛烷值为130，具有高抗爆性能。燃用天然气的专用发动机应采用的合理压缩比为12，允许压缩比可达15，可采用高压缩比，从而大幅度提高发动机的动力性能和经济性能。例如采用较高的压缩比，天然气发动机的燃烧效率可相当于柴油机，有利于减少 CO_2 的排放。装有电子燃料控制系统和三元催化转化器的轻型天然气汽车的尾气排放比最严格的加州超低排放车（ULEV）标准还低。液化石油气的辛烷值也较高，为100~110。

3）混合气着火界限宽。天然气与空气混合气有很宽的着火界限，其过量空气系数的变化范围为0.6~1.8，可在大范围内改变混合比，提供不同成分的混合气。通过采用稀薄燃烧技术，可进一步提高发动机的经济性能和改善排放。

4）天然气和液化石油气比汽油的着火温度高，传播速度慢，因此需要较高的点火能量。

5）天然气和液化石油气燃烧时比汽油和柴油更“清洁”。由于天然气和液化石油气的燃烧温度低，NO_x 的生成量少，且与空气同为气相，混合均匀，燃烧较完全，CO和微粒的排放很低。采用柴油—天然气双燃料工作的发动机，尾气的烟度值很低，为采用纯柴油的1/10左右，几乎呈无烟状态运行。未燃烧的甲烷等成分性质稳定，在大气中不会形成有害的光化学烟雾，但会对大气造成温室效应，应在内燃机缸外烧掉或选用催化剂进行机外处理。

四、醇类燃料

醇类燃料主要是指甲醇（CH_3OH）和乙醇（C_2H_5OH），它们都是相对分子质量较小的单质，燃烧产物中基本没有碳烟，NO_x 的排放浓度也很低，是一种低污染性燃料。甲醇可以由一氧化碳和氢气合成，因此它可以较方便地由天然气、油页岩及煤制取；乙醇可利用发酵的方法，从甘蔗、玉米、薯类等农作物及木质纤维素中提取，这些原料不仅储量较大，而且大都可以再生，这就保证了醇类燃料的稳定生产。值得指出的是从大多数植物中提取乙醇时消耗的能量过大，如由土豆、小麦、玉米、甜菜中提取乙醇时所消耗的能量与获得的能量之比分别为1.32、1.28、1.15、0.96；并且在乙醇的制造过程还要消耗大量的水，增加了水污染。每生产1L乙醇要消耗10~12L水，可见廉价的、对水污染低的乙醇的制造技术也并未成熟。

1. 甲醇（或乙醇）作为发动机燃料须考虑的因素

（1）化学成分及燃烧产物　醇类燃料含氧及C、H较多，化学当量比汽油和柴油低，完全燃烧时产生较多的水及较少的 CO_2。在起动、暖机期间及缸内温度不高时，容易在缸壁上形成冷凝物，促使酸性物质的生成及磨损的增加。醇类燃料燃烧后，混合气的分子变更系数增大。

（2）沸点及凝点　相对于汽油来说，醇类燃料的沸点低，这有助于燃料和空气混合气的形成，但因其中缺乏高挥发性组分，对起动不利。醇类燃料的凝点很低，在环境温度较低时无需担心结冰。

(3) 热值　甲醇的热值是优质汽油的47%，乙醇为64.5%，在理论空燃比下单位质量的醇类燃料和空气混合气的热值与石油燃料混合气的热值基本一样，相应调整供油系统，增加供油量，不影响发动机的输出功率。

(4) 汽化潜热　醇的分子间有强氢键，汽化潜热大，混合气形成后温降也较大。当过量空气系数为1时，在绝热条件下，汽油的温降约为20℃，而纯甲醇的温降为122℃。高汽化潜热产生的冷却效应妨碍了在运行温度下的完全汽化，使甲醇的雾化、汽化困难，难以形成良好、均匀的混合气。压缩终了缸内温度降低，使压燃着火延迟期变长，还会影响起动性能。但高的汽化潜热可降低压缩负功，提高充气效率。

(5) 辛烷值　醇类燃料的辛烷值高，是点燃式内燃机好的代用燃料，也可作为提高汽油辛烷值的优良添加剂。

(6) 十六烷值　醇类燃料的十六烷值很低，在压燃式内燃机中使用醇类燃料很困难。

(7) 着火极限　醇类燃料的着火上、下限都比石油燃料宽，能在稀混合气区工作，有利于排气净化和降低油耗，也利于空燃比控制。

(8) 着火延迟期　由于醇类燃料的十六烷值低，着火性差，着火延迟期长。

(9) 火焰传播速度　醇类燃料的火焰传播速度比汽油高，这对醇类燃料的使用十分有利。

2. 醇类燃料在汽车发动机上的使用

近年来，我国在河南等省试行使用车用乙醇汽油，并颁布了标准GB 18350—2001《变性燃料乙醇》。变性燃料乙醇是以淀粉质（玉米、小麦等）、糖质（薯类）为原料，经发酵、蒸馏制得乙醇，脱水后再添加变性剂（车用无铅汽油）变性的燃料乙醇。标准规定燃料乙醇与变性剂的体积混合比范围应为（100：2）～（100：5），即变性剂在变性燃料乙醇中的体积分数为1.96%～4.76%，且变性剂的质量应符合车用无铅汽油（GB 17930—2011）的要求。添加变性剂的目的是为了防止人们当食用酒精误食。

甲醇（或乙醇）与汽油的混合燃料称为甲醇（或乙醇）汽油或汽醇。按照醇在燃料中所占的体积分数，甲醇汽油习惯上称为Mx（x为甲醇的体积分数），如M5（指含甲醇5%）、M10（含甲醇10%）、M85（含甲醇85%）等，乙醇汽油习惯上称为Ex（x为乙醇的体积分数），如E10（含乙醇10%）、E20（含乙醇20%）等。

点燃式内燃机掺烧醇类燃料，与燃烧纯汽油相比有以下优点：

1）提高辛烷值，在无铅汽油中加入醇类燃料，可达到含铅汽油所具备的抗爆能力。

2）可扩大混合气着火界限，燃用稀混合气，提高燃油经济性。

3）可提高压缩比，从而提高内燃机的动力性能和经济性能。

4）减少燃烧室表面的燃烧沉积物。

5）改善排放性能。

目前，研究较多的掺烧甲醇是M15，这是发动机稍作变动可接受的最高掺烧比极限。在较高压缩比试验中，使用M30对发动机性能几乎没有什么影响。采用M40在压缩比为9.7、过量空气系数为1的条件下进行试验时，其动力性能和经济性能接近汽油机，而排放则在使用汽油和纯甲醇之间。添加乙醇可提高汽油的辛烷值，以提高抗爆性，E22 可完全代替含铅汽油。

3. 醇类燃料在应用中的主要问题

(1) 对金属腐蚀性　甲醇和乙醇对汽车燃料系统的许多金属都有腐蚀性，它们可以腐蚀铜、铁、铝、铅、锌、镁及它们的许多合金。混合燃料中即使含有 3% 的醇也会使燃料腐蚀性大大增强，醇含量越高，腐蚀性越强。防止醇燃料腐蚀发动机金属的基本途径有两种：一是改变发动机金属材料，使用耐腐蚀的金属制造发动机；二是在燃料中加防腐蚀添加剂。相比之下，前者成本高，且只适用于新发动机的制造；而后者则更简便，且成本低，效果好。实践证明，在燃料中加入少量防腐剂就能有效防止金属腐蚀。

(2) 对其他材料的影响　醇燃料还对橡胶和塑料部件有腐蚀作用。发动机燃料系统中的许多零部件都是由橡胶和塑料等材料制成的，在醇燃料中会溶胀、变黏或皴裂；燃油泵隔膜和燃油软管是橡胶制品，在醇燃料中会发生溶胀、变硬、变脆或软化等现象，纤维垫片则会逐渐软化而导致漏油。

当使用混合燃料，或用汽油作为改善醇燃料冷起动性能的添加剂时，对橡胶和塑料部件的腐蚀性更强。这是由于混合燃料中的醇能增强燃料在橡胶和塑料表面的润湿作用，从而有利于汽油组分向其内部渗透的缘故。

应该注意的是，不同橡胶或塑料在汽油、混合燃料和纯的甲醇或乙醇中的溶胀作用有明显的差异，因此在使用醇燃料或混合燃料时，应选择合适的橡胶或塑料材料作为燃料系统部件。据研究氟橡胶、氟硅橡胶、聚硫橡胶、改性丁腈橡胶、氯丁橡胶、氯磺化聚乙烯和均聚氯醇橡胶等耐醇、汽油和混合燃料的能力较好。

(3) 发动机磨损　醇燃料发动机在使用中，气缸和活塞环的磨损加重。这被认为是由于甲醇或乙醇能够将这些部位的润滑油膜洗掉导致的。另外，醇燃烧时会生成有机酸（甲酸或乙酸），能直接腐蚀金属，造成腐蚀磨损。进入机油中的甲酸或乙酸还能与其中的抗氧防腐剂发生反应而使其失效，从而增大各摩擦部位的腐蚀与磨损。

五、二甲醚

二甲醚 DME（dimethyl ether）是重要的化工原料，化学分子式为 $CH_3—O—CH_3$。它与甲醇（CH_3OH）和乙醇（C_2H_5OH）一样是含氧燃料，即分子结构中含有氧原子。含氧燃料燃烧时需要的空气少，易充分燃烧，基本不产生碳烟。

1. 二甲醚的性质

1）二甲醚是最简单的醚类化合物，只有 C—H 和 C—O 键，没有 C—C 键，又是含氧（含氧量为 34.8%）燃料，容易完全燃烧，在燃烧时不会像柴油那样产生碳烟，即有利于减少燃烧生成的烟度和微粒。同时，还可使用更大的排气再循环（EGR），降低 NO_x 排放。

2）二甲醚的十六烷值为 55～60，一般柴油的只有 40～55，二甲醚的着火温度为 235℃，低于柴油的 250℃，着火性能优于柴油。在柴油机上燃用二甲醚不需采用助燃措施。

3）二甲醚不发生光化学反应，对人体无毒，当体积分数超过 10% 时，才会产生轻微的麻醉作用，因此对环境和人体无害。

4）二甲醚是一种可再生燃料，不仅可以从石油及天然气中提取合成，而且可从煤、植物和生活垃圾中提取合成。

5）二甲醚的低热值只有柴油的64.7%，为达到柴油机的最佳动力性，必须增大二甲醚的循环供应量。

6）二甲醚在常温、常压下的饱和蒸气压为0.5MPa。随着温度的升高，其饱和压力增大，为防止气阻现象发生，燃料供给系统的压力远高于柴油机燃料供给系统的压力。

2. 二甲醚在柴油机中的应用

柴油机的冒烟问题是其很难克服的一个致命缺点。由于DME特殊的物化性质，使其具有优良的低污染燃烧特性，因此DME用于柴油机受到了高度重视。DME在柴油机中的应用主要有以DME和柴油机掺烧与直接燃用纯液态DME两种方式，这里只介绍后者。

利用燃油喷射装置直接向气缸内喷射液态DME，靠发动机的活塞压燃着火的方式是最常见的DME在发动机中的应用方法。在直喷式涡轮增压柴油机中进行的燃用DME的研究表明，在未改变原有供油系统的情况下，就可获得低的NO_x排放和无烟运行，在所有的工况点，微粒排放量为零。就经济性而言，能量的消耗与燃用柴油时相当。

在改进了喷油器，安装了降低进气温度的中冷器后，在各种转速和负荷下，甚至在过量空气系数小于1的情况下，发动机可实现无微粒排放。无微粒排放意味着可以采用大比例的EGR，使得NO_x排放降到很低的水平。由于DME沸点低，容易形成良好的可燃混合气，DME的喷射无须很高的压力，采用峰值为22MPa的压力即可获得无烟运行等好的排放指标。

二甲醚的排放特性与燃烧特性有关。其放热规律与柴油燃烧时有明显区别。二甲醚的着火落后期明显短于柴油，初始燃烧速率及放热峰值低于柴油，扩散燃烧部分放热速率大于预混合燃烧部分，整个燃烧持续期和柴油机相当。发动机缸内温度比柴油机低，NO_x排放明显降低，二甲醚含氧，快速的扩散燃烧抑制了碳烟的生成，二甲醚发动机的CO和HC的排放量比柴油机低，这与二甲醚含氧、低沸点、易蒸发混合等特性有关。

另外，发动机燃用二甲醚在中低负荷下的效率高于柴油机，而在高负荷时则稍低于柴油机，这是由于高负荷时循环喷油量增加，喷油持续期长的缘故。

3. 二甲醚实用化应解决的问题

二甲醚作为压燃式发动机的燃料，实用上还存在一些亟待解决的问题。

1）二甲醚的沸点是-25℃，在常温下呈气态，在室温20℃条件下，加压到0.53MPa以上可使其液化，这就使供油系统，包括油箱必须密封，并保持一定压力，造成供油系统成本升高，且需专门的加油站。

2）二甲醚的黏度低，润滑性差，容易造成油泵柱塞和喷油器针阀等精密偶件磨损、卡死和泄漏，难以直接使用柴油机的燃油供给系统。

3）喷油量难以保证，主要是因为DME的黏度低，通过柱塞间隙的泄漏量大；且DME的压缩性受温度的影响大，当柱塞间隙等处的温度升高后，DME供给量难以满足发动机的运转要求。

4）二甲醚对金属无腐蚀，其储存使用不需特殊材料，但长时间接触会使橡胶制品老化。

5）用共轨（蓄压式）燃油系统代替传统的柱塞泵供油系统。

六、燃料开发

由于石油资源的储量有限，开发新型车用燃料显得格外重要。

燃料开发包含两方面，一是获得廉价的、有稳定来源的代用燃料。例如以煤为原料合成汽油，其成本高，并且在生产过程也要消耗很多能源；而将煤炭资源转化成甲醇燃料被认为是一种较为理想的方式，我国的甲醇合成技术目前已经成熟。甲醇合成技术的投资适当，能源利用率较高，每吨甲醇约耗煤 1.75t。目前虽不具备与石油燃料竞争的优势，但其应用前景已经显现。

二是“设计”新型燃料。1999 年日本同志社大学（Doshisha University）的藤本元教授在一次国际会议上正式提出了“燃料设计”的概念。他的意思是采用多种燃料（包括清洁燃料在内），按一定比例混合制成混合燃料，使其综合的理化性能最适合某类发动机的需要。从对单一燃料的研究走向对混合燃料的开发，大大扩充了燃料研究的范围，这显然是一个重要的研究方向。

上述汽油掺烧醇类燃料就是成功的示例。除此以外，还有在常规燃料中加入含氧燃料，可以降低 PM 排放；黏度低的燃料和黏度高的柴油混合使用可以改善喷雾特性、减少供油系统磨损和降低排放；在应用均质充量压燃（Homogeneous Charge Compression Ignition，HCCI）技术中，可在柴油中加入硅油（silicone oil）推迟甲醛分解着火的时间，从而控制燃烧；用高十六烷值燃料混入，可以控制着火提前等方法。

第三节　燃烧化学

发动机在实际工作中，应按不同的工况获得不同浓度的可燃混合气，以满足使用的要求。燃料和空气在数量上的不同比例关系以及燃烧后的工质组成，都属于燃烧化学所要涉及的问题，同时其基本的数量关系也是实际循环热计算时的重要原始数据。

一、燃料燃烧的热值

单位量（固体和液体燃料用 1kg，气体燃料用 $1m^3$）的燃料完全燃烧时所发出的热量称为热值。完全燃烧是指某化合物被氧气全部氧化，其中 C 生成 CO_2，其他元素生成高级氧化物，H 生成 H_2O。其中，当生成的 H_2O 为液态时，称为高位热值，简称高热值（H_0）；当生成的 H_2O 为气态时，称为低位热值，简称低热值（H_u）。高位热值比低位热值大，其差值为水蒸气的汽化潜热，即

$$H_u = H_0 - wr$$

式中，H_0 是高位热值（kJ/kg）；H_u 是低位热值（kJ/kg）；w 是单位质量燃烧产物中水的含量（%）；r 是水蒸气的汽化潜热（kJ/kg）。

无论是汽油机还是柴油机，燃料在气缸中燃烧生成的 H_2O 均为气态，因而用到的燃

料燃烧的热值都是低热值（H_u）。

二、燃料燃烧的化学反应

燃料完全燃烧时的化学反应如下：

1. 碳燃烧

反应方程式　　$C+O_2=CO_2$

反应时的数量关系　　$12kg\ C+32kg\ O_2=44kg\ CO_2$

$1kg\ C+2.667kg\ O_2=3.667kg\ CO_2$

$12kg\ C+22.4m^3O_2=22.4m^3\ CO_2$

$1kg\ C+1.8676m^3O_2=1.867m^3\ CO_2$

2. 氢燃烧

反应方程式　　$2H_2+O_2=2H_2O$

反应时的数量关系　　$4kg\ H_2+32kg\ O_2=36kg\ H_2O$

$1kg\ H_2+8kg\ O_2=9kg\ H_2O$

$4kg\ H_2+22.4m^3\ O_2=44.8m^3\ H_2O$

$1kg\ H_2+5.6m^3\ O_2=11.2m^3\ H_2O$

$44.8m^3H_2+22.4m^3\ O_2=44.8m^3\ H_2O$

$1m^3\ H_2+0.5m^3\ O_2=1m^3\ H_2O$

3. 硫燃烧

反应方程式　　$S+O_2=SO_2$

反应时数量关系　　$32kg\ S+32kg\ O_2=64kg\ SO_2$

$1kg\ S+1kg\ O_2=2kg\ SO_2$

$32kg\ S+22.4m^3kg\ O_2=22.4m^3\ SO_2$

$1kg\ S+0.7m^3kg\ O_2=0.7m^3\ SO_2$

4. 碳氢化合物（气态）

反应方程式　　$C_mH_n+(m+n)/4\ O_2=mCO_2+n/2\ H_2O$

反应时数量关系　　$1m^3C_mH_n+(m+n)/4m^3\ O_2=mm^3CO_2+n/2m^3H_2O$

三、燃料燃烧所需的空气量

对于汽油和柴油来说，由于 S 和气体组分不多，可以视为只含有 C、H、O。例如，以 g_C、g_H、g_O 分别表示每千克燃料中碳、氢、氧的质量成分（%），则认为 $g_C+g_H+g_O=1$。

1kg 燃料完全燃烧时所需的最少空气量，称理论空气量。

汽油的平均质量成分：$g_C=0.855$；$g_H=0.145$；$g_O=0.000$

柴油的平均质量成分：$g_C=0.870$；$g_H=0.126$；$g_O=0.004$

如 1kg 燃油中含有氧为 $g_O$kg 或 $g_O/32$kmol，则每千克燃油完全燃烧时需要的理论氧

气量为

$$g_C/12+g_H/4-g_O/32 \quad (\text{kmol}) \quad 或 \quad 2.667g_C+8g_H-g_O \quad (\text{kg})$$

燃料所需的氧气来自空气，以容积成分计，空气中氧占 21%，氮占 79%；以质量成分计，氧占 23%，氮占 77%。因此，1kg 燃油完全燃烧所需要的理论空气量为

$$L_0=\frac{1}{0.21}\left(\frac{g_C}{12}+\frac{g_H}{4}-\frac{g_O}{32}\right) \tag{4-1}$$

此时 L_0 的单位为 kmol/kg 燃油；或

$$L_0=\frac{1}{0.23}(2.667g_C+8g_H-g_O) \tag{4-2}$$

此时 L_0 的单位为 kg/kg 燃油。

标准状态下体积表示的理论空气量（m^3/kg）为

$$L_0=\frac{22.4}{0.21}\left(\frac{g_C}{12}+\frac{g_H}{4}-\frac{g_O}{32}\right)$$

将平均质量成分代入式（4-1）可得汽油的理论空气量为 14.9(kg/kg)，柴油的理论空气量为 14.5(kg/kg)。

四、过量空气系数与空燃比

理论上使燃油完全燃烧所需的空气量等于理论空气量。实际上，为了使燃料燃烧更充分，供给的空气量总是大于或小于理论空气量。为了评定发动机工作过程中所用空气数量的多少，引入过量空气系数的概念。

发动机工作过程中，燃烧 1kg 燃油实际供给的空气量（L）与理论空气量（L_0）之比，称为过量空气系数，用 ϕ_c 表示，即

$$\phi_c=\frac{L}{L_0} \tag{4-3}$$

过量空气系数是发动机工作过程的一个重要参数。过量空气系数可以大于 1（称为稀混合气），也可以小于 1（称为浓混合气），也可以等于 1（实际空气量与理论空气量相等时称为标准混合气）。对于柴油机，由于燃油难与空气均匀混合，要多给气缸供气，过量空气系数总是大于 1。对于汽油机，在整个运行过程中，可以遇到 $\phi_c<1$ 和 $\phi_c\geqslant1$ 的所有情况。过量空气系数是反映混合气形成和完善程度及整机性能的一个重要参数，在保证完全燃烧的前提下，应力求减小过量空气系数。

除了用过量空气系数表示混合气浓度外，还可用燃烧时空气流量与燃料流量的比例，即空燃比，或燃料流量与空气流量的比例，即燃空比来表示，即

$$空燃比\ (A/F)=\frac{空气流量}{燃料流量};\quad 燃空比=\frac{燃料流量}{大气流量}=F/A$$

汽油理论上完全燃烧时的空燃比 $A/F\approx14.9$。

应用空燃比直观方便，其数值即为每千克燃料燃烧时实际供给空气量的千克数。$A/F<14.9$ 为浓混合气，$A/F>14.9$ 为稀混合气。

对于柴油机，当转速一定时，进入气缸内的空气量基本保持不变，空燃比的大小取决

于供油量的多少（质调节）。化油器式汽油机通过化油器喉口的真空度变化控制供油量，因而节气门的开度同时决定了供气量和供油量（量调节）。对于汽油喷射发动机，节气门的开度仅是控制进入气缸的空气量，电控单元根据进入气缸的空气量来调整喷油量。

第四节 燃烧的基本理论

发动机运转性能的优劣很大程度上取决于燃烧过程的完善程度。由于在燃烧过程中，工质的形成和燃烧的进行连在一起且又互相渗透，两者又都受燃烧室中局部的化学及物理参数变化的影响，因而增加了其复杂性。燃烧过程是一个间断性的，又是在很短暂的时间内完成的过程，就目前所掌握的观察技术，很难对燃烧室中燃烧过程的中间机理做出准确的测量和观察。在进行的一系列试验中，由于试验条件与发动机的实际运转条件相差太大，其结果也不能直接用于发动机。因此，在发动机的燃烧机理中，目前还存在一些不同的意见，而且还有一些没有搞清楚的问题。下面就较为清楚的部分和公认的看法做一些简单的介绍。

一切燃烧过程都由着火和燃烧两个阶段组成。着火阶段是物质燃烧的准备阶段，是着火的物理和化学的准备过程。所谓物理准备过程是燃料经过雾化、受热蒸发并与空气形成可燃混合气等准备过程；所谓化学准备过程则包括可燃混合气形成后，在自燃以前发生的焰前氧化过程。由于此氧化反应的速度很低，压力和温度均无明显升高。在此缓慢氧化的过程中，可燃混合气逐渐积累起热量或活化中心，加速了反应进行的速度，最后出现火焰使混合物的燃烧转入第二阶段。

使可燃混合物进入燃烧的第二阶段，有两种方法：一是利用点火系统向可燃混合物增加能量，迫使可燃混合物着火燃烧，这种着火方式称为强迫着火或点燃；另一种是自燃着火，所谓自燃，即依靠自身缓慢的化学反应逐渐积累热量或活化中心完成着火的过程。着火后，可燃混合物释放出的能量足以使燃烧过程自行继续下去。

发动机内的燃烧过程和其他燃烧过程一样，一般要经历三个基本步骤：

1）形成燃油与空气的可燃混合气。

2）点燃可燃混合气，或可燃混合气在温度和浓度适当的区域发生自燃，在一处或同时在数处着火。

3）火源扩大到整个可燃混合气，形成全面燃烧。

上述的第二个步骤，即点燃或自燃过程，统称为着火过程。点燃是在局部混合气（点火热源附近）内进行的，而自燃则是在全部混合气内同时发生。

一、着火机理

按化学动力学的观点，着火机理可分为热自燃机理和链锁自燃机理两类。

1. 热自燃

在着火的准备阶段，混合气进行着氧化过程，放出热量。放热的同时，由于温差的原因，会对周围介质散热。若化学反应所释放出的热量大于所散失的热量，混合气的温度升高，进而促使混合气的反应速率和放热速率增大。这种相互促进，最终导致极快的反应速率而着火。这就是热自燃，或称热爆。

实际工况下，着火和燃烧都是在有限的容器内进行的，反应所放出的热量总有一部分要通过容器壁传给容器外的介质。这就不仅会使反应物的温度降低，而且造成容器内各处反应物的温差。由于各处的温度不同，各点的反应速率与浓度也不同。这样，在反应系统中的各部分，不仅有化学反应和热交换，而且有物质交换，这就使问题复杂化。

相同条件下的可燃混合物的发火点可以不同，它不是一个固定值，而是随散热条件而异，若散热条件固定不变，就只有一个不变的自燃温度。若混合气体的温度达到或超过这个温度时，可燃混合物就会发生热爆现象。与此自燃温度相适应的外界温度和压力分别称为临界温度和临界压力。在一定的临界压力下，只要外界温度低于临界压力温度，混合物就不会发生热爆。当压力提高时，由于在同一反应温度下的放热量增加了，相应的自燃温度就较低，反之则较高。同样，在一定的临界温度下，只要压力低于临界压力，混合物就不会发生热爆，而压力高于临界值量则会发生热爆。

2. 链锁反应

按链锁理论的观点，认为使反应自动加速不一定要依靠热量的积累使大量分子活化，通过链锁反应逐渐积累活化中心的方法也能使反应自动加速，直至着火。

所谓链锁反应就是这样的化学反应，其中一个活化作用能引起很多基本反应，即反应链。整个反应过程如下：

引导反应（发链反应）→反应链（链的继续反应或链的传递）→断链反应（链的中断即活化中心的死亡）。

以最简单的氢燃烧为例来说明链锁反应。其化学反应方程为

$$2H_2+O_2 = 2H_2O$$

实际上，其反应具有如下过程：

1）$H_2 \longrightarrow 2H$

2）$H+O_2 \longrightarrow OH+O$

3）$O+H_2 \longrightarrow OH+H$

4）$OH+H_2 \longrightarrow H_2O+H$

5）$H+H+M \longrightarrow H_2+M$

6）$H+OH+M \longrightarrow H_2O+M$

7）$H+O+M \longrightarrow OH+M$（M——惰性气体分子）

上述反应中，1）为发链反应；2)～4）为链反应，其中2)、3）为支链反应，4）为延链反应。这种一环扣一环，借助活性很强的活性中心，如游离原子H、O和游离基OH发展的连续反应过程，称为链式反应。由于分子间碰撞等原因，由较不活性分子产生活性很强的活性中心，称为发链反应，如反应1)，也可通过 $H_2+O_2 \longrightarrow OH+OH$ 产生必需的活性物质。反应2)、3）所产生的OH、O、H多于消耗，使活性中心越来越多，活性中心按几何级数增加，反应速率随之剧增，可引起爆炸。这种通过链式反应引起的爆炸，称为链爆炸，在相对温度较低时也能实现。活性中心与惰性气体分子M的碰撞相对较慢，加上冷壁面的碰撞的作用等，导致活性中心减少或消灭的过程（活性中心的复合），称为

断链反应，如反应 5)~7)。

由于初始物比较稳定，引导反应进行较慢，只有在高温下才能自行着火。因此，在燃料链爆炸前，必然经过一个反应量逐渐积累的阶段，这个阶段称为诱导期或着火落后期(柴油机中称为滞燃期)。

燃烧是一个相当复杂的过程，至今还不能完全详细描述。实际燃烧过程中，不可能有纯粹的热自燃或纯粹的链锁自燃存在。事实上，二者是同时存在且相互促进的。可燃混合气的自行加热不仅加强了热活化，也加强了每个链锁反应的基元反应；在低温时，链锁反应的进行则可使系统逐渐加热，从而也加强了分子的热活化。因此，不能用单一的着火机理来解释自燃着火，有些可用热自燃理论来说明，有些则需要用链锁理论来解释。一般来说，在高温下，热自燃是着火的主要原因，而在低温时支链反应是着火的主要原因。

二、发动机混合气的着火

发动机中碳氢化合物的自燃，均属于链-热自燃，但由于发火的条件不同，有高温单阶段着火和低温多阶段着火。

(1) 高温单阶段着火 汽油机的着火为高温单阶段着火。混合气在压缩过程中，已经进行了一定的化学反应。当电火花跳火的瞬间，一方面在火花塞电极附近局部区域，可燃混合气温度急剧上升，可高达几千摄氏度以上；另一方面在高温作用下，燃油分子直接分裂成大量的自由原子和自由基，如 CH 等，作为发链反应的活化中心，迅速开展自行加速的链反应，放热速度远大于散热速度，则温度迅速上升并达到热爆炸。因为无法划分由链反应引起的起始反应的自动加速和由热所引起的自动加温二者的界限，在火花塞跳火后经一短暂的着火延迟期即可出现明显的热火焰，故称为高温单阶段着火。

(2) 低温多阶段着火 柴油机的着火为低温多阶段着火。在柴油机中，喷油时缸内温度为 500~700℃。在这种情况下，不可能直接得到链反应开始时所需要的自由原子和自由基。在着火落后期的短暂时间里，反应之所以能进展得如此迅速，是由于燃料和空气进行了低温多阶段反应的结果。在接近压缩终了时，将燃油喷入气缸而形成混合气，在温度较高处即开始氧化，但反应缓慢，压力没有明显变化；在经历一段时间后，由于热量积累，使反应加剧，产生醛类和有机化合物等中间产物，其浓度随链反应的扩展而逐渐增加，当过氧化物达到临界温度时，出现淡青色火焰，因其热量不多，只有 5%~10%，故又称为冷焰，缸内温度升高，压力略有上升，此时的反应称为一阶段反应；经一段时间后，由于缸内温度、压力上升，生成 CO、O、H、OH 等活化中心，出现蓝色火焰，缸内温度、压力明显升高，并有热量积累，称为二阶段反应；然后，由于热量和活化中心的积累，反应将激烈进行，在极短时间产生热爆炸，出现橘黄色热火焰，即产生燃油自燃，温度和压力急剧升高，这种热火焰的出现称为三阶段反应。着火过程与温度和浓度有关，整个焰前反应时间之和称为着火延迟期或着火过程，这就是低温多阶段着火。

三、发动机的燃烧方式

发动机的燃烧方式有以下三种：

(1) 同时爆炸燃烧 均匀混合气在燃烧室内燃烧前后的一瞬间，燃烧室内只有一个相。燃烧前是正在进行焰前反应的可燃混合气相，燃烧后是燃烧产物相。

(2) 预混合燃烧　均匀混合气的过量空气系数是一个常数，着火极限和火焰速度均与压力、温度和过量空气系数有关。由于火焰前锋的推移，使燃烧传播到整个燃烧室内，燃烧室内压力各处基本一致，而温度各不相同，在燃烧期间，燃烧室存在未燃混合气相和燃烧产物相两个相。

(3) 扩散燃烧　固体或液体的燃烧现象。燃烧室内产生自燃后，空气和燃料从各个方向连续导入，在反应过程中通过扩散、混合，混合气各处的过量空气系数都不同。当燃料与空气混合，燃烧并产生了燃烧产物后，必须设法将燃烧产物带走，并防止它将燃料与空气隔开，所采用的方法是组织空气与燃料的相对运动。在燃烧期间，燃烧室内将同时存在可燃气体（或可燃蒸气）相、空气相和燃烧产物相三个相。

汽油机的点火燃烧就是预混合燃烧的典型示例。柴油机的初始燃烧，由于在着火延迟期内部分混合气均匀混合，属于预混合燃烧，燃烧后期属于扩散燃烧。

复习思考题

1. 我国的汽油和轻柴油是分别根据哪个指标来确定牌号的？
2. 蒸发性不好和太好的汽油，在使用中各有什么缺点？由此可能产生什么问题？
3. 试述汽油辛烷值和柴油十六烷值的意义。
4. 什么是过量空气系数？它与混合气浓度有何关系？
5. 燃料的热值与发热值有何不同？
6. 简述燃料的着火机理。
7. 为什么说柴油机的着火过程是低温多阶段着火，而汽油机的着火过程是高温单阶段着火？
8. 发动机采用代用燃料的意义是什么？

第五章 Chapter 5

柴油机混合气的形成与燃烧

柴油机具有热效率高、可靠性好、排气污染少和较大功率范围内的适应性等优点，因而在汽车上的应用越来越广泛。与汽油机相比，柴油机所用燃料的理化特性决定了燃料供给、着火与燃烧方式的不同。柴油机采用压燃，即在压缩行程接近终了时，把柴油喷入气缸，使之与空气混合成可燃混合气，并利用空气压缩所形成的高温、高压使可燃混合气自行发火燃烧。

柴油机燃油供给系统的作用是根据柴油机各种工况的需要，将适量的柴油在适当时间以合理的空间形态喷入燃烧室，即对燃油喷入量、喷油时刻和油束的空间形态三方面进行控制。柴油机燃油供给、缸内气流运动和燃烧室的形状对于混合气的形成、燃烧过程的组织以及形成合理的燃烧放热规律具有重要作用，是对柴油机的动力性、经济性和排放以及噪声振动有重大影响的因素。

由于篇幅限制，本章仍以目前发展最为成熟的泵—管—嘴系统为基础，介绍喷射过程、气流组织和燃烧室的选型，讨论优化燃烧过程的途径。有关各种电控喷射系统、高压喷射技术及燃烧模式的发展，将在第九章中提及。

第一节　燃油的喷射与雾化

一、喷油系统

1. 对喷油系统的要求

喷油系统的作用是定时、定量并按一定规律向柴油机各缸供给高压燃油，柴油机对喷油系统的要求可以概括如下：

1）能产生足够高的喷油压力，以保证燃料良好的雾化、混合和燃烧，包括雾化质量（喷雾粒度及均匀性）和空间分布，以及与燃烧室、气流运动的匹配。

2）实现所要求的喷油规律，以保证合理的燃烧放热规律和良好的综合性能。

3）对于确定的柴油机运转工况（确定的转速和负荷），精确控制每个循环的喷油量，且喷油量能随工况变化自动调节，工况不变时，各循环的喷油量要一致，多缸机各缸间的喷油量和喷油时刻相同。

4）在各种工况下避免出现异常喷射现象。

2. 喷油系统的工作原理

常见的喷油泵燃油供给系统有直列柱塞式喷油泵燃油供给系统和分配式喷油泵燃油供给系统两种类型。

（1）柱塞式喷油泵燃油供给系统　柱塞式喷油泵燃油供给系统一般由燃油箱 8（图 5-1）、输油泵 5、燃油滤清器 2、直列柱塞式喷油泵 3 和喷油器 1 等组成，另外还包括调速器 6、油水分离器 7 和喷油提前角调节器 4 等。其中喷油泵 3、喷油器 1 和连接其间的高压油管 9 等组成高压油路。

柱塞式喷油泵一般由柴油机曲轴的定时齿轮驱动。固定在喷油泵体上的活塞式输油泵 5 由喷油泵的凸轮轴驱动。当柴油机工作时，输油泵 5 从燃油箱 8 吸出柴油，经油水分离

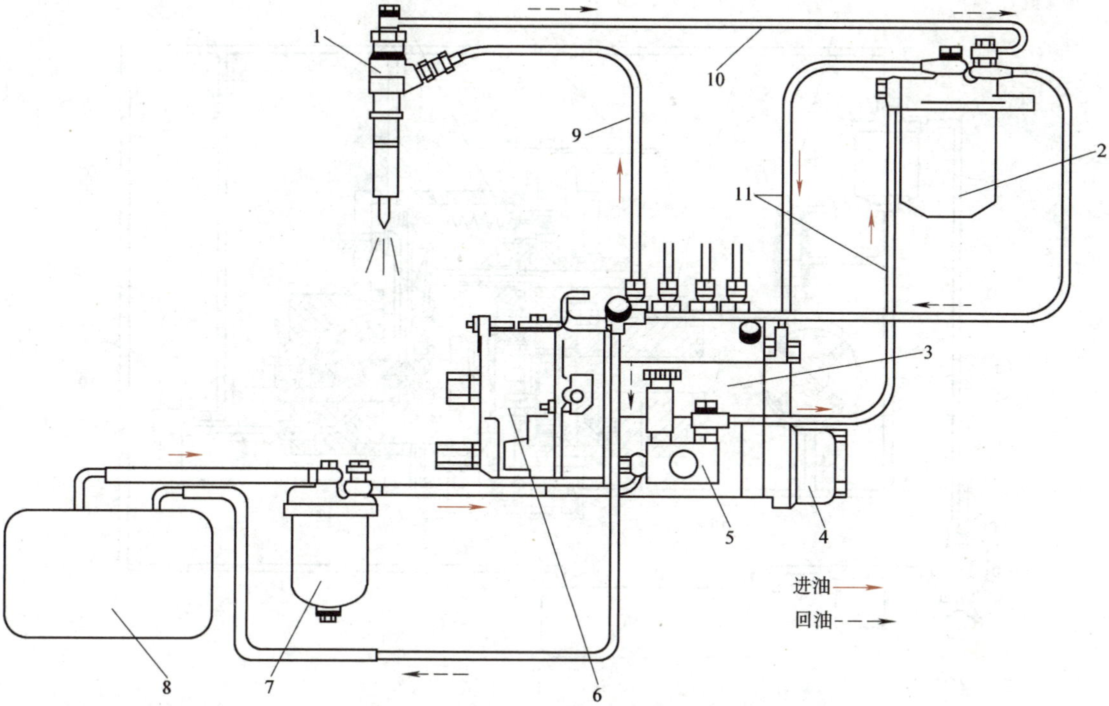

图 5-1　柱塞式喷油泵燃油供给系统

1—喷油器　2—燃油滤清器　3—直列柱塞式喷油泵　4—喷油提前角调节器　5—输油泵
6—调速器　7—油水分离器　8—燃油箱　9—高压油管　10—回油管　11—低压油管

器 7 除去柴油中的水分，再经燃油滤清器 2 滤除柴油中的杂质，然后送入喷油泵 3。在喷油泵内，柴油经过增压和计量之后，经高压油管 9 供入喷油器 1，最后通过喷油器将柴油喷入燃烧室。喷油泵前端装有喷油提前角调节器 4，后端与调速器 6 组成一体。输油泵供给的多余柴油及喷油器顶部的回油均经回油管 10 返回燃油箱。

（2）分配式喷油泵燃油供给系统　当柴油机工作时，一级输油泵 3（图 5-2）将柴油从燃油箱 1 吸出后经油水分离器 2 及燃油滤清器 5 送入二级输油泵 4，柴油在二级输油泵中经加压后充入密闭的分配式喷油泵体 9 内，再经分配式喷油泵 12 增压计量后进入喷油器 10。

一级输油泵为膜片式泵，由配气机构的凸轮轴驱动。二级输油泵为滑片式泵，装在分配式喷油泵体内，并由分配式喷油泵的传动轴驱动。滑片式输油泵出口油压随其转速而增加，为使喷油泵体内腔油压保持稳定，在二级输油泵出口设有调压阀 6。当喷油泵体内腔油压超过规定值时，将有部分柴油经调压阀返回输油泵入口。

在分配式喷油泵体内还装有调速器和喷油提前角调节器 13。

上述两种传统的燃料供给系统也称为泵—管—嘴系统。由于有高压油管的存在，喷油系统在发动机上的布置比较灵活，加上已积累了长期制造与匹配的理论与经验，因此，目前仍在各种柴油机上得到广泛应用。但是，也正由于高压油管的存在，降低了整个燃料供给系统高压部分的液力刚性，并难于实现高压喷射与理想的喷油规律。为了满足柴油机不断强化及日益严格的经济性、排放与噪声法规的要求，还开发了各种高压喷射系统，如采用短油管的单体泵、泵喷嘴以及电控燃料喷射系统，电控单体泵、电控泵喷嘴及蓄压式或共轨系统等。

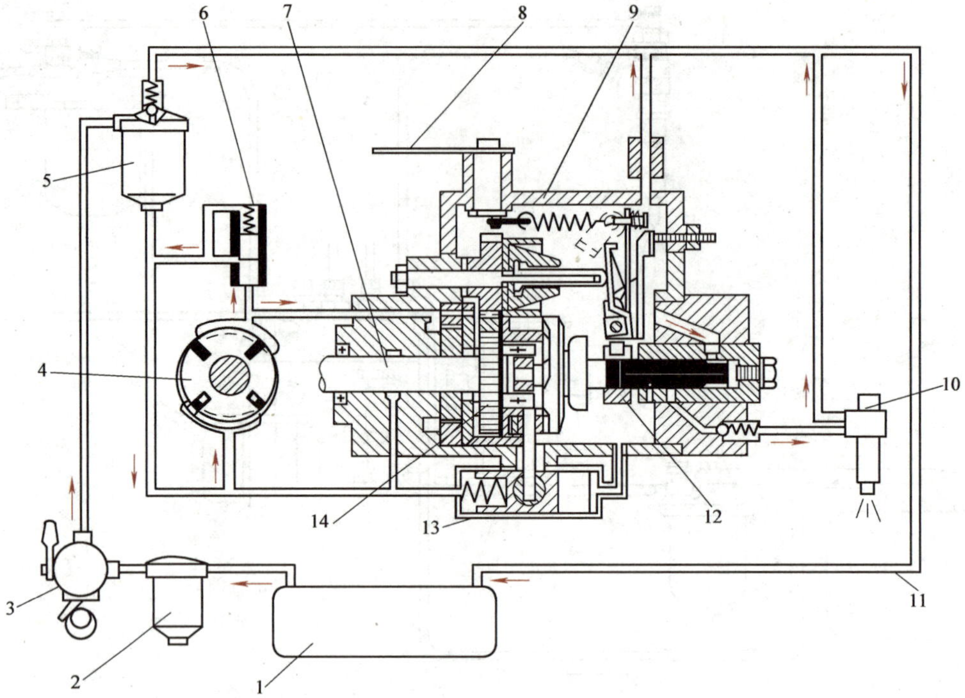

图 5-2　分配式喷油泵燃油供给系统

1—燃油箱　2—油水分离器　3—一级输油泵　4—二级输油泵　5—燃油滤清器　6—调压阀　7—分配式喷油泵传动轴　8—调速手柄　9—分配式喷油泵体　10—喷油器　11—回油管　12—分配式喷油泵　13—喷油提前角调节器　14—调速器传动齿轮

3. 喷油泵

柱塞式喷油泵以柱塞行程、分泵中心距等结构特征为基础成为系列，每个系列可以改变柱塞直径和分泵数，以适应不同柴油机的需要。例如，图 5-3 所示的 A 型喷油泵，其分

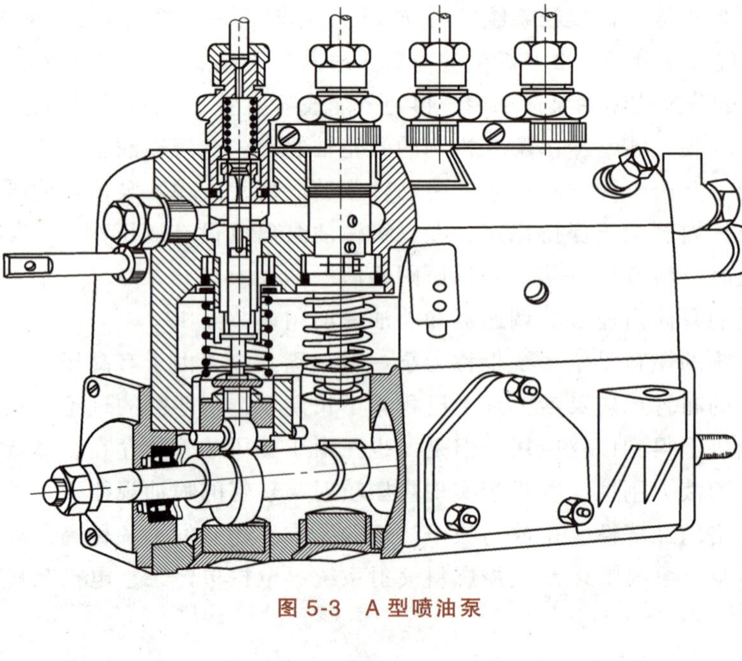

图 5-3　A 型喷油泵

泵中心距为 32mm，柱塞行程为 8mm，柱塞直径有 6mm、7mm、8mm、8.5mm 和 9mm 等，分泵数达 2~12 个，最大供油量可满足每循环 60~120mm^3，最高使用转速为 1400r/min。

图 5-4 所示为分配式喷油泵，与柱塞式喷油泵相比，有许多优点：

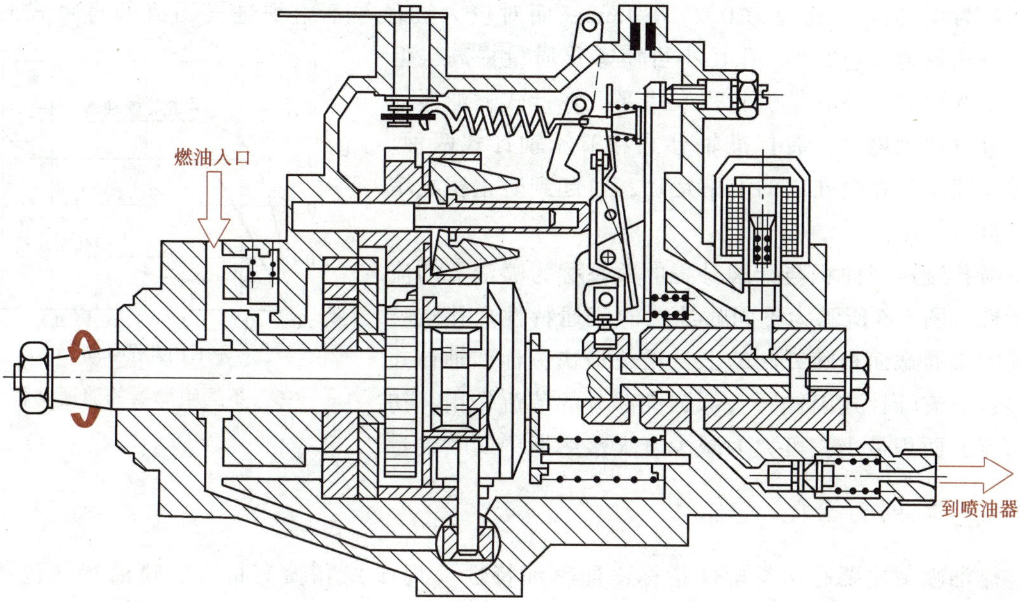

图 5-4　分配式喷油泵

1）分配泵结构紧凑，零件少，体积小，重量轻，使用中故障少，容易维修。

2）分配泵精密偶件加工精度高，供油均匀性好，因此不需要进行各缸供油量和供油定时的调整。

3）分配泵凸轮的升程小，有利于提高柴油机转速。

因此，分配式喷油泵广泛应用于轿车和轻型车用柴油机中。但是，分配泵的运动件要靠喷油泵体内的柴油进行润滑和冷却，因而对柴油的清洁度要求很高。

4. 喷油器

喷油器的主要作用是将喷油泵供给的高压燃油喷入柴油机燃烧室内，使燃油雾化成微细的油粒，并按一定的要求适当地分布在燃烧室内。喷油器有孔式喷油器和轴针式喷油器两类，其头部结构如图 5-5 所示。

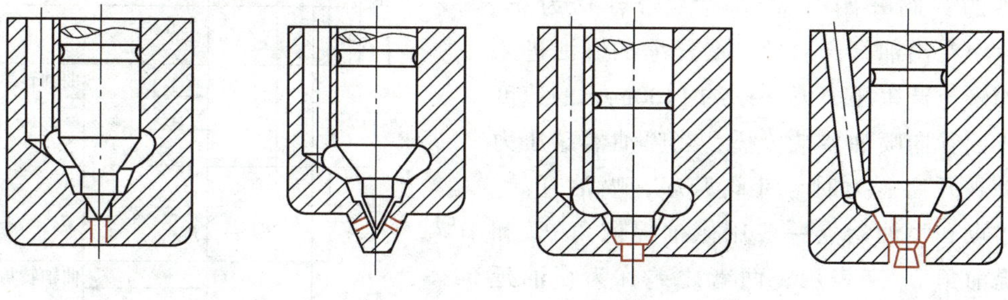

a）　　b）　　c）　　d）

图 5-5　喷油器的头部结构

a）单孔　b）多孔　c）标准轴针　d）节流轴针

孔式喷油器一般用于直喷式燃烧室，喷孔的数目、孔径及喷射角度等设计参数要视具体的燃烧室形状和空气运动而定。一般针阀升程为0.2~0.45mm，在满足流通面积的前提下，应尽可能减小针阀升程；对缸径 $D\leqslant150$mm，又具有较强进气涡流的直喷式燃烧室，喷孔数为4~5个，孔径为0.2~0.4mm；而对较大缸径并不组织进气涡流的直喷式燃烧室，喷孔数为6~12个。孔径小可使雾化质量提高，但加工难度增加，并容易引起积炭堵塞。轴针式喷油器用于非直喷式燃烧室，有标准轴针式和节流轴针式两种。通过针阀头部在喷孔内的上下运动，可起到防止积炭堵塞的自洁作用。

喷孔流通截面积与针阀升程的关系称为喷油器的流通特性。图5-6所示为不同喷油器的流通特性。孔式喷油器的流通截面积随针阀的上升增长最快；标准轴针式较慢；节流轴针式因针阀头部圆锥部分的节流作用，初期的流通面积最小，可大大减少着火落后期中的喷油量。

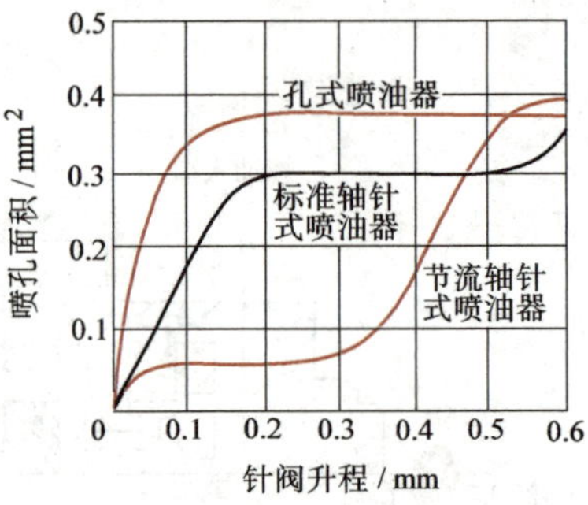

图5-6 不同喷油器的流通特性

二、喷射与雾化

燃油喷射主要有两类特性指标，即喷油特性（规律）和喷雾特性。喷油特性包括喷油开始时间、喷油持续期、喷油速率变化和喷油压力。喷雾特性包括油束贯穿距离、喷雾锥角和喷雾粒径，以及油束中燃油浓度、速度和粒度的分布规律。

1. 喷射过程

喷射过程是指从喷油泵开始供油直至喷油器停止喷油的过程，整个喷射过程在全负荷工况下占15°~40°曲轴转角。图5-7展示了燃油喷射过程中喷油泵端压力 p_H、喷油器端压力 p_n 以及针阀升程 h 的变化过程。整个过程分为三个阶段，即喷射延迟阶段、主喷射阶段和喷射结束阶段。

（1）喷射延迟阶段 该阶段从喷油泵的柱塞顶封闭，进、回油孔的理论供油始点起到喷油器的针阀开始升起（喷油始点）为止。该阶段中在出油阀开启后，受压缩的燃油进入高压油管，产生压力波并以约1400m/s的速度沿高压油管向喷油器端传播，当喷油器端压力超过针阀开启压力时，针阀升起，喷油开始。供油始点和喷油始点一般用供油提前角 θ_H 和喷油提前角 θ_{fj} 来表示，两者之差称为喷油延迟角。发动机转速越高以及高压油管越长，喷油延迟角越大。

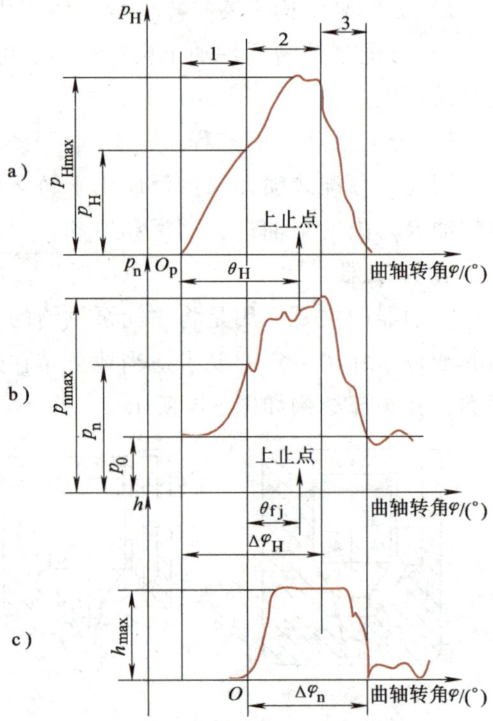

图5-7 燃油喷射过程

a）喷油泵端压力 b）喷油器端压力 c）针阀升程

（2）主喷射阶段 该阶段从喷油始点到喷油器端压力开始急剧下降为止。由于喷油泵柱塞持续供油，喷油泵端压力和喷油器端压力都保持较高而不下降，由于针阀上升让出容积以及部分燃油喷入燃烧室内，喷油器端压力有一短暂下降。当针阀刚刚开启时，最初因开度小有节流作用，喷油泵端压力并不立即下降；随着油孔逐渐打开，且由于出油阀落座过程中出油阀减压容积的作用，压力才急剧下降。

绝大部分燃油在主喷射阶段喷入燃烧室内，这一阶段持续的时间主要随喷油泵柱塞的有效行程，即柴油机负荷的变化而变化。

（3）喷油结束阶段 该阶段从喷油器端压力开始急剧下降到针阀落座停止喷油为止。由于喷油泵的回油孔打开和出油阀减压容积的卸载作用，喷油泵端压力带动喷油器端压力急剧下降，当喷油器端压力低于针阀开启压力时，针阀开始下降。由于喷油压力下降，燃油雾化变差，因而应尽可能缩短这一阶段，减少这一阶段的喷油量，即喷油结束阶段应干脆、迅速。

2. 供油规律与喷油规律

单位凸轮轴转角（或单位时间）由喷油泵供入高压油路中的燃油量称为供油速率，单位凸轮轴转角（或单位时间）由喷油器喷入燃烧室内的燃油量称为喷油速率。

供油规律是指供油速率随凸轮轴转角（或时间）的变化关系；喷油规律是指喷油速率随凸轮轴转角（或时间）的变化关系。

图 5-8 给出了供油规律和喷油规律的图形。喷油规律虽然由供油规律决定，但两者之间存在明显不同，除了始点一般差别 8°~12°凸轮轴转角之外，喷油持续时间较供油持续时间长，最大喷油速率较供油速率低，其形状有明显畸变，循环喷油量也低于循环供油量。

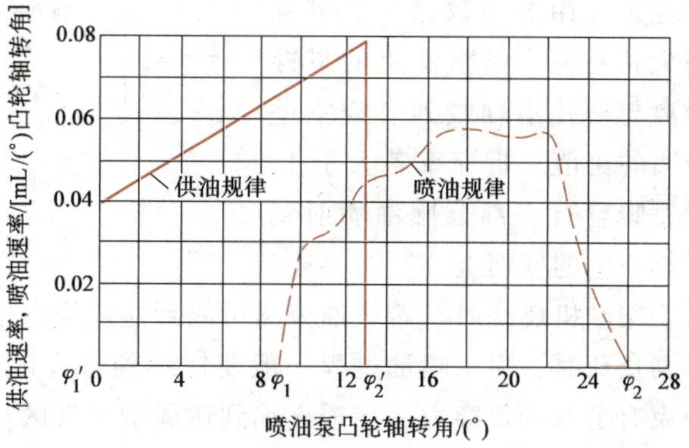

图 5-8 供油规律和喷油规律

两者存在差别的主要原因如下：

（1）燃油的可压缩性 燃油在低压时可视为不可压缩流体，但高压（30~200MPa）时必须考虑其可压缩性。试验表明，如果开启喷油压力为 25MPa，则 1m 长高压油管（内径为 2mm）中的燃油体积缩减量相当于循环供油量的 24%。如果再计及开启喷油后压力急剧增高以及高压油路中还有不少高压容积，如出油阀室等，则压缩量会更多。

（2）压力波传播滞后 尽管压力波在柴油机中的传播速度高达 1400m/s，但仍会造成明显的相位差。例如，1m 长高压油管在发动机转速为 3000r/min 时，相位差可达 10°曲轴转角以上。

（3）压力波动 高压系统中压力波的往复反射和叠加会造成喷油规律与供油规律在形状上的显著差异。

（4）高压容积变化 高压容积变化是指高压油管的弹性变形以及出油阀和针阀两个

弹性系统的影响。

由于喷油规律对燃烧放热规律（见下文）有直接影响，喷油规律一直是柴油机燃烧和性能优化中的重要内容。

3. 喷雾特性与雾化质量

燃油的雾化是指燃油喷入燃烧室内后被粉碎分散为细小液滴的过程。燃油的雾化可以增加与周围空气接触的蒸发表面积，加速从空气中的吸热过程和油滴的汽化过程，对混合气的形成起到了重要作用。油滴越细小，与空气接触表面积越大。例如，假设 1mL 的燃油为一球体，其表面积约为 483.6mm^3，若雾化为直径 40μm 的均匀球状油滴，油滴数目约 3×10^7 个，其总的表面积约为 $1.5\times10^5 mm^2$，为原来的 300 多倍。

燃油在喷油泵中被压缩后，高压油管的压力高达 20～200MPa，速度可达 100～400m/s，在高度紊流状态下从喷油器的喷孔喷入燃烧室内。燃油在高速流动中，在与燃烧室内高压空气的相对运动中及紊流的作用下，被逐步粉碎分散为直径 2～50μm 的液滴，由大小不同的液滴组成了油束。

油束的几何形状主要包括油束射程（又称为贯穿距离）L 和喷雾锥角 β 或油束的最大宽度 B（图 5-9）。此外，贯穿率也是常用的参数之一。贯穿率为相对值，是指油束的贯穿距离与喷孔沿轴线到燃烧室壁距离的比值。贯穿率若大于 1，则意味着有一部分燃油喷射到了燃烧室的壁面上。

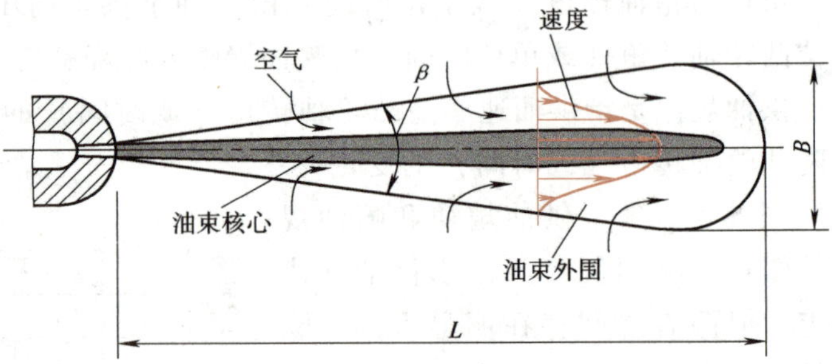

图 5-9　油束的几何形状和参数

柴油机燃烧时，希望油束尽可能到达燃烧室壁面附近，以使燃料分布区域扩大，特别是高负荷时，由于喷油过程一般要持续到着火以后，易产生“火包油”现象，这时希望油束有足够的贯穿力，穿透火焰到达周围空气区。

对于直喷式柴油机，在静止气流或弱涡流条件下，一般贯穿率可小于 1，以避免大量燃油喷到壁面上；但在强涡流时，油束偏转，呈不规则的阿基米德螺线形，为保证油束仍能到达燃烧室壁面附近，应使贯穿率大于等于 1。

影响油束几何形状的主要因素有喷射压力、喷油器喷孔的长度直径比和空气与燃油密度比等。一般情况下，喷雾锥角 β 过大，贯穿距离会减小；β 过小，则雾化程度会变差。

油束的雾化质量一般是指油束中液滴的细度和均匀度，油束核心部分液滴非常密集且液滴直径较大，液滴运动速度较高，空气少；油束外围部分则与之相反，液滴稀少且液滴直径较小，液滴运动速度低。细度可以用液滴直径来表示。液滴直径越小，意味着油束雾化得越细。

常用的评价喷雾粒径的指标有平均粒径、索特（Sauter）粒径和粒径分布。平均粒径即所有油粒直径的算术平均值，而索特粒径 SMD 则是所有油粒总体积与总表面积之比，设直径为 d_i 的油粒数为 n_i，则有

$$SMD = \frac{\sum d_i^3 n_i}{\sum d_i^2 n_i}$$

显然，式中分子项正比于所有油粒的总体积，而分母项正比于所有油粒表面积总和，相同循环供油量条件下，若 *SMD* 相同，则总表面积相同，也就是决定了汽化速率及化学反应速率的物理条件基本相同。因此索特粒径是柴油机中最常用的粒径指标。一般柴油喷雾粒径在 10～50μm 范围内，则 *SMD* 为 20～40μm。

粒径分布既表示了油粒大小，又表示了其均匀程度。如图 5-10 所示，有三种分布曲线：曲线 1 表示油粒细而匀，曲线 3 为粗而匀，曲线 2 则不均匀。显然，曲线 1 的总表面积最大，雾化时间最短。油粒直径大小受多种因素的影响，一般减小喷孔直径、增大喷油压力使喷射初速度增加、空气密度增大以及燃油黏度和表面张力的减小等，都会使油粒直径减小。一般随喷油压力的提高，喷雾粒径变细且均匀度也提高。

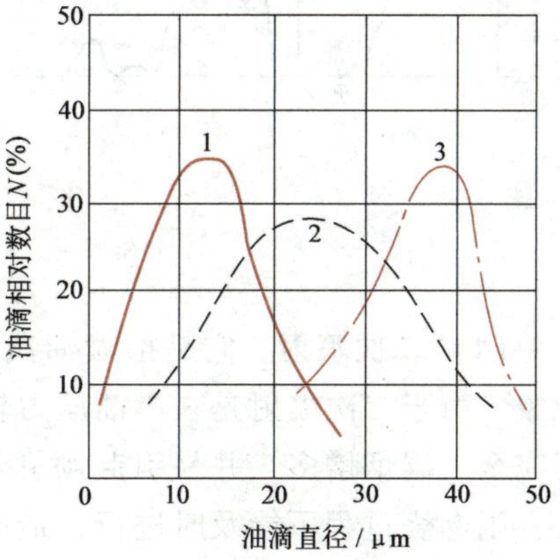

图 5-10　喷雾粒径分布的三种方式

图 5-11 所示为某柴油机喷雾特性的实测结果，表明了喷油压力、喷射背压和喷孔直径对喷雾特性的影响。

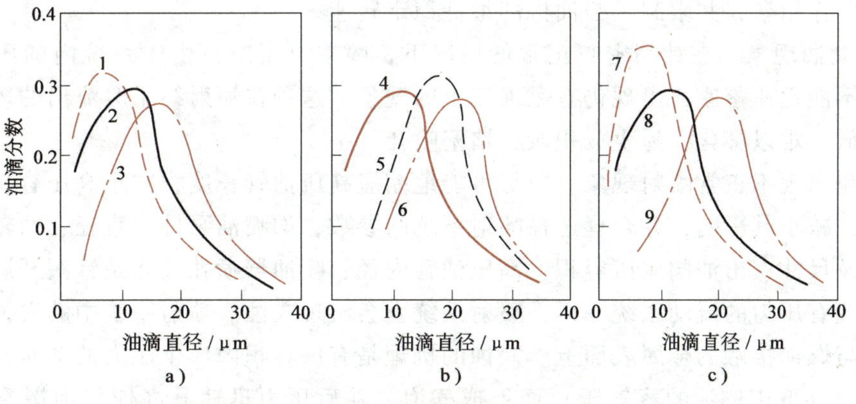

图 5-11　某柴油机喷雾特性的实测结果

a）不同喷油压力 p_{inj} 下的喷雾特性（喷射背压 $p_C = 1MPa$，喷孔直径 $d = 0.57mm$）

b）不同喷射背压 p_C 下的喷雾特性（喷油压力 $p_{inj} = 28MPa$，喷孔直径 $d = 0.57mm$）

c）不同喷孔直径 d 下的喷雾特性（喷油压力 $p_{inj} = 28MPa$，喷射背压 $p_c = 1MPa$）

1—$p_{inj} = 35MPa$　2—$p_{inj} = 28MPa$　3—$p_{inj} = 22MPa$　4—$p_c = 1MPa$　5—$p_c = 0.5MPa$

6—$p_C = 0.1MPa$　7—$d = 0.4mm$　8—$d = 0.57mm$　9—$d = 0.8mm$

4. 异常喷射与穴蚀

喷油系统内的压力高、变化快，喷油峰值压力往往高达数十甚至 100MPa 以上，现代柴油机高压喷射系统甚至达 200MPa，而谷值压力由于出油阀减压容积的作用往往接近零以至出现真空。由此容易造成二次喷射、断续喷射、隔次喷射等异常喷射现象，常用测量针阀升程的方法来判定有无不正常喷射现象存在。图 5-12 示出了各种异常喷射时的针阀升程的变化，并与正常喷射比较。

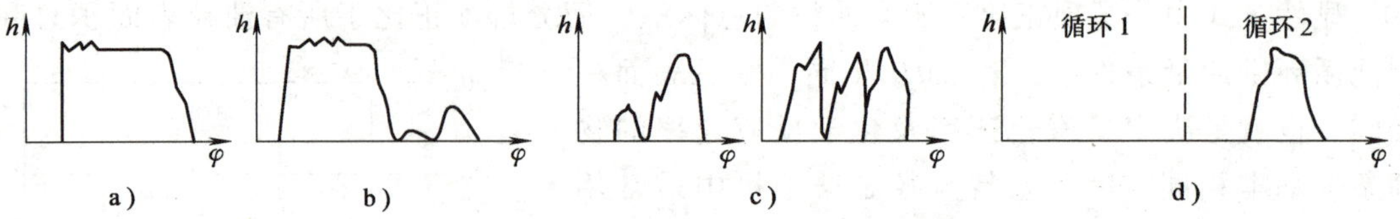

图 5-12　各种喷射时的针阀升程

a）正常喷射　b）二次喷射　c）断续喷射　d）隔次喷射

（1）二次喷射　它是指喷油器针阀落座以后，在压力波动的影响下再次升起的喷油现象。由于二次喷射是在燃油压力较低的情况下喷射的，导致这部分燃油雾化不良，燃烧不完全，碳烟增多，并易引起喷孔积炭堵塞。此外，二次喷射还使整个喷射持续时间拉长，则燃烧过程不能及时进行，造成经济性下降、零部件过热等不良后果。二次喷射易发生在高速、大负荷工况。

（2）断续喷射　由于在某一瞬间喷油泵的供油量小于从喷油器喷出的油量和填充针阀上升空出空间的油量之和，造成针阀在喷射过程中周期性跳动的现象称为断续喷射。这时喷油泵端压力及针阀的运动方向不断变化，容易导致针阀偶件的磨损。

（3）不规则喷射和隔次喷射　供油量过小时，循环喷油量不断变动，还可能出现有的循环不喷油的现象。不规则喷射和隔次喷射易发生在柴油机怠速工况下，造成怠速运转不稳定，工作粗暴，并限制了柴油机的最低稳定转速。

（4）滴油现象　在针阀密封正常的情况下，喷射终了时，由于系统内的压力下降过慢使针阀不能迅速落座，出现仍有燃油流出的现象。这种在喷射终了时流出的燃油速度及压力都很低，难以雾化，易生成积炭，堵塞喷孔。

为避免出现不正常喷射现象，应尽可能地缩短高压油管长度，减小高压容积，以降低压力波动，减小其影响，并合理选择喷射系统的参数，如喷油泵柱塞直径、凸轮廓线、出油阀形式及尺寸、出油阀减压容积、高压油管内径、喷油器喷孔尺寸及针阀开启压力等。

与一般有压力的流动系统一样，喷射系统也会出现穴蚀。喷射系统中的穴蚀破坏出现在系统内与燃油接触的金属表面上。穴蚀的机理是有压容积内产生压力波动时，由于出现极低的压力（低于燃油的蒸气压）而形成气泡，随后压力迅速升高使气泡爆裂而产生冲击波，这种冲击波多次作用于金属表面，一段时间后，金属表面会出现小坑并不断发展，称为穴蚀。穴蚀会严重影响喷射系统的工作可靠性和使用寿命。

第二节　燃烧与放热

一、柴油机燃烧过程

柴油机燃烧过程可分为四个阶段，即着火落后期（又称为滞燃期）、速燃期、缓燃期和补燃期，如图 5-13 所示。

1. 着火落后期

着火落后期又称为滞燃期（图 5-13 中的 AB 段），即从燃油开始喷入燃烧室内（A 点）至由于开始燃烧而引起压力升高使压力线明显脱离压缩线开始急剧上升的点（B 点）。随压缩过程的进行，缸内空气压力和温度不断升高，在上止点附近气体温度高达 600℃ 以上，高于燃料在当时压力下的自燃温度。在 A 点被喷入气缸的柴油，经历一系列复杂的物理化学过程，包括雾化、蒸发、扩散、与空气混合等物理准备阶段以及低温多阶段着火的化学准备阶段，在空燃比、压力、温度以及流速等条件合适处，多点同时着火，随着着火区域的扩展，缸内压力和温度升高，并脱离压缩线。虽然对于局部而言，物理过程和化学过程是相继进行的，但对于整体而言，物理过程和化学过程是重叠在一起的。

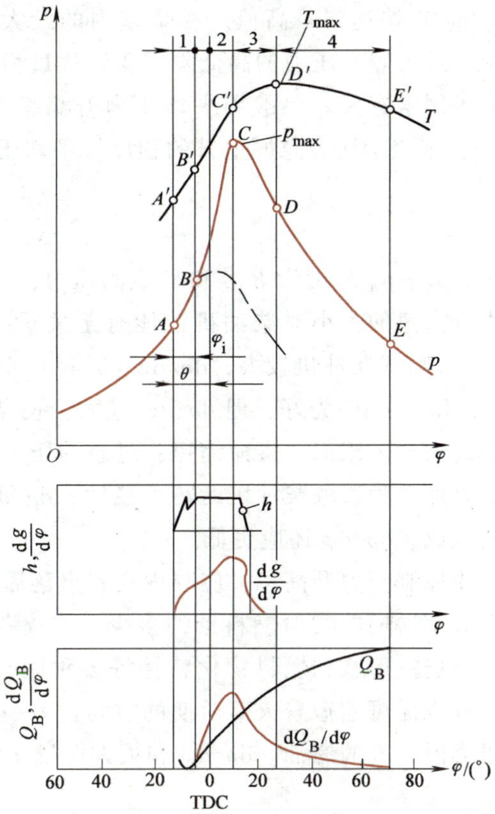

图 5-13　柴油机燃烧过程、喷油速率和放热规律

以秒和曲轴转角为单位的着火落后期，分别用 τ_i 和 φ_i 表示。一般 $\varphi_i = 8° \sim 12°$，$\tau_i = 0.7 \sim 3ms$。

影响着火落后期长短的主要因素是此时燃烧室内工质的状态。图 5-14 表示了对于十六烷值为 56 的柴油，温度与压力对着火落后期的影响。由图可知，温度越高或压力越高，则着火落后期越短。柴油的自燃性较好（十六烷值高），着火落后期也较短。其他影响着火落后期长短的因素还有燃烧室的形式和缸壁温度等。

柴油机着火落后期长短会明显影响该阶段喷油量和预混合气量的多少，从而影响柴油机的燃烧特性、动力性、经济性、排放特性以及噪声振动，必须精确控制。

2. 速燃期

速燃期为图 5-13 中的 BC 段，即从压力脱离压缩线开始急剧上升（B 点）至达到最大压力（C 点）。速燃期内，由于在着火落后期内做好燃前准备的可燃混合气多点大面积同时着火，而且是在活塞靠近上止点时气缸容积较小的情况下发生，因此气体的温度、压力急剧升高，燃烧放热速率

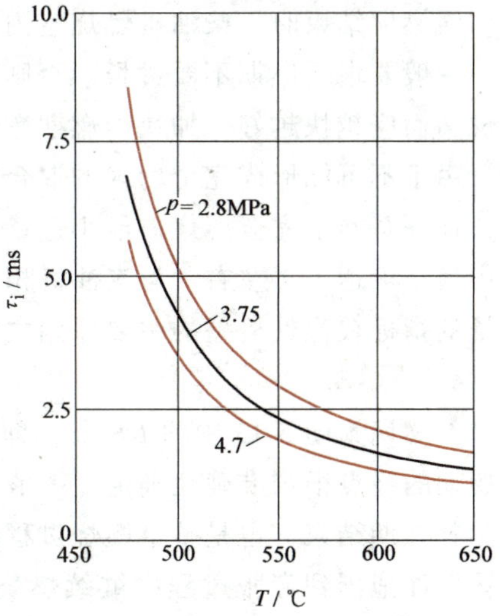

图 5-14　温度与压力对着火落后期的影响

$dQ_B/d\varphi$ 很快达到最高值。燃烧室内的最大压力（又称为最大爆发压力）可达到 13MPa 以上，最大爆发压力的高低除了受燃烧过程的直接影响外，还主要与压缩比、压缩始点的压力等因素有关。一般用平均压力升高率 $\Delta p/\Delta\varphi$ [MPa/(°)] 以及最大压力升高率 $(dp/d\varphi)_{max}$ 来表示压力急剧上升的程度。平均压力升高率定义为

$$\frac{\Delta p}{\Delta\varphi}=\frac{p_C-p_B}{\varphi_C-\varphi_B}$$

式中，p_C、p_B 分别为 B 点和 C 点的压力；φ_C、φ_B 分别为 B 点和 C 点所对应的曲轴转角。压力升高率的大小对柴油机性能有至关重要的影响，一般柴油机 $dp/d\varphi=0.2\sim0.6$MPa/(°)，直喷式柴油机较大，$dp/d\varphi=0.4\sim0.6$MPa/(°)。从提高动力性和经济性的角度，希望 $dp/d\varphi$ 大一些为好，但 $dp/d\varphi$ 过大会使柴油机工作粗暴；噪声明显增加；运动零部件受到过大冲击载荷，寿命缩短；过急的压力升高会导致温度明显升高，使氮氧化物生成量明显增加。为兼顾柴油机运转平稳性，$dp/d\varphi$ 不宜超过 0.4MPa/(°)，而为了抑制氮氧化物的生成，$dp/d\varphi$ 还应更低。

为控制压力升高率，应减少在着火落后期内的可燃混合气的量。可燃混合气的生成量受着火落后期内喷射燃料量的多少、着火落后期的长短、燃料的蒸发混合速度、空气运动、燃烧室形状和燃料物化特性等多种因素的影响。一般来说，这可以从两个方面来考虑，一方面可缩短着火落后期的时间，另一方面可减少着火落后期内喷入的燃油或可能形成可燃混合气的燃油。$dp/d\varphi$ 和最大爆发压力的控制一直是柴油机的重要研究课题。

3. 缓燃期

缓燃期为图 5-13 中的 CD 段，即从最大压力点（C 点）至最高温度点（D 点）。一般喷射过程在缓燃期都已结束，随着燃烧过程的进行，空气逐渐减少而燃烧产物不断增多，燃烧的过程也渐趋缓慢。缓燃期的燃烧具有扩散燃烧的特征，混合气形成的速度和质量起着十分重要的作用。在这一阶段内，采取措施使后期喷入的燃油能及时得到足够的空气，尽可能地加速混合气的形成，保证迅速而完全的燃烧，从而提高柴油机的经济性和动力性。缓燃期结束时，柴油机燃烧室内的最高温度可达 2000℃左右。

一般要求缓燃期不要过长，否则会使放热时间加长，循环热效率下降。即缓燃期不要缓燃，而应越快越好。加快缓燃期燃烧速度的关键是提高混合气的形成速率。

由于不可能形成完全均匀的混合气，使柴油机必须在过量空气系数大于 1 的条件下工作，保证基本上完全燃烧的最小过量空气系数的大小随燃烧室的不同而异，在分隔室燃烧室中最小可达 1.2 左右。与汽油机相比，柴油机的空气利用率较低，这也是其升功率和比质量的指标较汽油机差的主要原因之一。

4. 补燃期

补燃期为图 5-13 中的 DE 段，即从最高温度点（D 点）至燃油基本燃烧完（E 点）。补燃期的终点很难准确地确定，一般当放热量达到循环总放热量的 95%～99%时，就可以认为补燃期结束，也是整个燃烧过程的结束。由于燃烧时间短促，混合气又不均匀，总有少量燃油拖延到膨胀过程中继续燃烧。特别是在高速、高负荷工况下，因过量空气系数小，混合气形成和燃烧的时间更短，这种补燃现象就更为严重。补燃期过长，缸内压力不断下降，燃烧放出的热量得不到有效利用，还使排气温度提高，导致散热损失增大，对柴

油机的经济性不利。此外，还增加了有关零部件的热负荷。

因此，应尽量缩短补燃期，减少补燃所占的百分比。柴油在缸内燃烧时，总体空气是过量的，只是混合不均匀造成局部缺氧。因此，加强缸内气体运动，可以加速补燃期的混合气形成和燃烧速度，而且会使碳烟及不完全燃烧成分加速氧化。

二、燃烧放热规律

1. 燃烧放热规律的定义

瞬时放热速率是指在燃烧过程中的某一时刻，单位时间内（或1°曲轴转角内）燃烧的燃油所放出的热量；而累积放热百分比，是指从燃烧过程开始至某一时刻为止已经燃烧的燃油与循环供油量的比值。瞬时放热速率和累积放热百分比随曲轴转角的变化关系，称为燃烧放热规律，如图 5-15 所示。燃烧放热规律影响燃烧过程中缸内压力、温度的变化，进而影响柴油机的性能。

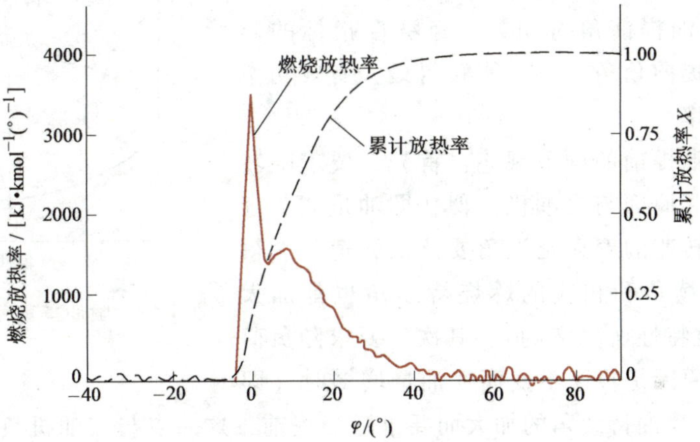

图 5-15　燃烧放热规律

由能量守恒定律可以得到，单位曲轴转角（或单位时间）内燃烧放出的热量等于单位曲轴转角（或单位时间）内缸内工质的热力学能、工质对活塞做的功和通过燃烧室壁向外传递的热量之和，即

$$\frac{\mathrm{d}Q_B}{\mathrm{d}\varphi}=\frac{\mathrm{d}U}{\mathrm{d}\varphi}+\frac{\mathrm{d}W}{\mathrm{d}\varphi}+\frac{\mathrm{d}Q_W}{\mathrm{d}\varphi}$$

式中，Q_B 是燃烧放出的热量；U 是缸内工质的热力学能；W 是工质对活塞做的功；Q_W 是通过燃烧室壁向外传递的热量；φ 是曲轴转角。

有了实测的示功图，在上式的基础上通过数值计算就可以求得燃烧放热规律。

2. 理想的燃烧放热规律及其控制

一般将燃烧放热始点（相位）、放热持续期和放热率曲线的形状称为放热规律三要素。

放热始点决定了放热率曲线距压缩上止点的位置，在持续期和放热率形状不变的前提下，也就决定了放热率中心（即放热率曲线包围的面心）距上止点的位置。如前所述，这一因素对循环热效率、压力升高率和燃烧最大压力都有重大影响。

放热持续期的长短，一定程度上是理论循环等压放热预膨胀比大小的反映。显然这是决定循环热效率的一个极为关键的因素，对有害排放量也有较大影响。

放热率曲线形状决定了前后放热量的比例，对噪声、振动和排放量都有很大影响。在放热始点和循环喷油量不变的条件下，形状的变化，既影响放热曲线面心的位置，也影响放热持续期的长短，间接对循环热效率等性能指标产生影响。

放热规律三要素既有各自的特点，又相互关联，对其进行合理选择与控制是极为重要的。

(1) 放热始点 放热始点的位置能保证该循环有最大指示热效率，一般认为保证一定等容度的前提下尽可能减小压缩负功。为此柴油机通过喷油提前角的变化以及着火落后期长短来加以调控。由于各工况的着火落后期不相同，每个工况都有其最佳的喷油提前角。

图5-16所示为喷油提前角的调节特性曲线，反映了任一工况下喷油提前角对动力、经济性指标的影响。在最佳喷油提前角条件下，能获得最大有效功率和最小燃油消耗率。

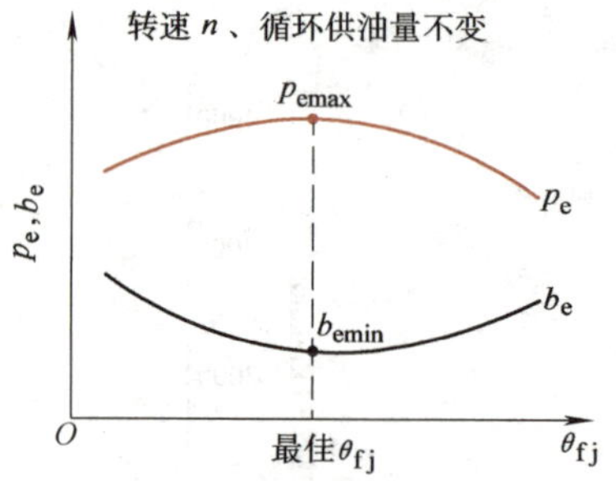

图5-16 喷油提前角的调节特性曲线

柴油机的喷油提前的调节规律：首先，要求随转速升高而提前，其原因与汽油机类似，即油量调节杆位置不变时，高转速的着火延迟角要比低转速的大得多，而且喷油持续角和相应的燃烧持续角也都加大(这是喷油和燃烧特性所决定的)；其次，要求随负荷增大而提前，其原因是转速不变而喷油量增多时（即负荷增大），由于喷油持续角的加大而要求适当提前，这一点与汽油机负荷减小时的真空提前正好相反。

传统的车用柴油机喷油系统一般都装有自动喷油提前器来实现转速提前的功能，因负荷提前量较小，一般未予控制。电控柴油机则可通过提前角的MAP图进行二者的精确控制。

虽然柴油机着火落后期可通过喷油提前角的调控而达到合理的着火位置，但同时也要求尽可能缩短着火落后期以减少预喷油量。缩短延迟期的主要因素是提高喷油初期燃烧室中的温度与压力。一般直喷式柴油机 $\tau_i=0.7\sim3$ms，车用柴油机则在1ms左右，非直喷式柴油机 $\tau_i=0.6\sim1.5$ms。车用增压柴油机由于进气温度提高，致使压缩终了温度也增加，可使 τ_i 缩短到0.4~1.0ms，因此，增压柴油机可降低振动和噪声。

(2) 放热持续期 放热持续期首先取决于喷油持续角的大小，这是显而易见的。喷油时间越长，则扩散燃烧期越长；其次，取决于扩散燃烧期内混合气形成的快慢和完善程度，喷油再快，混合气形成跟不上也不能缩短燃烧时间，混合气形成不完善就会拖延后燃时间。以上两个环节又受诸多因素的影响，将在后面有关燃烧室内空气运动和混合气形成一节详加叙述。

(3) 放热率曲线形状 影响放热率曲线形状的因素比较复杂。为便于定性分析，一般假定四种柴油机简单的放热率图形，如图 5-17 所示，并据此计算出各自的示功图 a、b、c、d 曲线。图中，假定四种放热规律都在上止点开始放热，放热总量相同，持续期均为 40°。曲线 a 先快后慢的放热形状初期放热多，$dp/d\varphi$ 值最大，最高爆发压力达 8MPa。此时的指示热效率为 52.9%，是四种方案中的最高值。曲线 d 先慢后快的放热形状则相反，放热速率前缓后急，$dp/d\varphi$ 和最高爆发压力最低，指示热效率最低，为 45.4%。这种形状对降低噪声、振动和 NO_x 排放有明显效果。曲线 b 和 c 则介于二者之间。

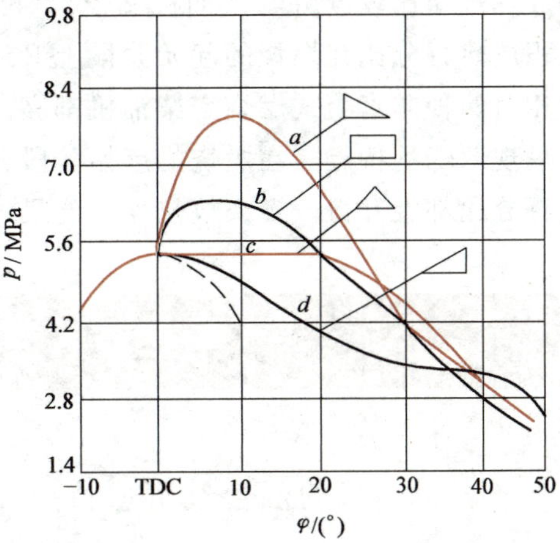

图 5-17　放热率曲线形状对示功图的影响

实际发动机的放热率形状取决于机型、燃烧室形式和混合气形成方式以及对性能的具体要求。图 5-18 所示为不同类型柴油机的燃

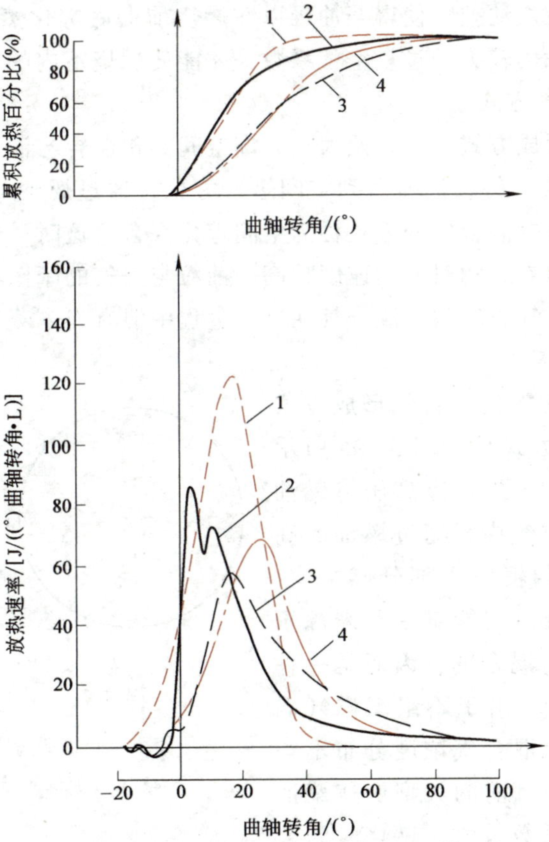

图 5-18　不同类型柴油机的燃烧放热规律比较

	D(mm)×S(mm)	ε_c	v(r/min)	P_e(kPa)	α
1—汽油机	75×72	8.2	3600	810	0.91
2—直喷式燃烧室柴油机	85×94	22.0	2800	730	1.39
3—涡流室燃烧室柴油机	76.5×80	23.0	3000	670	1.30
4—预燃室燃烧室柴油机	91×92	22.0	3200	708	1

烧放热规律比较（并与汽油机比较）。可以看到，直喷式燃烧室柴油机的瞬时放热速率和累积放热百分比在燃烧的起始阶段上升最快，放热速率很快就达到最大值，而且这一最大值相对两种非直喷式燃烧室柴油机都高。此外，高速的直喷式燃烧室柴油机的放热速率往往呈现双峰的特点。在燃烧的起始阶段，两种非直喷式燃烧室柴油机的放热速率和累积放热百分比都上升得较慢，放热速率的最大值也较低，且燃烧过程持续较长。

第三节　混合气形成与燃烧室

一、柴油机的混合气形成特点和方式

1. 混合气形成特点

柴油机在进气过程中进入燃烧室的是纯空气，在压缩过程接近终了时柴油才喷入，经过一定准备后即自行着火燃烧。由于柴油机的混合气形成的时间比汽油机短得多，且柴油的蒸发性和流动性都较汽油差，使得柴油难以在燃烧前彻底雾化蒸发并与空气均匀混合，因此，柴油机不得不采用较大的过量空气系数，才能使燃烧室内的柴油燃烧得比较完全。

2. 混合气形成基本方式

柴油机的混合气形成方式可分为两大类，即空间雾化混合与油膜蒸发混合。

(1) 空间雾化混合　将燃油喷射到空间进行雾化，通过燃油与空气之间的相互运动和扩散，在空间形成可燃混合气的方式称为空间雾化混合。这时，燃油与空气的相对运动速度是起主要作用的因素。相对运动速度越高，油粒与空气的摩擦和碰撞越激烈，分散后的油粒也越细小，混合气越均匀。混合气在这一过程中混有尚未蒸发汽化的液态油粒，因而不完全是气相的。

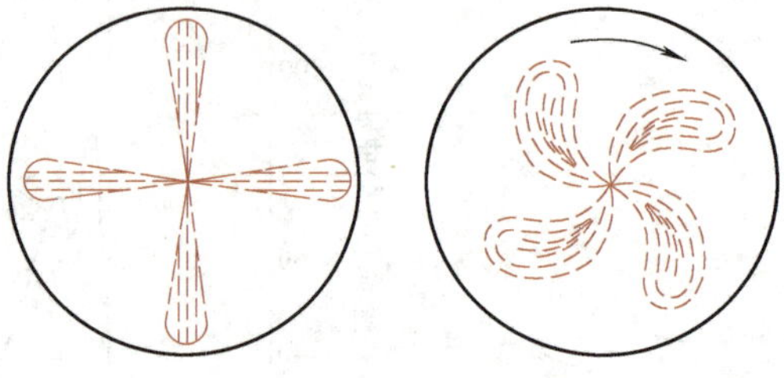

图 5-19　直喷式柴油机中的雾化混合气形成方式

a）静止空气　b）空气做旋转运动

直喷式柴油机中的雾化混合气形成方式如图 5-19 所示。一种方式是如图 5-19a 所示采用多孔喷油器（6～12 孔）以高压将燃油喷入燃烧室内的静止空气中，通过燃油的高度雾化和多个油束均匀覆盖大部分燃烧室，形成可燃混合气。混合所需能量主要来源于油束，空气是被动参与混合的，因而是一种“油找气”的混合方式。由于不组织进气涡流，充量系数较高，但混合气浓度分布不均匀，在早期的柴油机和目前的大型低速柴油机中，一般过量空气系数较大，燃烧时间较长，采用这种混合方式尚能达到满意的指标。而在车用高速柴油机中，由于转速高，燃烧时间短，这种混合方式不能保证迅速和完全的燃烧。

图 5-19b 则表示油和气相互运动的混合气形成方式。用喷孔较少（3～5 孔）的喷油器将燃油喷到空间中，由于组织进气涡流，在喷油能量和空气旋流的共同作用下，油束的扩

散范围急剧扩大。这时，涡流强度与油束的匹配是十分重要的，在理想的涡流强度下，相邻油束几乎相接，以使油雾尽可能充满燃烧室。涡流太弱，油束扩散范围不够；涡流过强，上游油束的已燃气体又会妨碍下游油束前端部的燃烧，这种现象也称为过强涡流。

在非直喷式燃烧室中，尽管也是空间混合方式，但采用的是两阶段混合方法。第一阶段混合时，利用压缩涡流和较低压力油束双方的能量混合，在不十分均匀的混合状态下进行着火燃烧；然后利用高温高压的燃烧气体本身的能量，在主燃烧室内进行第二阶段的混合。

还有一种撞击喷射（将燃油高速喷向壁面产生撞击），基本上也是一种空间混合方式，通过油束对不同形状壁面的撞击和反弹，使油束的分布范围扩大，在涡流的作用下，快速形成混合气。

（2）油膜蒸发混合　以球形燃烧室为代表的壁面油膜蒸发混合方式如图 5-20 所示。燃油沿壁面顺气流喷射，在强烈的涡流作用下，在燃烧室壁面形成一层很薄的油膜。在较低的燃烧室壁面温度控制下，油膜底层保持液态，表层油膜开始时以较低速度蒸发，加上喷油射束在空间的少量蒸发，形成少量可燃混合气。着火后，随燃烧的进行，油膜受热逐层加速蒸发，使混合气形成速度和燃烧速度加速。这一混合方式中起主要作用的因素是燃烧室壁面温度、空气相对运动速度和油膜厚度。混合气在这一过程中完全是气相的。

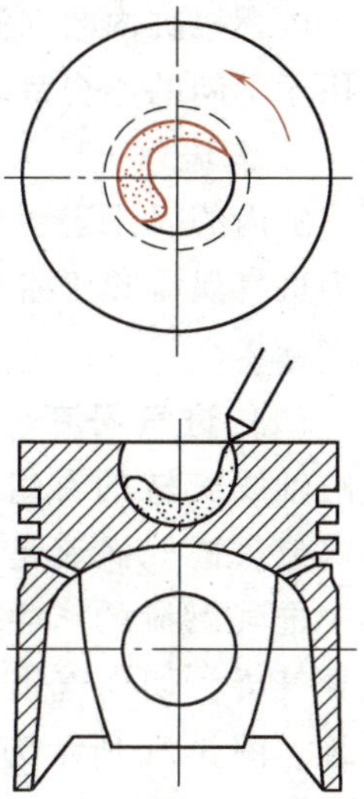

图 5-20　壁面油膜蒸发混合方式

在空间雾化混合中，燃油的喷雾特性对混合起决定性作用。为提高混合气形成速度，往往要将燃料尽可能喷得很细，分布均匀。这样就会使较多的油滴受热蒸发，在着火落后期内形成大量的可燃混合气，造成燃烧初期放热率过大，压力急剧升高，工作粗暴，NO_x 排放高。但如果减小着火落后期内混合气的生成量，则势必造成大量燃油在着火后的高温高压下蒸发混合，容易因空气不足而裂解成碳烟。因此，尽管空间雾化混合方式有较高的热效率，但碳烟、NO_x 和燃烧噪声均较高。

油膜蒸发混合的指导思想是利用燃油蒸发速率控制混合气的生成速率，燃烧室壁面温度和空气旋流起主要作用。在喷入燃烧室的燃料量相同的条件下，由于油膜受热蒸发所需时间要比细小油滴长得多，加之燃烧室壁面温度控制较低，使油膜蒸发混合方式在着火落后期内生成的混合气量远小于空间雾化方式。随燃烧进行，在高温和火焰辐射作用下，油膜蒸发加速，使混合气生成速度加快。另外，大部分燃料在蒸发后以气体状态与空气或高温燃气接触，可以避免空间雾化混合时常有的液态燃油高温裂解问题，使碳烟特别是大颗粒碳烟排放降低。

由于油膜蒸发混合方式存在一些难以解决的问题，主要是冷起动性能差（起动时壁面温度低）、随工况变化性能差别大以及对涡流强度十分敏感因而工艺要求高等。因此在实际中应用不多，但它的提出打破了原来空间雾化混合概念的束缚，开阔了内燃机混合气形成和燃烧的思路，具有重要的理论意义。例如，有的缸内直喷式汽油机采用了这种壁面油膜蒸发混合方式。

实际上，柴油机中混合气的形成方式是复杂和多样的，即上述混合气形成方式在实际柴油机中并不是单一存在的，往往是多种方式并存。以中、小型车用直喷式柴油机为例，在以空间雾化混合为主的同时，到达壁面的燃油又存在撞击和油膜蒸发混合方式；气流运动以进气涡流为主的同时，挤流、微涡流乃至多气门时专门组织的滚流都有。

二、缸内气流运动

内燃机缸内的气流运动形式可分为涡流、挤流、滚流和湍流四种形式，被分别或组合应用于不同的燃烧系统。

1. 涡流

缸内的涡流运动一直是柴油机混合气形成的主要手段，根据形成方法不同，涡流又可分为进气涡流和压缩涡流。涡流转速与发动机转速之比称为涡流比 Ω，作为衡量涡流强度的指标。

（1）进气涡流　在进气过程中形成的绕气缸轴线旋转的有组织的气流运动，称为进气涡流。进气涡流是需要人为组织的。内燃机中进气涡流的产生方法一般有四种，即采用导气屏、切向气道、螺旋气道及组合进气系统。图 5-21 所示为切向气道、螺旋气道的工作原理。图 5-22 所示为它们的进气门出口处的速度分布。

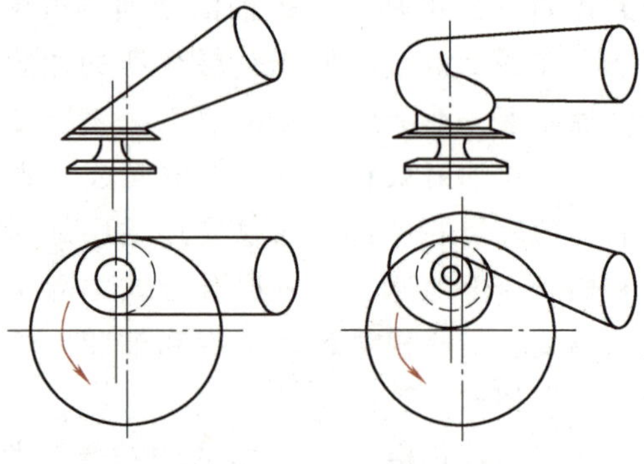

图 5-21　切向气道、螺旋气道的工作原理

a）切向气道　b）纯螺旋气道

导气屏设置在进气门上，导引进气气流以不同角度流入气缸，在气缸壁面的约束配合下产生涡流。这种方法结构简单，进气道可不作特殊设计，通过改变导气屏的包角和导气屏中点的安装位置，可调节涡流强度，涡流比 $\Omega=0\sim4$，但阻力最大，一般用于试验研究用发动机。切向气道形状简单，涡流比 $\Omega=1\sim2$，适用于对涡流强度要求不高的发动机。螺旋气道的形状最复杂，涡流比 $\Omega=2\sim4$，适用于对进气涡流强度要求较高的发动机。

组合式进气系统，是指在两个进气门的发动机上，采用不同类型（如 1 个切向气道和 1 个螺旋气道）或不同角度的两个进气道，以组合出所需要的涡流和流速分布。

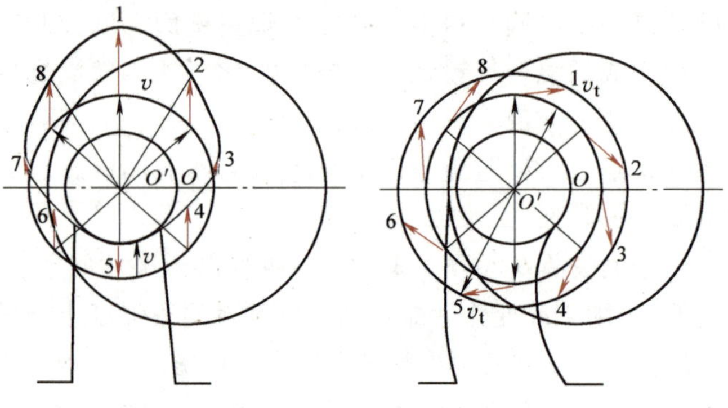

图 5-22　切向气道、螺旋气道的进气门出口处的速度分布

a）切向气道　b）纯螺旋气道

进气涡流在压缩过程中，一边旋转一边被挤入燃烧室凹坑。设进气涡流比和压缩终了时燃烧室凹坑内的涡流比分别为 Ω 和 Ω_c，根据动量守恒关系，有

$$\frac{\Omega_c}{\Omega}=\frac{D^2}{d_k^2}$$

式中，D 和 d_k 分别为气缸直径和燃烧室凹坑入口直径。显然，$\Omega_c>\Omega$，即进气涡流在气缸内有一个发展过程。因此，为加速混合气的形成，不仅应注意进气涡流比 Ω 的大小，更应注意压缩终了时燃烧室凹坑内的涡流比 Ω_c，对燃烧过程影响更大的是 Ω_c 以及上止点后的涡流强度。

(2) 压缩涡流　在涡流室燃烧室中，气体在进气过程中并不产生涡流，而在压缩过程中由主燃烧室经通道进入涡流室时，形成强烈的压缩涡流。虽然这种产生涡流的方式不会使进气阻力增大和进气充量下降，但形成压缩涡流时会伴随着不同程度的能量损失，使循环热效率降低。

2. 挤流

挤流也是一种有效的缸内气体运动，如图 5-23 所示。在压缩过程中，当活塞接近上止点时，气缸内的空气被挤入活塞顶部的燃烧室凹坑内，由此产生挤压涡流（挤流）。当活塞下行时，凹坑内的燃烧气体又向外流到活塞顶部外围的环形空间，与空气进一步混合燃烧，这种流动也称为逆挤流。

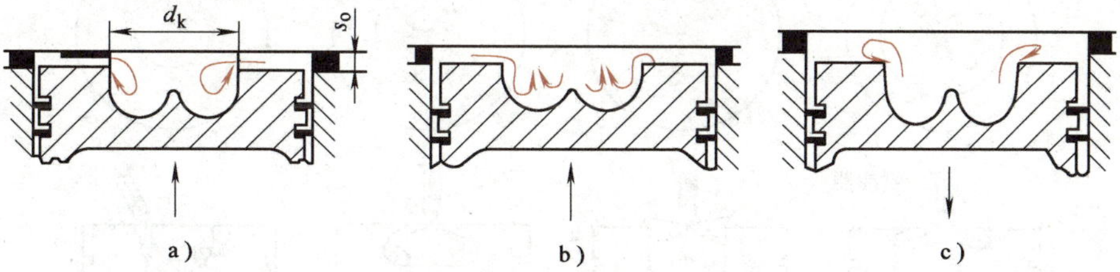

图 5-23　挤流的形成

a）无进气涡流或涡流不强时的挤流　b）进气涡流强时的挤流　c）逆挤流

挤流的强度与活塞顶部凹坑喉口直径以及活塞顶间隙有密切关系。活塞顶部凹坑喉口直径和活塞顶间隙越小，则挤流的强度越大。挤流（包括逆挤流）不会影响充量系数，但却有助于混合气的形成。挤流持续的时间较短（仅在上止点附近），强度与进气涡流相比一般较小，在混合气形成和燃烧中起到配合作用。

值得说明的是，挤流在柴油机和汽油机上都得到了广泛的应用。例如，汽油机紧凑型燃烧室都利用较强的挤流运动增强燃烧室的湍流强度，促进混合气快速燃烧。

3. 湍流

在气缸中形成的无规则的小尺度气流运动称为湍流，也称微涡流。湍流可以促进燃油和空气的微混合程度，加速燃烧过程。活塞运动虽然可以自然形成湍流，但其强度较弱并且无法控制。常用的产生湍流的方式有各种形式的挤流、预燃室中由压缩生成的湍流以及非回转体燃烧室中伴随涡流运动产生的边角处湍流等。

4. 滚流

在进气过程中形成的绕垂直于气缸轴线的有组织的空气旋流称为滚流，也称为纵涡。滚流在压缩过程中动量衰减较少，在活塞接近于压缩上止点时，大尺度的滚流被破碎成许多小尺度的涡流和湍流，可大大改善混合燃烧过程。试验表明，滚流在压缩上止点附近形成的湍流强度，可高于进气涡流产生的湍流，这一思想也被用在缸内直喷汽油机上。

需要说明的是，各种气流运动对加速混合气的形成和燃烧有着重要意义。但气流总会带来进气流动损失、泵气损失等，这是不利的一面。另外，大多数气流运动又存在高低速时的强度相差过大的矛盾，给发动机在宽广转速范围内良好工作带来困难。气流对各种结构参数比较敏感，难以精确控制，易造成各缸工作状态不均匀。因此，在组织气流运动时，须多方面分析比较与合理折中。因而柴油机向直喷式发展并强调高压喷射，降低对气流的要求。

三、柴油机燃烧室

柴油机燃烧室可分为两大类，即直喷式燃烧室和非直喷式燃烧室。

1. 直喷式燃烧室

直喷式燃烧室可根据活塞顶部凹坑的深浅分为半开式燃烧室和开式燃烧室两类。图 5-24 所示为各种直喷式燃烧室的形式。开式燃烧室有浅盆形，半开式燃烧室有 ω 形、挤流口形、各种非回转体形和球形等。

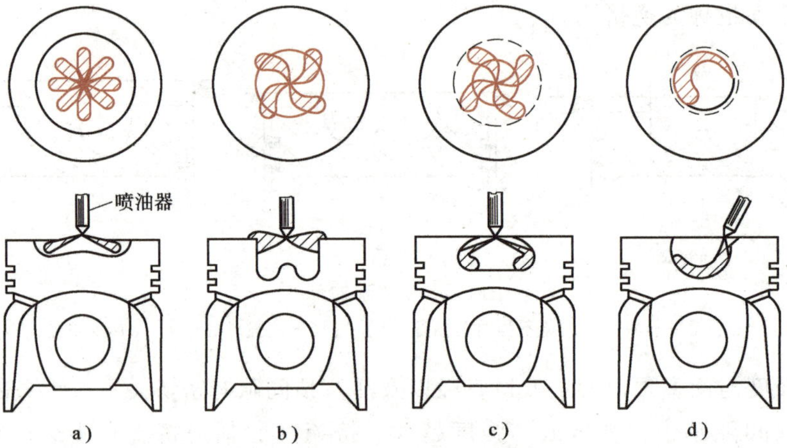

图 5-24　各种直喷式燃烧室的形式

a) 浅盆形　b) ω 形　c) 挤流口形　d) 球形

(1) 浅盆形燃烧室　浅盆形燃烧室（图 5-24a）属于开式燃烧室，活塞顶中心呈略有凸起的浅 ω 形或平底的浅盆形，凹坑较浅，凹坑口径与活塞直径之比一般大于 0.7。

浅盆形燃烧室中的混合气形成主要依靠燃油的喷射，因此对雾化质量，也就是对喷射系统有很高要求。开式燃烧室采用较多喷孔数目（常见的为 7~12 孔）的孔式喷油器和较高的喷射压力，最高喷射压力达到 100MPa 以上；而一般不组织或只有很弱的涡流，在混合气形成中空气运动所起的作用相对很小。混合气在燃烧室的空间内形成，避免油束直接喷到燃烧室的壁面（油束贯穿率要求小于或约等于 1）。

对于浅盆形燃烧室，希望通过油束与燃烧室形状的配合，使燃油尽可能均匀地分布在整个燃烧室的空间中。因此，浅盆形燃烧室属于较均匀的空间混合方式，在着火落后期内形成较多的可燃混合气，因而最高燃烧压力和压力升高率高，工作粗暴，燃烧温度高，NO_x 和排气烟度较高，噪声、振动及机械负荷较大。它的空气利用率相对较低，一般均采用增压来保证较大的过量空气系数（1.5~2.2），以实现完善的燃烧。相反，正是由于不组织空气运动，散热损失和流动损失均小，加之雾化质量好，燃烧迅速，因而浅盆形燃烧室的最大优点是经济性好，容易起动。

开式燃烧室一般适用于缸径较大（≥140mm），转速较低（≤2000r/min）的柴油机，随缸径的不同，其结构形状有所不同。

（2）ω 形燃烧室　ω 形燃烧室（图 5-24b）属于半开式燃烧室，其尺寸参数如图 5-25 所示，在活塞顶部设有比较深的凹坑，其中 ω 形凹坑的中心凸起是为了帮助形成涡流以及排除气流运动很弱的中心区域的空气而设置的。一般 d_k/D 为 0.6 左右，$d_k/H=1.5\sim3.5$。采用 4~6 孔均布的多孔喷油器中央布置（4 气门时）或偏心布置（2 气门时），喷雾贯穿率一般为 1.05。空气运动以进气涡流为主，挤流为辅。进气涡流比介于最低的浅盆形燃烧室（<1.5）和最高的球形燃烧室（>3）之间，通过减小 d_k/D 和余隙高度 s_o，可使挤流强度增加。由于利用燃油喷射和空气运动两方面的作用形成混合气，与浅盆形燃烧室相比，更容易形成均匀的混合气，空气利用率提高，可在过量空气系数为 1.3~1.5 的条件下实现完全燃烧。

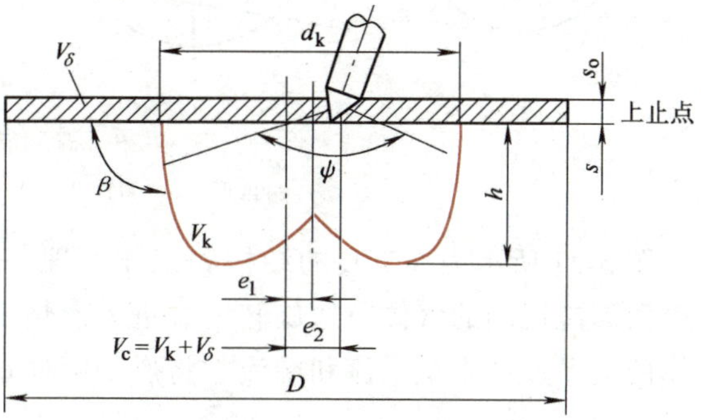

图 5-25　ω 形燃烧室的尺寸参数

与浅盆形燃烧室的“油找气”方式相比，ω 形燃烧室采用“油和气相互运动”的混合气形成方式，以满足车用高速柴油机混合气形成和燃烧速度更高的要求。

但是，一般空气运动的强度随着转速的提高而增大，而涡流强度过强或过弱会造成油束贯穿不足或过度，均会影响混合气的形成和燃烧，故 ω 形燃烧室对转速的变化较为敏感，一般适用于缸径为 80~140mm，转速低于 4500r/min 的柴油机中。若应用于更小缸径的柴油机，则在燃油喷射、气流运动与燃烧室形状间的配合上出现困难。同时，喷孔直径过小和喷油压力过高，也给制造和使用提出了更高的要求。尽管如此，ω 形燃烧室的应用范围仍在向着小缸径方向发展。

（3）挤流口形燃烧室　挤流口形燃烧室（图 5-24c）也属于半开式燃烧室，混合气的形成原理与 ω 形燃烧室基本相同，最大区别就是采用了缩口形的燃烧室凹坑，这就使得挤流和逆挤流运动更强烈，涡流和湍流能保持较长时间。同时，随着 d_k/D 的减小，挤流口式燃烧室的“半开式”燃烧特点逐渐明显。挤流口抑制了较浓的混合气过早地流出燃烧室凹坑，使初期燃烧在还原气氛中进行，压力升高率较低，因此 NO_x 排放和燃烧噪声均较 ω 形燃烧室低。但是，由于挤流口的节流作用，活塞的热负荷高，挤流口边缘容易烧损，喷孔易堵塞，加工也比一般 ω 形燃烧室复杂。

（4）非回转体燃烧室　涡流和挤流都是尺度较大的气体运动，适当组织微涡流或湍流可以促进燃油与空气的微观混合。这类燃烧室中具有代表性的有日本五十铃公司推出的四角形燃烧室、日本小松公司的微涡流燃烧室（Micro Turbulence Combustion Chamber，MTCC）、英国 Perkins 公司的 Quardram 燃烧室以及上海内燃机研究所研制的花瓣形燃烧室，如图 5-26 所示。

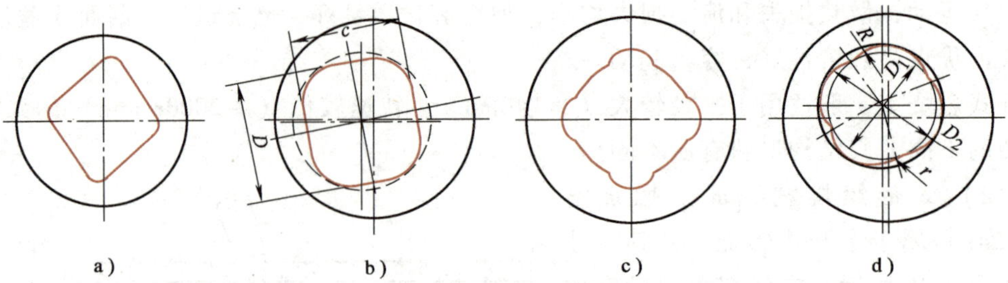

图 5-26　非回转体燃烧室

a）四角形　b）MTCC　c）Quardram　d）花瓣形

图 5-27 所示为 MTCC 的结构和工作原理，其上部为四角形，下部仍为回转体，在气缸内做涡流运动的气体一边旋转一边进入燃烧室凹坑，在缩口的四个角上以及四角形与回转体的交界处产生微涡流和湍流，将燃油喷向这些区域，可加快混合气的形成和燃烧。

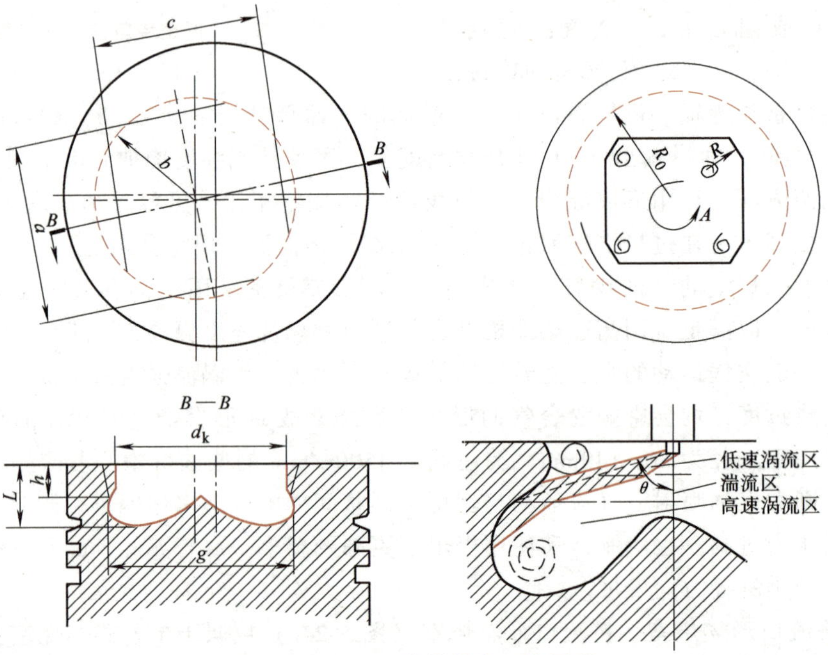

图 5-27　MTCC 的结构和工作原理

非回转体燃烧室形状各异，但是它们的基本特点是相同的，即在半开式燃烧室的基础上，利用燃烧室形状的设计来产生微涡流，改善混合气的形成和燃烧。除大尺度的涡流（如进气涡流和挤压涡流）以外，小尺度的涡流，又称为微涡流或湍流，对混合气形成和燃烧的促进作用已得到公认。

微涡流主要是利用大尺度的涡流在燃烧室内不同位置造成的速度差以及流经一些特殊设计的边角、凹凸时产生的气流扰动所形成的。

一些特殊设计的边角、凹凸对空气涡流有衰减作用，而且这种衰减作用随着空气涡流的增强而增大，对提高柴油机的转速适应性，解决半开式燃烧室中存在的低速涡流太弱、高速涡流太强的问题是有利的，特别适合于车用柴油机在宽广的转速范围内工作的情况。

因此，非回转体燃烧室的优点是着火落后期较短，压力升高率相对较低，燃烧比较完善，HC、CO 排放量较小，对转速变化不太敏感，油耗曲线较平坦等。其缺点是 NO_x 排放高，加工相对较复杂，一些突出部位的热负荷较高，影响工作的可靠性。

（5）球形燃烧室　与上述各直喷式燃烧系统的空间混合方式不同，球形燃烧室以油膜蒸发混合方式为主，这种燃烧方式是由德国 MAN 公司的 J. S. Meurer 博士在 1951 年提出的，故又称为 M 燃烧过程。如图 5-28 所示，活塞顶部的燃烧室凹坑为球形，喷油器的孔数为 1~2（单一喷孔，或一个主喷孔和一个副喷孔），开启压力低于其他直喷式燃烧室，油束沿球形燃烧室壁面并顺气流喷射，燃油被喷涂在壁面上形成油膜。为保证形成很薄的、厚度均匀的油膜，需要很强的涡流（涡流比>3）。在较低壁温的控制下（200~350℃），燃料在着火前以较低速度蒸发，在着火落后期内生成的混合气量较少，因而初期燃烧放热率和压力升高率低。随燃烧进行，缸内温度和火焰热辐射强度提高，使得油膜蒸发加速，燃烧也随之加速。这样，可以使预混合燃烧阶段的放热速率和压力升高率得到抑制。

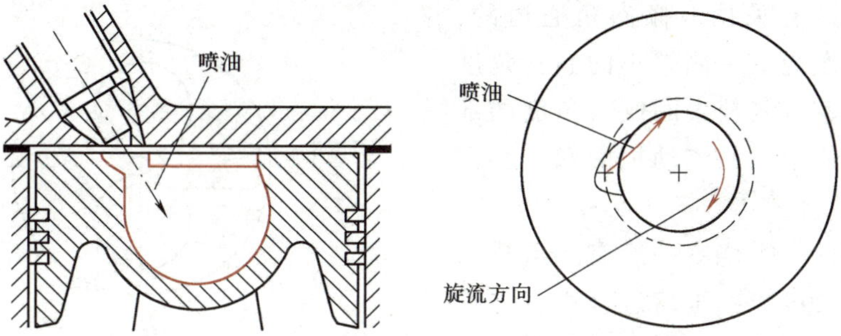

图 5-28　球形燃烧室的工作原理

在强烈的涡流运动和适宜的壁面温度控制下，燃料油膜按蒸发、被气流卷走、混合、燃烧的顺序十分有序地进行混合燃烧，混合均匀，又避免了较大颗粒的燃油暴露在高温下产生裂解。同时，空气利用率好，正常燃烧的最小过量空气系数可降至 1.1。匹配良好的球形燃烧室可以做到工作柔和、轻声、低烟、低 NO_x，动力性能和燃油经济性能都较好，并能适用于从汽油到柴油的各种燃料。前面已述，尽管球形燃烧室目前已很少单独使用，但是油膜蒸发混合方式的思想却得以保留和应用。

直喷式燃烧室虽然各具特色，但却具有一些共同的特点，简单归纳如下：

1）由于燃烧迅速，故经济性好，有效燃油消耗率低。直喷式柴油机的有效燃油消耗率比分隔式柴油机低 10%~20%。

2）燃烧室结构简单，表面积与容积比小，因此散热损失小，也没有主、副室之间的节流损失，一方面可使冷起动性能较好，另一方面也使经济性好。

3）对喷射系统的要求较高，特别是开式燃烧室。

4）半开式燃烧室对进气道有较高的要求。

5）NO_x 的排放量较分隔式燃烧室柴油机高，特别是在较高负荷的区域内，高一倍左右。

6）对转速的变化较为敏感，特别是半开式燃烧室，较难同时兼顾高速和低速工况的性能，因而，适用转速较非直喷式燃烧室柴油机低。

7）压力升高率大，燃烧噪声大，工作较粗暴。

2. 非直喷式燃烧室

非直喷式燃烧室的结构特点是除位于活塞顶部的主燃烧室外，还有位于缸盖内的副燃烧室，两者之间有通道相连。燃油不直接喷入主燃烧室内，而是喷入副燃烧室内。典型的非直喷式燃烧室有涡流室燃烧室和预燃室燃烧室。

（1）涡流室燃烧室 涡流室燃烧室的结构如图5-29所示。涡流室容积占整个燃烧室压缩容积的50%～60%。涡流室的形状（图5-30）有一些不同的类型，如近似球形的、上部为半球形下部为圆柱形的等。

涡流室与主燃烧室之间通道的截面积为活塞截面积的1%～3.5%，通道方向与活塞顶成一定的倾斜角度，其截面形状有多种。此外，还有采用双倾斜角通道的，即通道由靠主燃烧室一侧较小的倾斜角度的部分和涡流室一侧较大的倾斜角度的部分组成，以降低通道的流动损失和改善混合气形成。

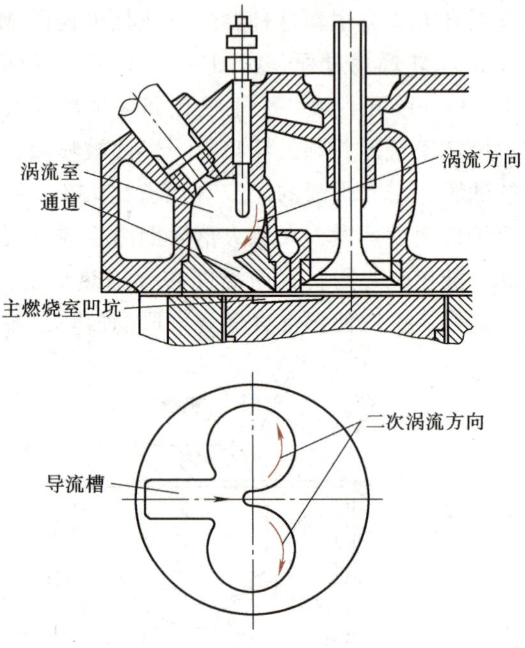

图5-29 涡流室燃烧室的结构

活塞顶部的主燃烧室一般有导流槽或浅凹坑（图5-29）。在压缩过程中，空气从主燃烧室经通道流入涡流室，在涡流室内形成强烈的有组织的压缩涡流，压缩涡流在混合气形成中起主要作用。受活塞挤压的空气通过通道的导流进入副室，形成强烈的有组织的压缩涡流（一次涡流）。燃油顺涡流方向喷入副室，迅速扩散蒸发混合。着火一般由喷雾的前端开始，火焰在随涡流做旋转运动的同时，很快扩散至整个涡流室（一次混合燃烧）。随涡流室内温度和压力的升高，燃气带着未完全燃烧的燃料和中间产物经通道高速冲入主燃烧室，在活塞顶部导流槽导引下再次形成强烈的涡流（二次涡流），与主燃烧室内的空气进一步混合燃烧（二次混合燃烧），完成整个燃烧过程。

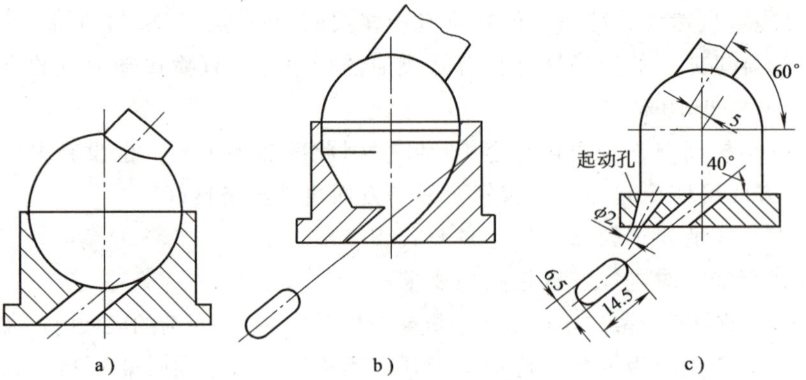

图5-30 涡流室的形状

a）球形 b）圆锥形平底 c）圆柱形平底

(2) 预燃室燃烧室　预燃室燃烧室的结构如图 5-31 所示。根据气阀数的多少，预燃室可以偏置于气缸一侧（对于二气阀），也可以置于气缸中心线上或其附近（对于四气阀）。预燃室容积占整个燃烧室容积的 35%～45%，预燃室与主燃烧室之间通道的截面积为活塞截面积的 0.3%～0.6%。

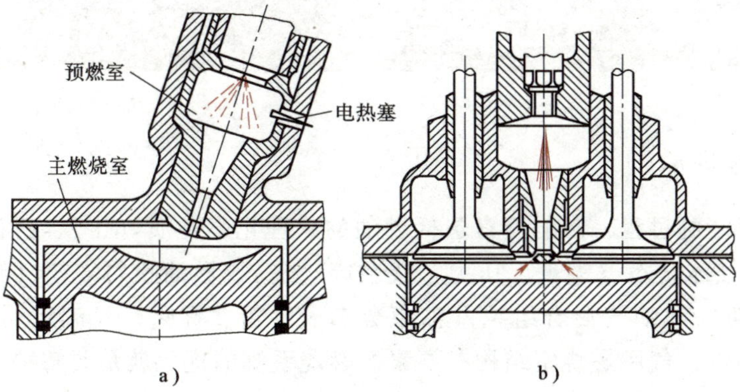

图 5-31　预燃室燃烧室的结构

a) 倾斜偏置，单孔道　b) 中央正置，多孔道　c) 侧面正置，单孔道

预燃室燃烧室的工作原理与涡流室燃烧室相似，都是采用浓稀两段混合燃烧。在压缩过程中，气缸内部分空气流入预燃室内，由于连接通道截面积很小，且不与预燃室相切，在预燃室内形成强烈的无组织的湍流。湍流使一部分燃油雾化混合，当着火燃烧后，预燃室内的压力和温度迅速升高，利用这部分燃油的燃烧能量，将预燃室内已部分燃烧的浓混合气高速喷入主燃烧室内，并在主燃烧室内形成工质的运动，即燃烧涡流和湍流，促使其余部分的燃油在主燃烧室内迅速与空气混合并燃烧。

非直喷式燃烧室柴油机具有以下特点：

1) 采用浓稀两段混合燃烧方式，前段过浓（还原）气氛，抑制了 NO_x 的生成和燃烧温度，而后段的稀燃（氧化）气氛和二次涡流又促进了碳烟的快速氧化，因而 NO_x 和微粒排放均低于直喷式燃烧室，但低负荷下的碳烟排放量较大。

2) 由于初期放热率低，压力升高率和最高燃烧压力均低于直喷式燃烧室，燃烧柔和，振动噪声小。

3) 对于涡流室，压缩涡流随发动机转速升高而增强，即转速越高，混合气形成和燃烧的速度越高，因此涡流室燃烧室适用于高速柴油机，其转速可高达 5000r/min。

4) 缸内气流运动自始至终比较强烈，空气利用率好，可在过量空气系数 1.2 左右的条件下正常工作。

5) 对喷油系统要求不高，不需要进气涡流，进气道形状简单，因而加工制造成本低，使用故障少。

6) 一般对燃油不太敏感，有较强的适应性。

7) 燃烧室结构复杂，表面积与容积之比较大，加上强烈的空气运动的影响，使散热损失较大，通道节流作用引起的流动损失也较大。因此，分隔式燃烧室柴油机较直喷式燃烧室柴油机热效率低，经济性差，燃油消耗率比直喷式燃烧室高出 10%～15%。预燃室燃烧室通道节流损失更大，因而燃油经济性更差一些。

8）由于散热损失大和喷雾质量不高，冷起动性能不如直喷式燃烧室，一般都要安装电热塞，用于在冷起动时提高燃烧室内的温度，保证顺利起动。

第四节　燃烧过程的优化

一、燃烧过程优化的基本原则

柴油机燃烧是一个极其复杂的过程，影响因素包括燃油的物理化学性质（十六烷值、热值、组分、杂质等）、压缩气体状态（温度、压力、残余废气量）、燃油喷射规律（喷油正时、喷油率、喷油持续期）和油气混合组织（油束分布、穿透、雾化、气流运动）等。这些因素可以简要归纳为油、气和燃烧室结构三要素。燃烧系统的优化就是要解决三者的完美结合问题。不同的燃烧系统有不同的油、气和燃烧室组合方式，每一种组合方式中，三要素在其中的重要程度也不完全一样，但追求目标都是希望燃烧更完善、更柔和、损失更小，排气更清洁。实际上对柴油机燃烧过程的要求往往相互之间又是矛盾的。例如，为提高柴油机的经济性，应使燃油完全燃烧，希望有较大的过量空气系数，但这将导致气缸工作容积利用率降低，即升功率降低，动力性变差。要保证在上止点附近迅速燃烧以提高动力性和经济性，但这又可能会使压力升高率和最大爆发压力都较高，工作平稳性变差，燃烧噪声增大也会降低工作可靠性和使用寿命。此外，降低柴油机废气中的有害排放量往往是以柴油机经济性的降低、制造成本的提高作为代价的。降低柴油机废气中的各种有害排放量的要求，特别是柴油机废气中两种主要有害排放物（微粒和 NO_x）的控制，往往也会产生矛盾。同时针对车用柴油机工作范围宽广的特点，希望不仅是在某一工况，而是在各种转速、负荷下都能有较好的性能。总之，柴油机燃烧过程优化是一项难度较大的工作，应掌握以下基本原则。

（1）油-气-燃烧室的最佳配合　燃油喷射、气流运动与燃烧室形状间的配合，在一定的限制条件下，通过大量试验，反复改进，达到综合的优化性能指标，就是最优方案。

（2）控制着火落后期内的混合气生成量　为追求好的动力性和经济性，可适当增加着火落后期内的混合气生成量，但为了降低 NO_x 排放和燃烧噪声，应减少着火落后期内的混合气生成量。可采用的方法是优化初期喷油速率（见下文），控制气体流动和燃烧室形状。

（3）合理组织燃烧室内的涡流和湍流运动　通过增强涡流和湍流运动，可以提高混合气的生成速率，避免局部混合气过浓。特别应重视压缩上止点附近及燃烧过程中的气流运动。但另一方面，进气涡流强度的提高会造成充量系数下降和泵气损失增加，燃烧室内气流运动强度的增加会造成流动损失及散热损失的增大，因此，气流运动强度必须适当。

（4）紧凑的燃烧室形状　与汽油机相同，柴油机的燃烧室也应尽可能做到形状紧凑、面容比小，这样可使散热损失减小、难以进行燃烧的死角减少以及空气利用率提高。非直喷式燃烧室燃油经济性不好的重要原因之一就是面容比大，使散热损失过大。各类柴油机燃烧室都应尽可能减小余隙容积（包括活塞顶与气缸盖之间的顶隙容积、气门凹坑容积、第一道活塞环以上的环岸容积），使空气集中在燃烧室凹坑里，以提高空气利用率，使燃油不分散到余隙容积中，以避免不完全燃烧和有害物排放。

（5）加强燃烧期间和燃烧后期的扰流　为了降低 NO_x 和燃烧噪声而又保证燃油经济性不恶化，在采用较缓的初期燃烧放热率的同时，加强扩散燃烧期的气体扰动是一个极为有效的方法。此外，加强燃烧后期的混合气运动，还可加速碳烟的氧化和再燃烧，以降低排气烟度。

（6）优化运转参数　要想全面优化发动机的动力、经济性能及排放，则必须对各运转参数在变工况时进行实时调控，如供油提前角、空燃比（供油量）、压缩比、配气相位、进气涡流强度、增压比和排气再循环（EGR）等。

不同运转工况指的是转速和负荷的不同。柴油机的负荷调节方法是“质调节”，即空气量基本不随负荷变化，而只调节循环供油量。负荷增大，循环供油量增大，过量空气系数减小，单位容积混合气燃烧放热量增加，缸内温度上升，着火落后期缩短，但燃烧过程延长，使燃烧效率下降。

转速升高时，由于散热损失和活塞环的漏气损失减小，使压缩终了的温度和压力增高，改善燃油的雾化和燃烧。转速过低或过高时，都会使燃烧效率降低。转速过低时，空气运动减弱，使混合气质量变差；转速过高时，燃烧过程所占的曲轴转角加大，同时进气损失增大，充气效率下降，燃烧变差。

柴油机必须对循环供油量和供油提前角进行实时调控。上文已述，供油提前角（或喷油提前角）影响柴油机的燃烧过程和放热规律，进而对其性能有很大影响。供油提前角过大，燃油将喷入温度和压力相对较低的空气中，着火落后期增长，同时在着火燃烧后，活塞仍在上行，使压力升高率和最大爆发压力都较高，工作粗暴，NO_x 的排放量也会由于燃烧温度的升高而增加，过早燃烧还会增加压缩负功，降低柴油机的经济性能、动力性能。供油提前角过小，则会使燃油不能在上止点附近及时燃烧，柴油机的经济性能和动力性能下降，同时微粒的排放量也会增加。过迟燃烧还会使散热损失增加。对于每一种工况，均有一最佳的供油提前角，此时在负荷（循环供油量）不变的前提下，有效燃油消耗率最低。

转速增加时，为保证燃油在上止点附近及时燃烧，需要适当加大供油提前角。当负荷增大时，由于循环供油量增大以及燃烧过程变长，也需要适当加大供油提前角。机械式供油系统一般只能随转速变化调节供油提前角，对于最佳供油提前角随负荷的变化调节，则较难实现。

二、燃油喷射过程的优化

1. 理想燃烧过程的喷油规律

燃油喷射过程优化，即喷油规律优化，它对动力性能、经济性能及燃烧噪声和排放有很大影响。图 5-32 所示为柴油机燃烧方案理想图，虚线代表通常柴油机中的实际情况，实线代表理想情况。若要实现理想的燃烧，则必须对放热率进行有效的控制，即在初期，应控制燃烧速率，尽可能降低预混合燃烧阶段的放热率峰值，以便降低燃烧温度，从而降

低燃烧噪声和 NO_x 的排放；在中期，要保持快速和有效燃烧，以便提高动力性能和经济性能；在后期，要尽可能缩短扩散燃烧，以便降低烟度和颗粒。要实现这样的燃烧模式，必须对喷油规律实行优化。

对喷油规律的基本要求一是喷射开始时段的喷油率不能太高，以便控制着火落后期内形成的可燃混合气量，降低初期放热率，防止工作粗暴。在燃烧开始后，应有较高的喷油率以期缩短喷油持续期，加快燃烧速率。可用“先缓后急，断油迅速”八个字来概括；二是尽可能减少喷油系统中的燃油压力波动，以防止不正常喷射现象。

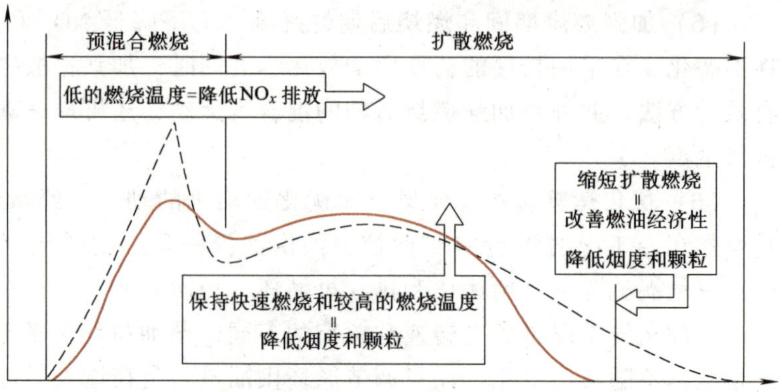

图 5-32　柴油机燃烧方案理想图

供油规律基本由柱塞直径和凸轮几何尺寸决定，因此也称为几何供油规律。前文已述，由于燃油高压系统的压力波动及弹性变形等原因，供油规律与喷油规律有一定差别，对混合气的形成和燃烧过程有直接影响的是喷油规律。

为了实现图 5-32 所示的理想燃烧过程，车用直喷式柴油机在不同转速和负荷下合理的喷油规律应如图 5-33 所示。

2. 优化喷油规律的机械方法

改变凸轮型线可以改变喷油规律，图 5-34 所示为凹弧凸轮和切线凸轮的供油规律对

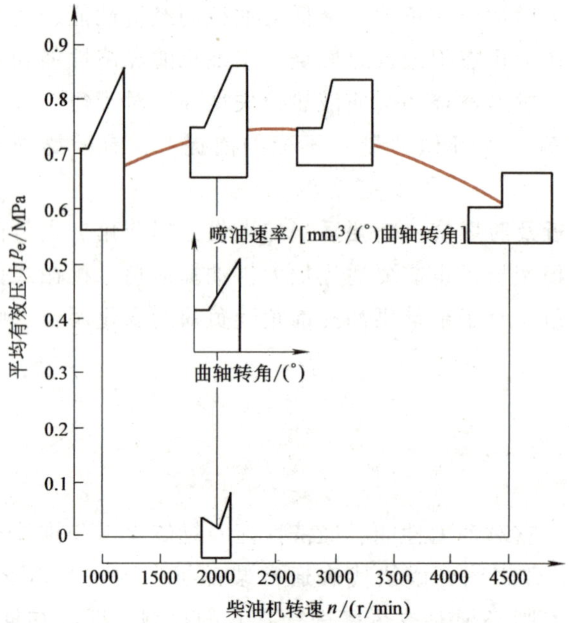

图 5-33　合理的喷油规律

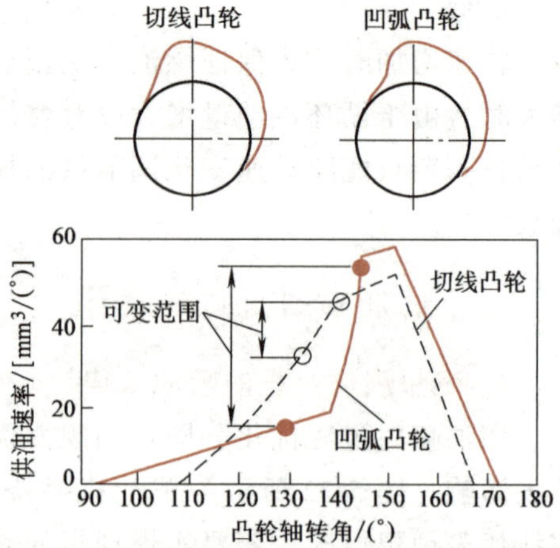

图 5-34　凹弧凸轮和切线凸轮的供油规律对比

比，切线凸轮工艺简单，因此应用很广，虽然其供油规律也是越来越快，但受压力波影响，不能满足降低燃烧噪声和 NO_x 排放的要求。凹弧凸轮的供油规律更具有初期供油速率低和中期供油速率高的特点。试验结果表明，凹弧凸轮在不同负荷下 NO_x 的排放可降低 5%~10%，中小负荷下微粒的排放降低 8%~13%，但大负荷时微粒的排放上升，各种负荷的燃油消耗率也略有恶化，因此并未得到广泛应用。

另外，为了实现先缓后急的喷油规律，一种双弹簧喷油器（即双开启压力喷油器）可实现两级喷射，达到先缓后急的目的，它的结构如图 5-35 所示。在油压上升过程中，首先克服较软的一级弹簧的压力，使针阀升起预行程 $H_1=0.03\sim0.06$mm，由于流通截面很小，燃油喷射只能以较小的速率进行；当油压继续上升到能克服二级弹簧的压力时，针阀升程进一步增大至 $H_2\approx0.2$mm 左右，开始主喷射。双弹簧喷油器的喷射规律形状非常接近“靴形喷射”。它被用来降低燃烧噪声和 NO_x。图 5-36 所示为双弹簧喷油器喷射规律形状与单弹簧喷油器的对比。

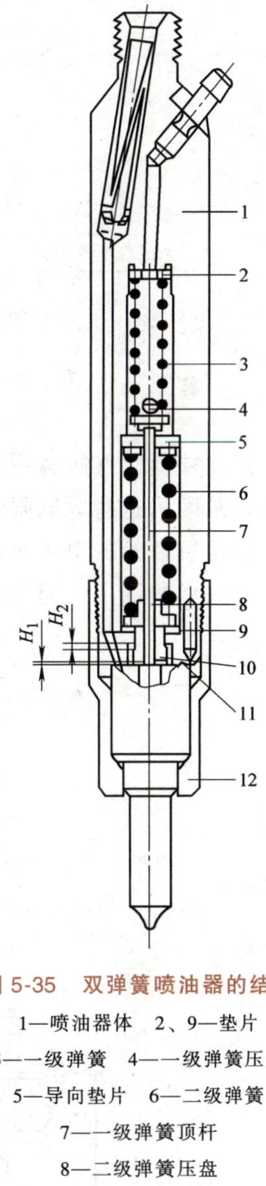

图 5-35　双弹簧喷油器的结构

1—喷油器体　2、9—垫片　3—一级弹簧　4—一级弹簧压盘　5—导向垫片　6—二级弹簧　7—一级弹簧顶杆　8—二级弹簧压盘　10—预升程挡块　11—主升程挡块　12—压紧螺母

采用预喷射和多段喷射可以更好地实现先缓后急的喷油规律，但是单纯用机械方法难以实现，必须依靠柴油机电子控制技术。

燃油喷射优化的另一个重要方面是提高喷油压力，可以使燃油喷雾颗粒进一步细化，以增大燃油与空气的接触表面积，加速燃油与空气混合。为此，近年来高压喷射技术在直喷式柴油机上很快得到了应用。最高喷射压力由传统的 30~50MPa 提高到 60~80MPa，近年来已高达 150~200MPa。高的喷射压力加上喷孔直径的不断缩小，使喷雾的索特粒径由过去的 30~40μm 降低到 10μm 左右。油气混合接触面积显著增大，并且由于高速油束对周围空气的卷吸作用，使混合气的形成速度大大加快且浓度分布更均匀，着火落后期缩短，着火位置由过去的喷油器出口附近向油束前端（燃烧室壁面）转移，形成与传统直喷式柴油机有较多不同的燃烧过程。

机械式喷油系统中的泵喷嘴，由于没有高压油管，可以提供较高的喷油压力。将柱塞式喷油泵和喷油嘴做成一体，由于取消了高压油管，其他的有害高压油腔也较小，即使最高喷油压力达 180MPa，也不会由于压力波动造成不正常的二次喷射现象。此外，喷油持续期缩短，使怠速和小负荷时喷油量的稳定性改善。泵喷嘴安装在气缸盖上，由凸轮轴直接驱动。由于泵喷嘴的尺寸比一般的喷油器大，造成气门布置的困难，但对四气门柴油机来说，困难不是太大。泵喷嘴高压喷油时使气缸盖受附加载

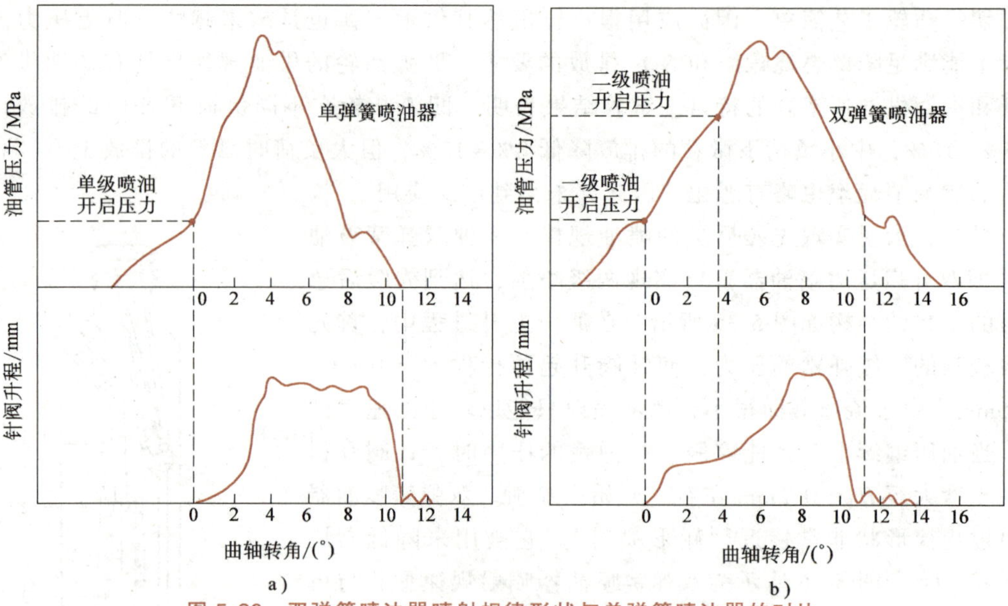

图 5-36　双弹簧喷油器喷射规律形状与单弹簧喷油器的对比

a）单弹簧喷油器　b）双弹簧喷油器

荷，因此须提高气缸盖强度和刚度。泵喷嘴驱动凸轮与曲轴距离较远，传动系统负荷较大。正是因为这些原因限制了泵喷嘴的广泛应用。

使用短油管的单体泵是传统直列式多柱塞泵与泵喷嘴之间的折中结构。这种结构过去多用于大型柴油机，但现在也用于高速车用柴油机。图 5-37 所示为车用柴油机上应用的

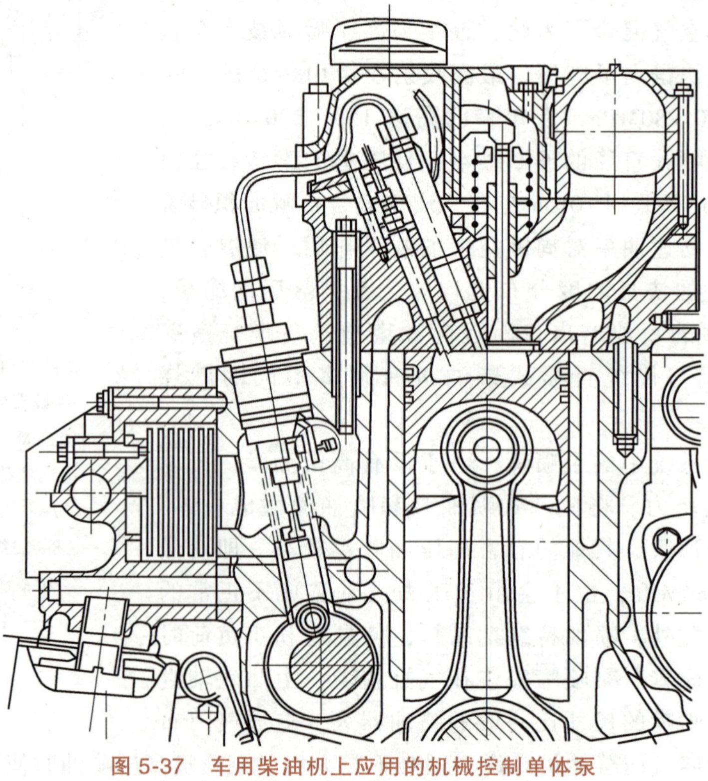

图 5-37　车用柴油机上应用的机械控制单体泵

机械控制单体泵。每个气缸配一个柱塞式喷油泵，由公共的凸轮轴驱动。喷油泵距气缸盖很近，高压油管长度（包括喷油器中高压油路在内）只有 250mm 左右。油泵凸轮轴接近曲轴，传动系统比较简单，强度与刚度易于保证。这种系统的喷油压力可达到 130～170MPa。

3. 柴油机电控技术优化喷油规律

柴油机电控燃油喷射技术的难度在于柴油机是高压缸内喷射，要求在毫秒级的时间内完成喷油定时、喷油率及喷油压力等的精确控制，例如，重型载货汽车电控泵喷嘴使用的电磁控制阀，与汽油机的电磁喷油器相比，承受压力高了 300～500 倍，启闭速度则要快 10～20 倍。

喷油系统的控制方式归纳起来可分为脉动式电控喷油系统、脉动+时间控制式喷油系统和共轨式喷油系统三类。脉动式喷油系统如直列喷油泵、P 型泵及分配泵等，其原有的油量及供油规律由柱塞螺旋槽（分配泵为油量控制套筒）、机械调速器和油泵凸轮控制。喷油定时由机械式喷油提前器（分配泵为液压自动提前器）控制，它们的供油方式都是脉动的。将这类喷油系统电控化，脉动的供油方式没有改变。

脉动+时间控制式喷油系统主要指电控泵喷嘴系统和电控单体泵系统，此类系统仍保持传统的柱塞往复运动脉动供油方式，但由电磁溢流阀的开、闭时间和时刻来控制油量和定时。

共轨式喷油系统不采用柱塞泵脉动供油原理，而是由公共油道（共轨）或蓄压室向各喷油器提供所需的高压燃油，通过随工况而变化的实时控制，共轨上的高速电磁阀调节喷射压力和喷油规律。

（1）脉动式电控喷油系统

1）电控直列泵。电控直列泵是在原直列喷油泵基础上装有齿杆位移传感器和凸轮轴相对曲轴的转角位移传感器、线性电磁铁的执行器和电控单元控制系统，对喷油量进行调节。喷油量的计量按位置控制方式，根据加速踏板位置、转速等输入信息，以柱塞的供油始点和供油终点间的物理长度，即有效行程（位置）来确定。图 5-38 所示为德国博世公司的电控直列泵。

以上结构的电控直列泵还不能实现对喷油始点和喷油规律的电子控制。要实现该功能，可以采用可变预行程结构，其原理是将喷油定时杆的原固定柱塞套筒通过旋转电磁铁实现小范围内的上下移动，从而可以选择喷油时刻。图 5-39 所示为 Zexel 公司的可变预行程直列泵。

变预行程还能选择喷油泵凸轮工作段的形线位置，如图 5-40 所示。在 *A* 区，喷油提前但油泵供油率低（低压喷油），在 *B* 区，供油率上升。NO_x 和微粒的排放量可通过喷油时期和喷油压力来调整。当柴油机在低负荷时，可选择凸轮形线的低速段，使喷油提前，减少微粒排放，并利用这时的低供油率减小预混燃烧，从而也可降低 NO_x 的排放量。在高负荷时则选择高速段凸轮形线，既可减少 NO_x 排放量又可减少微粒排放量。此外，还可利用转速与负荷的关系选择同时降低 NO_x 和微粒排放量的凸轮形线工作段。

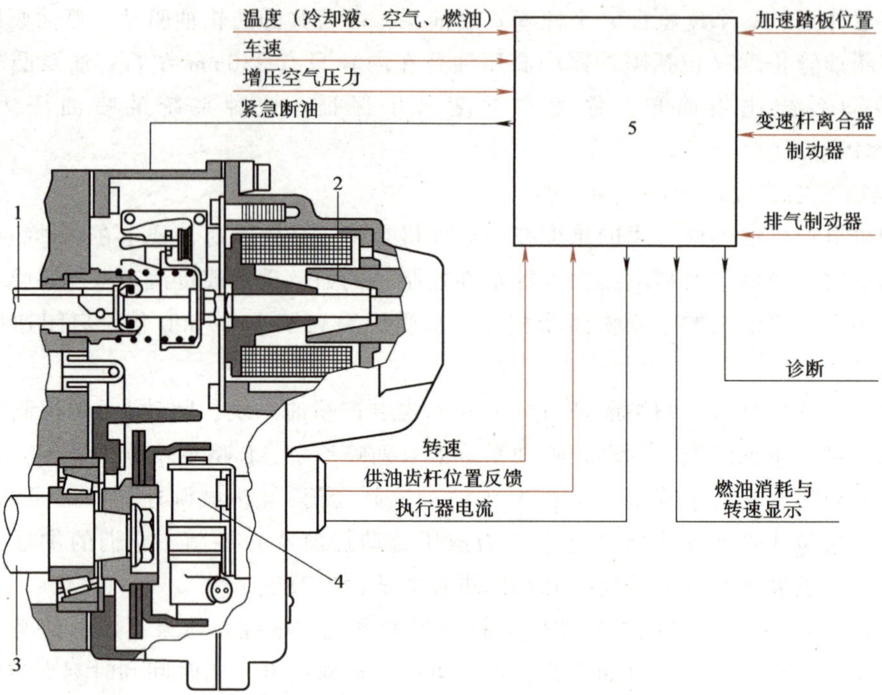

图 5-38　德国博世公司的电控直列泵

1—供油齿杆　2—比例电磁铁　3—油泵凸轮轴　4—转速传感器　5—电控单元（ECU）

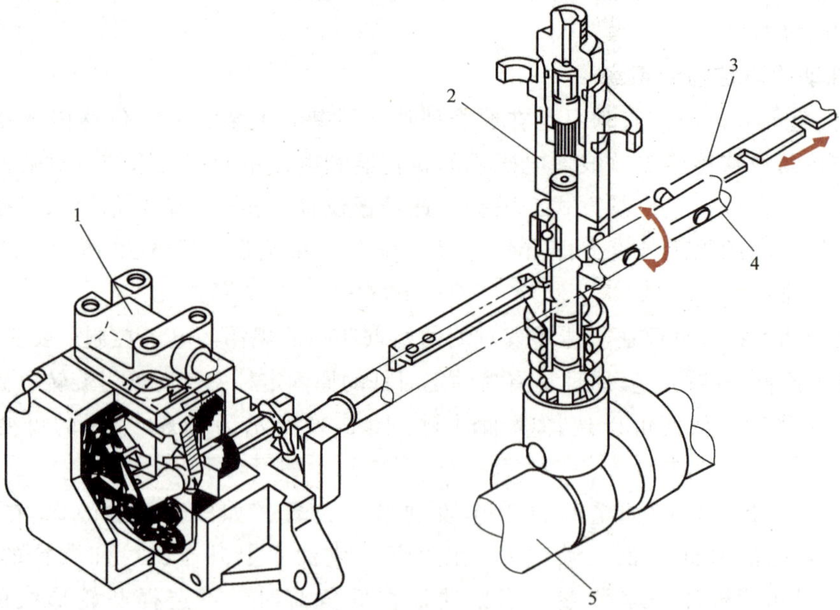

图 5-39　Zexel 公司的可变预行程直列泵

1—预行程执行器　2—柱塞副　3—供油齿杆　4—喷油定时杆　5—凸轮轴

上述电控喷油泵改动最小，也是最早的柴油机电控产品。其缺点是过程控制慢，控制精度低，喷射压力难以进一步提高，虽然可变预行程对喷油规律有一定的调节作用，但调

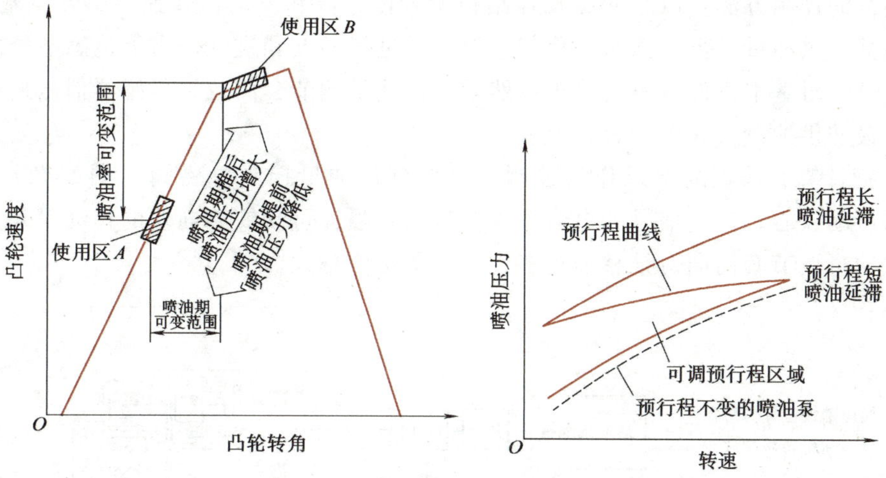

图 5-40　可变预行程直列泵控制特性

节柔性低，结构复杂，目前已应用很少。

2）电控分配泵。用电控装置取代机械调速器和提前器，对 VE 分配泵供油量调节套筒的位置以及液压提前器进行低频连续调节，以实现油量和定时的控制，图 5-41 所示为日本电装公司生产用 VE 分配泵的电控喷油系统。

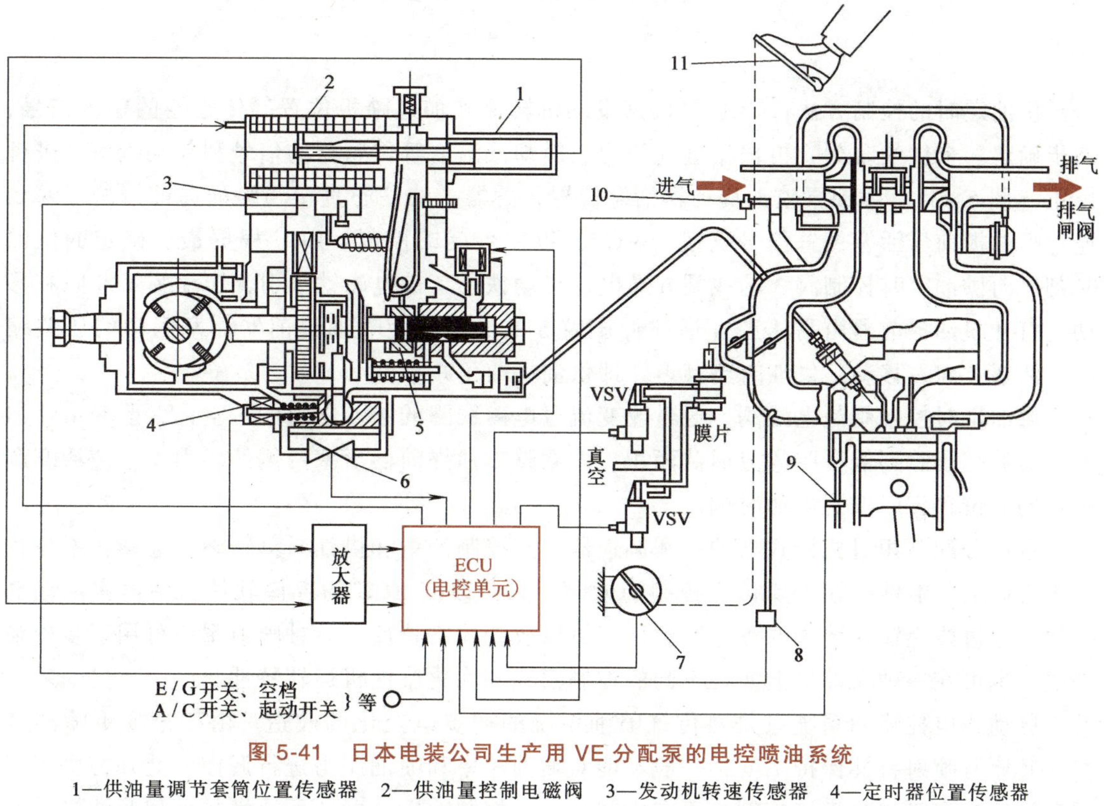

图 5-41　日本电装公司生产用 VE 分配泵的电控喷油系统

1—供油量调节套筒位置传感器　2—供油量控制电磁阀　3—发动机转速传感器　4—定时器位置传感器
5—供油量调节套筒　6—定时器控制阀　7—加速踏板位置传感器　8—进气压力传感器
9—冷却液温度传感器　10—进气温度传感器　11—加速踏板

供油量的控制方法：ECU 根据加速踏板位置传感器和发动机转速传感器的输入信号，首先算出基本供油量，再根据来自冷却液温度、进气温度和进气压力等传感器的信号以及起动机信号，对基本供油量进行修正；然后按供油量调节套筒位置传感器信号进行反馈修正，确定最佳供油量（调节套筒位置）。

ECU 把计算和修正的结果作为控制信号传到供油量控制电磁阀（图 5-42），产生磁力，吸引可动铁心。控制信号的电流越大，磁场越强，可动铁心向左的移动量越大，通过杠杆将供油量调节套筒向右推移的越多，供油量也就越大。

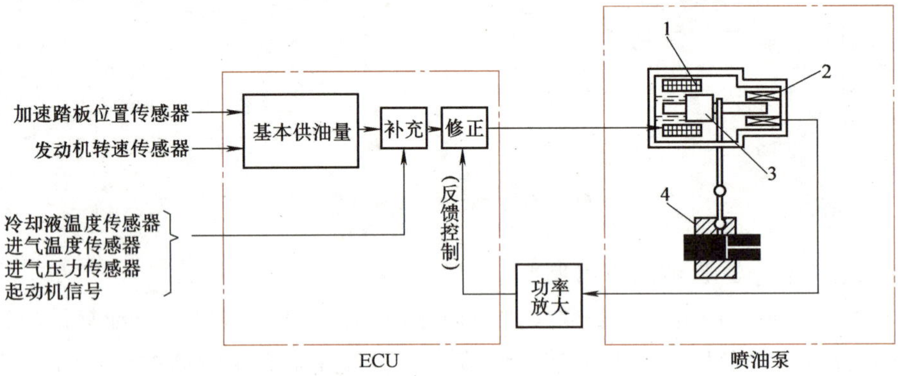

图 5-42　供油量的控制

1—供油量控制电磁阀　2—供油量调节套筒传感器

3—可动铁心　4—供油量调节套筒

供油定时的控制方法：ECU 先根据发动机转速和加速踏板位置等传感器的输入信号，初步确定一个供油时刻，再根据进气压力、冷却液温度等传感器的信号和起动机信号进行修正（图 5-43）。喷油泵喷油提前器活塞位置传感器 1 的铁心直接与喷油提前器的活塞相连。喷油提前器活塞位置信号反馈给 ECU，以实行反馈控制。ECU 根据最后确定的供油时刻，向供油定时控制阀 3 的线圈 6 通电，可动铁心 7 被电磁铁吸引，压缩弹簧 8 向右移动，打开喷油提前器由高压腔 4 通往低压腔 5 的油路，使喷油提前器活塞两侧的压差缩小，活塞 2 向右移动，供油时刻推迟，即供油提前角减小。

供油定时控制阀是电磁阀。通过改变流过电磁线圈的脉冲电流的占空比，改变由喷油提前器的高压腔到低压腔的流通截面积，以调整喷油提前器活塞两侧的压力差，使活塞产生不同的位移，以控制供油时刻。

电控分配泵相对机械式喷油泵和调速器，它控制油量和供油时刻精确、灵敏，不存在产生失调的可能性；在需要扩大控制功能时，只需改变 ECU 的存储软件，便可实现综合控制。通过改换输入装置的程序和数据，可以改变控制特性。一种喷射系统可用于多种柴油机，也可在一种柴油机上实现不同的控制模式，优化柴油机运转特性。

脉动式电控喷油系统只是对传统喷油系统的初步电控化的改造。由于未变更喷油装置，其原有喷射特性保持不变，一般不能对喷油速率和喷油压力进行调控。此外，由于不是对油量和定时进行直接控制，存在中间环节，控制响应速度还不能满足现代柴油机的要求，同时也做不到各缸的独立控制。

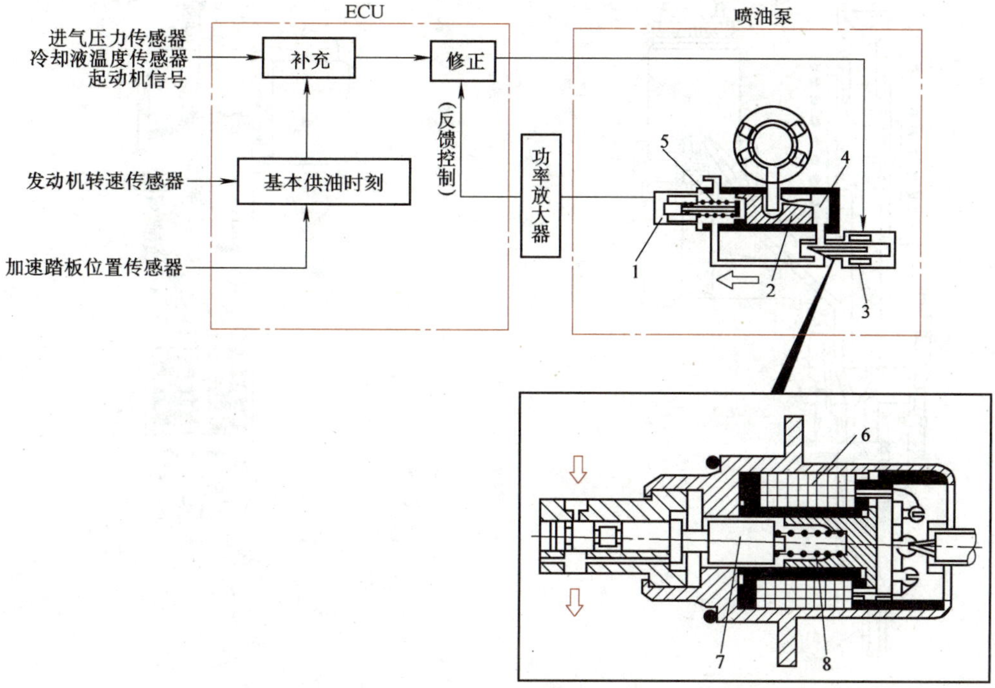

图 5-43　供油定时的控制

1—喷油提前器活塞位置传感器　2—喷油提前器活塞　3—供油定时控制阀　4—高压腔
5—低压腔　6—供油定时控制阀线圈　7—可动铁心　8—弹簧

(2) 脉动+时间控制式喷油系统　脉动+时间控制式喷油系统也称为时间控制式柱塞泵脉动喷油系统，此类系统仍保持传统的柱塞往复运动脉动供油方式，利用安装在高压油路中的高速、强力电磁溢流阀来直接控制喷油始点和喷油量，柱塞副只起加压、供油作用，没有油量调节功能。为此取消了专用于调节油量和定时的机构，如调速器、提前器、供油调节杆、柱塞斜槽乃至出油阀组件等。

如图 5-44 所示的电控泵喷嘴系统和图 5-45 所示的电控单体泵系统，是目前已使用的两种时间控制式柱塞泵脉冲燃油喷射系统。可以很容易辨认出由电磁阀所控制的高压油路，并且只存在不带斜槽的柱塞偶件，这种系统称为“时间-压力”计量方式，其中供油压力仍是由凸轮的运转规律决定的，因此喷油量的大小须先考虑供油压力变化规律，然后由电磁溢流阀开启脉冲大小来调节，喷油定时由电磁溢流阀开启时刻决定。

(3) 共轨喷油系统　共轨系统不再应用柱塞脉动供油原理，而是先将柴油以高压（喷油压）状态蓄集在被称为共轨（Common rail）的容器中，然后利用电磁三通阀将共轨中的压力油引到喷油器中完成喷射任务。利用安装在高压油路中的高速、强力电磁溢流阀来直接控制喷油始点和喷油量，与汽油机的电控喷油系统原理不同的是可通过实时变更电磁阀升程或改变高压油路中的油压来实现喷油率和喷油压力的控制。它还具有能分缸调控和响应快等优点。

共轨中若为与喷油压力相同的柴油，则此油直接进入喷油器（针阀腔）开启针阀进行喷射，这就是高压共轨系统。

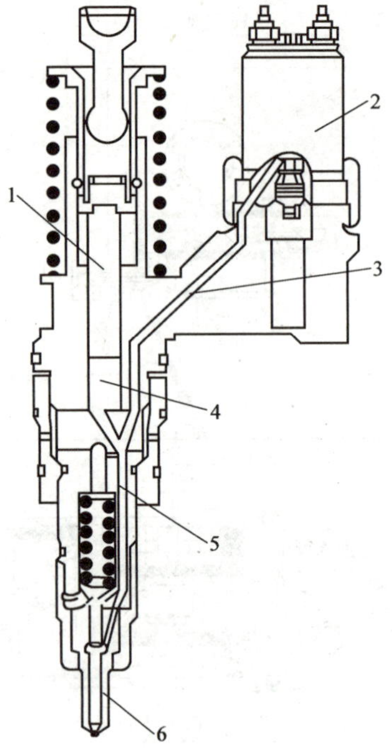

图 5-44　电控泵喷嘴系统

1—油泵柱塞　2—电磁溢流阀　3—旁通油路
4—柱塞腔　5—高压油路　6—喷油器

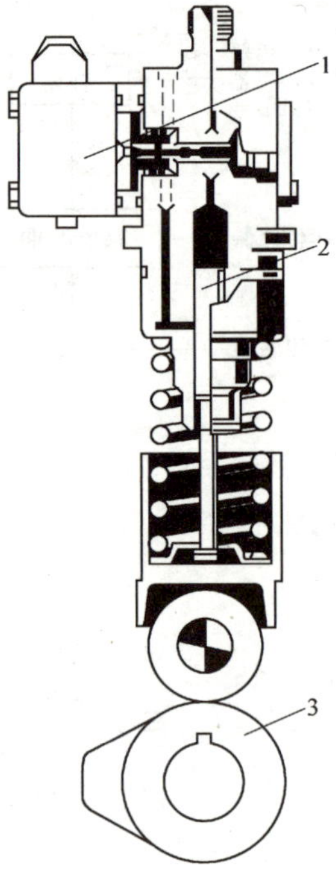

图 5-45　电控单体泵系统

1—电磁溢流阀　2—柱塞　3—发动机凸轮轴

图 5-46 所示为博世公司的共轨燃油喷射系统，高压油泵 2 只起向共轨 6 供油的作用，

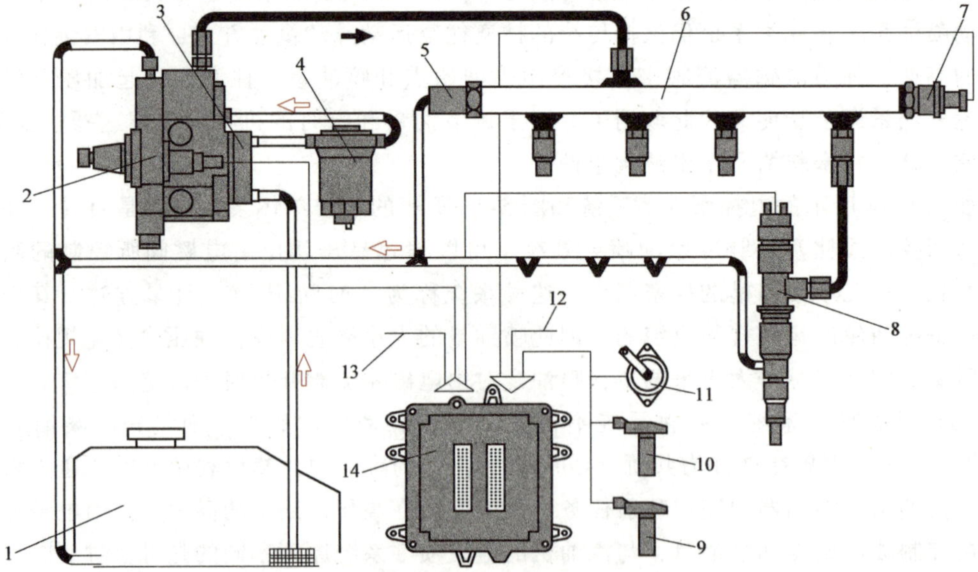

图 5-46　博世公司的共轨燃油喷射系统

1—燃油箱　2—高压油泵　3—齿轮泵　4—燃油滤清器　5—调压器　6—共轨
7—油轨压力传感器　8—喷油器　9—曲轴位置传感器　10—转速传感器　11—加速踏板
位置传感器　12—其他传感器　13—其他执行器　14—电控单元（ECU）

其工作频率与柴油机转速没有固定的约束关系，可任意选择，只须保持共轨腔的油压即可。将燃油箱 1 来的低压油泵入，经调压器 5 控制阀调节到喷油所需的高压。

喷油量控制方法是在发动机运行条件（由各种传感器检测）的基础上计算最佳喷油量，靠控制喷油器电磁三通阀的脉冲宽度来实现，而喷油定时靠控制电磁三通阀的开闭时刻来实现。

图 5-47 所示为喷油器工作原理示意图，共轨的高压燃油一路直通喷油器的针阀腔 6，另一路由电磁三通阀 1 控制。当 ECU 命令此阀切断泄油道而让高压油向下直通液压活塞 5 的顶部时，喷油器针阀及活塞组件处于上、下液压平衡状态，针阀在弹簧压力下处于关闭状态。在 ECU 命令电磁三通阀封闭到活塞顶的高压油路，并打开泄油道 2 使其与活塞顶相通后，活塞上腔迅速泄压，针阀 7 在针阀腔的高压作用下顶开弹簧开启喷油。

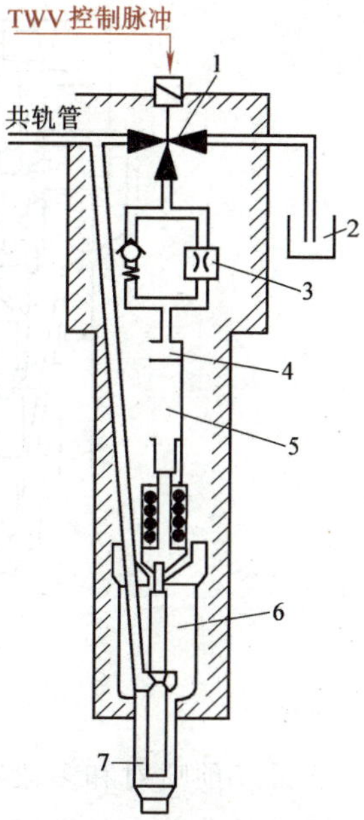

图 5-47 喷油器工作原理示意图

1—电磁三通阀（TWV） 2—泄油道 3—节流孔 4—控制室 5—液压活塞 6—针阀腔 7—针阀

喷油率控制对于优化柴油机性能非常重要，尤其是在降低噪声和排放方面。按照“先缓后急”的思想，共轨燃油喷射系统靠控制室压力的变化和脉冲来实现柴油机运转需要的各种喷油率，如三角形、靴形和预喷射，如图 5-48 所示。

三角形喷油率，也称为 delta 形，当控制脉冲从控制器传到电磁三通阀时，喷油器液压活塞上方的控制室内的高压燃油流回燃油箱。此刻，电磁三通阀后的压力很快降低；但控制压力（在节流孔下游）只是根据孔径大小而逐渐降低，由于节流孔的影响，与液压活塞相连的喷油器针阀逐渐抬起到最大升程，开始高压喷射。当电磁三通阀控制断电时，共轨管压力供到控制室液压活塞背后（在压力上升时节流孔不起作用），喷油器迅速关闭，快速停止喷油，从而得到三角形的喷油率。

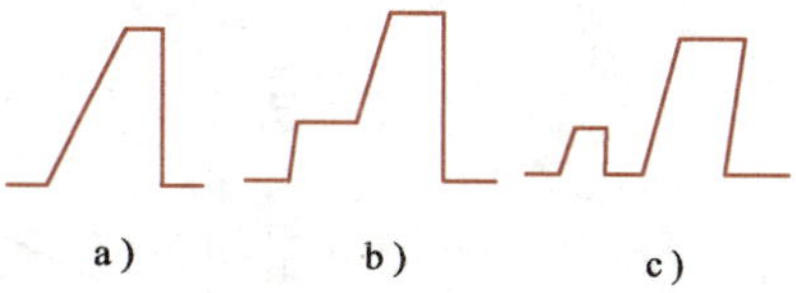

图 5-48 各种喷油率

a）三角形 b）靴形 c）预喷射

靴形喷油率，也称为 boot 形、台阶形，实现靴形喷油率需要针阀有一个小的预行程停留才能获得。为此将喷油器总成电磁三通阀与液压活塞之间的节流孔处改为一个靴形阀，如图 5-49 所示。靴形阀和液压活塞间的间隙作为可调的预行程。当电磁三通阀通电时，靴形阀中的高压燃油被释放到泄油道，喷嘴打开到相当于预行程的高度，针阀在该处停留一直维持到靴形阀末端残余压力通过靴形阀节流孔下降一定程度后，针阀才继续升高到最大升程，达到最大喷油速率。依靠预行程量和靴形阀节流孔直径的合理组合，可以得到各种形式的靴形喷油率。

预喷射型喷油率，也称为先导（pilot）喷射，在主喷射之前，给电磁三通阀一个小宽度脉冲，就可以得到预喷射，每次喷油实际上针阀动作两次。

多段喷射喷油率是根据工况按照燃烧优化目标将循环供油量分成多次喷射，并可调整

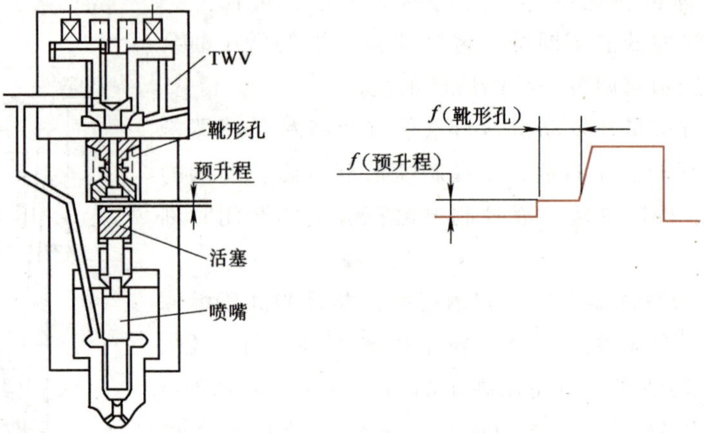

图 5-49　靴形喷油率的实现

不同比例。

下面以预喷射和多段喷射为例说明喷油率的灵活控制对燃烧过程的影响。

预喷射在着火延迟期内只需较少的可燃混合气量。这部分混合气形成较弱的初期燃烧放热，并使随后的主喷射燃油的着火延迟期缩短，避免了速燃期急剧的压力和温度升高。图 5-50 所示为预喷射对燃烧特性的影响。

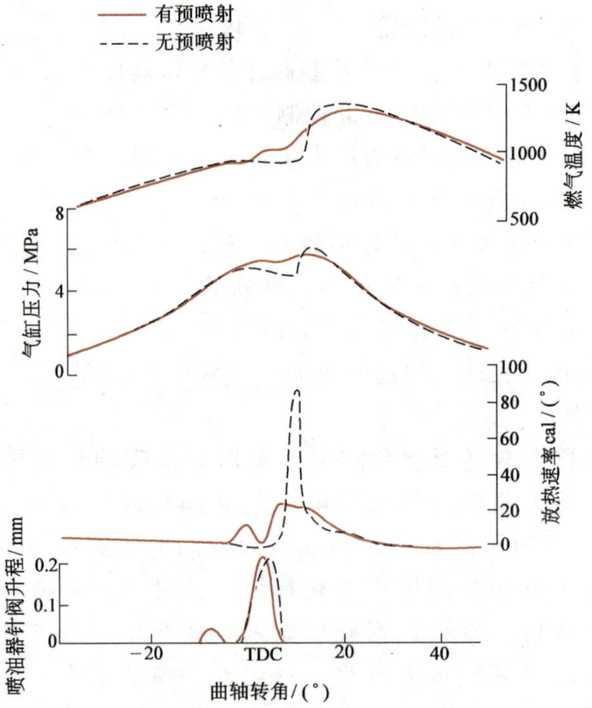

图 5-50　预喷射对燃烧特性的影响

多段喷射与普通喷射相比，后期喷射的燃油实际上对正在进行的燃烧起到一种扰动作用，促进燃烧后期的混合气形成及燃烧加速，因而燃烧压力提高，燃烧持续期缩短，使碳烟排放降低。另外，采用多段喷射可以改善冷起动特性。根据有关研究结果，采用多段喷射后，30℃时的冷起动时间缩短了 20%，这就意味着白烟和 HC 等排放量会明显减少。图 5-51a 所示为多段喷射的示意图。图 5-51b 所示为多段喷射（脉宽比例 7∶3）对燃烧特性的影响。

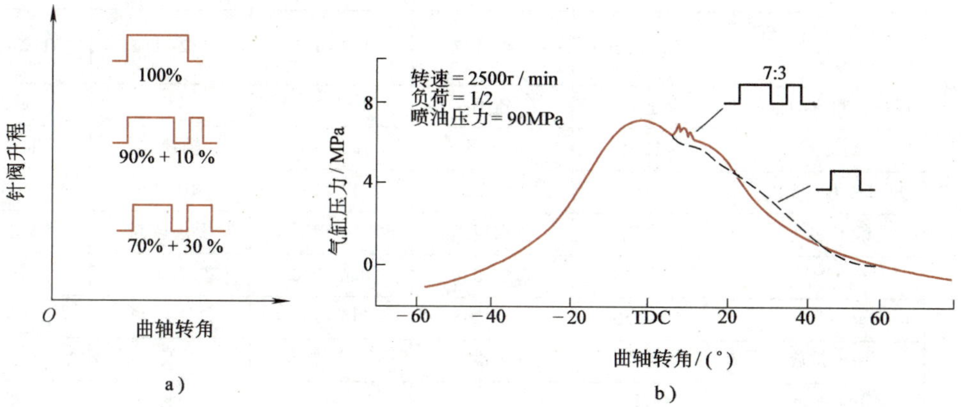

图 5-51 多段喷射

a）多段喷射的示意图 b）多段喷射（脉宽比例 7∶3）对燃烧特性的影响

综上所述，共轨喷油系统具有以下显著优点：

1）喷油压力与发动机转速无确定关系，只取决于共轨腔中按要求调整的压力，因而彻底解决了传统喷油泵高、低速时喷油压力差别过大，性能难于兼顾的固有矛盾。

2）从根本上解决了传统喷油泵脉动供油时输出的峰值转矩过大，凸轮轴瞬间转速变化太快，不能稳定控制小喷油量的矛盾，使预喷射成为可能。

3）由于共轨腔压力可任意调节，再加上可灵活控制电磁阀升程，于是能实现喷油压力和喷油率的柔性控制。

三、燃烧室的对比及选型

柴油机各种类型的燃烧室有着各自的特点和适用场合。对于燃烧室的选用，主要应结合各类燃烧室的特点并考虑柴油机的缸径大小、转速范围、具体使用要求和特点以及制造维修水平等进行。表 5-1 列出了常用燃烧室的结构和性能对比，表中数据一般是指小功率的非增压柴油机。对于同一类型的燃烧室，增压柴油机与非增压柴油机相比，一般过量空气系数较大，压缩比较低，最高爆发压力较大而燃烧噪声较小，有效燃油消耗率也会有不同程度的降低。

表 5-1 常用燃烧室的结构和性能对比

对比项目		直喷式燃烧室			分隔式燃烧室	
		浅盆形(开式)	ω 形	球形	涡流室	预燃室
燃烧系统特点	混合气形成方式	空间雾化	空间雾化	油膜蒸发	两段混合	两段混合
	压缩比	12~15	16~18	17~19	18~22	18~22

（续）

对比项目		直喷式燃烧室			分隔式燃烧室	
		浅盆形（开式）	ω 形	球形	涡流室	预燃室
燃烧系统特点	空气运动	无涡流或弱进气涡流	较强进气涡流和挤流	强进气涡流	压缩涡流和燃烧涡流	压缩涡流和燃烧涡（湍）流
	全负荷过量空气系数	1.6～2.2	1.4～1.7	1.3～1.5	1.2～1.6	1.2～1.6
	热损失和流动损失	小	较小	较小	大	最大
	喷油器	6～12 孔	4～6 孔	1～2 孔	轴针式	轴针式
	开启压力/（MPa）	20～40	18～25	17～19	10～12	8～13
	燃油雾化	要求高	要求较高	一般	要求较高	要求低
性能特点	P_{me}/MPa	0.6～0.8	0.6～0.8	0.6～0.8	0.7～0.9	0.6～0.8
	b_e/[g/(kW·h)]	190～210	218～245	218～245	231～272	245～292
	NO_x 排放	高	较高	中等	低	低
	PM 排放	较低	高	低	低	低
	HC 排放	较低	高	高	低	低
	噪声	最高	较高	较低	低	低
	起动性	容易	较容易	难	难	最难
	适应转速/（r/min）	≤1500	≤4000	≤2500	≤5000	≤3500
	适应缸径/（mm）	≥200	≤150	90～130	≤100	≤100

柴油机经过发展形成了直喷式和非直喷式两种燃烧方式。过去，重型车用柴油机和其他大型柴油机大多采用直喷燃烧方式。因为这种燃烧方式的流动损失和散热损失比非直喷式小，燃油消耗率比后者低 10%～15%，而且在负荷和转速较低时相差较大。但直喷式柴油机对高转速适应性较差，对燃油喷射系统要求较高，对燃油要求较严，因此，对于要求转速高的轿车和轻型车柴油机、要求使用方便的小型农用柴油机，曾大量采用非直喷燃烧方式。

近年来，由于柴油机直喷技术的进步，特别是多气门技术和高效增压系统的应用，喷油系统的电控化、高压化和高速化，使直喷柴油机的高速适应性大为改善。现代直喷式柴油机已经可以以 4000～5000r/min 的高转速运行，噪声、振动大幅度降低，完全满足轻型车、轿车的需要。加上进一步降低燃油消耗和 CO_2 温室气体排放的压力，自从 20 世纪 90 年代最后推出少数几款最新非直喷式轻型车、轿车柴油机样品后，再也没有非直喷式新样机问世。一般认为，要实现每 100km 耗油 3L 的轿车油耗目标，除了对整车进行细致的改进外，非用直喷式柴油机不可。

四、利用 CFD㊀技术对柴油机燃烧系统进行模拟计算与优化

燃油在燃烧室里与空气进行混合并燃烧，主要作用如下：

㊀ CFD，Computational Fluid Dynamics，计算流体动力学。

1）导流空气并加速进气涡流的旋转，在上止点附近形成挤流和逆挤流，促进混合气的形成。

2）引导喷注前锋，如球型燃烧系统沿壁面涂布油膜或如 TR 燃烧系统[㊀]使燃油尽可能远离壁面向燃烧室中心分布。

3）通过边、角等部位组织微涡流，促使燃油与空气以分子尺度均匀迅速混合，进一步完善燃烧。

燃烧室的几何形状与尺寸以及它与喷油系统、进气系统三者之间的匹配是改善油气混合和燃烧的关键所在。

由于缸内温度及混合物成分都随空间及时间发生变化，传统的柴油机性能预测手段不论是在燃烧室几何形状和喷射系统参数的关系上，还是在柴油机的性能和排放特性方面都只能提供有限的信息。

采用 CFD 程序——STAR-CD 对不同形状的燃烧室进行三维数值模拟，重点研究混合气的形成状况和燃烧质量，分析不同燃烧室的工作过程特点，探索其形状和结构参数对混合气影响的规律，为进一步的优化设计提供依据。利用 CFD 进行燃烧系统和燃油喷雾匹配，降低开发成本，缩短开发周期。

1. 进气道与进气流动

进气道设计思想的变化：由于喷孔直径减小，喷油压力提高，混合气形成条件改善，因此，涡流比有减小的趋势，如图 5-52 所示的气门周围流场。

2. 喷油

图 5-53 所示为喷雾各参数的几何意义。图中 α 为喷雾锥角，即在特定时刻指定位置处，沿喷雾油沫轴线方向，喷雾图像最大轮廓处切点与喷油器顶点连线之间的夹角。

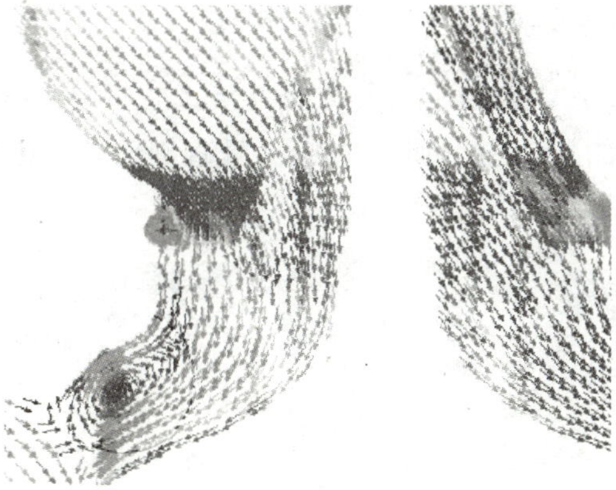

图 5-52　气门开度最大时的气门周围流场

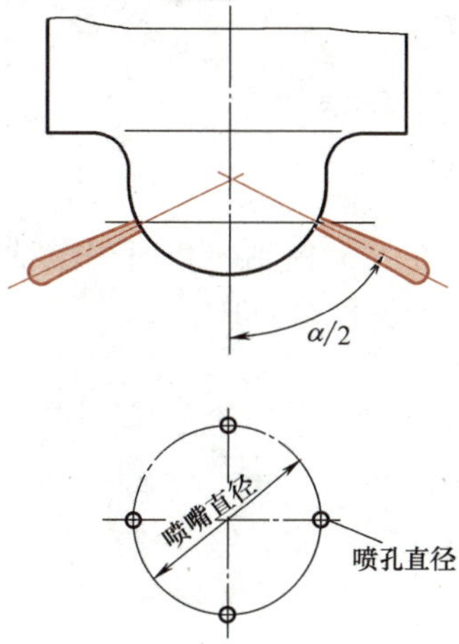

图 5-53　喷油器喷射方向定义

3. 燃烧室模型及计算网格划分

柴油机燃烧室模型及计算网格划分如图 5-54 所示。

㊀ TR，Three-Rapidlity，TR 燃烧系统具有快速燃油喷射、快速混合气形成和快速燃烧的特征。

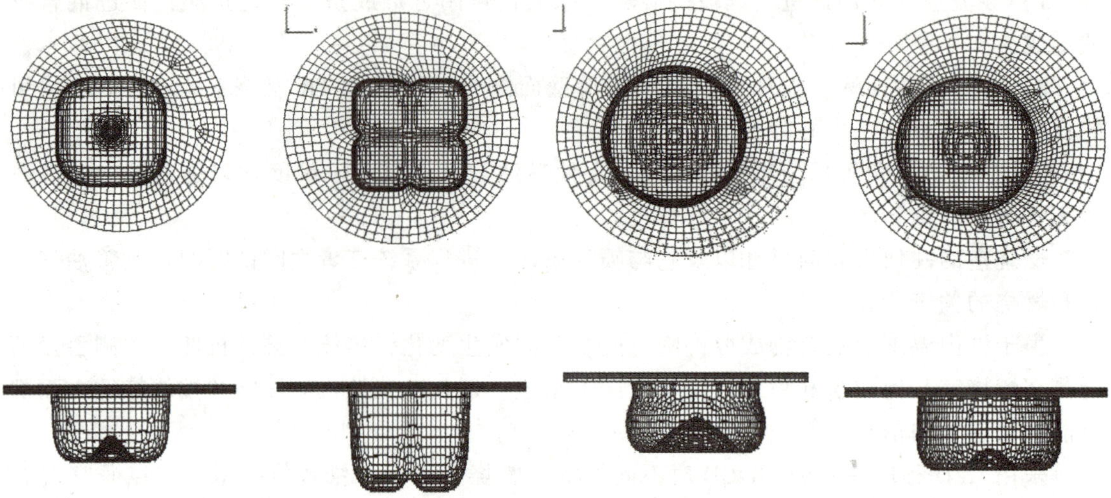

a)　　b)　　c)　　d)

图 5-54　柴油机燃烧室模型及计算网格划分

a）四角凹坑燃烧室　b）花瓣形燃烧室　c）缩口燃烧室　d）底部突起较小的燃烧室

4. 计算与分析

某车用柴油机 ω 型燃烧室预设了三种方案进行计算分析比较，如图 5-55 所示。

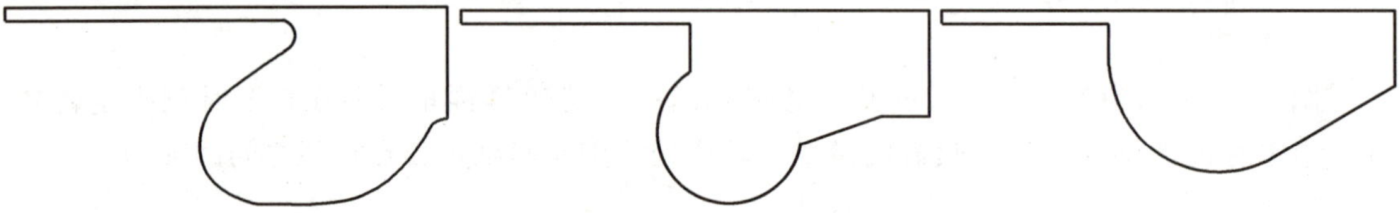

a)　　b)　　c)

图 5-55　柴油机 ω 型燃烧室的三种方案

a）方案一　b）方案二　c）方案三

在-15°曲轴转角时刻燃油开始射入缸内，图 5-56 显示此时过喷孔垂直剖面处三种燃烧室的速度场对比。

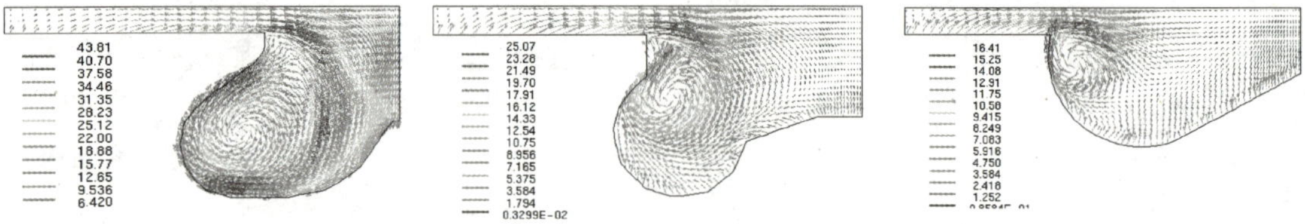

a)　　b)　　c)

图 5-56　三种方案燃烧室的速度场对比（-15°曲轴转角）

a）方案一速度场　b）方案二速度场　c）方案三速度场

在压缩过程的后期，气缸内的空气被挤入活塞顶内的燃烧室，在燃烧室的纵向平面内形成挤流。从图 5-56 中可以看出，由于方案一的燃烧室具有较大的收口，中心凸台起着良好的导流作用，活塞表面上方的空气被压入燃烧室后沿凹坑壁面向喉口处发展，在凹坑内形成一个较大尺度的逆时针旋涡，并且气流运动剧烈，最高速度达 43.81m/s，有利于混合气的形成，使燃烧更为完善；方案二的燃烧室为直口凸台呈哑铃状，挤气面积较小，且凸台导向作用没有 a 的明显，在靠近壁面形成一个中等尺度的逆时针旋涡，大约占燃烧室空间的一半左右，中心部分的气流运动较弱；方案三的燃烧室敞口较大，挤流效果最弱，仅在喉口部分形成一个较小尺度的旋涡，大部分气流速度不足 2m/s，因而这种类型的燃烧室通常需要加强进气涡流，采用小孔高压喷射来提高雾化质量。

图 5-57 所示为-5°曲轴转角时刻三种方案燃烧室内浓度场和温度场的分布对比。

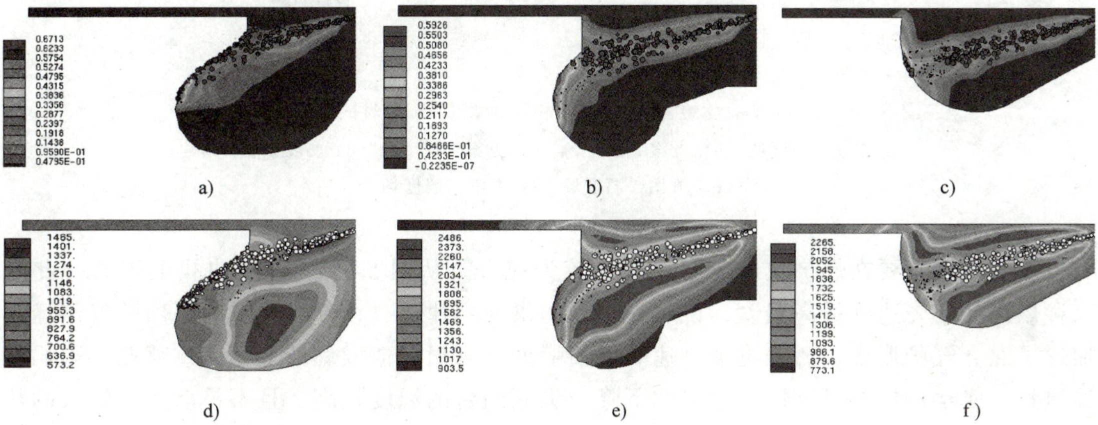

图 5-57　三种方案燃烧室内浓度场和温度场的分布对比（-5°曲轴转角）

a）方案一浓度场　b）方案二浓度场　c）方案三浓度场　d）方案一温度场
e）方案二温度场　f）方案三温度场

从图 5-57 可以看出，喷注与燃烧室壁面发生撞击，形成油膜和浓混合气，虽然在垂直于壁面的方向上有很大的浓度梯度，但是扩散率很低，无法掺混大量的空气，不利于蒸发，且受较低壁面温度的影响，燃烧质量较差，容易生成大量碳烟和未燃 HC。方案一的燃烧室中喷注撞击壁面的入射角度很小，雾束基本沿燃烧室壁面向下平行发展，大量燃油以粒子形式存在，在挤流的强烈作用下，较早形成的稀薄混合气被吹拂到雾束的下方，在燃烧室底部形成着火点。方案二的燃烧室中喷注撞击在直口和圆弧的交界处，造成二次雾化掺混大量空气，可以加速燃油蒸发，可以看到撞击点下方有许多细小的燃油颗粒。在挤流的作用下，雾束的下方形成的混合气较多，首先形成着火点，此处温度高达 2486K，分布的范围也较大；雾束上方形成的混合气稍微少些，温度也相对较低，形成第二着火点，分布范围较小。方案三的燃烧室喷孔到壁面的距离略大于贯穿度，在喷注前锋处较大的燃油粒子破碎成细小颗粒，在撞击点处较细的燃油粒子又发生堆积，因而壁面附着较多的燃油。由于方案三的燃烧室挤流作用不明显，燃油雾化蒸发基本呈对称分布，因此温度场分布比较均匀。

燃烧过程继续向前发展，到上止点后 5°曲轴转角，供油基本结束，浓度场和温度场的分布对比如图 5-58 所示。

方案一的燃烧室中燃油主要分布在燃烧室的侧壁，此时整个燃烧室基本都是高温区

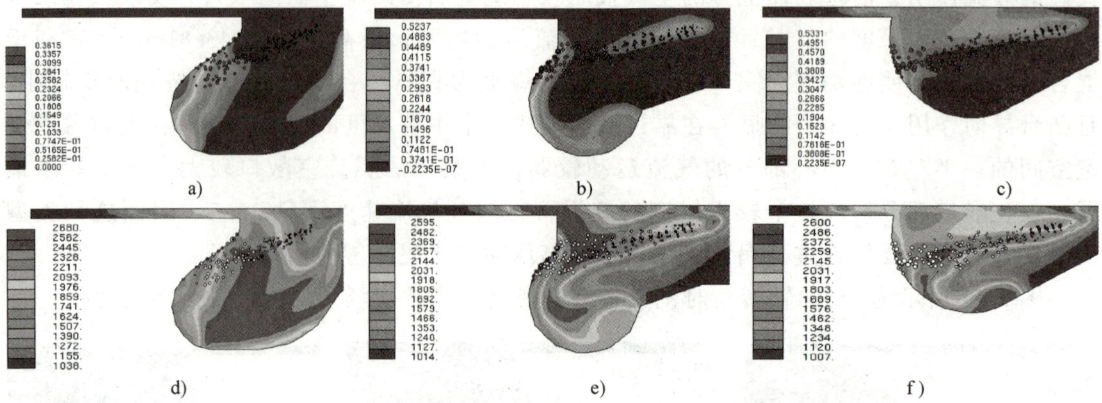

图 5-58　三种方案燃烧室内浓度场和温度场的分布对比（5°曲轴转角）

a）方案一浓度场　b）方案二浓度场　c）方案三浓度场　d）方案一温度场

e）方案二温度场　f）方案三温度场

域，表明燃烧主要在燃烧室内进行，燃烧较为充分。从图 5-58 的温度曲线上来看，此时该种燃烧室率先达到最高温度，说明在相同的供油规律下，该种燃烧室内剧烈的气流运动加速了混合气的形成，燃烧更加迅速。但喷嘴处的高温会造成燃油炭化堵塞喷孔，影响供油质量，使柴油机的可靠性和稳定性下降。尖底凸台的温度较高，且不易散热，较大的热应力会使活塞烧蚀，应设法避免。方案二的燃烧室燃油分布在侧壁和凹坑内，中心空气利用不足，高温区域分布范围比方案一的燃烧室小，缸内温度也比方案一的低些。方案三的燃烧室中燃油主要分布在燃烧室上半部与气缸盖之间，燃油进入顶隙十分明显，这个区域空气流动变慢，加上壁面处火焰猝熄，因此不完全燃烧产物氧化受阻，这是导致碳烟和未燃 HC 发生的原因。

当燃烧进入后期，到上止点后 15°曲轴转角时，如图 5-59 所示，逆挤流和燃烧涡流进一步加强空气的运动，保证燃烧室内混合气的生成速率，加强扩散燃烧，高温高压气体携带未燃燃油和燃烧中间产物冲出燃烧室，到上部及周边寻找新鲜空气，保证燃油的完全及时燃烧。从图 5-59 中可以看出，方案一的燃烧室对挤流有很好的保持作用，并维持一定的强度，使已燃气体和未燃混合气之间的扩散和渗透作用都得到强化。燃油主要集中分布在侧壁处，在箭头所示的逆挤流作用下不断蒸发，投入到后期燃烧，许多未完全燃烧的中间产物随之进行二次氧化，减少了有害污染物的排放。方案二的燃烧室在凹坑内分布一个较大尺度的旋涡，紊流强度较方案一的小些，燃油主要分布在凹坑底部，在涡流的作用下先向凹坑中部集中，然后在逆挤流的作用下向气缸盖方向运动，进行氧化燃烧。方案三的燃烧室主要以燃烧涡流为主，燃油主要集中分布在燃烧室的上方，此处空间较小，气流运动缓慢，且温度较低，燃烧得不到充分进行，造成排放指标恶化。方案一、二两种方案的燃烧室在保持涡流的同时，也意味着废气不易排出干净，残余废气系数较大。

因此，利用 CFD 可以分析气缸内复杂的流动与燃烧过程以及设计参数对发动机性能的影响。使柴油机设计周期缩短，能够精确控制气缸内的气体流动、混合气生成过程以及燃烧过程，使发动机在保证动力性与经济性的同时，满足日益严格的排放法规。

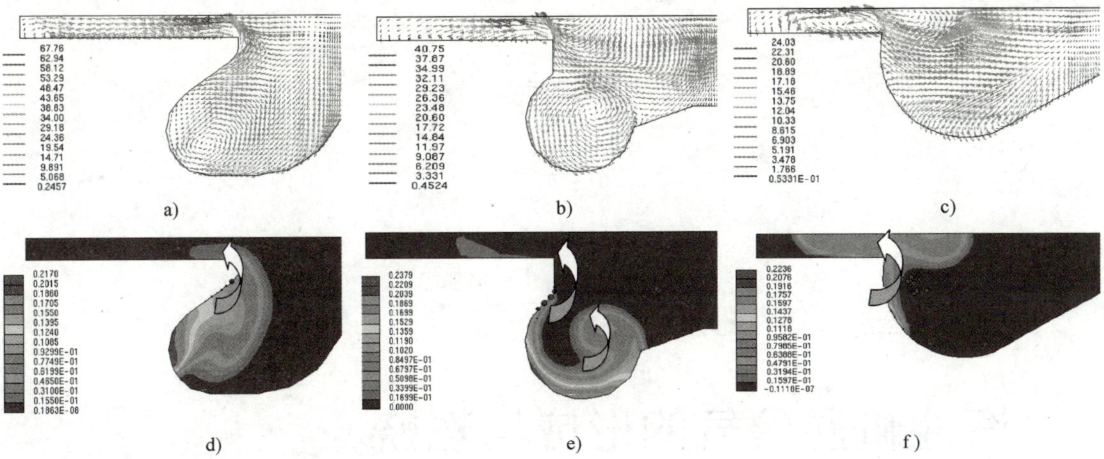

图 5-59　三种方案燃烧室内速度场和浓度场的分布对比（15°曲轴转角）

a）方案一速度场　b）方案二速度场　c）方案三速度场　d）方案一浓度场

e）方案二浓度场　f）方案三浓度场

复习思考题

1. 以柱塞式喷油泵为例简述柴油机燃料喷射过程。
2. 简述几何供油规律和喷油规律的关系，并解释两者之间的区别与联系。
3. 什么是供油提前角和喷油提前角？解释两者的关系以及它们对柴油机性能的影响。
4. 什么是喷油器流通特性？说明喷油器流通截面对喷油过程和柴油机性能的影响。
5. 柴油机有哪些异常喷射现象和它们可能出现的工况？简述二次喷射产生的原因的危害及消除方法。
6. 喷雾特性与雾化质量的指标和参数有哪些？
7. 试述柴油机燃烧过程，说明压力升高率的大小对柴油机性能的影响。
8. 燃烧放热规律三要素是什么？什么是柴油机合理的燃烧放热规律？
9. 简述柴油机的混合气形成特点和方式。
10. 简述直喷式燃烧室柴油机的性能特点，并与分隔式燃烧室柴油机做对比。
11. 柴油机燃烧过程优化的基本原则是什么？
12. 什么是柴油机合理的喷油规律？

第六章 / Chapter 6

汽油机混合气的形成与燃烧

发动机的燃烧过程是将燃料的化学能转变为热能的过程。进入气缸的燃料燃烧的程度，直接影响热量产生的多少和排出废气的成分，而燃烧时间或燃烧相当于曲轴转角的位置，又关系到热量的利用和气缸压力的变化，因而燃烧过程是影响发动机经济性、动力性和排气污染的主要过程，对噪声、振动、起动性能和使用寿命也有很大影响。

汽油机混合气的形成方式主要有化油器式和汽油喷射式两大类型。近年来，由于排放法规和油耗要求的提高，传统的化油器式混合气形成方式已难以满足性能提高的要求。汽油喷射的燃烧系统在汽车上的应用有 30 多年的历史，以前由于成本高，未得到推广。近年来，由于电子技术的发展，其成本已大为降低，加上汽油喷射的燃烧系统便于电子控制，性能优越，在汽油机混合气的形成方式上汽油喷射已经取代了化油器。汽油喷射有进气管喷射（包括气门口的多点喷射和进气总管中的单点喷射）和缸内直接喷射之分。缸内直喷系统兼有汽油机均质混合气和柴油机非均质混合气形成的双重特点，详细内容将在后续章节中介绍。目前的汽油喷射大都是电子控制，机械喷射用得很少。

第一节　汽油机的燃烧过程

一、正常燃烧过程

汽油机正常燃烧过程是由定时的火花点火开始，且火焰前锋以一定的正常速度传遍整个燃烧室的过程。

1. 正常燃烧过程进行情况

研究燃烧过程的方法有很多，但简单易行且经常使用的方法是测取示功图，它反映了燃烧过程的综合效应。汽油机的燃烧过程如图 6-1 所示。为了分析方便，按其压力变化特点，将燃烧过程分成着火落后期、明显燃烧期和后燃期三个阶段。

（1）着火落后期（图 6-1 中Ⅰ阶段）　着火落后期是指从火花塞点火到火焰核心形成的阶段，如图 6-1 所示，即从火花塞点火（点 1）至气缸压力线明显脱离压缩线而急剧上升时（点 2）的时间或曲轴转角，这段时间占整个燃烧时间的 15%左右。

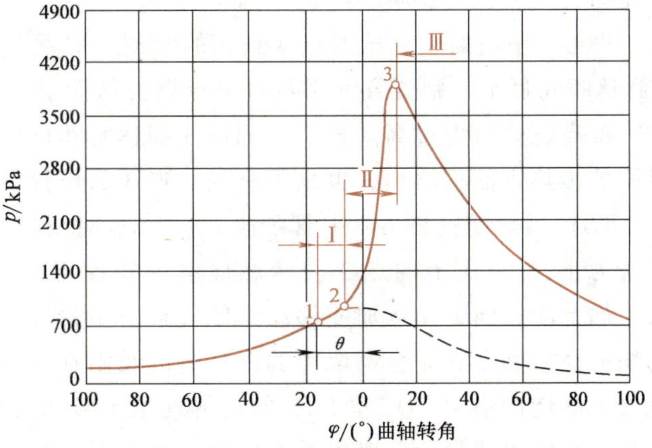

图 6-1　汽油机的燃烧过程

Ⅰ—着火落后期　Ⅱ—明显燃烧期　Ⅲ—后燃期

1—开始点火　2—形成火焰中心　3—最高压力点

火花塞放电时两极电压可达 10~35kV，击穿电极间隙的混合气，造成电极间电流通过。电火花能量点燃电极附近的混合气，形成火焰中心。在着火落后期，气缸压力线较压缩压力线无明显变化。

在最佳点火条件下，一般点火能量只需0.2mJ。对较浓和较稀的混合气，点火能量只需3mJ。为了保证发动机在各种工况下都能点火成功，实际点火能量一般为30~50mJ，高能点火系统则可达100mJ。

着火落后期的长短与混合气成分（$\phi_a=0.8\sim0.9$ 时最短）、开始点火时缸内气体的温度和压力、缸内气体流动、火花能量及残余废气量等因素有关。它对每一循环都可能有变动，有时最大值可达最小值的数倍。显然，为了提高效率，希望尽量缩短着火落后期。为了发动机运转稳定，希望着火落后期保持稳定。

（2）明显燃烧期（图6-1中Ⅱ阶段） 明显燃烧期是指火焰由火焰中心烧遍整个燃烧室的阶段，因此也可称为火焰传播阶段。在示功图上指气缸压力线脱离压缩线开始急剧上升（图6-1中2点，图中虚线是压缩线）到压力达到最高点（图6-1中3点）为止。明显燃烧期是汽油机燃烧的主要时期。

在均质混合气中，当火焰中心形成之后，火焰向四周传播，形成一个近似球面的火焰层，即火焰前锋，从火焰中心开始层层向四周未燃混合气传播，直到连续不断的火焰前锋扫过整个燃烧室。

因为绝大部分燃料在这一阶段燃烧，此时活塞又靠近上止点，在这一阶段内，压力升高很快，压力升高率 $dp/d\varphi=0.2\sim0.4\text{MPa}/(°)$。一般用压力升高率代表发动机工作粗暴度和等容度。类似于柴油机，明显燃烧期平均压力上升速度$\frac{\Delta p}{\Delta\varphi}$[MPa/(°)]可用下式表示

$$\frac{\Delta p}{\Delta\varphi}=\frac{p_3-p_2}{\varphi_3-\varphi_2}$$

式中，p_2、p_3 分别是第二阶段起点和终点的压力（MPa）；φ_2、φ_3 分别是第二阶段起点和终点相对于上止点的曲轴转角（°）。压力升高率越高，则燃烧的等容度越高，这对动力性和经济性是有利的，但同时会使燃烧噪声和振动增加。火焰传播速率与压力升高率密切相关，火焰传播速率高的可燃混合气会促使 $dp/d\varphi$ 增加，同样火花塞位置、燃烧室形式对压力升高率也有影响。

图6-1中最高燃烧压力点3到达的时刻，对发动机的功率、经济性有重大影响。如点3到达时间过早，则混合气必然过早点燃，从而引起压缩过程负功的增加，压力升高率增加，最高燃烧压力过高。相反，如点3到达时间过迟，则膨胀比将减小，同时，燃烧高温时期的传热表面积增加，也是不利的。点3的位置可以用调整点火提前角 θ_{ig} 来调整。

（3）后燃期（图6-1中Ⅲ阶段） 后燃期相当于明显燃烧期终点3至燃料基本完全燃烧为止，p-φ 图上的点3表示燃烧室主要容积已被火焰充满，混合气燃烧速度开始降低，加上活塞向下止点加速移动，使气缸中压力从点3开始下降，在后燃期中主要是湍流火焰前锋后面没有完全燃烧掉的燃料，以及附在气缸壁面上的混合气层继续燃烧。此外，汽油机燃烧产物中 CO_2 和 H_2O 的离解现象比柴油机严重，在膨胀过程中温度下降后又部分复合而放出热量，一般也看作后燃。为了保证高的循环热效率和循环功，应使后燃期尽可能短。

为了保证汽油机工作柔和、动力性能良好，一般应使点2在上止点前12°~15°，最高燃烧压力点3在上止点后12°~15°到达，$(dp/d\varphi)_{max}=0.175\sim0.25\text{MPa}/(°)$，整个燃烧持

续期在 40°~60°曲轴转角。

2. 燃烧速率

燃烧时，由于各处混合气的浓度、温度和压力是一致的，火焰在各方向的扩展速度基本相等。燃烧主要在厚度为 δ 的火焰面上进行，称为火焰前锋面。火焰前锋面的界面明显，以火核为中心呈球面波形式向周围扩展，习惯上称这种燃烧现象为火焰传播。根据混合气运动状态不同，火焰传播方式可分为层流火焰传播和湍流火焰传播。层流火焰传播和湍流火焰传播燃烧速率大小差别很大。

（1）层流火焰燃烧速率　层流火焰（混合气静止或层流状态（雷诺数 $Re<2300$））燃烧速率可以用下式表示

$$\frac{\mathrm{d}m}{\mathrm{d}t}=v_{\mathrm{L}}F_{\mathrm{L}}\rho_{\mathrm{m}}$$

式中，m 是混合气质量；$\frac{\mathrm{d}m}{\mathrm{d}t}$是火焰燃烧速率；$F_{\mathrm{L}}$ 是火焰前锋表面积；ρ_{m} 是未燃混合气密度；v_{L} 是层流火焰传播速度。火焰传播速度是指火焰前锋面在法线方向上相对于未燃混合气的移动速度。层流火焰传播速度很低，一般 $v_{\mathrm{L}}<1\mathrm{m/s}$。$v_{\mathrm{L}}$ 主要受混合气温度、压力、过量空气系数以及燃料特性等因素影响，实际发动机中还应考虑残余废气系数的影响。

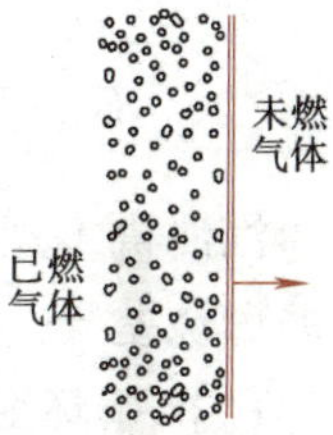

图 6-2　层流火焰与火焰前锋面形状的关系

图 6-2 所示为层流火焰与火焰前锋面形状的关系。

层流火焰传播速度远远不能满足实际发动机燃烧的要求。实际发动机中的火焰传播是以湍流火焰方式进行的。

（2）湍流火焰燃烧速率　湍流是指由流体质点组成的微元气体所进行的无规则的脉动运动。这些由气体质点所组成的小气团大小不一，流动的速度、方向也不相同，但宏观流动方向则是一致的。这种湍流运动使火焰前锋表面出现皱折，强湍流运动使火焰前锋面严重扭曲，甚至分隔成许多燃烧中心，导致火焰前锋燃烧区的厚度 δ 增加（图 6-3）。湍流运动使火焰前锋表面积明显增大，火焰传播速度加快。

湍流火焰燃烧速率可以用下式表示

$$\frac{\mathrm{d}m}{\mathrm{d}t}=v_{\mathrm{T}}F_{\mathrm{T}}\rho_{\mathrm{m}}$$

式中，m 是混合气质量；$\frac{\mathrm{d}m}{\mathrm{d}t}$是火焰燃烧速率；$F_{\mathrm{T}}$ 是火焰前锋表面积；ρ_{m} 是未燃混合气密度；v_{T} 是湍流火焰传播速度。

如前所述，雷诺数 $Re<2300$ 为层流火焰，其传播速度为 v_{L}，其前锋面薄且圆滑（图 6-2）。当 $Re=2300\sim6000$ 时为湍流火焰，火焰前锋面变厚并出现皱折（图 6-3a），这时火焰传播速度为 v_{T}，$v_{\mathrm{T}}\propto\sqrt{Re}$。当 $Re>6000$ 时为强湍流火焰，前锋面的皱折发展成明显的凹凸不平和扭曲（图 6-3b），其内部分裂出许多小的未燃混合气区域，这时 $v_{\mathrm{T}}\propto Re$。图 6-4 所示为雷诺数 Re 和火焰传播速度之间的关系。显然，提高混合气的湍流程度是改善汽油机燃烧的有效手段。

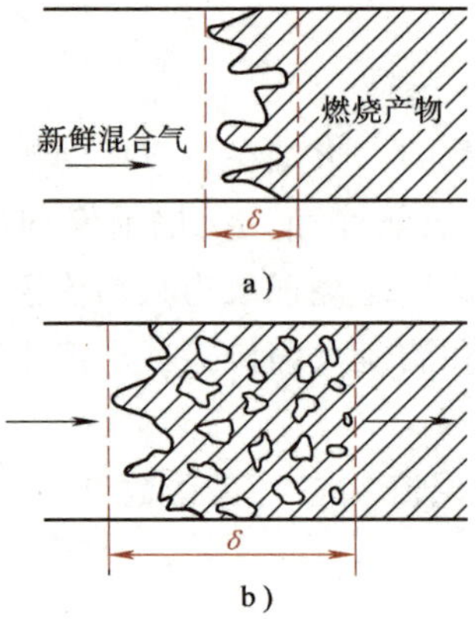

图 6-3　不同湍流作用下的火焰前锋厚度 δ

a）湍流较弱　b）湍流较强

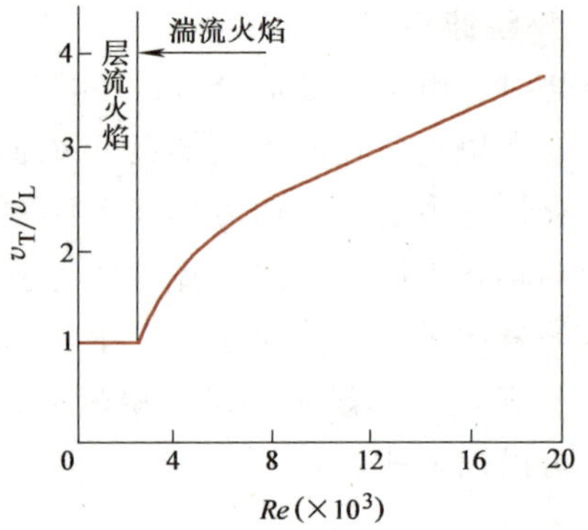

图 6-4　雷诺数 *Re* 和火焰传播速度之间的关系

二、不规则燃烧

汽油机不规则燃烧是指在稳定正常运转的情况下，各循环之间的燃烧变动和各气缸之间的燃烧差异。前者称为循环变动，后者称为各缸工作不均匀。

(1) 循环变动　燃烧循环变动是点燃式发动机燃烧过程的一大特征，是指发动机以某一工况稳定运行时，这一循环和下一循环燃烧过程的进行情况不断变化，具体表现在压力曲线、火焰传播情况及发动机功率输出均不相同。图 6-5 所示为汽油机典型的气缸压力循环变化情况。

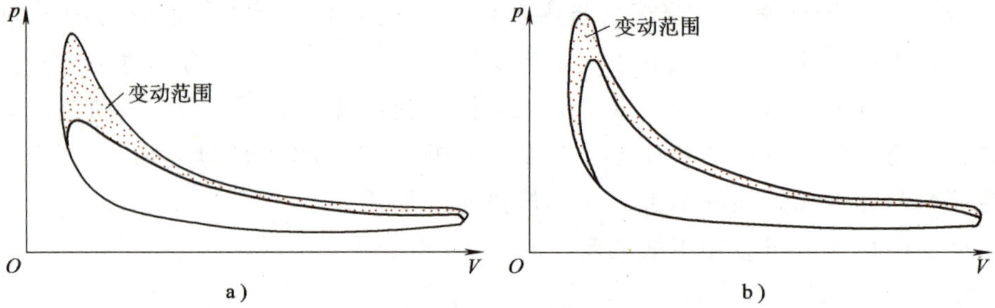

图 6-5　汽油机典型的气缸压力循环变化情况

a）稀混合气 $\phi_a=1.22$，$n=2000\text{r/min}$，$\varepsilon_c=9$，节气门全开

p_i 变动±4.5%，p_z 变动±28%

b）浓混合气 $\phi_a=0.8$，$n=2000\text{r/min}$，$\varepsilon_c=9$，节气门全开

p_i 变动±3.6%，p_z 变动±10%

由于存在循环变动，对于每一循环，点火提前角和空燃比等参数都不可能调整到最佳值，因而使发动机油耗上升，功率下降，性能指标得不到充分优化。随着循环变动的加剧，燃烧不正常甚至失火的循环数逐渐增多，碳氢化合物等不完全燃烧产物增多，动力性、经济性下降。同时，由于燃烧过程不稳定，也使振动及噪声增大，零部件寿命下降。当采用稀薄燃烧时，这种循环的变动会加剧。因此循环变动也是汽油机实施稀薄燃烧的难

点所在。

导致点燃式发动机燃烧循环变动的原因有很多，目前，火花塞附近混合气成分波动和气体运动状态波动这两个因素被认为是最重要的。

1）混合气成分波动。尽管汽油机的燃烧方式被称为预制均匀混合气燃烧，但这只是相对于柴油机燃烧来说的，其宏观是均匀的，实际上，气缸内燃料、空气及残余废气不可能在短时间内完全混合均匀，因此混合气成分微观上并不均匀，火花塞附近的混合气成分是随时间不断变化的，这会导致着火落后期的长短和火核初始生长过程随循环产生变动。

2）气体运动状态波动。燃烧室内气体的流场特别是湍流强度分布是极不均匀的，火花塞附近微元气体的运动速度和方向，影响火花点火后形成的火焰中心的轨迹以及火焰的初始生长速率，其后的火焰向整个燃烧室发展的进程，如火焰与壁面的关系、火焰前锋面积的变化以及燃烧速率等，也受燃烧室内微元气体的运动速度和方向的影响。气体运动状态波动加剧了循环变动。

下列因素或措施影响或改善循环变动：

1）一般 $\phi_a=0.8\sim1.0$ 时循环变动最小，过浓或过稀都会使循环变动加剧。可见过量空气系数 ϕ_a 对循环变动的影响很大。

2）适当提高气流运动速度和湍流程度可改善混合气的均匀性，进而改善循环波动。

3）残余废气系数 γ 过大，则循环变动加剧。

4）发动机在低负荷（γ 会增大）、低转速（湍流程度会降低）时，循环变动加剧。

5）多点点火有利于减少循环变动。

6）提高点火能量、优化放电方式、采用大的火花塞间隙，均有助于减小循环波动。

（2）各缸工作不均匀　各缸工作不均匀是针对多缸发动机而言的，各缸间燃烧差异称为各缸工作不均匀。产生各缸工作不均匀的主要原因是各缸进气充量的不均匀、混合气成分不均匀等。由于汽油机是外部混合，在汽油机进气管内存在空气、燃料蒸气、各种浓度的混合气、大小不一的油颗粒以及沉积在进气管壁上厚薄不均的油膜，即进气管内的油气分布是多相和极不均匀的，要想让它们均匀分配到各个气缸是很困难的。另外，由于进气系统设计不当、进气管动态效应以及各缸进气重叠干涉等原因，使得各缸的实际充气系数不均匀，而汽油机用的是油气混合气，因而进入各缸的燃料绝对量不同。这些原因造成进入各缸的混合气的质和量都不同，由此造成各缸工作不均匀。

各缸工作不均匀性的存在，使得难以找到对各缸都是最佳的点火提前角和过量空气系数，动力性、经济性、排放性等整机指标难以优化，振动及噪声也会增加。

三、不正常燃烧

汽油机的不正常燃烧是指设计或控制不当，汽油机偏离正常点火的时间及地点，由此引起燃烧速率急剧上升、压力急剧增大等异常现象。不正常燃烧可分为爆燃和表面点火两类。

（1）爆燃　爆燃是汽油机最主要的一种不正常燃烧，常在压缩比较高时出现。图 6-6 所示为正常燃烧与爆燃时 p-t 图和 dp/dt 图的比较。如图所示，爆燃时，缸内压力曲线出现高频大幅度波动（锯齿波），同时发动机会产生一种高频金属敲击声，因此也称爆燃为敲缸。轻微敲缸时，发动机功率上升；严重敲缸时，发动机功率下降，转速下降，工作不稳定，机身有较大振动，同时冷却液过热，机油温度明显上升。

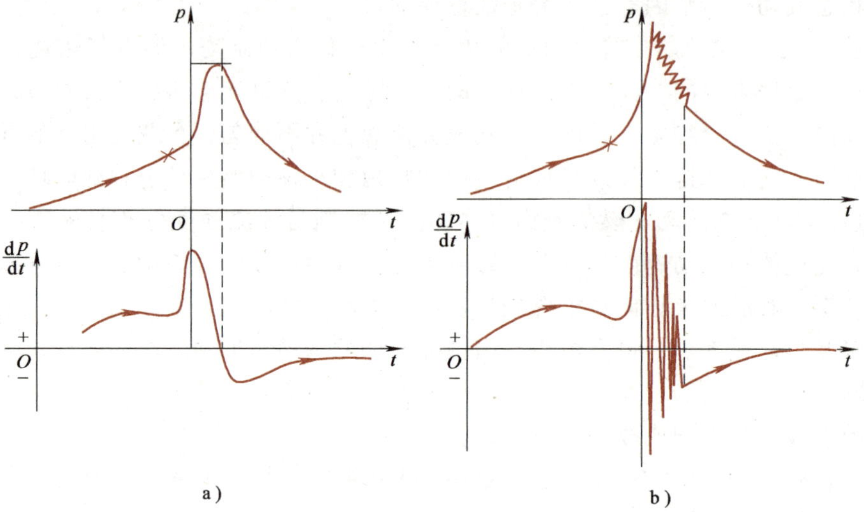

图 6-6　正常燃烧与爆燃时 p-t 图和 dp/dt 图的比较

a）正常燃烧　b）爆燃

火花塞点火后，火焰前锋面呈球面波形状以正常传播速度（30～70m/s）向周围传播，气缸内压力和温度都急剧升高。混合气燃烧产生的压力波迅速向周围传播，在火焰前锋面之前先期到达燃烧室边缘区域，该区域的可燃混合气（即末端混合气）在压缩终了温度的基础上进一步受到压缩和热辐射，加速其先期反应，并放出部分热量，使本身压力和温度不断升高，燃前化学反应加速。一般来说，这些都是正常现象，但如果这一反应过于迅速，以至在火焰锋面到达之前末端混合气即以低温多阶段方式开始自燃，则引发爆燃。爆燃着火方式类似于柴油机，同时在较大面积上多点着火，因而放热速率极快，局部区域的温度、压力急剧增高。这种类似阶跃的压力变化，形成燃烧室内往复传播的激波，猛烈撞击燃烧室壁面，使壁面产生振动，发出高频振音（即敲缸声），这就是爆燃。爆燃发生时，火焰传播速度可陡然达到 100～300m/s（轻微爆燃）或 800～1000m/s（强烈爆燃）。

爆燃会给汽油机带来很多危害。发生爆燃时，最高燃烧压力和压力升高率都急剧增大，因而相关零部件所受应力大幅度增加，机械负荷增大；爆燃时压力波冲击缸壁破坏了油膜层，导致活塞、气缸和活塞环磨损加剧；爆燃时剧烈无序的放热还使气缸内温度明显升高，热负荷及散热损失增加；这种不正常燃烧还使动力性和经济性恶化。

根据末端混合气是否易于自燃来分析，影响爆燃的因素如下：

1）燃料性质。辛烷值高的燃料，抗爆燃能力强。

2）末端混合气的压力和温度。末端混合气的压力和温度增高，则爆燃倾向增大。例如，提高压缩比，则气缸内压力、温度升高，易发生爆燃。

3）火焰前锋传播到末端混合气的时间。提高火焰传播速度、缩短火焰传播距离，都会减少火焰前锋传播到末端混合气的时间，有利于避免爆燃。

从以上的分析可以得出结论：发动机工作是否有爆燃现象，一方面取决于所用燃料，另一方面取决于发动机的运转条件和燃烧室的设计。

（2）表面点火　在汽油机中，凡是不靠电火花点火而由燃烧室内炽热表面（如排气门头部、火花塞绝缘体或零件表面炽热的沉积物等）点燃混合气的现象，统称表面点火。表面点火的点火时刻是不可控制的。

早燃是指在火花塞点火之前，炽热表面点燃混合气的现象。由于它提前点火且热点表面比火花大，使燃烧速率快，气缸压力、温度增高，发动机工作粗暴，并且由于压缩功增大，向缸壁传热增加，致使功率下降，火花塞、活塞等零件过热。图 6-7 所示为汽油机早燃示功图。

早燃会诱发爆燃，爆燃又会让更多的炽热表面温度升高，促使更剧烈的表面点火，两者互相促进，危害可能更大。

与爆燃不同，表面点火一般是在正常火焰烧到之前由炽热物点燃混合气所致，没有压力冲击波，敲缸声比较沉闷，主要是由活塞、连杆、曲轴等运动件受到冲击负荷产生振动所造成的。

凡是能促使燃烧室温度和压力升高以及促使积炭等炽热点形成的一切条件，都能促成表面点火。

各种燃烧示功图的比较如图 6-8 所示。

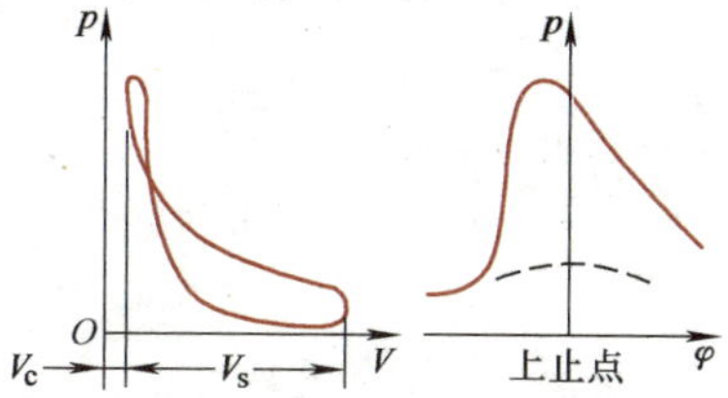

图 6-7　汽油机早燃示功图

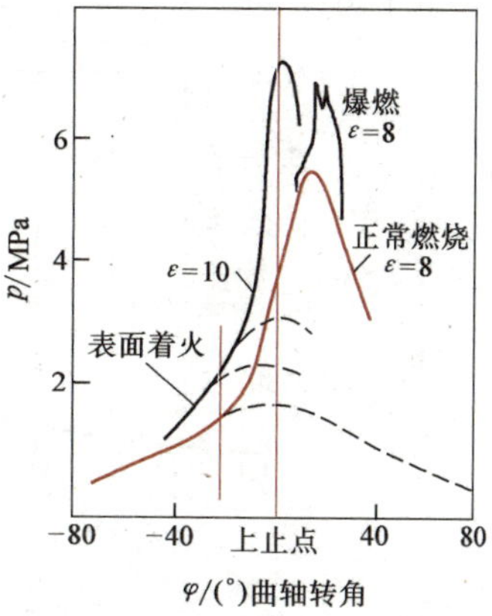

图 6-8　各种燃烧示功图的比较

四、使用因素对燃烧的影响

1. 点火提前角

点火提前角是从发出电火花到上止点间的曲轴转角。其数值应视燃料性质、转速、负荷及过量空气系数等因素而定。

当汽油机保持节气门开度、转速以及混合气浓度一定时，汽油机功率和耗油率随点火提前角改变而变化的关系称为点火提前角调整特性，如图 6-9 所示。对应于每一工况都存在一个最佳点火提前角，这时汽油机功率最大，耗油率最低。已经确定，最佳点火提前角相当于使最高燃烧压力在上止点后 12°～15°时到达，这时实际示功图与理论示功图最为接近（时间损失最小）。

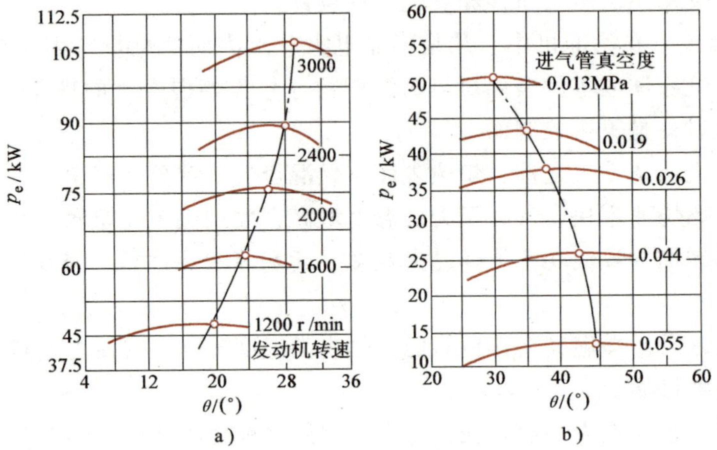

图 6-9 点火提前角调整特性

a）节气门全开时 b）$n=1600$r/min 时

点火提前角不同时的 p-φ 图如图 6-10 所示。点火过迟，则燃烧延长到膨胀过程，燃烧最高压力和温度下降，传热损失增多，排气温度升高，热效率降低，但爆燃倾向减小，NO_x 排放量上升，功率、排放量降低。

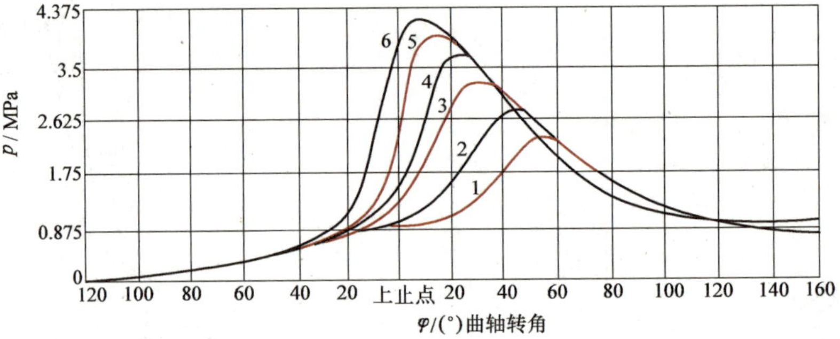

图 6-10 点火提前角不同时的 p-φ 图

1、2、3、4、5、6 分别表示 10°、20°、30°、40°、50°、60°点火提前角

点火提前角对汽油机的经济性影响较大。据统计，如果点火提前角偏离最佳值 5°曲轴转角，热效率下降 1%；偏离 10°曲轴转角，热效率下降 5%；偏离 20°曲轴转角，热效率下降 16%。

影响最佳点火提前角的因素较多（如大气压力、温度、湿度、缸体温度、燃料辛烷值、空燃比、残余废气系数及排气再循环等），传统的真空和离心调节装置只能随转速、负荷的变化对点火提前角进行近似控制。传统的点火控制装置只考虑了影响最佳点火提前角的两个因素。为实现点火提前角的精确控制，近年来研制了一种点火时期电子控制，它大体上分成两类。一类是计算机开环控制，它是一种预定顺序控制，根据转速传感器和负荷传感器测得的信号，在存储器中预定的点火 MAP 图上找出对应于该工况的近似最佳点火提前角来控制点火系统点火。点火 MAP 图是事先通过试验得到的近似最佳点火提前角与转速和负荷的三维曲线图或表格，存储在存储器中，若多加几个传感器还可监控更多的参数。另一类是闭环控制，闭环控制是根据发动机实际运行的反馈信息来控制点火提前角的，故又称为反馈控制。反馈控制所用的反馈信息是发动机的爆燃信号。在实际应用中，一般都是开环控制和闭环控制并用的混合控制方式。

2. 混合气浓度

在汽油机的转速、节气门开度保持一定，点火提前角为最佳值时调节供油量，记录功率、燃油消耗率、排气温度随过量空气系数的变化曲线，称为汽油机在某一转速和节气门开度下的调整特性，如图 6-11 所示。

混合气浓度对汽油机的动力性能和经济性能均有影响。当 $\phi_a=0.8\sim0.9$ 时，由于燃烧温度最高，火焰传播速度最大，P_e 达最大值，但爆燃倾向增大；当 $\phi_a=1.03\sim1.1$ 时，由于燃烧完全，有效燃油消耗 b_e 最低；使用$\phi_a<1$ 的浓混合气工作，由于必然会产生不完全燃烧，CO 排放量明显上升；当 $\phi_a<0.8$ 或 $\phi_a>1.2$ 时，火焰速度缓慢，部分燃料可能来不及完全燃烧，因而经济性差，HC 排放量增多且工作不稳定。

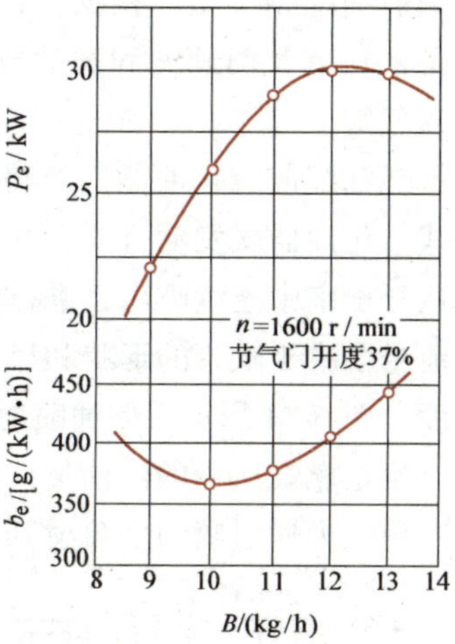

图 6-11　汽油机的调整特性

可见，在均质混合气燃烧中，混合气浓度对燃烧影响极大，必须严格控制。

3. 负荷

在汽油机上，转速保持不变，通过改变节气门开度来调节进入气缸的混合气量，以达到不同的负荷要求。

当节气门关小时，充量系数急剧下降，但留在气缸内的残余废气量不变，使残余废气系数增加，滞燃期增加，火焰传播速率下降，最高爆发压力、最高燃烧温度、压力升高率均下降，冷却液散热损失相对增加，因而燃油消耗率增加。因此，随着负荷的减小，最佳点火提前角要提早（图 6-12）。

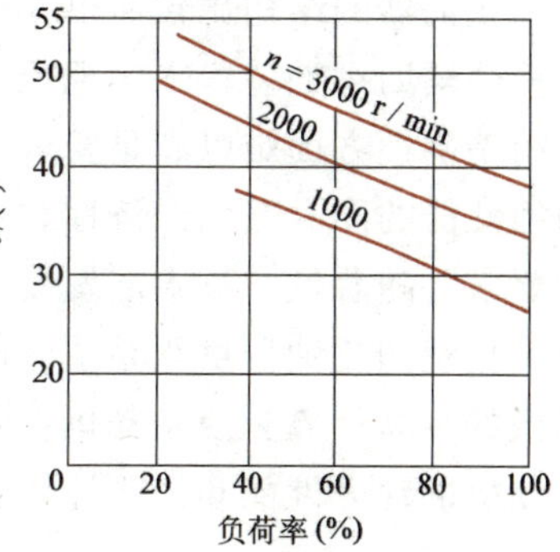

图 6-12　最佳点火提前角随负荷的变化

4. 转速

当转速增加时，气缸中湍流增加，火焰传播速率大体与转速成正比增加，因而最高爆发压力、压力升高率随转速的变化不大。此外，在转速升高时，由于散热损失减少，进气被加热，使气缸内混合气混合得更均匀，有利于缩短滞燃期。但另一方面，由于残余废气系数增加，气流吹走电火花的倾向增大，又促使着火落后期增加。以上两种因素使以秒计的着火落后期与转速的关系不大，但是按曲轴转角计的着火落后期却随转速的增加而增大。因此，转速增加时，应增大点火提前角。

第二节　汽油机电控汽油喷射系统概述

为使发动机能够正常运转，必须为其提供连续的可燃混合气。通过直接或间接测量进入发动机的空气量，并按规定的空燃比计量燃油的供给量，这一过程称为燃油配制。汽油机的燃油配制类型，根据汽油的供给方式可分为化油器式和燃油喷射式两种。这两种装置均是依据节气门开度和发动机转速计量进气量，然后根据进气量供给适当空燃比的混合气进入气缸。

燃油配制有化油器供油和燃油喷射供油两种方式。图 6-13 所示为化油器供油燃油配制方式。化油器式发动机的燃油配制过程是利用空气流经节气门上方喉管处产生的真空度将燃油从浮子室中连续吸出且进行混合后，再被吸入气缸内燃烧做功使发动机运转。在这里，空气流量取决于喉管的形状和尺寸，对于一定结构参数的化油器，汽油流量则取决于喉管的真空度。图 6-14 所示为燃油喷射供油。燃油喷射控制系统是根据直接或间接测量的空气进气量，确定燃烧所需的汽油量，并通过控制喷油器开启时间来进行精确配制，使一定量的汽油以一定压力通过喷油器喷射到发动机的进气道或气缸内与相应空气形成可燃混合气。

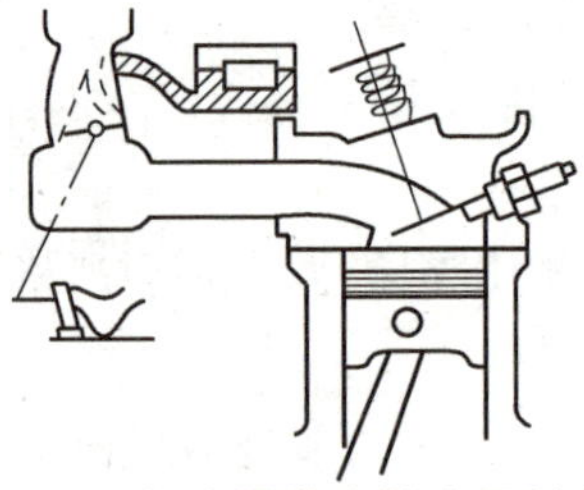

图 6-13　化油器供油燃油配制方式

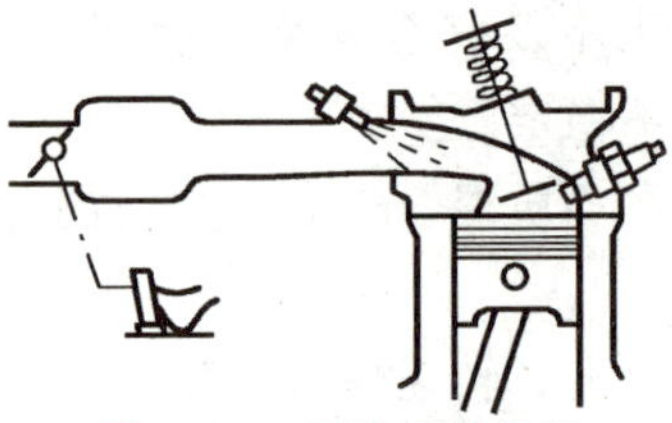

图 6-14　燃油喷射供油

化油器的结构比较简单，一直用于汽油机。传统的化油器供给系统是通过主供油装置及一些辅助供油装置来实现控制的，其缺点是对发动机运行状态的适应性、响应速度和控制的精确性方面难以满足要求，尤其是在加速、冷起动等过渡工况下，难以在满足车辆的动力性能的同时兼顾经济性和排放控制。传统的化油器难以满足日趋严格的汽车排放法规的要求。随着汽车技术的发展，电子燃油喷射（Electronic Fuel Injection，EFI）系统已经取代传统的化油器供给系统。电子燃油喷射系统利用多种传感器检测发动机状态，经过计算机的判断计算，使发动机在各种工况下均能获得合适的空燃比，因而可有效改善和提高发动机的动力性能和经济性能，达到排放和节油的综合优化效果。

一、汽油机对可燃混合气的要求

1. 空燃比对发动机性能的影响

空气和燃油的混合比，即空气质量与燃油质量之比称为空燃比，通常用 A/F 表示。汽油完全燃烧并生成 CO_2、H_2O 时的空燃比称为理论空燃比，理论空燃比约为 14.9。在实际的发动机燃烧过程中，燃烧 1kg 燃油所消耗的空气不一定就是理论所要求的空气量，它与发动机的结构和使用工况密切相关，实际所供空气量可能大于或小于理论空气量。

空燃比与发动机的动力性能和经济性能的关系如图 6-15 所示。

从图 6-15 可知，当混合气的空燃比为 13.5～14.0 时，燃烧火焰温度出现最高值，这种空燃比称为功率空燃比。当混合气的空燃比为 16 左右时，燃油燃烧完全，发动机的油耗率最低，这种空燃比称为经济空燃比。在功率空燃比与经济空燃比范围内的混合气成分是汽油发动机常用的混合气，它可使发动机获得较好的使用性能。

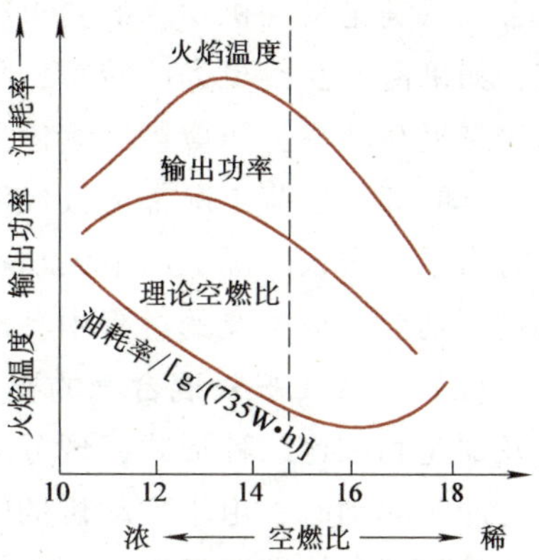

图 6-15　空燃比与发动机的动力性能和经济性能的关系

由于燃烧后排出的废气成分除 CO_2 和 H_2O 外，还有空气中没有参与燃烧的 N_2、剩余的 O_2、没被完全燃烧的 HC、燃烧不完全的 CO 及高温富氧条件下燃烧生成的 NO_x。空燃比与有害排放物质量分数也有很大关系，详细情况参见第八章。

由此可知，发动机的性能与空燃比有着密切的关系，但影响的程度和变化规律各不相同。因此，如何精确控制混合气的空燃比是比较复杂而又非常重要的问题。

2. 发动机各种工况对混合气的要求

发动机在实际运行过程中，其工况在工作范围内是不断变化的，且在工况变化时，发动机对可燃混合气空燃比的要求也是不同的，现分述如下：

(1) 稳定工况对混合气的要求　发动机的稳定工况是指发动机已经完全预热，进入正常运转，且在一定时间内转速和负荷没有突然变化的情况。稳定工况又可分为怠速、小负荷、中等负荷、大负荷和全负荷等情况。

怠速工况是指发动机对外无功率输出且以最低稳定转速运转。此时，混合气燃烧后所做的功，只用于克服发动机内部的阻力，并使发动机保持最低转速稳定运转。在怠速工况下，节气门处于关闭状态。因而进气管内的真空度很大。在进气门开启时，气缸内的压力可能高于进气管压力，废气膨胀进入进气管内。在进气行程中，把这些废气和新混合气同时吸入气缸，结果气缸内的混合气含有比例较大的废气，为保证这种经废气稀释过的混合气能正常燃烧，就必须供给很浓的混合气。如图 6-16 中的 *A* 点，随着节气门开度增大，稀释将逐渐减弱，因而小负荷工况下要求混合气如图 6-16 中的 *AB* 段所示。也就是说，发动机在小负荷运行时，供给混合气也应加浓，但加浓的程度随负荷的增加而减小。

汽车发动机的大部分工作时间都处在中等负荷状态。在中等负荷运行时，节气门已有足够的开度，废气稀释影响已不复存在，因此要求供给发动机稀的混合气，以获得最佳的燃油经济性，这种工况如图 6-16 中的 *BC* 段，空燃比为 16～17。

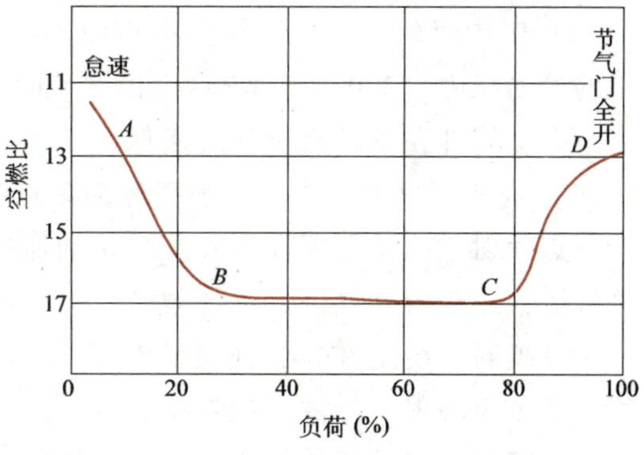

图 6-16　汽油机负荷变化时所需的空燃比

在大负荷时，节气门开度已超过 3/4，此时应随着节气门开度的开大而逐渐加浓混合气以满足发动机功率的要求，如图6-16中的*CD*段。但实际上，在节气门尚未全开之前，如果需要获得更大的转矩，只要把节气门进一步开大就能实现，没有必要使用功率空燃比来提高功率，而应当继续使用经济混合气来达到省油的目的。因此，在节气门全开之前所有的部分负荷工况都应按经济混合气配制。只是在全负荷工况时，节气门已经全开，此时为了获得该工况下的最大功率必须供给功率混合气，如图6-16中的*D*点。在从大负荷过渡到全负荷工况的过程中，混合气的加浓也应该是逐渐变化的。

（2）过渡工况对混合气的要求 汽车在运行中的主要过渡工况可分为冷起动、暖机以及加速和减速三种形式，现分述如下：

冷车起动时，由于发动机的转速和燃烧室壁面温度低、空气流速慢，导致汽油蒸发和雾化条件不好，因此要求发动机供给很浓的混合气。为保证冷起动顺利，要求供给的混合气空燃比达2：1才能在气缸中产生可燃混合气。

暖车过程中，尽管发动机温度随着转速的提升也在逐步上升，但发动机温度仍然较低，气缸内的废气相对较多，混合气受到稀释，对燃烧不利，为保持发动机稳定的运行也要求浓的混合气。暖车的加浓程度，应在暖车过程中逐渐减小，直到发动机能以正常的混合气在稳定工况下运转为止。

汽车在加速时，节气门突然开大，进气管压力随之增加。由于液体燃料流动的惯性和进气管压力增大后燃料蒸发量减少，大量的汽油颗粒沉积在进气管壁上，形成厚油膜，这样会造成实际混合气成分瞬间被稀释，使发动机转速下降。为防止这种现象发生，要向进气管喷入附加燃料，才能获得良好的加速性能。

汽车急减速时，驾驶人迅速松开加速踏板，节气门突然关闭，此时由于惯性作用，发动机仍保持很高的转速。因为进气管真空度急剧升高，进气管内压力降低，促使附着在进气管壁上的燃油加速汽化，造成混合气过浓。为避免这一情况发生，在发动机减速时，供给的燃料应减少。

二、电控汽油喷射供给系统的类型

1. 按喷射位置分类

根据汽油的喷射位置，汽油喷射系统可分为缸内喷射和进气管喷射两大类，进气管喷射又进一步分为单点喷射和多点喷射。

（1）缸内喷射 缸内喷射是将喷油器安装于气缸盖上直接向气缸内喷油，因此需要较高的喷油压力（3.0~4.0MPa）。由于喷油压力较高，对供油系统的要求较高，成本也相应较高。另外在发动机设计时需保留喷油器的安装位置。

（2）进气管喷射 进气管喷射分为单点喷射和多点喷射。

单点喷射系统是把喷油器安装在化油器所在的节气门段，它是用一个喷油器将燃油喷入进气流，形成混合气进入进气歧管，再分配到各缸中，如图6-17a所示。

多点喷射系统是在每缸进气口处装有一个喷油器，由电控单元（ECU）控制进行顺序喷射或分组喷射，汽油直接喷射到各缸的进气门前方，再与空气一起进入气缸形成混合气。多点喷射系统是目前最普遍的喷射系统，如图6-17b所示。

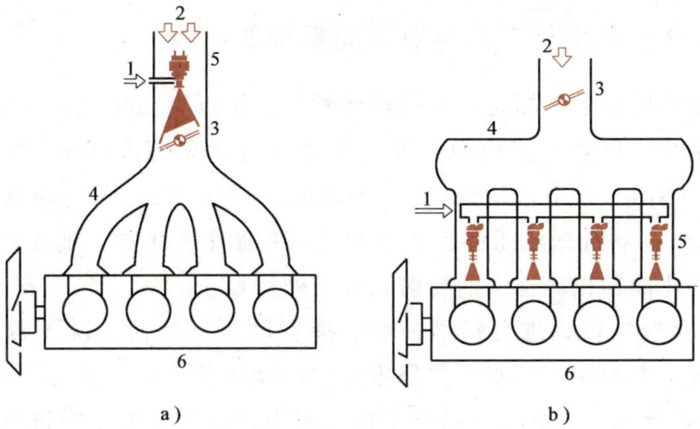

图 6-17　进气管喷射示意图

a）单点喷射系统结构示意图　b）多点喷射系统结构示意图

1—汽油　2—空气　3—节气门　4—进气歧管　5—喷油器　6—发动机

2. 按喷射控制装置分类

按喷射控制装置的形式，汽油喷射系统分为机械式（机电式）和电控式两种。机械式燃油的计量是通过机械传动与液压传动实现的，电控式燃油的计量是由电控单元（ECU）与电磁喷油器实现的。

3. 按喷射方式分类

按喷射方式，汽油喷射系统可分为连续喷射和间歇喷射两种。

连续喷射是指在发动机整个工作过程中连续喷射燃油。连续喷射是燃油喷到进气道内，而且大部分的燃油是在进气门关闭时喷射的，因此大部分的燃油是在进气道内蒸发的。由于连续喷射系统无须考虑发动机的工作顺序，故控制系统结构较为简单，一般多应用于机械式或机电结合式燃油喷射系统中。

间歇喷射又称为脉冲喷射。间歇喷射是每缸每次喷射都有一个限定的持续时间，其中同期喷射喷油频率与发动机转速同步，非同期喷射喷油频率与发动机转速不同步。间歇喷射的喷油量只取决于喷油器的开启时间（喷油脉冲宽度），因而 ECU 可以根据各种传感器所获得的发动机运行参数动态变化的情况，精确计量发动机所需喷油量，再通过控制喷油脉冲宽度来控制发动机各种工况下的可燃混合气的空燃比。由于间歇喷射方式的控制精度较高，故被现代发动机广泛采用。

间歇喷射按喷油时序又可细分为同时喷射、分组喷射和顺序喷射三种形式，有关内容参见本章第三节。

4. 按空气流量测量方法分类

按空气流量的测量方法，汽油喷射系统可分为三种，第一种是直接测量空气质量流量的方式，称为质量流量控制的汽油喷射系统；第二种是根据进气管压力和发动机转速，推算吸入的空气量，并计算燃油流量的速度密度方式，称为速度密度控制的汽油喷射系统；第三种是根据节气门开度和发动机转速，推算吸入的空气量并计算燃油流量的节流速度方式，称为节流速度控制的汽油喷射系统。

三、化油器供油系统与汽油喷射供油系统的比较

与传统的化油器供给系统相比，电控汽油喷射系统以燃油喷射装置取代了化油器，通过微电子技术对系统实行多参数控制，可使发动机的功率提高 10%；在耗油量相同的情况下，转矩可增大 20%，从 0~100km/h 的加速时间减少 7%；油耗降低 10%；废气排放量可降低 34%~50%；系统采用闭环控制并加装三元催化转化器，排放量可下降 73%。

概括起来，与化油器相比，汽油喷射具有下列优点：

1）可以对混合气空燃比进行精确控制，使发动机在任何工况下都处于最佳工作状态，特别是对过渡工况的动态控制，更是传统化油器式发动机无法做到的。

2）由于进气系统不需要喉管，减少了进气阻力，加上不需要对进气管加热来促进燃油的蒸发，所以充气效率高。

3）由于进气温度低，使得爆燃燃烧得到了有效控制，从而有可能采取较高的压缩比，这对发动机热效率的改善是显著的。

4）保证各缸混合比的均匀性问题比较容易解决，相对发动机可以使用辛烷值低的燃料。

5）发动机冷起动性能和加速性能良好，过渡圆滑。

四、典型电控汽油喷射系统的结构

（1）D 型电控汽油喷射系统　D 型电控汽油喷射系统是根据进气管压力和发动机转速推算每次循环吸入的空气量，再根据推算的空气量计算出需要喷射的燃料量，并控制喷油器工作。由于进气管压力和空气流量呈非线性关系，且管内空气压力波动，影响进气量的测量精度。图 6-18 所示为 D 型电控喷射系统简图。

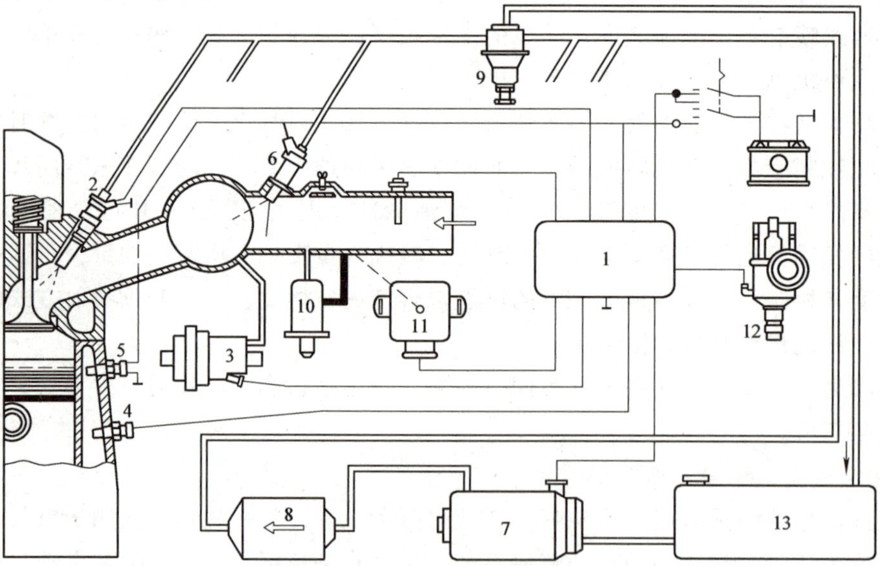

图 6-18　D 型电控喷射系统简图

1—电控单元　2—喷油器　3—进气歧管绝对压力传感器　4—冷却液温度传感器　5—温度开关或温度时间开关　6—冷起动喷油器　7—电动燃油泵　8—燃油滤清器　9—燃油压力调节器　10—辅助空气阀　11—节气门开关　12—带喷油脉冲触发触点的分电器　13—燃油箱

（2）L 型电控汽油喷射系统　L 型电控汽油喷射系统是根据空气流量计直接测量进气歧管的空气量，并和发动机转速计算出需要喷射的燃料量，控制喷油器工作。由于空气量为直接测量，测量准确程度高于 D 型。图 6-19 所示为 L 型电控喷射系统简图。

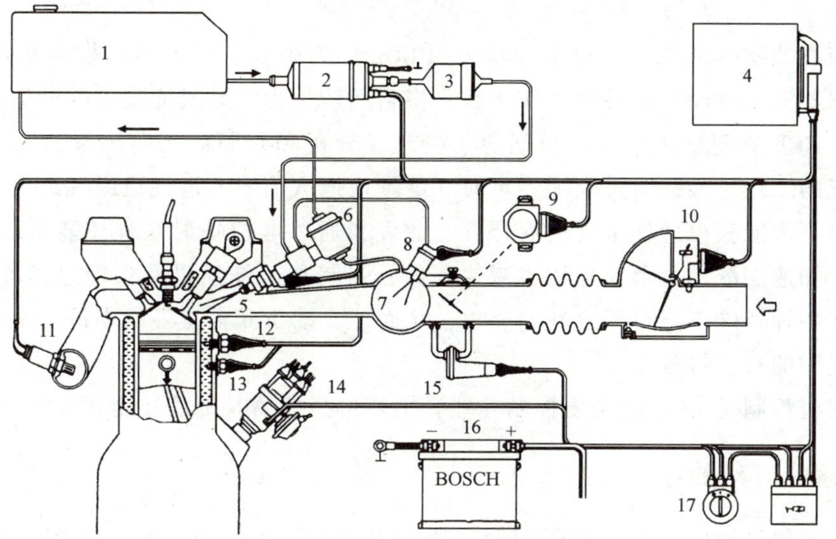

图 6-19　L 型电控喷射系统简图

1—燃油箱　2—电动燃油泵　3—燃油滤清器　4—电控单元　5—喷油器　6—燃油分配管（油轨）和燃油压力调节器　7—进气总管　8—冷起动喷油器　9—节气门开关　10—阻流板式空气流量传感器　11—氧传感器　12—温度时间开关　13—冷却液温度传感器　14—分电器　15—辅助空气阀　16—蓄电池　17—点火起动开关

（3）Mono 系统　Mono 系统如图 6-20 所示，该系统是一种低压中央喷射系统，即单点喷射系统，在原来安装化油器的部位仅用一个电磁喷油器进行集中喷射，与化油器相比，能迅速输送燃油通过节气门，在节气门上方没有或很少有燃油附着壁面现象，因而消除了由此而引起的混合与燃烧的延迟，缩短了供油和空燃比信息反馈之间的时间间隔，提高了控制精度，排放效果得以改善。

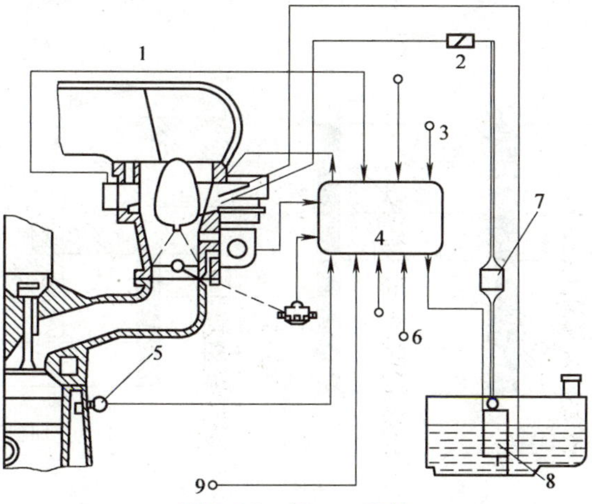

图 6-20　Mono 系统

1—中央喷射组件　2—起动电动机　3—点火装置　4—电子控制器　5—温度传感器　6—转速/触发　7—燃油滤清器　8—电动燃油泵　9—氧传感器

第三节　燃油喷射的控制

在电控汽油喷射系统中，以电控单元（ECU）为中心，用安装在发动机不同部位上的各种传感器测定发动机的各种工作参数，将它们转化为计算机能接受的电信号之后，传送给 ECU；ECU 在对输入信号进行运算、处理、分析和判断后，向执行器发出指令，控制喷射系统的工作，最终通过喷油器定时、定量地把汽油喷入进气道或气缸中，使发动机在各种工况下都能获得最佳浓度的混合气。此外，通过电控喷射系统还能实现起动加浓、暖机加浓、加速加浓、全负荷加浓、减速调稀、强制怠速停油以及自动怠速等控制功能，满足发动机各种特殊工况对混合气的要求，从而使发动机获得良好的燃油经济性、动力性并降低废气中的有害排放物。

燃油喷射控制是 ECU 的主要控制功能，主要包括喷油时刻的控制和喷油量的控制。

一、喷油时刻的控制

在燃油喷射系统中，喷油时刻控制是所有采用间歇喷射方式所必须解决好的问题之一。喷油时刻是指喷油器开始进行喷油的时刻相对曲轴位置的转角。喷油时刻随发动机喷油方式的不同而有所不同，但都是在相对曲轴转角的固定转角处。ECU 以曲轴转角传感器的信号为依据，根据不同的喷油方式控制喷油器的开启时刻。图 6-21 所示为四缸发动机和六缸发动机在不同喷油方式下的喷油时刻图。

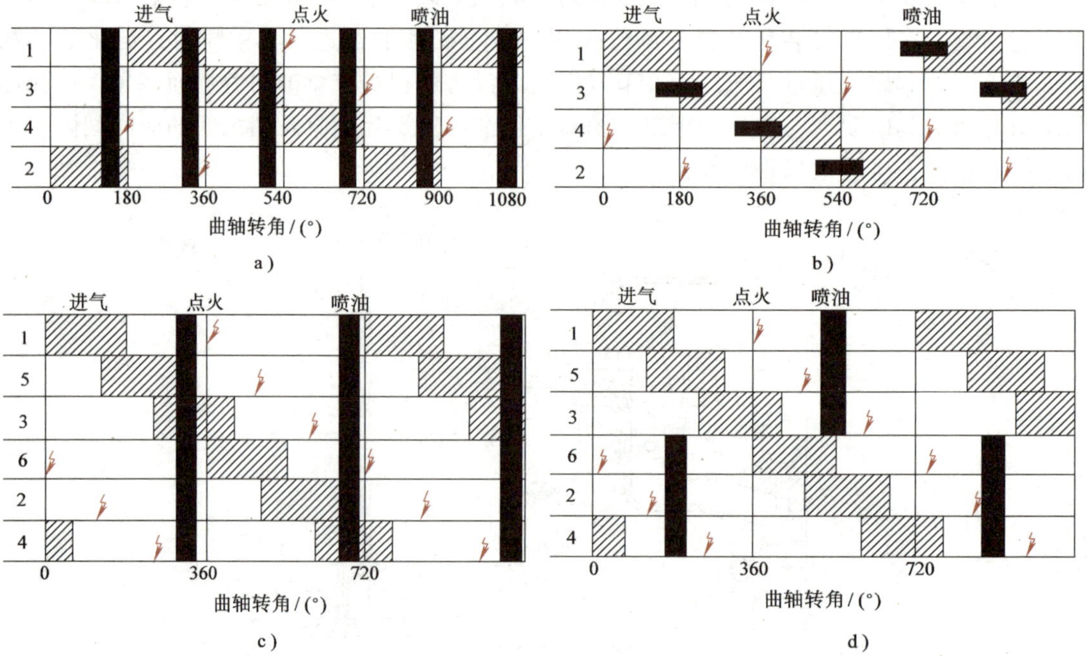

图 6-21　四缸发动机和六缸发动机在不同喷油方式下的喷油时刻图

a）单点喷射系统喷油时刻图　b）顺序喷射时刻图

c）同时喷射时刻图　d）分两组喷射时刻图

二、喷油量的控制

喷油量的控制由 ECU 根据发动机的不同运行工况控制喷油器的不同喷油持续时间来实现。ECU 根据各种传感器测得的发动机进气量、转速、节气门开度、冷却液温度与进气温度等多项运行参数，按设定的程序进行计算，并按计算结果向喷油器发出电脉冲，通过改变每个电脉冲的宽度来控制各喷油器每次喷油的持续时间，从而达到控制喷油量的目的。电脉冲的宽度越大，喷油持续时间越长，喷油量也越大。

喷油持续时间的控制分为同步喷射和异步喷射持续时间两种控制方式。在同步喷射控制方式中，喷油时刻具有固定的曲轴转角，喷油量由喷油持续时间控制。发动机在稳定工况的大部分运转时间内都以此方式工作。而在异步喷射方式中，喷油时刻与曲轴转角无关，只与发动机的实际运行工况有关，如起动、加速等过渡工况，喷油持续时间的长短也由对应的工况决定。发动机在不同的工况下运行时，其喷油量的大小与喷油方式各不相同。电控系统除了能对正常的基本喷油量控制外，还必须对冷起动、暖机、怠速及加速等工况的喷油量进行校正，使供给的混合气与发动机的工况相适应。

1. 起动工况的喷油控制

发动机刚起动时，由于转速很低，转速的波动也很大，这时空气流量传感器所测得的进气量信号有很大误差。由于这个原因，在发动机刚起动时，ECU 不以空气流量传感器的信号作为喷油量的计算依据，而是按预先给定的起动程序来进行喷油控制。ECU 根据起动开关及转速传感器的信号，判定发动机是否处于起动状态。当起动开关接通且发动转速低于某一转速（如 300r/min）时，ECU 按发动机冷却液温度、进气温度和起动转速计算出一个固定的喷油量。这一喷油量能使发动机获得顺利起动所需的浓混合气。

冷车起动后，发动机温度仍很低，喷入进气道的燃油不易蒸发。为了保证发动机在低温下也能正常起动，需进一步增大喷油量。一般采用以下两种方法：

(1) 通过 ECU 控制冷起动加浓 通过延长各缸喷油器的喷油持续时间或增加喷油次数来增加喷油量。所增加的喷油量及延长的喷油持续时间，由 ECU 根据进气温度传感器和冷却液温度传感器测得的温度来确定。发动机冷却液温度或进气温度越低，喷油量越大，喷油的持续时间就越长。

(2) 通过冷起动喷油器和冷起动温度开关控制冷起动加浓 这种控制方式在冷车起动时，除了通过 ECU 延长各缸喷油器的喷油持续时间来增大喷油量之外，还通过冷起动喷油器喷入一部分冷车起动所需要的附加燃油，以加浓混合气。

2. 起动后的喷油控制

发动机起动后，转速超过了最低的极限转速，转入正常运转程序。在发动机运转期间，各传感器适时检测发动机的转速、进气量、进气温度、冷却液温度、节气门位置（即工况）以及排气中氧的含量等信号，通过接口电路输入微机。ECU 按下式确定喷油持续时间：

$$喷油持续时间=基本喷油时间\times喷油修正系数+电压修正值$$

基本喷油时间是根据空气质量和发动机转速计算出的为实现设定空燃比而需要的喷油时间。各喷油修正系数介绍如下：

（1）蓄电池电压修正 当ECU控制的喷油脉冲信号到达喷油器时，由于喷油器电磁线圈具有电感阻抗，延缓了电磁线圈内电流的增大，使喷油器针阀的开启滞后于电脉冲到达的时刻，而喷油器针阀关闭的时刻又落后于电脉冲消失的时刻，此时间差为针阀关闭时间。一般开启时间大于关闭时间，因此导致实际的喷油持续时间小于电脉冲宽度（图6-22a）。这样，在同样宽度的喷油电脉冲控制下，当蓄电池电压不同时，会引起实际喷油量的变化，蓄电池电压降低，喷油量也会下降。蓄电池电压修正通常以14V电压为基准，低于14V时，增加喷油时间。发动机因此得到正确的喷油量。蓄电池电压修正系数如图6-22b所示。

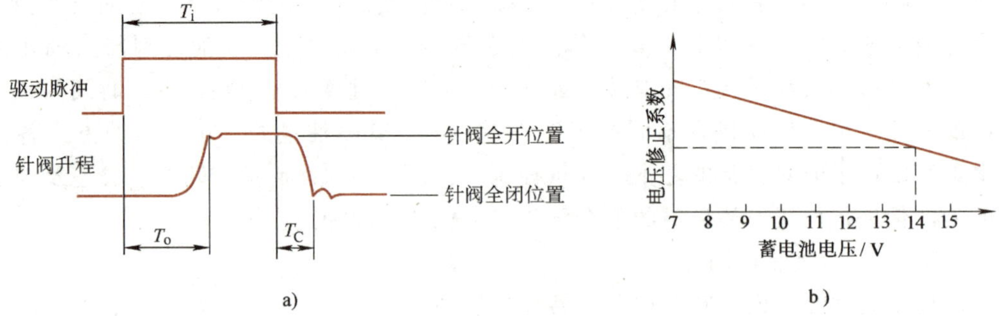

图6-22 蓄电池电压修正图

a）驱动脉冲与针阀运动 b）蓄电池电压修正系数

T_i—通电时间 T_o—针阀开启时间 T_C—针阀关闭时间

（2）进气温度修正 进气温度不同，空气质量会有变化。为了补偿这个误差，在空气流量传感器内常装有进气温度传感器，通常是以20℃时的进气温度为基准。进气温度修正系数如图6-23所示，当进气温度低于20℃时，修正系数大于1，应适当增加喷油量；当进气温度高于20℃时，修正系数小于1，应适当减少喷油量。

（3）起动后喷油修正 发动机冷车起动后数十秒内，由于发动机机体温度较低使得汽油汽化不良，为使发动机保持稳定运转，应随时间变化进行不同程度的加浓。喷油修正系数的初始值由冷却液的温度决定，然后随着起动运行，修正系数逐渐衰减。冷车起动燃油修正系数如图6-24所示。

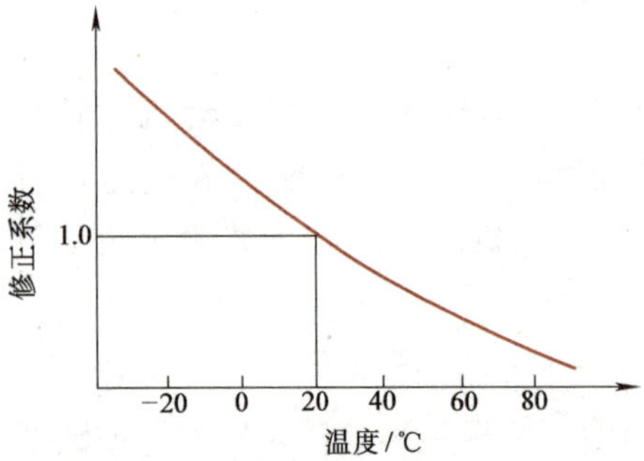

图6-23 进气温度修正系数

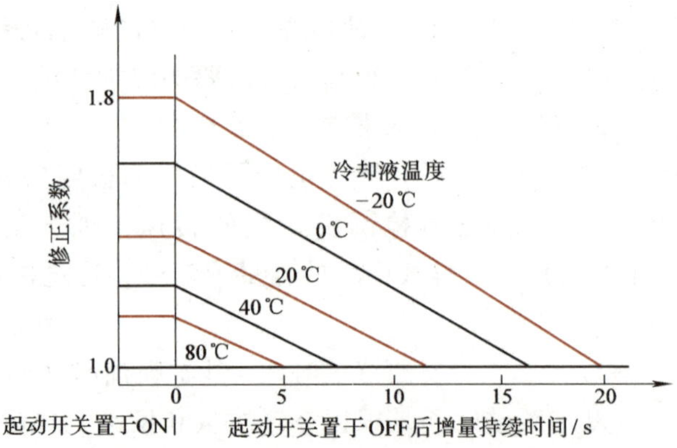

图6-24 冷车起动燃油修正系数

(4) 暖机加浓修正　在冷车起动结束后的暖机过程中，发动机的温度一般不高，喷入燃油与空气的混合依然较差，结果造成气缸内的混合气变稀。因此，在暖机过程中必须增加喷油量。暖机增量比的大小取决于冷却液温度传感器所测得的发动机冷却液温度，并随着发动机冷却液温度升高而逐渐减小（图 6-25）。

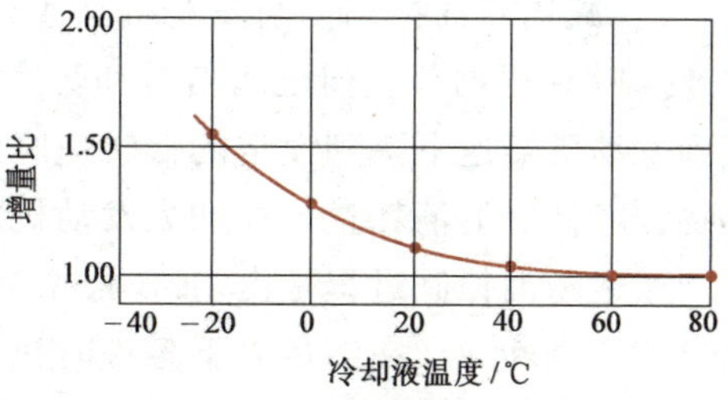

图 6-25　暖机加浓修正系数

(5) 加速修正　汽车发动机加速时，节气门突然开大，发动机吸气量会随着节气门开度的变化而立即发生变化，但进入气缸的燃料量却由于在进气管壁上凝聚的油膜蒸发量受进气压力增加的影响而减少，因此在短时间内使混合气变稀。为了获取良好的加速过渡性能，要求燃油供给系统能在短时间内使混合气加浓。在加速工况时，发动机根据节气门位置传感器的变化速率判断发动机是否处于加速工况。当发动机处于加速工况时，ECU 能自动按一定比例适当增加喷油量，修正的大小取决于加速时的发动机冷却液温度，温度越低，修正量越大，持续时间越长（图 6-26）。

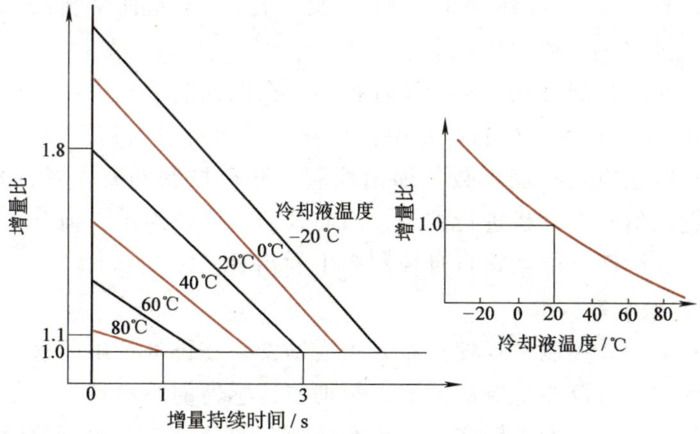

图 6-26　加速修正系数

(6) 大负荷修正　发动机处于部分负荷时，喷油量控制在经济成分，以得到最低油耗和降低排放。当节气门位置传感器的大负荷触点闭合或节气门开度大于 70°时，ECU 判断为大负荷工况，此时应按功率混合气要求供给喷油量，目的是使发动机发出最大功率。大负荷信号由节气门位置传感器测得的节气门开度来决定。当判断出为大负荷时，ECU 延长喷油器的持续喷油时间，使喷油量增加。

(7) 断油控制　断油控制是 ECU 在一些特殊工况下，暂时中断燃油喷射，以满足发动机运转中的特殊要求，它包括超速断油控制和减速断油控制两种断油控制方式。

1）超速断油控制。超速断油是当发动机转速超过允许最高转速时，由 ECU 控制自动中断喷油，以防止发动机超速运转，造成机件损坏，也有利于降低油耗，减少有害排放物。

对发动机的最高转速进行限制，电控燃油喷射发动机采用切断燃油的电子转速限制装置。ECU根据发动机的实际转速与ECU内存储的最高转速（一般为6000~7000r/min）进行比较，当达到设定的最高转速时，ECU立即抑制喷油脉冲，停止输出喷油信号，使喷油器停止喷油。当发动机转速降到规定值，即断油后发动机转速下降至低于极限转速约100r/min时，断油控制结束，恢复喷油。如此循环，以防止转速继续上升。

2）减速断油控制。当发动机高速运行突然完全关闭节气门时，不可能很快转入正常怠速。ECU根据节气门全闭信号和转速高于某一设定值的信息，自动控制中断燃油喷射，直到发动机转速下降到设定的低转速时再恢复喷油。这样，有利于控制急减速时的有害排放物，降低燃油消耗量，并加大发动机对汽车滑行的制动作用。

减速断油控制过程是由ECU根据节气门位置、发动机转速、冷却液温度等运转参数做出综合判断后，在满足以下条件时执行减速断油控制的：

① 节气门位置传感器中的怠速开关接通。

② 发动机冷却液温度已达正常温度。

③ 发动机转速高于某一数值，该转速称为减速断油转速，其值根据发动机冷却液温度及负荷等参数确定。通常，冷却液温度越低，发动机负荷越大（如使用空调时），该转速越高。

当上述三个条件同时得到满足时，ECU就执行减速断油控制，切断喷油，否则，ECU就立即停止减速断油，恢复喷油。

以上所述空燃比的控制方法，称为开环控制。在此控制系统中，发动机各种运行工况下的空燃比存储在ECU的存储控制单元中，在发动机运行时，ECU根据传感器检测到的信号从存储器中查取相应的控制参数并输出控制。开环控制的特点是发动机只按照ECU中预先存储的空燃比值对发动机进行控制，因而其控制比较简单，但并不检测控制后是否达到了真正的目标，因而不能纠正自身控制产生的相对误差。

3. 理论空燃比的反馈控制

反馈控制又称为闭环控制。反馈控制是指借助安装在排气管中的氧传感器送来的反馈信号，对理论空燃比进行反馈控制的方式。根据氧传感器的输出特性，氧传感器输出电压信号在过量空气系数为1时发生跃变。微机有效地利用这一空燃比反馈信号，当混合气过稀时，排气中含氧量增加；当增加到一定值时，氧传感器的输出电压突然降低。ECU根据这一信号命令喷油器增加供油量，使混合气逐渐变浓，直至加浓到实际空燃比略低于化学计量空燃比、氧传感器的输出电压再次迅速上升、ECU再次发出减少喷油量的命令为止。反馈控制便是如此循环往复进行的（图6-27）。

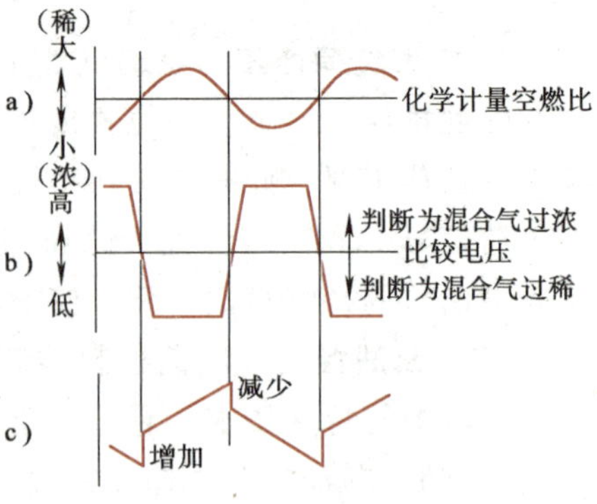

图6-27　反馈控制特性曲线图

a）混合气实际空燃比　b）氧传感器输出电压　c）喷油量

氧传感器通常和三元催化转化器一同使用，应用氧传感器进行反馈控制的目的也在于保证三元催化转化器的排气净化效果。

在发动机运行中，并不是在所有时刻和任何工况下，氧传感器和反馈控制系统都起作用。ECU是交替通过开环和闭环两种方式对喷油量进行控制的。发动机在起动、大负荷（节气门全开）及暖机运转过程中，需要较浓的混合气，此时 ECU 处于开环控制状态，氧传感器不起作用。另外，因为氧传感器只有在高温状态下（一般需加热至 349℃）才能产生可靠的信号，当发动机起动后，在氧传感器未达到一定温度之前，ECU 也是处于开环控制状态。只有在发动机达到正常工作温度后，ECU 才进行闭环控制，氧传感器才发挥反馈控制的作用。当氧传感器出现故障，输出信号异常时，ECU 会自动切断氧传感器的反馈作用，进入开环控制状态。

第四节　汽油机的燃烧室

燃烧室结构直接影响发动机充气系数、火焰传播速率及放热率、传热损失和爆燃的发生，从而影响发动机的性能。为了使汽油机动力性高、经济性好、工作平稳、噪声小、排气污染小，对燃烧室提出了一系列的要求。

（1）结构紧凑　面容比 F/V（燃烧室表面积与容积之比）常用于表示燃烧室的紧凑性。它与燃烧室形式以及汽油机的主要结构参数有关，侧置气门燃烧室的 F/V 大，顶置气门燃烧室的 F/V 要小得多，即使都是顶置气门，不同形状燃烧室的 F/V 值也是有差别的。一般来说，F/V 大，火焰传播距离长，容易爆燃，HC 排放高（图 6-28），相对散热面积大，热损失大。F/V 较小，燃烧室紧凑，具有的优点一是火焰传播距离小，不易爆燃，可提高压缩比；二是相对散热损失小，热效率高；三是熄火面积小，HC 排量少。

（2）具有良好的充气性能　应允许有较大的进、排气门流通截面，这样可以提高充气系数，降低泵气损失；燃烧室壁面与气门头部要有足够的间隙，以避免壁面的遮蔽作用。

（3）火花塞位置安排得当　火花塞的位置直接影响火焰传播距离的长短、火焰面积扩大率和燃烧率，从而影响抗爆性，也影响火焰面积扩展速率和燃烧速率。在布置火花塞时必须考虑以下因素：

1）能充分利用新鲜混合气，扫除火花塞间隙处的残余废气，使混合气易于着火。这一点对暖机和低负荷的运转稳定性更为重要，但气流不能过强，以免吹散火花。

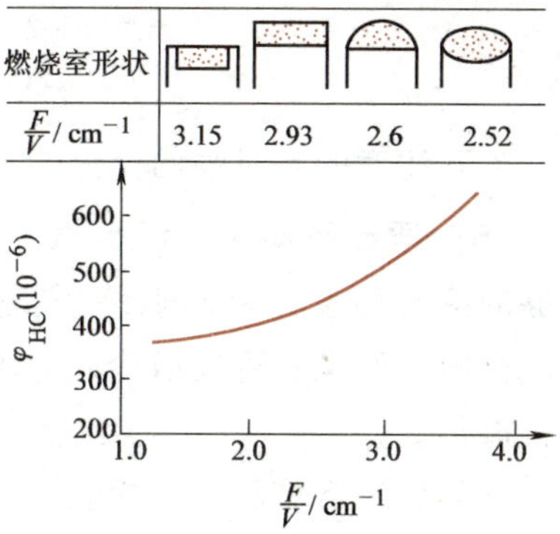

图 6-28　不同形状燃烧室的 F/V 与 HC 排放

2）火花塞应靠近排气门处，使受灼热表面加热的混合气及早燃烧，以免发展为爆燃燃烧。

3）火花塞的布置应使火焰传播距离尽可能短。

4）不同的火花塞位置对燃料辛烷值要求也不同，如图 6-29 所示为顶置气门燃烧室火花塞位置对辛烷值的要求。

不同的燃烧室形状实际上反映了混合气气体的分布情况，与火花塞位置相配合，也就决定了不同的燃烧放热率和火焰传播到边缘可燃混合气的距离，从而影响抗爆性、工作粗暴性、经济性和平均有效压力。在特制形状的燃烧室中的试验结果表明，圆锥形底部点火时，开始燃烧速率大，后期缓慢；圆锥形顶部点火时正好相反，开始缓慢，后期快速燃烧；圆柱形介于两者之间（图6-30）。楔形燃烧室与圆锥形底部点火类似，浴盆形燃烧室与圆柱形类似。

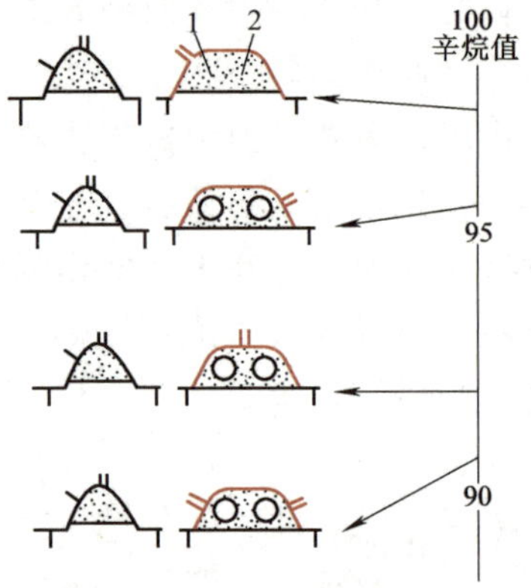

图6-29　顶置气门燃烧室火花塞位置对辛烷值的要求

$n=1000\text{r/min}$　$\varepsilon_c=9$

1—进气门　2—排气门

合理的分布应使燃烧初期压力升高率小，工作柔和；中期放热量最多，获得较大的功；后期补燃较少，有较高的热效率。

（4）要产生适当的气体流动　燃烧室内形成适当强度的气体流动有以下优势：一是增加火焰传播速度；二是扩大了混合气体的着火界限，可以燃烧更稀的混合气；三是降低了循环变动率；四是降低了HC排放量。

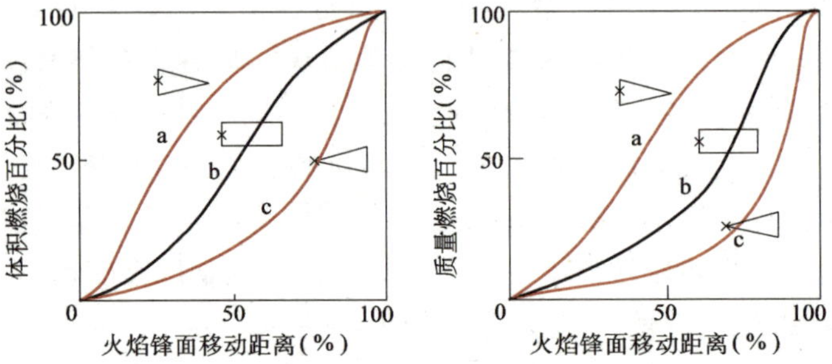

图6-30　燃烧室形状对燃烧放热率的影响

需要注意的是过强的气流会使热损失增加，还可能吹熄火核而失火。

（5）适当冷却末端混合气　末端混合气要有足够的冷却强度，以降低终燃混合气温度，减轻爆燃倾向。但又不可使激冷层过大，以免增加HC的排放量。

下面介绍常见的一些燃烧室。

一、传统发动机常见的燃烧室

1. 楔形燃烧室

如图6-31所示，楔形燃烧室结构较紧凑，火焰传播距离较短；气门倾斜6°~30°，使得气道转弯小，这种燃烧室气门直径较大，因而充气性能较好；楔形燃烧室有一定的挤气面积，并且末端混合气冷却作用较强，故压缩比可达9.5~10.5；这种燃烧室有较高的经济性和动力性。

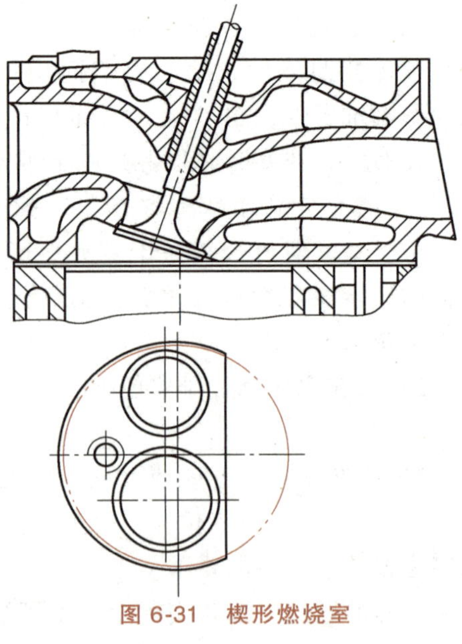

图6-31　楔形燃烧室

楔形燃烧室的火花塞布置在楔形高处，对着进、排气门之间，有利于新鲜混合气扫除火花塞附近的废气，低速、低负荷性能稳定。但由于混合气过分集中在火花塞处，使得初期燃烧速度大，$\Delta p/\Delta\varphi$ 值较高，工作粗暴，NO_x 排出量较高。由于挤气面积内的熄火现象，废气中 HC 的含量也较多，故须控制挤气面积。

楔形燃烧室曾是车用汽油机采用比较广泛的一种，我国 CA-72 型小客车汽油机及 486（3Y）、491（4Y）、489（GM2.0）型汽油机均采用此种燃烧室。由于楔形燃烧室进、排气门只能单行排列，采用多气门机构困难，故高性能轿车的汽油机较少应用。

2. 浴盆形燃烧室

浴盆形燃烧室如图 6-32 所示。这种燃烧室高度是相同的，宽度允许略超出气缸范围来加大气门直径。从气流运动考虑，希望在气门头部外径与燃烧室壁面之间保持 5～6.5mm 的壁距，这样使气门尺寸所受的限制比楔形大。浴盆形燃烧室的特点是具有一定的挤气面积，但挤流效果差；火焰传播距离较长，燃烧速度较低，使整个燃烧时间长，经济性和动力性不高，HC 排量多。但 $\Delta p/\Delta\varphi$ 值低，工作柔和，NO_x 的排放量较少，工艺性好。我国 6100Q 汽油机、BJ212 汽油机采用此种燃烧室。

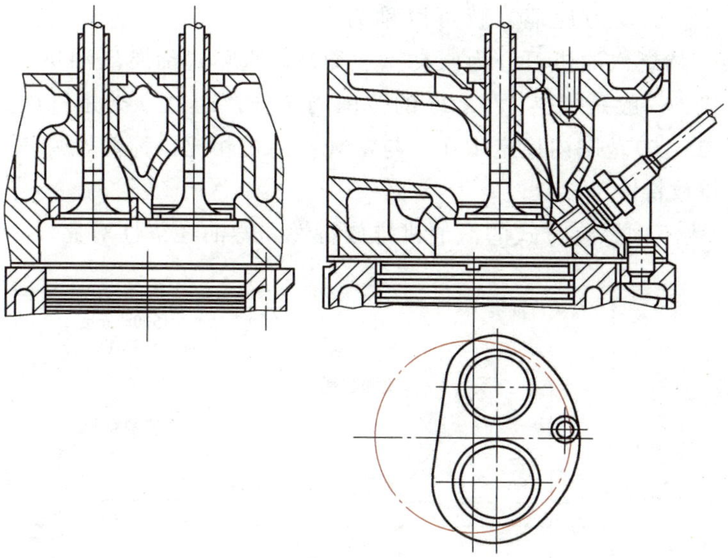

图 6-32　浴盆形燃烧室

3. 半球形燃烧室

半球形燃烧室如图 6-33 所示。这种燃烧室结构紧凑，且由于火花塞位于中间，故火焰传播距离是最短的。进、排气门倾斜布置，使气门直径较大，气道转弯较小，充气效率高，且对转速变化不敏感，最高转速在 6000r/min 以上的车用汽油机几乎都采用此类燃烧室。因此半球形燃烧室有较好的动力性和经济性，由于面容比小，HC 排放量低。其缺点是由于火花塞附近有较大容积，使燃烧速率大，压力升高率大，工作粗暴，NO_x 排放量较多，且末端混合气冷却较差，气门驱动机构也较复杂。

二、稀薄燃烧及缸内直喷式汽油机

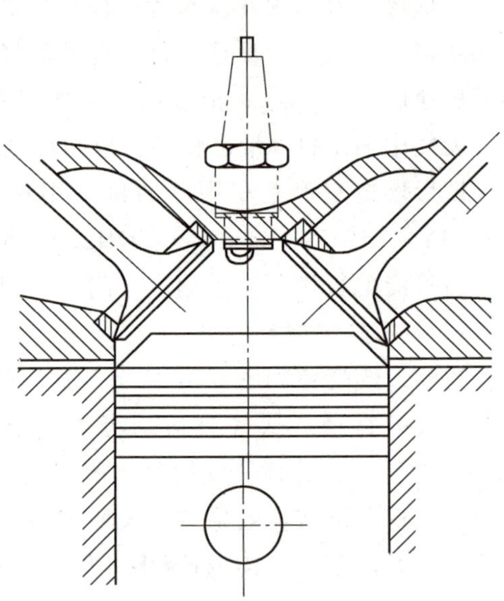

图 6-33 半球形燃烧室

常规汽油机（包括化油器式和大部分进气道喷射式汽油机）的混合气是均质的，一般在空燃比 $A/F=12.6\sim17$ 范围内工作。常规汽油机的主要缺点是为了防止发生爆燃，采用较低的压缩比，这导致热效率较低；浓混合气的比热容比低，使热效率降低；只能用进气管节流方式对混合气充量进行调节，即所谓量调节，这使得泵气损失较大；在化学计量比附近燃烧，故有害排放特别是 NO_x 的排放量较高。总之，常规汽油机，特别是用三元催化转化器的汽油机，过量空气系数必须控制在 1 左右，从而限制其性能进一步提高。

稀薄燃烧汽油机是一个范围很广的概念，只要 $A/F>17$，且保证动力性能，就可以称为稀薄燃烧汽油机。稀燃汽油机可分为两类，一类是非直喷式稀燃汽油机，包括均质稀燃和分层稀燃式汽油机，一般只能在 $A/F<25$ 的范围内工作。而另一类是缸内直喷式稀燃汽油机，可在 A/F 为 25~50 范围内稳定工作。与常规汽油机相比，稀薄燃烧汽油机同时兼顾了燃油经济性和低排放特性。

图 6-34 所示为不同燃烧方式的汽油机排放特性和燃油经济性对比。

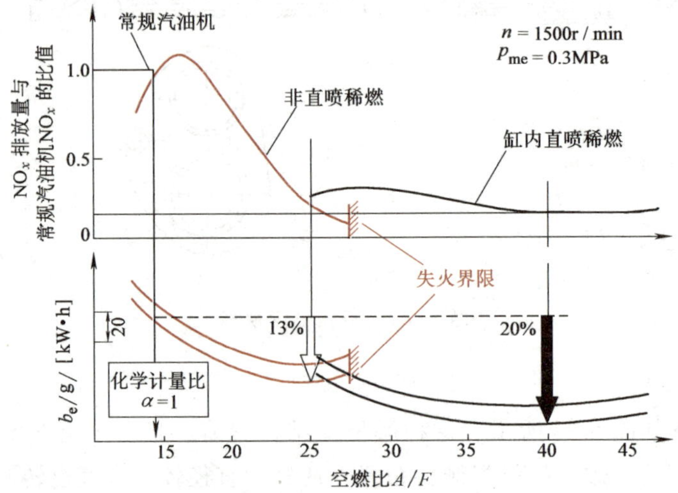

图 6-34 不同燃烧方式的汽油机排放特性和燃油经济性对比

1. 均质稀混合气的燃烧室

（1）TGP 燃烧室 如图 6-35 所示，燃烧室中设有一个预燃室，其容积 V_p 与主燃烧

室容积 V_m 之比不大于 20%，火花塞位于通道中。在压缩过程中，新鲜混合气进入预燃室，产生适当的涡流，并对火花塞间隙进行扫气，促进着火。火焰核心进入预燃室，引起迅速燃烧，结果形成火焰束喷入主燃烧室，使主燃烧室气体产生强烈紊流，促进了主燃烧室燃烧。TGP 燃烧室和传统燃烧室放热率及 NO_x 排放的比较分别如图 6-36 和图 6-37 所示。

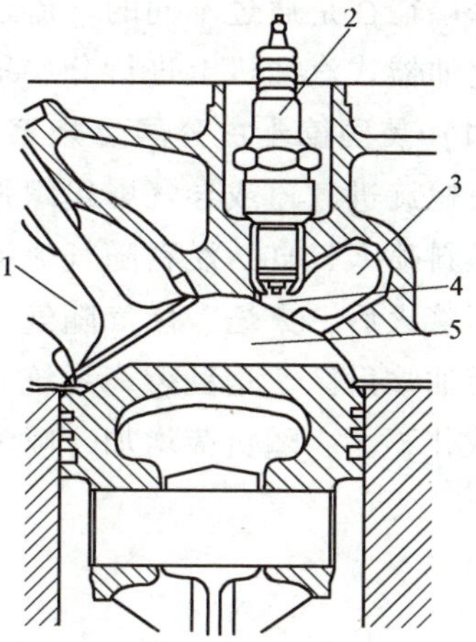

图 6-35　TGP 燃烧室

1—进气口　2—火花塞　3—预燃室 V_p　4—孔道　5—主燃烧室 V_m

（2）双火花塞燃烧室　在图 6-38 所示的双火花塞燃烧室中，在离半球形燃烧室中心两边等距离处各布置一个火花塞，因而火焰传播距离仅为缸径的一半，点火提前角可减小，这样提高了点火时混合气的压力和温度，使着火性能得到改善，燃烧持续时间缩短，提高了发动机的性能。

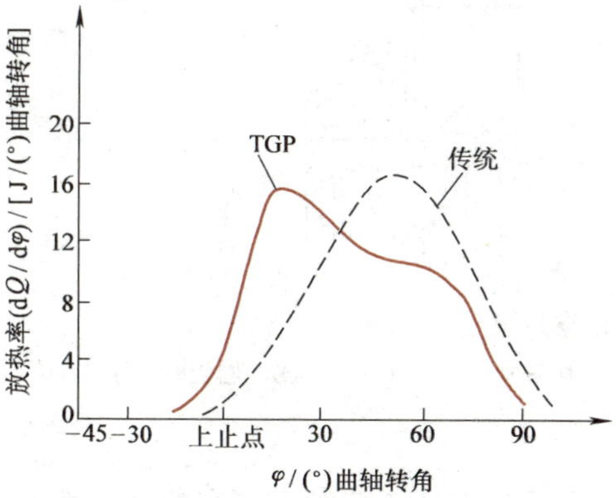

图 6-36　TGP 燃烧室与传统燃烧室放热率的比较

（n=2000r/min，A/F=15，排量：4 缸，2000mL）

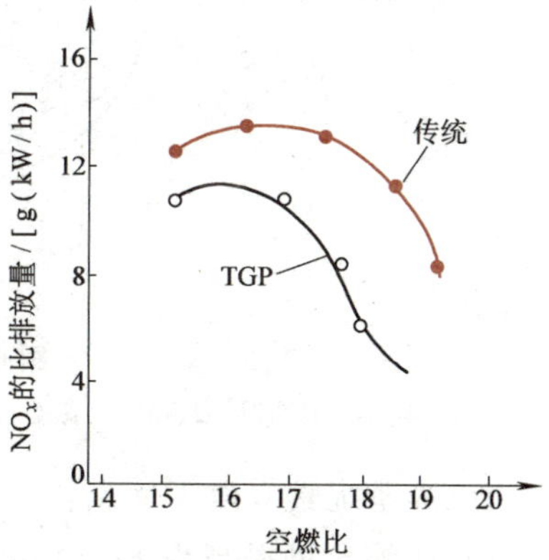

图 6-37　TGP 燃烧室与传统燃烧室 NO_x 排放的比较

（n=2400r/min，排量：4 缸，2000mL）

2. 分层燃烧

均质预混合燃烧通过采用改进燃烧室、高湍流和高能点火等技术，可使汽油机的稳定燃烧界限超过 A/F=17，即实现均质稀燃。但随着 A/F 继续增大，这种均质的混合气逐渐难以点燃，并且燃烧速度也显著减慢，造成燃烧不稳定和 HC 排放回升，以致无法正常工作。

为了提高稀燃界限，可采用分层充气燃烧，即在火花塞附近形成具有良好着火条件的较浓的可燃混合气，而在周边区域是较稀混合气或空气。如图 6-34 所示，分层燃烧的汽油机可稳定工作在 A/F=20~25 范围内。分层充气使燃油消耗率降低 13%左右，NO_x 也有显著降低。

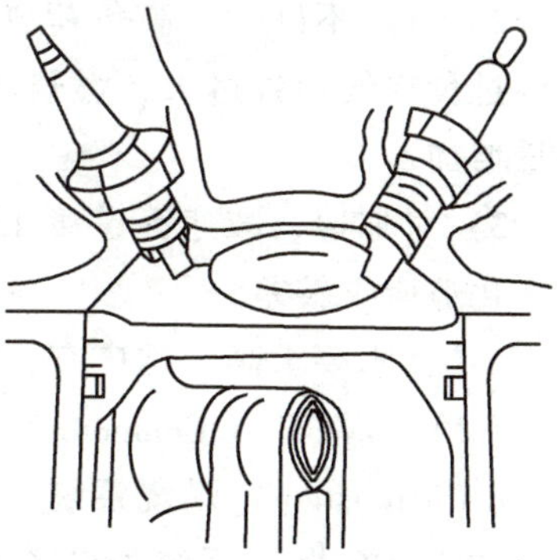
图 6-38　双火花塞燃烧室

分层往往是通过不同的气流运动和供油方法实现的，从 20 世纪 70 年代起，人们就开始在化油器式汽油机上进行分层稀薄燃烧的尝试。

(1) 美国德士古分层燃烧系统（TCCS）　如图 6-39 所示，此系统吸入气缸的是空气，由螺旋进气道或导气屏组织强进气涡流。在压缩上止点前 30°左右，喷油器顺气流方向将燃料喷入气缸，燃料随气流流动，火花塞位于喷油器下方边缘，此处混合气浓，容易着火。着火后，火焰、燃气随气流扩展，被气流带离火花塞、喷油器，新鲜空气又被涡流带到燃油喷射区。这种燃烧系统并不一定利用气缸中的全部空气，小负荷时，燃烧产物扩展区域并不大，随负荷增加，喷油持续期延长，燃烧产物区域也随之扩展。

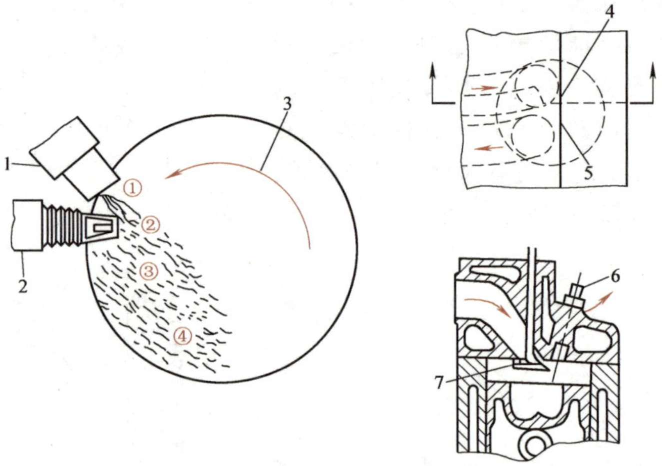

图 6-39　德士古 TCCS 燃烧系统

1、4、6—喷油器　2、5—火花塞　3—空气流动方向　7—挡板阀　①、②、③、④—燃烧顺序标号

TCCS 系统具有以下优点：

1）压缩比可提高到 12，功率可采用变质调节，因此部分负荷时有较高的经济性能。

2）对燃料辛烷值不敏感，可以燃烧汽油、煤油、柴油，具有优异的多种燃料性能。

TCCS 系统具有以下缺点：

1）NO_x 的排放量高。

2）分层不好时，高负荷冒黑烟，低负荷因过量空气系数过大，燃烧不好，HC 排放量增加。

3）对加速、减速等过渡工况及周围环境变化适应性较差。

4）技术要求高，推广有一定困难。

(2) CVCC（Compound Vortex Controlled Combustion）**燃烧系统**　由本田公司提出的 CVCC 燃烧系统如图 6-40 所示。它实际上是一种分区燃烧方式，有主、副两个燃烧室和两个化油器。工作时，向主燃

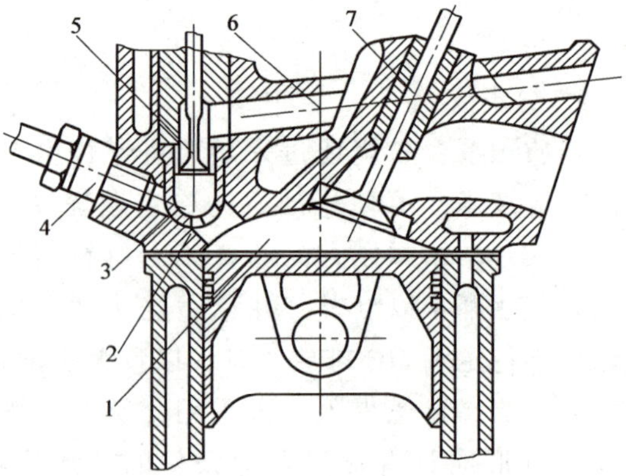

图 6-40　CVCC 燃烧系统

1—主燃烧室　2—火焰通道　3—副燃烧室　4—火花塞　5—辅助进气门　6—副进气道　7—主进气门

烧室供给较稀混合气，向副燃烧室供给少量浓混合气，在压缩过程中，副燃烧室内形成易于着火的混合气。火花塞首先点燃副燃烧室中的混合气，由副燃烧室喷出的火焰点主燃烧室的稀混合气。

CVCC燃烧系统的主燃烧室不组织涡流，加上主、副燃烧室之间的火焰孔面积较大，不可能引起强烈的燃烧紊流，因此燃烧速度低，过后燃烧严重，CVCC燃烧系统的 NO_x 排放量仅为一般汽油机的1/3；同时由于富氧和燃烧较慢的原因，排气温度高且处于氧化性气氛，加之装有热反应器，使废气中的HC和CO进一步氧化。

(3) 轴向分层稀燃系统 如图6-41所示，进气过程早期只有空气进入气缸，进气组织较强的涡流；当进气门开启接近最大升程时，通过安装在进气道上的喷油器将燃料对准进气阀喷入气缸内；燃料在涡流的作用下，沿气缸轴向发生上浓下稀分层。压缩过程维持这种轴向分层，在火花塞附近存在较浓的混合气，而其余部分混合气较稀。

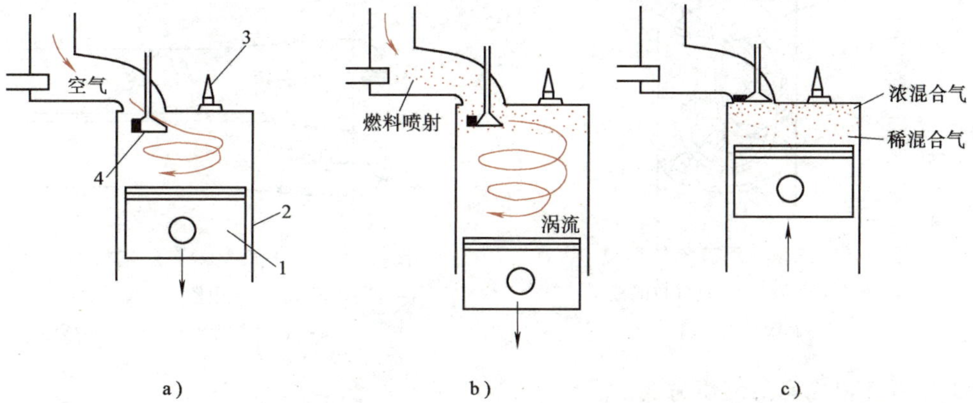

图6-41 轴向分层稀燃系统工作原理

a) 进气过程早期 b) 进气过程后期 c) 压缩过程

1—活塞 2—气缸 3—火花塞 4—导气屏进气门

(4) 滚流（纵涡）分层稀燃系统 三菱公司在1991年开发成功了MVV(Mitsubishi Vertical Vortex)燃烧系统，如图6-42所示。在进气道中设置两块薄的垂直隔板，使进气在气缸内形成三股独立的滚流，外层的两股涡流仅由空气组成，中间的一般是浓的混合气，这样强的空气和燃料线形气流，大大抑制了水平涡流的形成，同时防止它们彼此混合，使燃料和空气在压缩过程维持分层，保证火花塞附近形成浓混合气，向缸壁逐渐稀化。

(5) 四气门分层稀燃系统 AVL公司在1990年提出的四气门高压缩快速燃烧（High Compression Fast Burn，HCFB）系统，如图6-43所示，进气系统中有一个切向进气道1和一个中性进气道2分别独立地通往各自的进气门。切向进气道产生绕气缸中心线旋转的进气涡流；同时，中性进气道末端与气缸中心线的夹角较小而产生向下的气流，该气流与活塞运动相配合，产生一种其旋转轴线平行于曲轴中心线的滚流。安置在中性进气道中的涡流控制阀3控制两个进气道中的流量比，进而决定缸内充量运动的涡流比。涡流控制阀下游的进气道上开有一个“窗口”，双油束喷油器4通过这个“窗口”将两支油束分别喷入两个进气道。两支油束的燃油流量相等、持续时间相同。当涡流控制阀不是完全开启时，中性进气道的混合气较浓，切向进气道的混合气较稀，造成分层充气。如果配以恰当的燃烧室形状，便能使上述充气的分层保持到点火时刻。涡流控制阀的开度由 ECU 根据发动机负荷和转速确定。

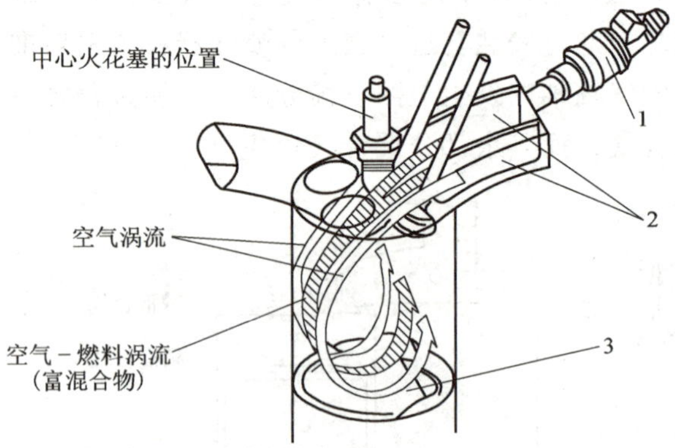

图 6-42　三菱纵涡流旋转系统

1—燃料喷射器　2—进气口隔板
3—翻滚控制活塞

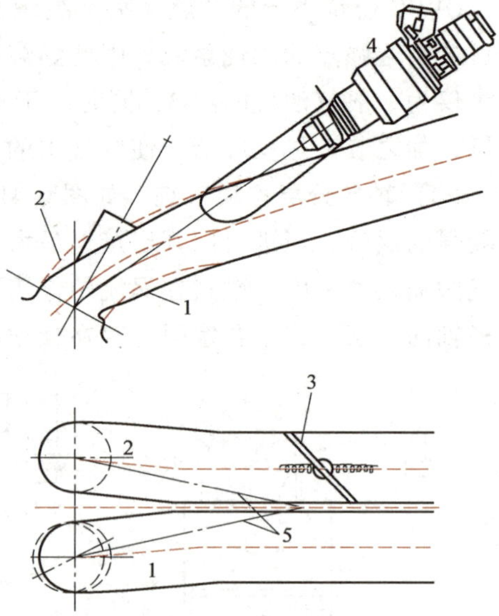

图 6-43　AVL 四气门高压缩快速燃烧系统

1—切向进气道　2—中性进气道　3—涡流控制阀
4—双油束喷油器　5—双油束

3. 缸内直喷式稀薄燃烧方式

如前所述，与常规汽油机相比，分层充气燃烧已经大大提高了空燃比。但是因为分层充气燃烧时浓混合气区域难以维持很长时间，所以随着空燃比的进一步提高，单靠分层充气燃烧已不能保证稳定着火。缸内直喷式非均质混合燃烧方式较好地解决了这个问题，类似柴油机缸内直喷，汽油机的缸内直接喷射（Gasoline Direct Injection，GDI）是指直接往气缸内喷射汽油。这样在空燃比很稀时，可在接近点火时刻才开始喷油，即压缩过程后期喷油，使火花塞周围的浓混合气来不及变稀就被点燃了。缸内直喷式汽油机一般可在 A/F 为 25～50 的范围内稳定工作，燃油消耗率得到进一步改善。

（1）福特缸内直喷燃烧系统（PROCO）

福特缸内直喷燃烧系统如图 6-44 所示，喷油器直接把汽油喷入燃烧室，利用涡流和滚流进行燃油与空气的混合，因燃油在缸内蒸发吸收一部分空气热量，使温度下降，充量系数提高。这种燃烧系统由于是直接喷射，使缸内充量得到冷却，可以使用较大的压缩比，发动机压缩比达 11.5，燃油消耗率可进一步下降，可大幅度降低冷起动时的

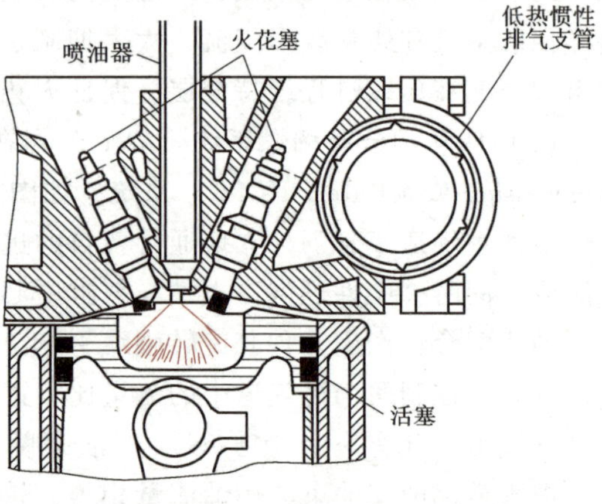

图 6-44　福特缸内直喷燃烧系统

HC 排放，稳定工作的最大空燃比可达 25。

（2）三菱 4G 系列缸内直喷式稀薄燃烧系统　图 6-45 所示为三菱 GDI 燃烧系统，其主要工作特点是利用立式进气道在气缸中产生逆向翻滚气流；利用一个高压（喷射压力 5MPa）的旋流式电磁喷油器，使得喷出的燃油有好的贯穿度和合适的雾化；可以实现小负荷时分层燃烧；可以精确控制火花点火时火花塞附近的空燃比，提高了发动机点火的可靠性；可以实现两段燃烧（两段燃烧法是指在进行正常燃烧的怠速运转时，不仅在压缩行程后期喷油，还在膨胀行程的后期补充喷油的燃烧技术）；在全工况范围内，可以实现均质、分层及两段混合燃烧等。

（3）丰田 D-4 缸内直喷稀燃发动机　图 6-46 所示为丰田汽车公司开发的 D-4 缸内直喷稀燃发动机的燃烧系统示意图，通过安装在进气道上的电子涡流控制阀，形成不同斜向角度的进气涡流。燃烧室为半球屋顶形，活塞顶部设有唇型深皿凹坑，与进气涡流旋向以及高精度的喷油时间和喷油方向控制相配合，在火花塞周围形成较浓的易点燃混合气区域。该系统采用高压（8～13MPa）旋流喷油器，可实现燃油喷射高度微粒化（喷雾粒度小于 5μm），有效抑制扩散燃烧所产生的黑烟。为控制分层燃烧时 NO_x 的产生，采用了电控排气再循环系统。

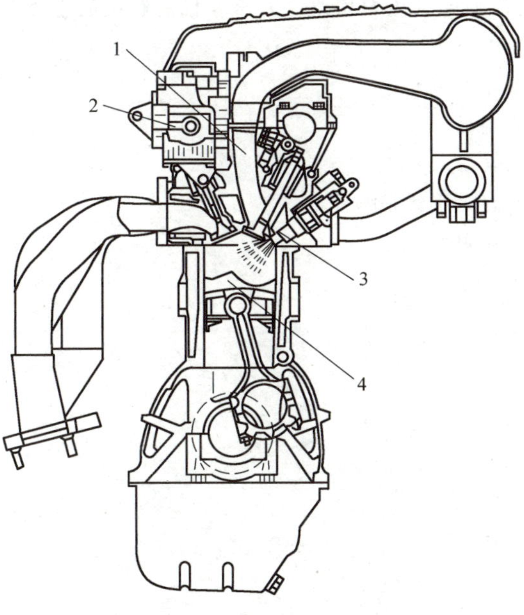

图 6-45　三菱 GDI 燃烧系统

1—立式进气道　2—高压燃料泵

3—高压旋流喷油器　4—弯曲顶面活塞

图 6-46　丰田汽车公司开发的 D-4 缸内直喷稀燃发动机的燃烧系统示意图

当然，GDI 燃烧系统的广泛应用，还需要解决一些技术问题。GDI 发动机不能采用已十分成熟的传统三元催化剂，而稀燃催化剂开发难度大，生产成本高。尽管已有若干种稀燃催化剂得到应用，但目前 GDI 发动机的实际排放水平略高于化学计量比加三元催化剂的发动机；因为越接近压缩上止点喷油，混合气形成时间越短，要想形成高质量的燃油混合气，GDI 燃烧系统需要像柴油机那样对“油-气-燃烧室”三者的匹配进行大量工作；虽然 GDI 燃烧系统 NO_x 的排放量明显降低，但 HC 排放量增加，有时燃烧组织不好甚至冒黑烟；由于汽油比柴油的润滑性差，GDI 燃烧系统对喷油系统要求很高，GDI 用喷油器的设计制造十分复杂。但因为 GDI 燃烧系统明显改善了燃油消耗率，从长远看，GDI 燃烧系统终将取代传统的燃油喷射系统。

复习思考题

1. 说明汽油机燃烧过程各阶段的主要特点，以及对它们的要求。
2. 爆燃燃烧产生的原因是什么？它会带来什么不良后果？
3. 爆燃和早燃有什么区别？
4. 爆燃的机理是什么？如何避免发动机出现爆燃？
5. 何谓汽油机表面点火？防止表面点火的主要措施有哪些？
6. 何谓汽油机燃烧循环变动？燃烧循环变动对汽油机性能有何影响？如何减少燃烧循环变动？
7. 提高汽油机压缩比对提高性能有何意义？如何保证在汽油机上使用较高的压缩比？
8. 分析使用因素对燃烧过程的影响。
9. 试说明汽油机燃烧室设计的一般要求。
10. 比较汽油机典型燃烧室的优缺点及适用场合。
11. 在汽油机上燃烧均质稀混合气有什么优点？它所面临的主要困难是什么？目前解决的途径有哪些？
12. 分析过量空气系数和点火提前角对燃烧过程的影响。
13. 何谓稀燃、层燃系统？稀燃、层燃对汽油机有何益处？
14. 电控汽油喷射系统与化油器相比有哪些优点？
15. 电控汽油喷射系统有哪些形式？目前采用比较广泛的形式是哪种？
16. 电控汽油喷射系统如何实现喷油定时和喷油量的控制？
17. 汽油机电控系统常将什么作为其控制目标？
18. 电控系统的开、闭环控制各指什么？

第七章 Chapter 7

发动机的特性

发动机的特性是发动机性能的综合反映。在一定条件下，发动机性能指标或特性参数随各种可变因素的变化规律就是发动机的特性。其中，发动机的运行特性是指发动机的性能指标随工况参数的变化规律；发动机的调整特性是指发动机性能指标随调整参数变化而变化的关系。本章主要介绍发动机的负荷特性、速度特性及万有特性等基本特性。

第一节　发动机的特性概述

一、发动机的工况

发动机工况是指发动机实际运行的工作状况，表征发动机的运行工况由下式给出：

$$P_e \propto T_{tq} n \tag{7-1}$$

式中，P_e 是发动机的有效功率；T_{tq} 是发动机的转矩；n 是发动机的工作转速。因此，发动机的工况可以由功率 P_e 和转速 n 来表示，它们与被拖动的工作机械要求的功率和转速相适应。只有当发动机输出的转矩和工作机械所消耗的转矩相等时，发动机才能以一定转速按一定功率稳定运转；当工作机械的阻力矩、转速变化时，发动机的工况就会发生变化。

1. 发动机的工况分类

发动机的工作区域取决于发动机的用途。用途不同，工作区域将有很大的差异，通常把发动机的工况分为以下三类：

1）第一类工况，它的特点是发动机的功率变化时，转速几乎保持不变，该工况又称为固定式发动机工况。如发电用发动机，其负荷呈阶跃式突变，并没有一定的规律；而发动机的转速必须保持稳定，以保证输送电压和频率的恒定，反映在工况图上就是一条近似垂直线（图 7-1 中的曲线②），称为线工况；灌溉用发动机，除了起动和过渡工况外，在运行过程中负荷与转速均保持不变，称为点工况（图 7-1 中的①点）。

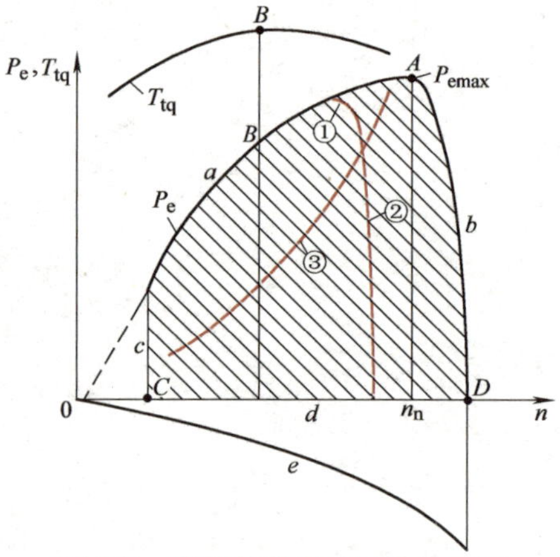

图 7-1　发动机的工况及工作区域

2）第二类工况，它的特点是发动机的功率与转速接近于幂函数关系，该工况又称为发动机的螺旋桨工况。例如，当发动机作为船用主机驱动螺旋桨时，发动机所发出的功率与螺旋桨吸收的功率相等，而螺旋桨吸收功率又取决于转速的高低，且与转速成幂函数关系，如图 7-1 中曲线③所示的三次幂函数（$P_e \propto n^3$），该类工况也称为推进工况，属于线工况。

3）第三类工况，它的特点是功率与转速都在很大范围内变化，该工况又称为发动机的面工况。例如，汽车用发动机的转速取决于汽车的行驶速度，可以从最低稳定转速一直变到最高转速；负荷取决于行驶阻力，在同一转速下，可以从零变到全负荷，如图 7-1 所示的剖面线所覆盖的部分，其他陆地运输用车辆发动机，都属于这种工况。

2. 车用发动机的工况范围

由车用发动机可能运行的工况可知，其工作区域被限定在一定范围内，如图 7-1 所示。

1）上边界线 a 为发动机油量控制机构最大位置时，不同转速下发动机所能输出的最大功率，A 为最大有效功率的标定点。

2）左侧边界线 c 为发动机最低稳定工作转速 n_{min} 限制线，低于此转速时，由于曲轴、飞轮等运动部件储存能量较小，导致转速波动大，发动机无法稳定工作。

3）右侧边界线 b 为发动机最高转速 n_{max} 限制线，它受到转速过高所导致的惯性力增大、机械摩擦损失加剧、充量系数下降及工作过程恶化等各种不利因素的限制。

a、b 曲线都是在驾驶人最大加速踏板位置条件下获得的。对于汽油机，a、b 曲线都在节气门全开时获得，称为速度外特性线；对于柴油机，a 曲线为校正外特性线，b 曲线则是调速器起作用的调速特性线。

4）横坐标上的 d 曲线是各个加速踏板位置下的空转速度线。此时动力输出为零，发动机的指示功率 P_e 与空转的机械损失功率 P_m 相平衡。

5）e 曲线的输出功率为负值，是发动机熄火，外力倒拖时的工况线。此时倒拖功率与熄火后空转的机械损失功率相平衡。该曲线不属正常工作范围，它只在汽车挂档或者下长坡时起制动作用，维持汽车不再加速。

3. 发动机性能的评价方式

为了评价发动机在不同工况下运行的动力性能指标、经济性能指标、排放指标以及反映工作过程进行的完善程度指标等，需要对发动机的特性进行分析和研究。用来表示发动机特性的曲线就是特性曲线，它是评价发动机的一种简单、直观、方便的形式，是分析和研究发动机的一种最基本的手段。

需要说明的是，只有在发动机工况稳定时，功率、转速和转矩这些基本量才有确定的关系，才能满足关系式（7-1）；而当发动机处于非稳态工况时，也就是当发动机处于两个稳态工况之间的过渡状态时，至少有一个基本参数值呈变化状态，上述关系式不再成立。但是，瞬态工况是建立在稳态工况的基础上的，因此，研究发动机的特性需要从对稳态过程的分析入手。

二、发动机特性的分析方法

发动机的性能指标主要取决于调整参数、使用因素和环境条件三个方面的因素。其中，调整参数有点火（或喷油）时刻及空燃比等。发动机性能随调整参数的变化规律称为发动机的调整特性。使用因素主要指发动机运行的实际工况，常用负荷和转速表示。发动机的性能指标随运行工况而变化的特性，称为发动机的使用特性，这是评价发动机性能的一种必不可少的形式。下面主要讨论使用特性。而环境条件的影响主要通过修正系数进行修正。

对于发动机的使用特性，根据车用发动机使用工况的特点，发动机特性曲线的分析方法分为线工况分析法和面工况分析法两种。线工况分析法根据发动机可调参数和固定参数的不同又可分为两种：一种是在整个使用工况区域，固定负荷（如节气门开度或循环喷油量），研究发动机性能指标随转速变化规律的速度特性；另一种是固定转速，研究发动机的性能随指标变化规律的负荷特性。而面工况分析法，又称万有特性，是指在整个使用工况范围内分析发动机性能随工况分布的情况，由此分析发动机常用工况下的经济性以及排放特性等。

三、发动机特性参数间的关系

发动机的特性参数之间的内在关系，是分析发动机特性的主要基础，也是解释发动机特性曲线的依据。在前面章节已经对有关参数做了介绍，现在统一给出发动机特性参数分析式。

（1）有效功率 P_e 由于$\dfrac{m_a}{m_F}=\phi_a L_0$，可得每循环供油量为

$$m_F=\frac{m_a}{\phi_a L_0}$$

则循环放热量 $Q=m_F H_u=\dfrac{m_a}{\phi_a L_0}H_u$。

又因 $m_a=\phi_c V_s \rho_s$，故 $Q=\dfrac{\phi_c V_s \rho_s}{\phi_a L_0}H_u$。

根据定义

$$p_{me}=\frac{W_e}{V_s}=\frac{\eta_e Q}{V_s}$$

将 $Q=\dfrac{\phi_c V_s \rho_0}{\phi_a L_0}H_u$ 代入，得

$$p_{me}=\frac{\eta_e \phi_c V_s \rho_0 H_u}{V_s \phi_a L_0}=\frac{\rho_0 H_u}{L_0}\,\frac{\eta_{it}\eta_m \phi_c}{\phi_a}$$

又 $P_e=\dfrac{p_{me}V_s n i}{30\tau}$代入，得

$$P_e=K_1\frac{\phi_c}{\phi_a}\eta_{it}\eta_m n \tag{7-2}$$

（2）有效输出转矩 T_{tq} 由 $P_e=\dfrac{T_{tq}n}{9550}$，可得

$$T_{tq}=K_2\frac{\phi_c}{\phi_a}\eta_{it}\eta_m \tag{7-3}$$

（3）有效燃油消耗率 b_e

$$b_e=\frac{3.6\times10^6}{\eta_e H_u}=\frac{K_3}{\eta_{it}\eta_m} \tag{7-4}$$

(4) 发动机每小时耗油量 B

$$B=b_eP_e=K_4\frac{\phi_c}{\phi_a}n \tag{7-5}$$

以上四个分析式中，K_1、K_2、K_3 和 K_4 为常数；ϕ_c 为发动机的充量系数；ϕ_a 为过量空气系数；n 为发动机的转速；η_{it} 为发动机的指示热效率；η_m 为发动机的机械效率。

第二节　发动机的负荷特性

负荷特性是指当转速不变时，发动机的性能指标随负荷而变化的关系。用曲线的形式表示，就是负荷特性曲线。驱动发电机、压缩机、风机及水泵等动力装置的发动机，就是按负荷特性运行的。

发动机的负荷特性曲线是在发动机试验台架上测取的。测取前，将发动机的冷却液温度、机油温度保持在最佳值；调节测功器负荷并改变循环供油量，使发动机的转速稳定在某一常数。测量各稳定工况下的燃油消耗量 B 以及烟度、噪声、排气温度等参数值，计算出有效功率 P_e、有效燃油消耗率 b_e 等参数值，整理并描绘成曲线。

对于一条特定的负荷特性曲线，转速 n 固定不变，这样有效功率 P_e、有效转矩 T_{tq} 与平均有效压力 p_{me} 互成比例关系，均可用来表示负荷的大小。因此，负荷特性的横坐标通常是上述三个参数之一，较为常用的是有效功率 P_e 或平均有效压力 p_{me}。纵坐标主要是燃油消耗量 B、有效燃油消耗率 b_e 以及排气温度、烟度、机械效率 η_m 等。图 7-2 所示为发动机的负荷特性曲线。

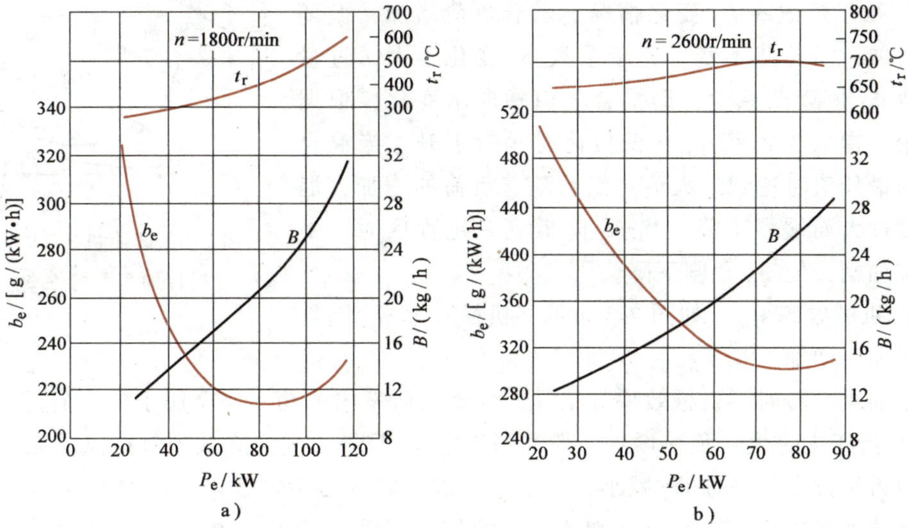

图 7-2　发动机的负荷特性曲线

a）柴油机　b）汽油机

从负荷特性曲线上可以看出，发动机的最低有效燃油消耗率越小，经济性越好；油耗曲线变化越平坦，表示在宽广的负荷范围内，能保持较好的燃油经济性，这对于负荷变化较大的车用发动机尤为重要。此外，无论柴油机还是汽油机，在低负荷区，有效燃油消耗率均显著升高。因此，为使发动机在实际使用时具有良好的经济性，不仅要求燃油消耗率低，更希望常用负荷接近经济负荷，这对于节省燃料具有很大的意义。

由于负荷特性曲线可以直观地显示发动机在相同转速、不同负荷下运转的经济性以及排气温度等参数，且比较容易测定，因而在发动机的调试过程中，经常用来作为性能比较的依据。同时，每一条负荷特性曲线仅对应发动机的一种转速，为了满足实际应用的要求，需要测出不同转速下的多个负荷特性曲线，根据这些特性曲线，可以得到发动机的另外一个重要的特性——发动机的万有特性。

一、柴油机的负荷特性

当柴油机保持某一转速不变时，移动喷油泵齿条或拉杆位置，改变每循环供油量 Δb，燃油消耗量 B、有效燃油消耗率 b_e 等随负荷 P_e（或 T_{tq}、p_{me}）而变化的关系称为柴油机负荷特性。

对于非增压柴油机而言，当柴油机按负荷特性运行时，由于转速不变，其充量系数基本保持不变；当负荷变化时，通过燃料调节机构调整循环供油量以适应负荷的变化，负荷增大时油量增加，反之则减少。这样，过量空气系数随负荷的增加而减小，这一负荷调节过程称为“质调节”。图 7-3 所示为柴油机各种参数和指标的负荷特性曲线。

1. 有效燃油消耗率 b_e 曲线

由式（7-4）可知，有效燃油消耗率 b_e 曲线的变化取决于指示热效率 η_{it} 和机械效率 η_m 的变化，其变化曲线如图 7-3 所示。

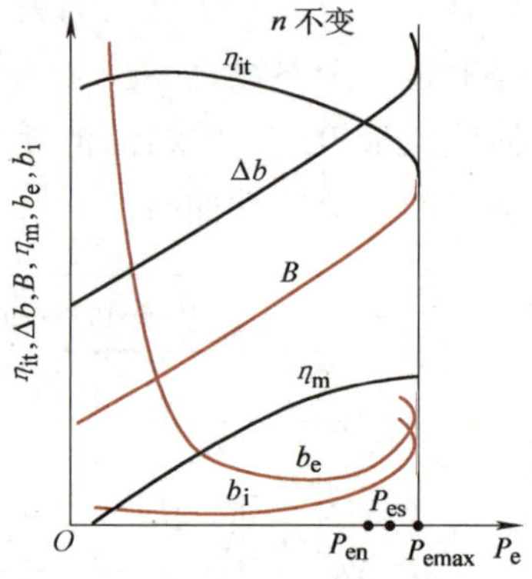

图 7-3　柴油机各种参数和指标的负荷特性曲线

（1）指示热效率 η_{it} 变化情况　随着负荷增加，循环供油量增加，而转速不变，充量系数 ϕ_c 变化不大，过量空气系数 ϕ_a 值逐渐减少，即混合气由稀向浓变化，根据燃烧理论，指示热效率 η_{it} 在低负荷时稍有上升，当混合气浓度为最佳值时达到最大值。然后随着负荷的增加，混合气浓度过大而缓慢下降。当 ϕ_a 降低到一定程度时，不完全燃烧加剧，使 η_{it} 急剧下降。

（2）机械效率 η_m　如图 7-3 所示，机械效率 η_m 随着负荷的增加而增加。

当柴油机空转时，机械效率等于零，发动机所发出的功率完全用于自身消耗，燃油消耗率 b_e 趋近于无穷大。负荷增加，燃油消耗率 b_e 下降，直到降低到最低点。如果负荷再增加，使得过量空气系数 ϕ_a 减小，混合气过浓，混合与燃烧恶化，η_{it} 大幅下降又使得 b_e 升高；继续增加负荷，则空气相对不足，燃料无法完全燃烧，从而使燃油消耗率上升很快，且柴油机大量冒黑烟，导致活塞、燃烧室积炭，发动机过热，可靠性以及寿命受到影响。

柴油机排气存在“冒烟界限”，如图 7-3 所示的右侧边界线。为了保证柴油机寿命及安全可靠地运行，一般不允许超过国家法规规定的烟度极限值。

2. 燃油消耗量 B 曲线

当转速一定时，燃油消耗量 B 的变化取决于每循环供油量，随着负荷的增加，循环供油量增大，燃油消耗量也增加，在中、小负荷段近似呈线性；当接近碳烟极限时，燃烧更加恶化，燃油消耗量 B 迅速增加，如图 7-3 所示。

对于增压柴油机而言，由于随负荷的增大，排气能量增大，增压器转速上升，从而使增压压力变大、进气密度提高，所以在高负荷时，其过量空气系数以及指示热效率变化不大，燃油消耗率曲线较为平坦。与非增压发动机不同的是，限制增压发动机平均指示压力提高的主要因素是最高燃烧压力，而不是排气烟度。同时，增压柴油机的最大烟度一般出现在平均有效压力较低时。

二、汽油机的负荷特性

当汽油机的转速保持不变时，逐渐改变节气门开度，同时调节测功器负荷，以保持转速不变，此时，燃油消耗量 B、有效燃油消耗率 b_e 随负荷 P_e（或 T_{tq}、p_{me}）而变化的关系称为汽油机负荷特性。

汽油机的供油量是通过节气门的开度变化来调节的，这样相应地改变了进入气缸的混合气数量，而混合气的浓度变化不大，故称为“量调节”。

1. 有效燃油消耗率 b_e 曲线

由式（7-4）可知，有效燃油消耗率 b_e 曲线的变化取决于指示热效率 η_{it} 和机械效率 η_m 的变化，图 7-4 所示为汽油机各种参数和指标的负荷特性曲线。

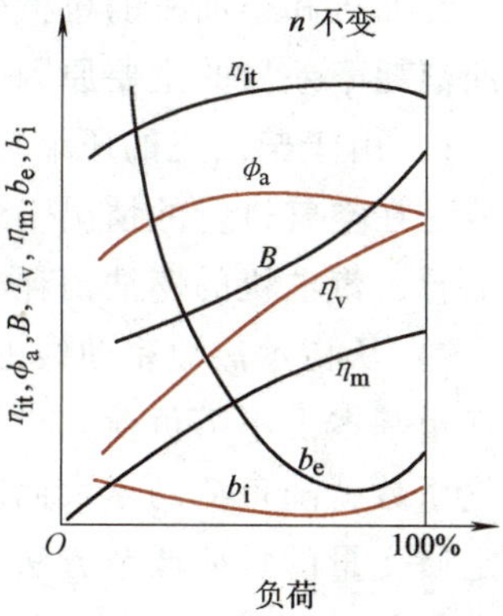

图 7-4 汽油机的各种参数和指标的负荷特性曲线

（1）指示热效率 η_{it} 随着负荷 P_e 的增加，指示热效率 η_{it} 先缓慢增加，然后略有下降。由于节气门开度的加大，气缸内残余废气相对减少，可燃混合气燃烧速度增加，且热损失减少，燃料汽化条件改善，使指示热效率增加，燃油消耗率下降；在大负荷与全负荷时需要浓混合气，使得不完全燃烧加剧，指示热效率下降。

（2）机械效率 η_m 当转速为一常数时，机械损失功率 P_m 变化不大，指示功率 P_i 随节气门开度的增加而增加，根据定义式，η_m 随负荷的增加而增加。

发动机空转时，$P_i=P_m$，$\eta_m=0$，因此 b_e 为无穷大。随着节气门开度的增加，η_{it} 和 η_m 均上升，故燃油消耗率急速下降。在大负荷时需要浓混合气，全负荷时，$\phi_a=0.85\sim0.95$，不完全燃烧加剧，指示热效率下降，燃油消耗率上升。

2. 燃油消耗量 B 曲线

燃油消耗量 B 曲线的变化趋势如图 7-4 所示。

由式（7-5）分析可知，在转速不变时，燃油消耗量 B 曲线的变化取决于节气门的开度（决定充量系数 ϕ_c）和混合气成分（过量空气系数 ϕ_a）。

随着节气门开度的加大，汽油机充量系数 ϕ_c 增大，进入气缸的混合气量增多；过量空气系数先缓慢上升（混合气变稀），然后缓慢下降（混合气变浓），但总体变化不是很大。因此，燃油消耗量一直上升；全负荷时 $\phi_a=0.85\sim0.95$，混合气浓度变大，使得燃油消耗量 B 迅速增加。

三、柴油机和汽油机负荷特性的对比分析

为了分析，将标定功率和转速接近的汽油机和柴油机负荷特性曲线进行对比，如图 7-5 所示。

1. 柴油机和汽油机的负荷特性的差异

仔细比较汽油机与柴油机的负荷特性，可发现以下特点：

1）汽油机的燃油消耗率普遍较高，且在从空负荷向小、中负荷段过渡时，燃油消耗率下降缓慢，仍维持在较高水平，燃油经济性明显较差。

2）汽油机排气温度普遍较高，且与负荷关系较小。

3）汽油机的燃油消耗量曲线弯曲度较大，而柴油机的燃油消耗量曲线在中、小负荷段的线性较好。

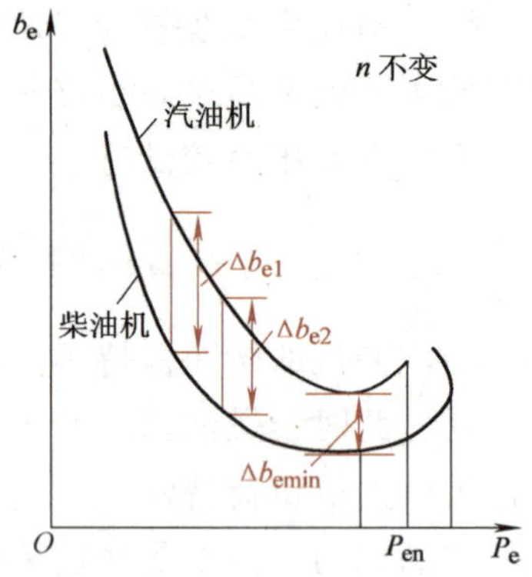

图 7-5　汽油机、柴油机负荷特性曲线的对比

2. 柴油机和汽油机负荷特性差异的分析

汽油机和柴油机的机械效率变化情况基本类似，造成燃油消耗率差异的主要原因是指示热效率的差异。

1）由于柴油机的压缩比比汽油机高出较多，其过量空气系数也比汽油机大，燃烧大部分是在空气过量的情况下进行的，所以柴油机的指示热效率要比汽油机高。这样，从数值上看，汽油机的燃油消耗率数值高于柴油机。

2）从指示热效率曲线的变化趋势上来看，在转速不变的前提下，柴油机进入气缸的空气量基本上不随负荷大小而变化，而每循环供油量则随负荷的增大而增大，这样，过量空气系数就随负荷的增大而减小，因此，指示热效率也就随负荷的增大而降低；汽油机采用定质变量的负荷调节方法，在接近满负荷时采取加浓混合气导致指示热效率明显下降，而在低负荷时，由于节气门开度小，残余废气系数较大，燃烧速率降低，需采用浓混合气，加之当负荷减小时泵气损失增大，导致指示热效率下降。这样，汽油机的燃油消耗率在中、小负荷区远高于柴油机。

3）排气温度曲线的差异是因为汽油机的压缩比比柴油机低，相应的膨胀比也低，而且混合气比较浓，所以排气温度就比柴油机高。在负荷变化时，尽管由于混合气总量的增加引起加入气缸总热量的增加，使排气温度随负荷的提高而上升，但由于在大部分区域内过量空气系数保持不变，故排气温度上升幅度不大。在柴油机中，随着负荷的提高，过量空气系数随之降低，排气温度显著上升。

第三节　发动机的速度特性

发动机的速度特性，是指发动机在油量调节机构（油量调节齿条、拉杆或节气门开

度）保持不变的情况下，主要性能指标（转矩、油耗、功率、排气温度、烟度等）随发动机转速的变化规律。当汽车沿阻力变化的道路行驶时，若节气门位置不变，转速会因路况的改变而发生变化，这时发动机是沿速度特性工作的。

当油量控制机构在最大位置时，测得的特性为全负荷速度特性（简称外特性）；油量低于最大位置时的速度特性，称为部分负荷速度特性。由于外特性反映了发动机所能达到的最高性能，确定了最大功率、最大转矩以及对应的转速，因而十分重要，所有的发动机出厂时都必须提供该特性。

发动机的负荷特性曲线是在发动机试验台架上测取的。测取前，冷却液温度、机油温度等发动机运行工况参数均调整为最佳状态；使油量调节机构固定，改变测功器的负荷，在不同转速下测出各稳定工况的耗油量 B 以及有效转矩 T_{tq}、烟度、噪声、排气温度等参数值，计算出有效功率 P_e、有效燃油消耗率 b_e 等参数值，整理并描绘成曲线。

一、柴油机的速度特性

喷油泵的油量调节机构（齿条或节气门拉杆）位置固定，柴油机的有效功率 P_e、有效转矩 T_{tq}、有效燃油消耗率 b_e 及燃油耗油量 B 等性能指标随转速 n 变化的关系称为柴油机速度特性。

由式（7-2）可知，柴油机的速度特性取决于 Δb、η_{it} 和 η_m 的值随转速变化的规律，柴油机在全、中、小三种负荷时各参数随转速变化的关系和各负荷时的速度特性曲线如图 7-6、图 7-7 所示。

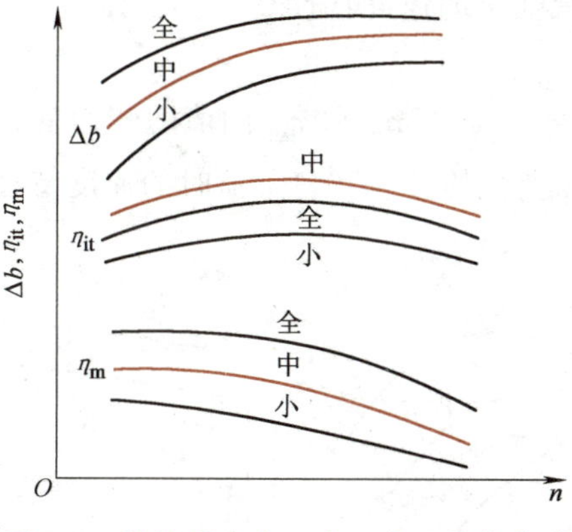

图 7-6 柴油机在全、中、小三种负荷时各参数随转速变化的关系

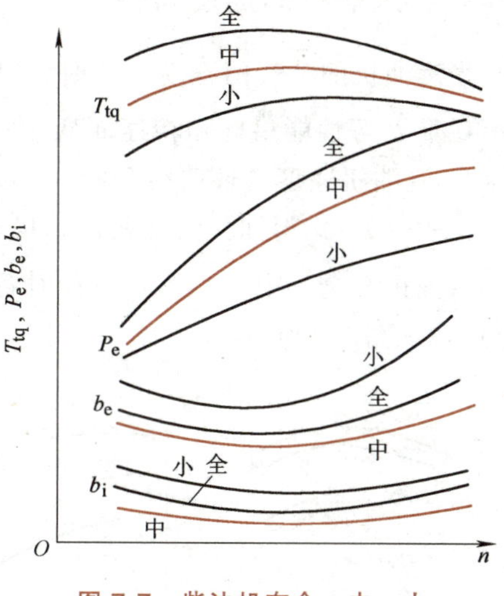

图 7-7 柴油机在全、中、小三种负荷时的速度特性曲线

1. 有效转矩 T_{tq} 曲线

在柴油机中，每循环的充气量的大小，只提供了产生转矩的可能性，在各转速下能发出多大转矩主要决定于循环供油量 Δb 的多少，由式（7-3）可知，柴油机转矩 T_{tq} 的大小取决于每循环供油量 Δb、指示热效率 η_{it} 以及机械效率 η_m，如图 7-6 所示。

1）油量控制机构位置不变时，由于进、回油孔以及燃油泄漏的影响，柴油机 Δb 曲线随转速 n 的升高而增加。

2）柴油机指示热效率 η_{it} 曲线呈上凸状。η_{it} 曲线上凸的原因是低速时喷射压力小，缸内气流弱，对混合气的形成和燃烧不利，传热损失较大；高速时喷油及燃烧的持续角大，充量系数 ϕ_c 下降，Δb 增加，使得过量空气系数减小，燃烧恶化，不完全燃烧加剧，致使 η_{it} 降低。但是，η_{it} 曲线的变化趋势总体比较平坦。

3）由于没有节气门的节流损失，在各种负荷条件下，机械效率 η_m 随转速的升高而降低的趋势不变。

综合来看，有效转矩 T_{tq} 曲线的变化规律是转速由低向高变化时，开始略有上升的趋势；T_{tq} 超过最高点后，随着转速的升高，T_{tq} 下降，但曲线变化平坦。

2. 有效燃油消耗率 b_e 曲线

如图 7-6 所示，随转速的升高 η_{it} 曲线呈中间高两端低状，而 η_m 曲线逐渐降低，由式（7-4）可知，b_e 曲线是在中间某一转速最低，但整条曲线变化不是很大。

3. 有效功率 P_e 曲线

因为 $P_e \propto T_{tq}n$，而 T_{tq} 变化平坦，所以 P_e 曲线形状主要取决于转速的变化。当转速升高时，转矩 T_{tq} 增加，有效功率 P_e 迅速上升，直到转矩 T_{tq} 达到最大值以后，P_e 上升变得较平缓，当 $T_{tq}n$ 达最大值时，P_e 也达到最大值；此后转速再增加，后燃严重，P_e 开始下降。

二、汽油机的速度特性

当汽油机的节气门开度一定时，有效功率 P_e、有效转矩 T_{tq}、有效燃油消耗率 b_e 及燃油消耗量 B 等性能指标随转速而变化的关系称为汽油机的速度特性。

1. 汽油机速度特性曲线分析

由式（7-2）得知，汽油机的速度特性取决于 ϕ_c、ϕ_a、η_{it} 和 η_m 的值随转速变化的规律，汽油机在全、中、小三种负荷时各参数随转速变化的关系和各负荷时的速度特性曲线如图 7-8、图 7-9 所示。

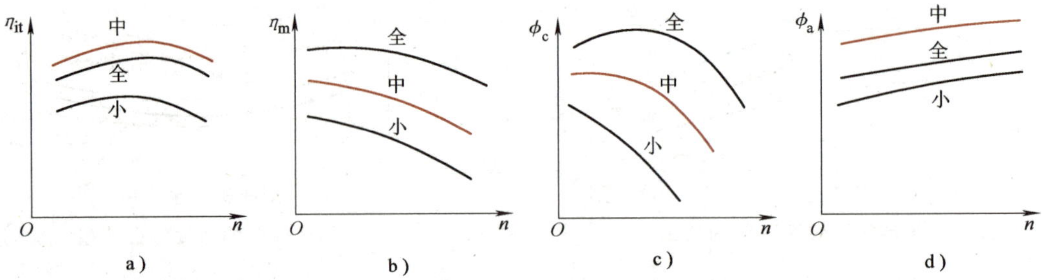

图 7-8　汽油机在全、中、小三种负荷时各参数随转速变化的关系

2. 有效转矩 T_{tq} 曲线

汽油机采用量调节，在节气门开度一定时，ϕ_a 值基本不随转速而变化，故转矩的变

化与吸入气缸的混合气数量有密切的关系。

(1) 指示热效率 η_{it} 汽油机在某一转速时，η_{it} 有最高值。当转速低时，燃烧室的空气涡流减弱，火焰传播速度减慢，可燃混合气燃烧速度小，气缸的漏气多、散热快，指示热效率 η_{it} 低；转速过高时，以曲轴转角计燃烧延续时间长，燃烧效率低，指示热效率 η_{it} 也降低。但其变化平坦，对有效转矩的影响较小。

(2) 机械效率 η_m 机械效率 η_m 随转速的上升而下降。当转速升高时，因机械损失、附件消耗及泵气损失等增大而使机械效率降低。

(3) 充量系数 ϕ_c 充量系数 ϕ_c 随转速的上升而下降。节气门开度固定，速度增大时，换气时间缩短，由于气体的惯性使得换气不充分。

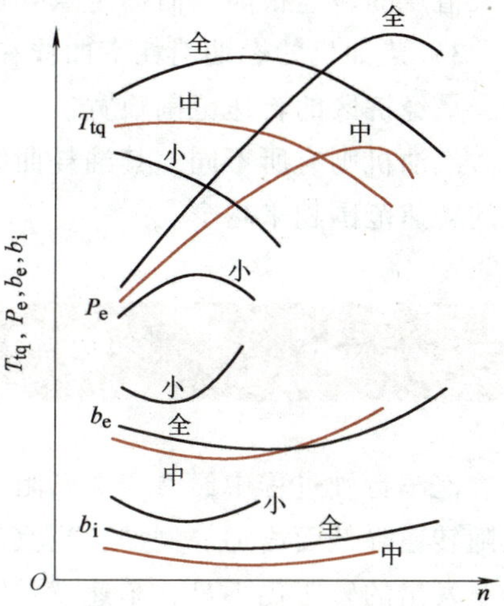

图 7-9 汽油机在全、中、小三种负荷时的速度特性曲线

(4) 过量空气系数 ϕ_a 过量空气系数 ϕ_a 随转速的上升略有增加，但总体平缓，变化不大。

综合来看，转速由低逐渐升高，指示热效率、充量系数均上升，虽然机械效率略有下降，但有效转矩总趋势是上升的，到某一点取得最大值。随着转速继续上升，由于指示热效率、充量系数均下降，致使有效转矩迅速下降，变化较陡。

3. 有效功率 P_e 曲线

因为 $P_e \propto T_{tq}n$，当转速提高时，开始转矩增加，所以 P_e 迅速上升；当转矩达到最大值以后，随转速的上升变得较平缓，当 $T_{tq}n$ 达最大值时，P_e 达到最大值，此后开始下降。

4. 有效燃油消耗率 b_e 曲线

由式（7-4）并综合 η_{it}、η_m 的变化，b_e 在中间某一转速时最低。当转速高于此转速时，η_{it}、η_m 随转速上升同时下降，所以 b_e 增加；当转速低于此转速时，因 η_{it} 上升而 η_m 下降，结果 b_e 上升，但是其曲线变化不大，较平坦。

汽油机的外特性代表了汽油机的最高动力性能，根据外特性试验条件不同，可分为以下两种：

1）试验时发动机带全部附件，所输出的校正有效功率称为净功率或使用外特性。

2）发动机仅带维持运转所必需的附件（如不带风扇、气泵、空气滤清器等附件）所输出的校正有效功率称为总功率，我国发动机特性的数据多属于这一种。

三、柴油机和汽油机的速度特性对比分析

汽油机的速度特性与柴油机的速度特性相比，两者有如下明显的差别：

1）柴油机在各种负荷的速度特性下的转矩曲线都比较平坦。

汽油机速度特性的转矩曲线的曲率半径较小，节气门开度越小，转矩峰值向低速移动，且随转速变化的斜率越大。

2）汽油机的有效功率外特性线的最大值点，一般在标定功率点；柴油机可以达到的

最大值点的转速很高，而标定点要比其低得多。

3）柴油机的燃油消耗率曲线在各种负荷的速度特性下都比较平坦，仅在两端略有翘起，最经济区的转速范围很宽。

汽油机则有所不同，其油耗曲线的翘曲度随节气门开度减小而剧烈增大，相应最经济区的转速范围越来越窄。

第四节 发动机的转矩适应性

汽车行驶过程中经常会遇到阻力突然增大的情况，为减少换档次数，要求发动机的转矩随转速降低而增加。例如，当汽车爬坡时，若节气门拉杆已达到油量最大位置，但发动机所发出的转矩仍不足，车速就要降低，此时要求更大的转矩，以克服爬坡阻力。

衡量发动机工作稳定性能的指标是转矩适应性系数 K_T 和转速适应性系数 K_n。

一、转矩适应性系数 K_T

$$K_T=\frac{T_{\text{tqmax}}}{T_{\text{tqn}}} \tag{7-6}$$

式中，T_{tqmax} 是外特性上最大转矩；T_{tqn} 是标定转矩。

二、转速适应性系数 K_n

$$K_n=\frac{n_n}{n_m} \tag{7-7}$$

式中，n_n 是标定转速；n_m 是外特性上最大转矩对应的转速。

三、转矩储备系数 μ

$$\mu=\frac{T_{\text{tqmax}}-T_{\text{tqn}}}{T_{\text{tqn}}}\times100\%=K_T-1 \tag{7-8}$$

μ、K_T 值大表明随着转速的降低，T_{tq} 增加较快，在不换档时，爬坡能力和克服短期超载能力强。其中

汽油机：$\mu=10\%\sim30\%$，$K_T=1.2\sim1.4$，$K_n=1.6\sim2.5$

柴油机：$\mu=5\%\sim10\%$，$K_T=1.05$，$K_n=1.4\sim2.0$

由此看来，汽油机的转矩特性自动适应道路阻力变化的能力较强，图 7-10 所示为阻力变化时发动机工作点的过渡情况。

设发动机转矩与外界阻力矩在 a 点是平衡的，发动机将在 a 点对应的转速 n_a 下稳定工作。汽油机沿速度特性曲线Ⅰ工作，当上坡等工况阻力增加时，从工况 a 过渡到工况 1，驱动转矩增大了 ΔT_{tq1}，转速相应降低了 Δn_1。

柴油机沿速度特性曲线Ⅱ工作，由于其转矩曲线较平坦，则从工况 a 过渡到工况 2

时，转速降低较多（$\Delta n_2 > \Delta n_1$），而转矩增大的幅度较小（$T_{tq2} < T_{tq1}$）。

驾驶人不用操作，发动机能够自动进行调整，使转速降低而转矩增大，以克服外界阻力的变化；同时，不同的发动机这种自适应的调节能力也是不同的，其原因如下：

1）在同一档位、相同阻力和相同标定点的情况下，在低标定转速各点的转矩和功率汽油机都高于柴油机，因此，汽油机的动力性明显优于柴油机。

2）由于汽油机 T_{tq} 曲线变化急剧，柴油机变化平缓，柴油机的最高转速可以比汽油机更远离标定点。

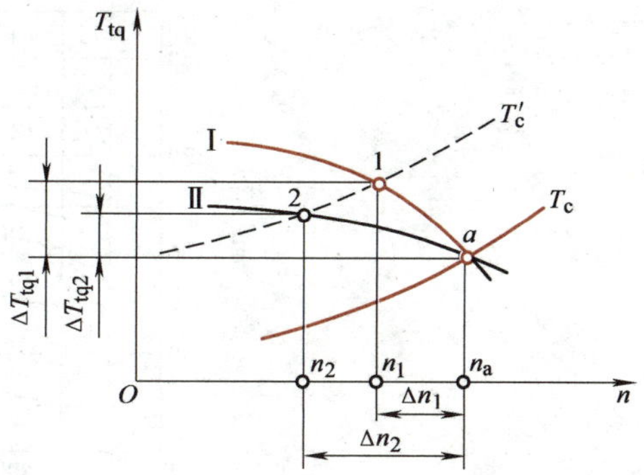

图 7-10　阻力变化时发动机工作点的过渡情况

I —汽油机的速度特性曲线

II —柴油机的速度特性曲线

综上所述，汽油机的外特性比柴油机外特性的动力适应性好，因此，一般不需要改造外特性配备调速装置。柴油机需要采用专门设计的调速器，在低于标定转速进行校正，使输出转矩增大；高于标定转速需要调速，避免超速。

四、非电控柴油机的转矩校正

当柴油机用于汽车动力时，驾驶人可以按照路面的情况，随时改变加速踏板的位置或者行车档位，改变发动机克服阻力的能力，以调整车速。当用于拖拉机及工程机械时，发动机所要克服的阻力矩变化很大，经常会遇到过载的情况。由于柴油机的适应性系数小，加上这类机械行走速度低，动能储备小，以致在遇到阻力矩突然增大时，转速下降很快，往往驾驶人来不及换档发动机就可能熄火。因此，要求有较大的转矩储备，以克服短期过载。

柴油机转矩储备系数小的根本原因，在于柱塞式高压油泵供油特性不适应充量系数的变化特性。当柴油机转速下降时，充量系数有一定幅度的提高，然而，循环供油量反而有所下降。如果采取有效的油量校正措施，可使转速降低时循环供油量有所增加。

不同用途的发动机，对转矩特性的要求是不同的，应相应采用不同的油量校正方式。常用的转矩校正方法有两种，一种是出油阀式校正机构，另一种是附加在调速器上的弹簧校正机构。

不同转速下负荷特性曲线上冒烟界限点的连线称为不同转速的碳烟极限（碳烟特性），其变化趋势与充量系数随着转速的变化规律相似。喷油泵的供油特性是循环供油量随着转速下降而降低的特性满足不了使用要求，如果对喷油泵的循环供油量加以校正，使它的变化规律与碳烟特性相近，并且使不同转速下的循环供油量略低于碳烟极限的供油量，如图 7-11 所示。

经过校正的 Δb-n 曲线与 ϕ_c-n 曲线相似，就能使 T_{tq}-n 曲线近似于 ϕ_c-n 曲线，即随转速下降，循环供油量增加。充分利用了不同转速下的进入气缸的空气量，T_{tq} 变化趋势就能适应汽车拖拉机对转矩储备的需要。

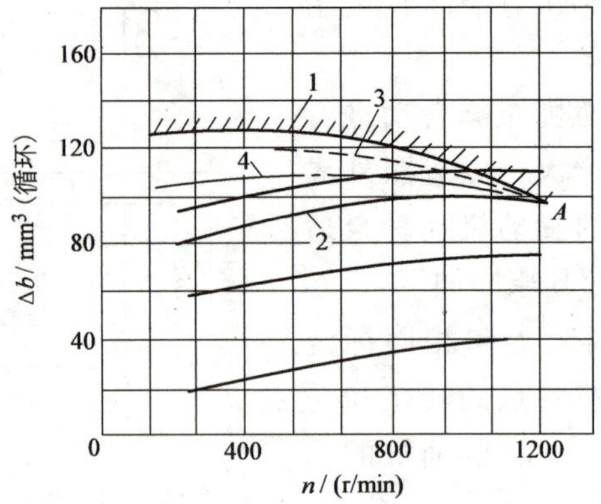

图 7-11　油泵校正装置对循环供油量的影响

1—碳烟极限　2—未校正的标定功率供油量曲线　3—使用弹簧校正器的供油量曲线
4—出油阀校正器的供油量曲线

第五节　车用柴油机的调速特性

调速器按功能可分为两极式调速器和全程式调速器；按结构可分为机械式、电子式、气动式和液压式调速器。

一、调速特性

喷油泵调速手柄位置固定，在调速器起作用时，柴油机的性能指标随转速的变化关系称为调速特性。调速特性表达方式有两种，一种以有效功率 P_e 或平均有效压力 p_{me} 为横坐标，相当于负荷特性的形式；另一种表达形式是以转速 n 为横坐标，相当于速度特性的形式，如图 7-12 所示。

1. 调速特性试验

对于车用机械式全程调速器，柴油机的调速特性和外特性通常在一次试验中完成，其试验方法如下：

柴油机运转正常后，通过调整调速器手柄位置和测功器负荷，把柴油机调整并固定到标定工况；卸去全部负荷，待发动机达到最高稳定空车转速之后，按标定功率的 50%、80%、90%及 100%依次增加负荷，测取每种工况时的各项指标；增加测功器负荷，将发动机转速依次降到标定转速的 95%、90%、80%、70%、60%、50%，测取每种工况时的各项指标。

试验时，应注意测出调速器开始起作用的转速和最大转矩以及相应转速，如图 7-12b 竖线 1、2、3、4 相当于调速手柄在不同位置时的调速特性，在某一位置柴油机沿调速特性曲线工作，负荷可以由 0 变化到全负荷特性曲线上。

2. 调速特性特点

调速特性曲线由调速器起作用的调速段和调速器不起作用的外特性段组成。柴油机在

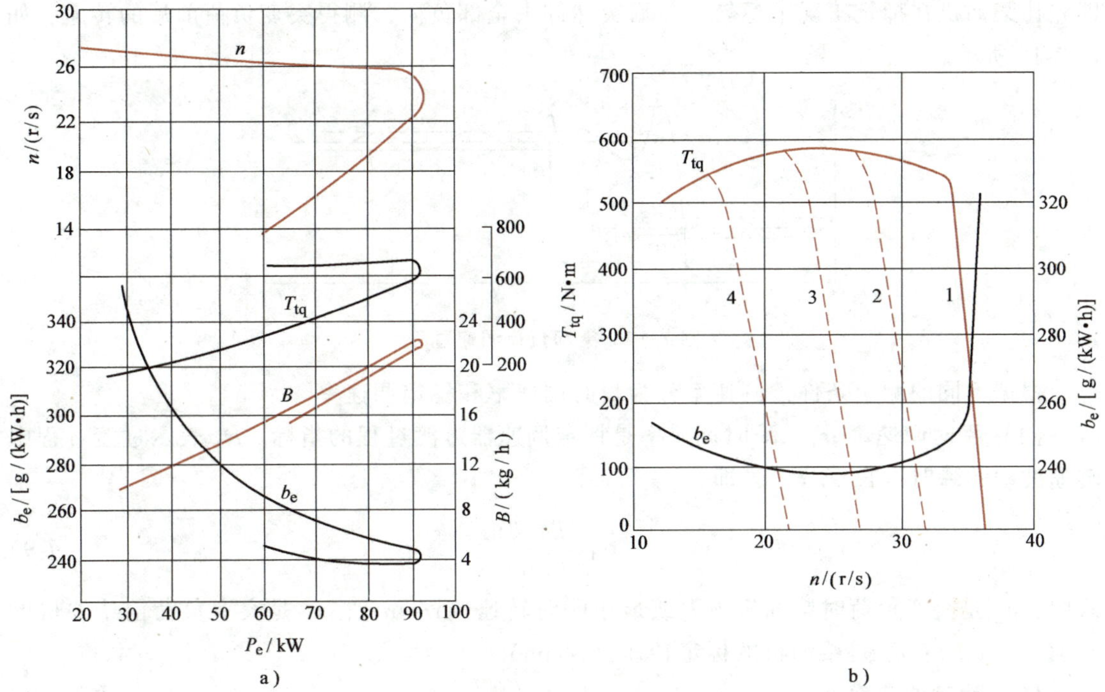

图 7-12 柴油机的调速特性曲线

a）负荷特性形式 b）速度特性形式

调速段工作时，即使外界阻力矩变化大，转速波动也很小。

工程机械、拖拉机用柴油机一般均装有全程式调速器。汽车用柴油机装有两极式调速器，这种调速器只有在最低转速和最高转速下才起作用。在中间转速，调速器不起作用，当外界负荷改变时，靠驾驶人改变喷油泵齿条或拉杆位置来保证发动机的转速不变；当外界负荷基本保持不变时，也靠驾驶人改变喷油泵或油量调节拉杆的位置来改变车速。

因为两极式调速器在发动机工况改变时，驾驶人可直接操纵喷油泵齿条，所以达到新平衡点的加速度小，因而两极式调速器反应快，加速性能好，操纵方便。装有两极式调速器柴油机的调速特性曲线如图 7-13 所示。

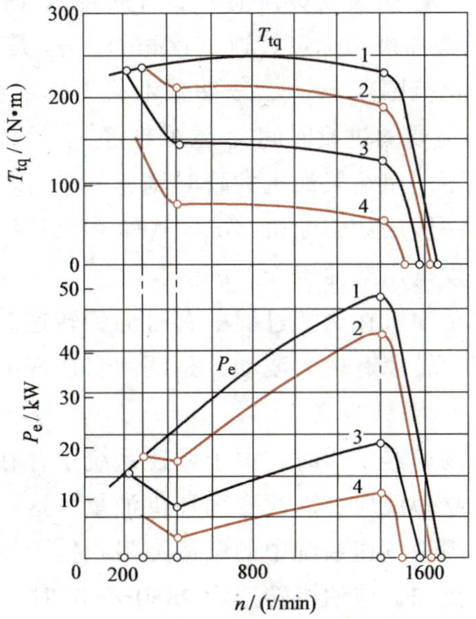

图 7-13 装有两极式调速器柴油机的调速特性曲线

二、调速器的工作指标

1. 调速率

调速器工作性能的好坏，通常用调速率来评定。调速率可以通过突变负荷试验测得，即先让柴油机在标定工况下运转，然后突然卸去全部负荷，测得突变负荷前后的转速，如图 7-14 所示。

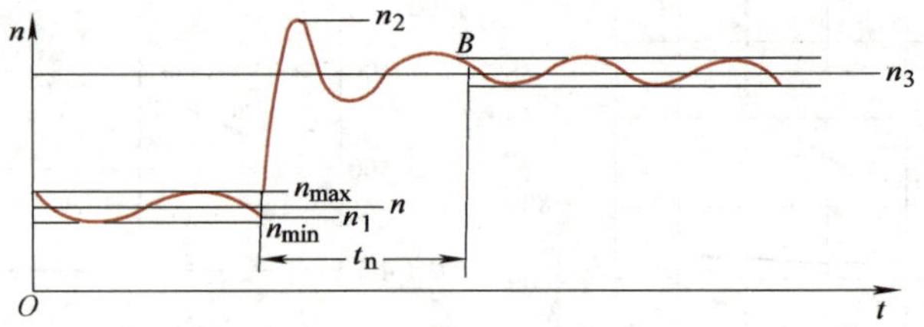

图 7-14　突卸负荷调速过程

根据不同的测定条件，调速率分为瞬时调速率和稳定调速率。

(1) 瞬时调速率 σ_1　瞬时调速率是评定调速器过渡过程的指标。σ_1 表示过渡过程中转速波动的瞬时增长百分比，即

$$\sigma_1=\frac{n_2-n_1}{n_b} \tag{7-9}$$

式中，n_2 是突变负荷时柴油机最大或最小瞬时转速（r/min）；n_1 是突变负荷前柴油机的转速（r/min）；n_b 是柴油机的标定转速（r/min）。

(2) 稳定调速率 σ_2

$$\sigma_2=\frac{n_3-n_1}{n_b} \tag{7-10}$$

式中，n_1 是突变负荷前柴油机的转速（r/min）；n_3 是突变负荷后柴油机的转速（r/min）；n_b 是柴油机的标定转速（r/min）。σ_2 是柴油机实际运转时的转速波动相对于全负荷转速的变化范围。σ_2 大，表明柴油机工作不稳定，转速波动大。柴油机转速从 n_2 逐渐稳定到 n_3 所需要的过渡时间 t_n 越短越好。

不同用途柴油机的瞬时调速率 σ_1、稳定调速率 σ_2 及过渡时间 t_n 如下：

一般用途柴油机　$\sigma_1=10\%\sim12\%$　$\sigma_2=8\%\sim10\%$　$t_n=5\sim10\text{s}$

发电用柴油机　$\sigma_1\leqslant5\%$　$\sigma_2\leqslant5\%$　$t_n=3\sim5\text{s}$

柴油机在调整过程中有时遇到转速忽高忽低的波动现象称为“游车”。游车是指过渡过程中转速有较大波动，是调速自适应的工作不稳定过程。

2. 不灵敏度

调速器工作时，由于调速系统中存在摩擦，对于柴油机的负荷增加或减少，调速器均不会立即反应，以改变循环供油量，这就需要一定的力克服摩擦，才能移动调整油量的机构，因为调速系统中的摩擦力阻止推力盘的运动。

例如，柴油机转速为 2860r/min 时，调速器可能对转速在 2770～2830r/min 范围内的变动都不起作用，将这样两个起作用的极限转速之差对柴油机平均转速的比值称为调整器的不灵敏度 ε，即

$$\varepsilon=\frac{n_2-n_1}{n}=\frac{R}{E} \tag{7-11}$$

式中，n_2 是负荷减小，调速器开始起作用的转速（r/min）；n_1 是负荷增加，调速器开始

起作用的转速（r/min）；R 是调速器推力盘运动时所受的摩擦力；E 是调速器起作用时作用在推力盘上的推力。

低速时，调速器推动力小，摩擦力增大，ε 明显增加。一般规定，标定工况时 $\varepsilon=1.2\%\sim2\%$，最低转速时 $\varepsilon=10\%\sim13\%$。ε 大表明柴油机工作不稳定，当 $E<R$ 时，调速器卡滞，会出现飞车现象。

第六节　发动机的万有特性

一、万有特性

负荷特性、速度特性只能表示某一油量控制机构位置固定或某一转速时，发动机参数间的变化规律，而对于工况变化范围大的发动机要分析各种工况下的性能，就需要在一张图上全面表示出发动机性能的特性曲线，这种能够表达发动机多参数的特性称为万有特性。

广泛应用的万有特性以转速 n 为横坐标，以平均有效压力 p_{me} 为纵坐标，在图上画出许多等有效燃油消耗率曲线和等功率曲线。根据需要，还可在万有特性曲线上绘出等节气门开度线、等排放线及等过量空气系数线等。

根据发动机类型的不同，万有特性曲线有两种绘制方法，即负荷特性法和速度特性法。对于柴油机，一般是依据不同转速下的负荷特性，用作图法求出；对于汽油机，则根据不同节气门位置的速度特性，用作图法求得。

由于计算机测试技术以及计算技术的应用，也可采用数值计算方法对大量的试验数据进行回归及等值线的插值运算，从而直接得到万有特性曲线。

1. 等有效燃油消耗率曲线

根据负荷特性法作出万有特性曲线，如图 7-15 所示，其方法和步骤如下：

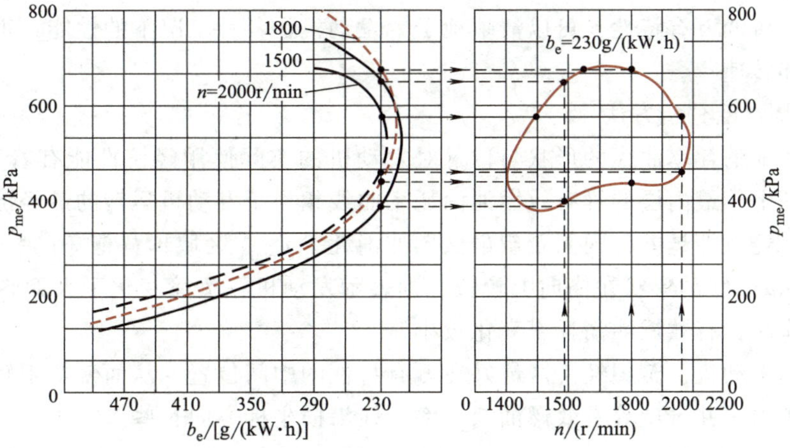

图 7-15　万有特性曲线作图法

1）将各种转速下的负荷特性以平均有效压力 p_{me} 为横坐标，以 b_e 为纵坐标，以同一比例尺在同一张图上绘出特性曲线。

2）根据发动机工作转速范围，标出万有特性横坐标 n 的标尺，纵坐标 p_{me} 的标尺与整理得到的负荷特性上的 p_{me} 标尺相同。

3）将负荷特性旋转90°后，置于万有特性纵坐标轴的左侧，使同样是平均有效压力的两个坐标对齐。在负荷特性图上引若干条等有效燃油消耗率线与 b_e 线相交，每条线各有1~2个交点；再从每一个交点引水平线至万有特性上与负荷特性线相同转速的位置上，获得若干新交点，并在每一交点上标注出有效燃油消耗率的数值。

4）所有转速下的负荷特性都经过这样的转换后，依次将 b_e 值相等的点连成光滑曲线，即可得到万有特性上的等有效燃油消耗率线。

2. 等功率曲线

根据第一章所学的知识可知 $P_e=\dfrac{p_{me}V_s ni}{120}\times10^{-3}=Kp_{me}n$，对于一定的发动机而言，其结构参数是一定的，所以 K 值一定。故在 p_{me}-n 坐标系中，等功率曲线是一组双曲线。具体作法如下：

1）建立以 p_{me} 为纵坐标，n 为横坐标的坐标系。

2）在发动机特性范围内，选取任一 P_e 值，如可假设 $P_e=100\text{kW}$，则 $p_{me}n=100/K$，对于一定发动机，可计算出 K 值，故 $100/K$ 为常数。

3）在 p_{me}-n 坐标系内，可以作出这条确定的双曲线，这条双曲线上的任一点所对应的工况，其功率是相等的。

4）每隔一定值，取不同的功率值（90kW、80kW、70kW、…），可作出相应的等功率曲线，这些曲线构成了该发动机的等功率曲线簇，不在曲线上的点的功率可用差值法求取。

等有效燃油消耗率曲线和等功率曲线一起构成了发动机的万有特性。

二、万有特性的特点

根据发动机的万有特性，可以清晰地了解发动机在各种工况下的性能，很容易找出最经济的负荷和转速。

1. 万有特性图分析方法

等有效燃油消耗率曲线的形状与位置对发动机的实际使用经济性能有着重要的影响。在万有特性图上，最内层的等有效燃油消耗率曲线相当于发动机运转的最经济区域，等值曲线越向外，经济性越差，因而希望最低燃油消耗率 b_{emin} 区域越宽越好。

1）如果该曲线的形状在横向上较长，则表示发动机在负荷变化不大而转速变化较大的情况下工作时，有效燃油消耗率变化较小。

对于车用发动机，希望经济区最好在万有特性的中间位置，从而使常用转速和负荷落在最经济区域内，并希望等有效燃油消耗率曲线沿横坐标方向长些。

2）如果曲线形状在纵向较长，则表示发动机在负荷变化较大而转速变化不大的情况下工作时，有效燃油消耗率变化较小。

在万有特性上还可以看出其他一些特征点，如最大转矩点及其对应的转速、最低稳定转速点以及最低油耗点及其范围等。

2. 汽油机的万有特性的特点

如图 7-16a 所示，汽油机万有特性具有如下特点：

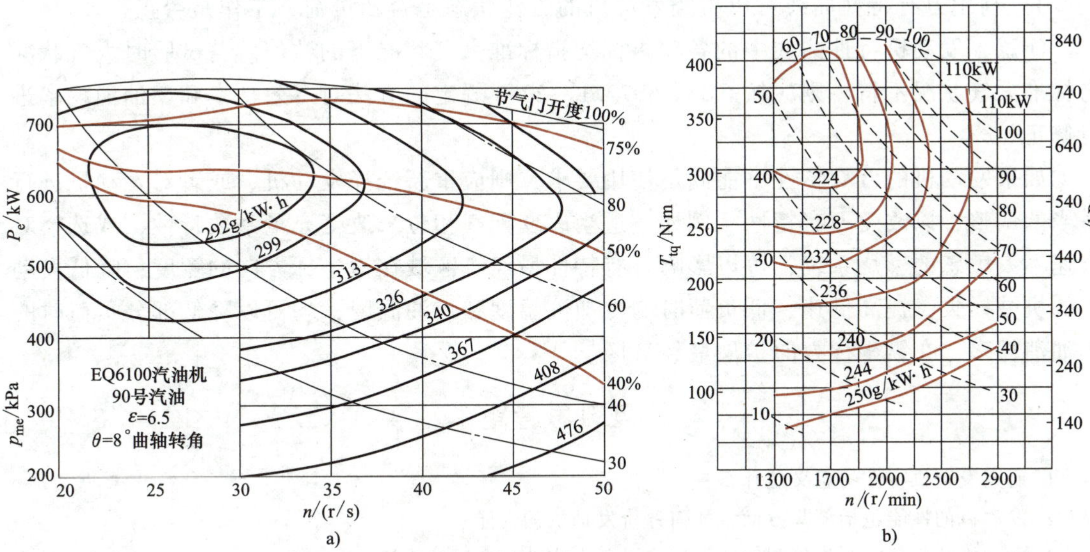

图 7-16 典型的万有特性曲线

a）2.0L 汽油机的万有特性 b）1.9L 轿车柴油机的万有特性

1）最低燃油消耗率偏高，并且经济区域偏小。

2）等燃油消耗率曲线在低速区向大负荷收敛，这说明汽油机在低速、低负荷的燃油消耗率随负荷的减小而急剧增大，在实际使用中，应尽量避免出现这种情况。

3）汽油机的等功率线随转速升高而斜穿等燃油消耗率线，转速越高越废油。因此，在实际使用中，当汽车等功率运行时，驾驶人应尽量使用高速档，以便节油。

3. 柴油机的万有特性的特点

如图 7-16b 所示，柴油机万有特性具有如下特点：

1）最低燃油消耗率偏低，并且经济区域较宽。

2）等燃油消耗率曲线在高、低速均不收敛，变化比较平坦。

3）相对汽车变速工况的适应性好。

实际上，若单纯从燃油经济性出发选择汽车动力，柴油机与汽油机相比具有明显的优势。当然，实际选择时不可能只考虑这一个因素。另外，无论是汽油机还是柴油机，都希望尽可能提高负荷利用率，使其经常在接近最经济的 80%～90%负荷率工作。这一点对汽油机尤为重要。它已经成为改善发动机燃油经济性，降低实际使用油耗的一个极为重要的原则。

三、万有特性的应用

万有特性曲线常用于以下方面：

1）可以根据被动的工作机械的转速和负荷的运转规律的特性曲线，选配特性曲线与其相近或者相似的发动机。

2）根据等转矩 T_{tq}、等排气温度 T_r、等最高爆发压力 p_z 曲线，即可以准确地确定发动机最高、最低允许使用的负荷限制线。

3）利用万有特性曲线可以检查发动机的工作状态是否超负荷，工作是否正常。

注意，发动机特性曲线中的各项指标均指标准大气状况下的数值。若试验时大气状况与标准大气状况不符，则应按 GB/T 6072.1—2008 规定的方法对有效功率和燃油消耗率进行修正。

如果发动机的万有特性不能满足使用要求，则应重新选择发动机，或者对发动机进行适当的调整，以改变万有特性。例如，适当改变配气相位来改变充量系数特性，或选择对转速不太敏感的燃烧系统，可以影响万有特性最经济区域在横坐标方向的宽度；降低发动机的机械损失，提高低速、低负荷时的冷却液温度和机油温度，均可以降低部分负荷时的燃油消耗率，在纵坐标方向扩展最经济区。

复习思考题

1. 研究发动机特性的意义是什么？
2. 发动机的性能包括哪些方面？如何评价发动机的性能？
3. 发动机的负荷特性如何测取？在测取过程中应该注意哪些内容？
4. 试分析汽油机和柴油机负荷特性的特点。
5. 根据试验条件的不同，发动机的外特性有哪些形式？
6. 对比分析汽油机和柴油机速度特性的特点。
7. 衡量发动机克服短期超载能力的指标有哪些？汽油机和柴油机各有何不同？
8. 什么是调速特性？车用柴油机与工程机械、拖拉机用柴油机的调速特性有何区别？
9. 什么是发动机的万有特性？汽油机、柴油机的万有特性各有何特点？

第八章 Chapter 8

发动机排放与噪声

随着汽车工业的高速发展，汽车保有量急剧增加，发动机的排气污染与噪声污染已成为地球环境的主要污染源，特别是发动机有害排放物对城市的大气污染已达到一定严重的程度，各国都相继制定了日益严格的排放标准，因而发动机环保技术与节能技术一样，成为发动机技术发展的首要课题。

本章将着重介绍有害排放物的危害及生成；突出影响汽油机、柴油机排放物生成的主要因素与常用的有害排放物控制技术；简述排放标准与测试技术；介绍发动机噪声来源与控制方法。同时兼顾各种控制方法对发动机动力性和经济性的影响，以期寻求最优的综合性能。

第一节　发动机有害排放物的生成及危害

一、发动机排放污染的现状

空气是由氧气、氮气和稀有气体等恒定成分、二氧化碳和水蒸气等可变成分以及有害气体及尘埃等不定组分构成。发动机废气污染是空气中不定组分的最主要来源，已成为城市大气的首要污染源。

在城市人口居住集中的地方，汽车数量庞大，而且发动机大多工作在低速、频繁起动和制动的高排放工况，再加上建筑物密集使得空气的流动性差，因此控制城市车辆的有害污染物排放十分迫切。图 8-1 所示为我国 2013~2018 年机动车保有量及污染物排放量数据。截至 2019 年底，中国汽车保有量达 2.6 亿辆，并有望在 2020 年末超越美国，根据国际能源署等多家机构预测，至 2035 年中国汽车保有量将增至 5 亿辆左右。随着汽车保有量的增加，尽管我国也迅速开展了坚持源头防治，调整运输结构等污染防治工作，但是发动机污染物排放总量依然居高不下。2018 年全国机动车四项污染物排放总量初步核算为 4065.3 万 t。其中，一氧化碳（CO）为 3089.4 万 t，碳氢化合物（HC）为 368.8 万 t，氮氧化物（NO_x）为 562.9 万 t，颗粒物（PM）为 44.2 万 t。

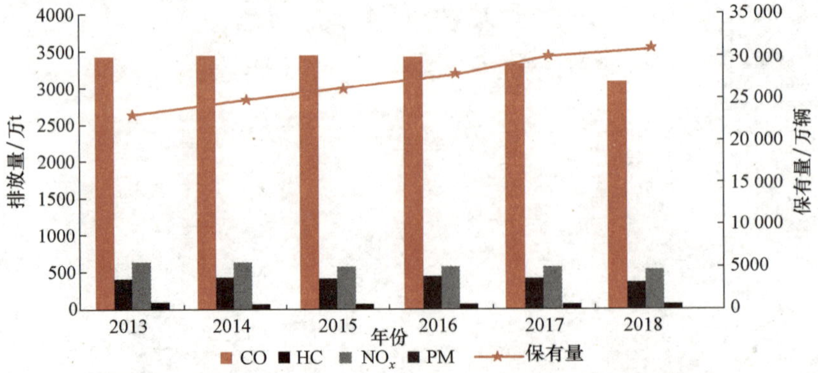

图 8-1　中国 2013~2018 年机动车保有量及污染物排放量数据

二、发动机排放污染物的危害

发动机排放污染物有一氧化碳、碳氢化合物、氮氧化物和微粒等，这些污染物对人体健康造成了很大的危害，而且排出的二氧化碳气体由于造成温室效应，对大气环境有严重影响。

1. 一氧化碳（CO）

CO是无色、无臭、有窒息性的毒性气体，由于CO和血液中有输氧能力的血红蛋白（Hb）的亲和力比氧气和Hb的亲和力约大300倍，能很快和Hb结合形成碳氧血红蛋白（HbCO），同时HbCO的解离速度却是氧合血红蛋白解离速度的1/3600，且HbCO的存在影响氧合血红蛋白解离，阻碍了氧的释放，导致低氧血症，使心脏、头脑等重要器官严重缺氧，引起头晕、恶心、头痛等症状，轻度中毒将使中枢神经系统受损，严重时会使心血管功能丧失，直至死亡。血液中不同浓度HbCO对人体健康的影响见表8-1。

表8-1　血液中不同浓度HbCO对人体健康的影响

血液HbCO的含量(%)	对人体健康的影响
10~20	轻度中毒：头痛、头晕、耳鸣、恶心、呕吐、心悸、四肢无力或有短暂的晕厥
30~40	中度中毒：除上述症状加重外，出现程度较浅的昏迷
50以上	重度中毒：除上述症状外，常并发肺水肿、脑水肿、呼吸困难、心律失常等，可在短时间内死亡

2. 碳氢化合物（HC）

HC包括未燃和未完全燃烧的燃油、润滑油及其裂解和部分氧化产物，如烷烃、烯烃、芳香烃、醛、酮、酸等数百种成分。烷烃基本上无味，对人体健康不产生直接影响。烯烃略带甜味，有麻醉作用，对黏膜有刺激，经代谢转化会变成对基因有毒的环氧衍生物。芳香烃对血液和神经系统有害，特别是多环芳香烃（PAH）及其衍生物有强致癌作用。醛类是刺激性物质，对眼、呼吸道、血液有毒害。烃类成分还是引起光化学烟雾的主要物质。

3. 氮氧化物（NO_x）

氮氧化物是燃烧过程形成的多种氮氧化合物，如NO、NO_2、N_2O_3、N_2O_5等，总称为NO_x。在内燃机中主要是NO，约占95%，其次为NO_2，占5%。NO是无色无味气体，只有轻度刺激性，毒性不大，高浓度时会造成中枢神经有轻度障碍，但NO易被氧化成NO_2。NO_2是一种红棕色有刺激性气味的有毒气体。不同浓度的NO_2对人体健康的影响见表8-2。NO_2吸入人体后，和血液中的血红蛋白（Hb）结合，使血液输氧能力下降，对心脏、肝、肾都会有影响。NO_2易溶于水，被人吸入肺部后，能与肺中的水分结合成稀硝酸，引起支气管炎、肺气肿。NO_2是地面附近大气中形成光化学烟雾的主要因素，也是酸雨的来源之一。

表8-2　不同浓度的NO_2对人体健康的影响

NO_2含量($\times10^{-6}$)	对人体健康的影响	NO_2含量($\times10^{-6}$)	对人体健康的影响
1	闻到臭味	80	3min感到胸痛、恶心
5	闻到强臭味	100~150	30~60min内因肺水肿而死亡
10~15	10min眼、鼻、呼吸道受到刺激	250	很快死亡
50	1min内人呼吸困难		

4. 光化学烟雾

HC 和 NO_x 在太阳紫外线作用下会生成臭氧（O_3）和过氧酰基硝酸盐（PAN），即一种具有刺激性的浅蓝色烟雾，称为光化学烟雾，它是一种有强刺激性的二次污染物。臭氧对人体的危害主要表现在刺激和破坏深部呼吸道黏膜和组织，对眼睛也有刺激。其毒害与二氧化氮类似。在低浓度长时间作用下，会引起慢性呼吸道疾病与其他疾病。大气中的臭氧浓度为（0.1~0.5）$\times10^{-6}$ 时引起鼻和喉头黏膜的刺激以及对眼睛的刺激；（0.2~0.8）$\times10^{-6}$ 浓度下接触 2h 出现气管刺激症状；1×10^{-6} 以上会引起头痛、肺深部气道变窄，出现肺水肿，长时间接触会出现一系列中枢神经损害或引起肺水肿，具体见表 8-3。此外，还能阻碍血液输氧的功能，造成组织缺氧现象，并会造成视力迟钝、甲状腺功能受损、骨骼早期钙化等毒害。根据近年研究，它还会引起染色体的畸变。

表 8-3 不同浓度的 O_3 对人体健康的影响

O_3 含量（$\times10^{-6}$）	对人体健康的影响	O_3 含量（$\times10^{-6}$）	对人体健康的影响
0.02	开始闻到臭味	1	1h 会引起气喘，2h 就感头痛
0.2	1h 就感到胸紧	5~10	全身痛、麻痹引起肺气肿
0.2~0.5	3~6h 视力下降	50	30min 即死亡

5. 微粒

微粒对人体健康的危害和微粒的大小及其组成有关。微粒越小，悬浮在空气中的时间越长，进入人体肺部后停滞在肺部及支气管中的比例越大，危害也就越大，小于 0.1μm 的微粒能在空气中随机运动，进入肺部并附在肺细胞的组织中，有些还会被血液吸收。0.1~0.5μm 微粒能深入肺部并黏附在肺叶表面的黏液中，随后会被绒毛清除。大于 5μm 的微粒常在鼻处受阻，不能深入呼吸道，大于 10μm 的微粒可排出体外。微粒除对人体呼吸系统有害外，由于微粒存在孔隙而能黏附 SO_2、未燃 HC、NO_2 等有毒物质或苯丙芘等致癌物，又会对人体健康造成更大危害。柴油机的微粒直径大多小于 0.3μm，而且数量比汽油机高出 30~60 倍，成分更为复杂，因而柴油机排出的微粒危害更大。

三、发动机排放污染物生成机理

发动机排放主要和发动机的混合气形成、燃烧过程及燃烧结束后在排气过程中的化学反应有关，此外，还与燃油的蒸发等因素有关。汽油为 C4~C11 的碳氢燃料，易挥发，化学稳定性好，着火温度高，不易自燃，需靠点火使其点燃，汽油机是燃油和空气在外部预制成比较均匀的混合气进入气缸后，依靠火花塞点燃，形成火焰核心，化学反应加速，开始进行火焰传播。柴油为 C12~C23 的碳氢化物，不易挥发，着火温度低，化学稳定性差，因而易自燃。柴油机靠压缩提高缸内混合气的温度，使混合气自燃，由于柴油机是在极短的时间内靠高压将柴油喷入气缸，经过喷雾、蒸发、混合过程形成非均质的可燃混合气，当压缩达到自燃温度就会有多处着火而燃烧，燃烧时，仍有燃料正在连续喷射，继续进行喷雾蒸发混合过程，这是扩散燃烧特点。由于汽油机和柴油机的燃烧特点不同，它们的污染物生成机理也不同。由表 8-4 可知，汽油机污染物主要是 CO、HC 和 NO_x，而柴油机污染物主要是微粒和 NO_x。

表 8-4　汽油机与柴油机排放污染物的比较

成分	汽油机	柴油机	成分	汽油机	柴油机
CO(%)	0.1~6	0.05~0.50	$NO_x(\times10^{-6})$	2000~4000	700~2000
HC($\times10^{-6}$)	2000	200~1000	微粒/(g/m^3)	0.005	0.15~0.30

1. 一氧化碳的生成

1）燃料不完全燃烧。CO 是烃类燃料在燃烧过程中由于缺氧而不完全燃烧的产物，理论上当空燃比 $A/F=14.9$ 时，烃类燃料能完全燃烧，生成 CO_2 和 H_2O；当 $A/F<14.9$，即混合气过浓时，燃料就不能完全燃烧，会生成中间产物 CO。

2）混合气不均匀。即使在富氧燃烧（$A/F>14.9$）时，混合气也不可能绝对均匀，总会有过浓区，就会产生 CO。

3）CO_2 和 H_2O 在高温时的裂解。当发动机气缸内温度超过 2000℃时，CO_2 会产生高温离解反应，温度越高，离解反应越剧烈，生成的 CO 越多。即

$$2CO_2 \longrightarrow 2CO+O_2$$

2. 碳氢化合物的生成

汽油机未燃 HC 的生成与排放有三个渠道。一是在气缸内的燃烧过程中生成并随排气排出；二是从燃烧室通过活塞与气缸之间的各间隙漏入曲轴箱的窜气，含有大量 HC，称为曲轴箱排放物；三是从发动机和汽车的燃油系统，即燃油箱、燃油供给系统等处蒸发的汽油蒸气，称为蒸发排放物。

均匀混合气生成未燃 HC 有下述多种机理。

(1) 冷激效应　燃烧室壁面对火焰的迅速冷却（称为冷激或淬冷）使火焰不能一直传播到缸壁表面，在表面上留下一薄层未燃烧的或不完全燃烧的混合气。冷激效应造成的火焰淬熄层厚度在 0.05~0.4mm 间变动，小负荷时较厚。不过在正常运转工况下，冷激层中的未燃 HC 在火焰掠过后会扩散到已燃气体主流中，在缸内已基本被氧化，只有极少一部分成为未燃 HC 排放。但在冷起动、暖机和怠速工况时，因燃烧室壁温较低，形成淬熄层较厚，同时已燃气体温度较低及较浓的混合气使后期氧化作用较弱，因此壁面冷激是此类工况未燃 HC 的重要来源。

缝隙效应是冷激效应的主要表现。燃烧室内缝隙的组成如图 8-2 所示。汽油机燃烧室中各种狭窄的缝隙，例如活塞、活塞环与气缸壁之间的间隙，火花塞中心电极周围和进、排气门头部周围以及气缸盖衬垫气缸孔边缘等地方，由于面容比很大，壁面的冷激作用特别强烈，火焰根本不能在其中传播，从而使在压力升高的压缩、燃烧过程中被挤入缝隙内的未燃混合气错过主要燃烧过程，在压力降低的膨胀、排气过程又返回气缸内温度已较低的已燃气体中，部分被氧化，其余以未燃 HC 形式排出。虽然缝隙容积较小，但其中气体压力大，温度低，密度大，加上流回气缸时温度已下降，氧化比例小，因而能生成相当多的 HC 排放，据研究可占总量的 50%~70%。图 8-3 所示为活塞顶环岸缝隙中烃的排出过程。

(2) 油膜和沉积物吸附　在进气和压缩过程中，气缸套壁面和活塞顶面上的润滑油膜会吸附未燃混合气的燃油蒸气，随后当混合气中燃油浓度由于燃烧而降到接近零时，油膜就释放出油气。由于释放时刻较迟，这部分油气只有少部分被氧化。据研究，这种机理

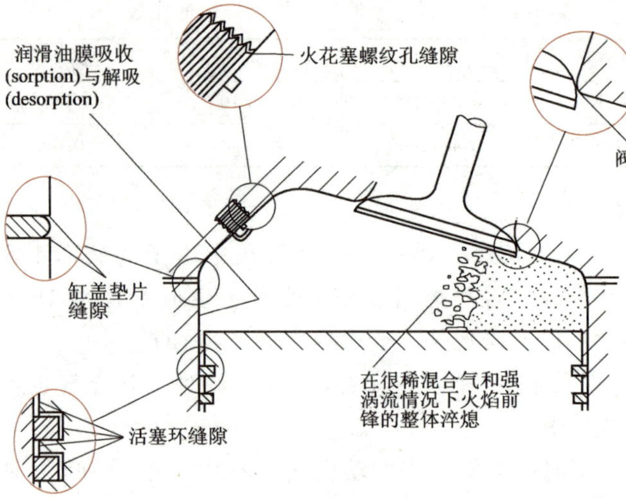

图 8-2　燃烧室内缝隙的组成

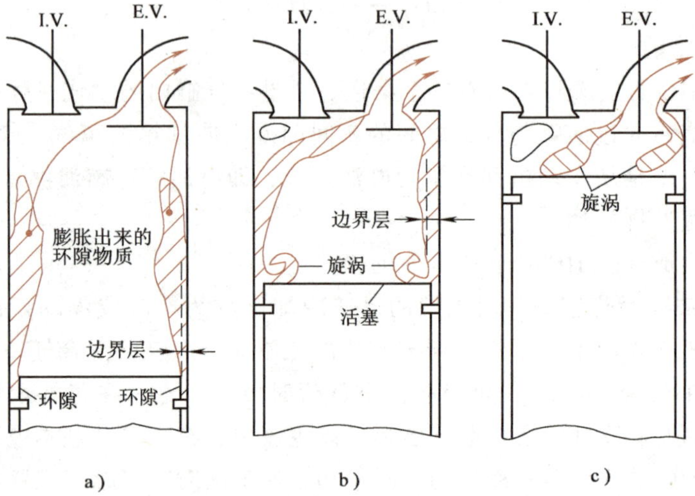

图 8-3　活塞顶环岸缝隙中烃的排出过程

a）喷出排气阶段　b）强制排气过程　c）排气终了

（I. V.—进气门，E. V.—排气门）

产生的 HC 占总量的 25%~30%。在燃烧室壁面和进、排气门上生成的多孔性含碳沉积物也会吸附燃料及其蒸气，并通过后期释放造成 HC 排放，这部分占总量的 10%左右。

(3) 火焰淬熄　在冷起动和暖机工况下，因发动机温度较低致使燃油雾化、蒸发和混合气形成变差，从而导致燃烧变慢或不稳定，有可能使火焰在到达壁面前因膨胀使缸内气体温度和压力下降造成可燃混合气大容积淬熄，使 HC 排放激增。这种情况可在混合气过稀或过浓，排气再循环率大，或是怠速和小负荷工况的条件下发生。加、减速瞬态工况更易发生容积淬熄，使 HC 排放量大增。

(4) 未燃碳氢化合物的氧化　未燃碳氢化合物会重新扩散到高温的已燃气体主流中，并很快被氧化，至少是部分被氧化。因此，排放的 HC 是未燃的燃油及其部分氧化产物的混合物，前者要占 40%左右。碳氢化合物也在排气管路中被氧化，占离开气缸的碳氢化合物的百分之几到40%。发动机产生最高排气温度和最长停留时间的运转工况，使HC排放降低最多。推迟点火以提高排气温度，将有利于HC后期氧化。促进这种后期氧化的另一途径是降低排气歧管处的热损失，如增大横截面积、对壁面进行绝热处理（如用陶瓷涂层）等措施。

柴油机排放的未燃HC则完全由燃烧过程产生。由于柴油机的工作原理与汽油机不同，喷出燃油停留在燃烧室中的时间比汽油机短得多，因而受壁面激冷效应、缝隙效应、油膜吸附、沉积物吸附作用很小。这是柴油机HC排放较低的原因。

柴油机燃烧室中由喷油器喷入的柴油与空气形成的混合气可能太稀或太浓，使柴油不能自燃，或火焰不能传播。如在喷油初期的滞燃期内，可能因为油气混合太快使混合气过稀，造成未燃HC。在喷油后期的高温燃气气氛中，可能因为油气混合不足使混合气过浓，或者由于燃烧淬熄产生不完全燃烧产物随排气排出，但这时较重的HC多被碳烟微粒吸附，构成微粒的一部分。

因此，柴油机未燃HC的排放主要来自柴油喷注的外缘混合过度造成的过稀混合气区域，结果造成柴油机怠速或小负荷运转时的HC排放高于全负荷工况。

喷油器的残油腔容积对HC的排放也会有影响，该容积是指喷油器嘴部针阀座下游的压力室容积，加上各喷油孔道的容积（图8-4）。在喷油结束时，这个容积仍充满柴油。在燃烧后期和膨胀初期，这部分被加热的柴油部分汽化，并以液态或气态低速穿过喷嘴孔进入气缸，缓慢地与空气混合，从而错过主要燃烧期。残油腔容积中的柴油大概有1/5左右以未燃HC的形式排出。

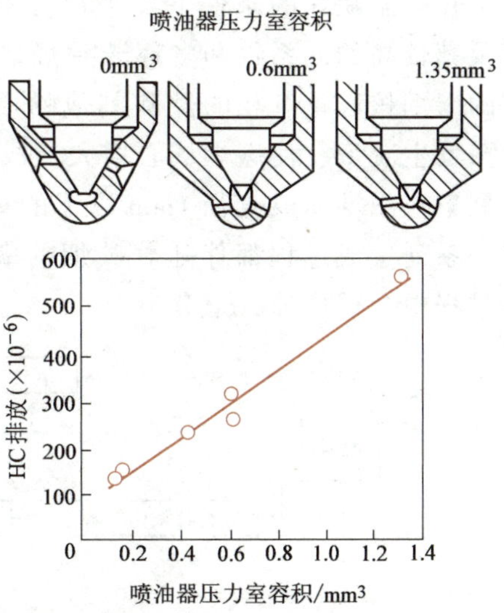

图8-4 压力室结构对HC排放的影响

3. 氮氧化物的生成

发动机排放的NO_x主要是一氧化氮（NO）。NO的生成主要取决于燃烧温度和氧的浓度。当温度超过2000℃时，氧分子会分解成氧原子，它和氮分子化合生成NO，即泽尔多维奇（Zeldovich）反应机理如下：

$$O_2 \Longleftrightarrow 2O$$
$$N_2 + O \Longleftrightarrow NO + N$$
$$O_2 + N \Longleftrightarrow NO + O$$

促使上述反应正向进行生成NO的因素有三个：

（1）氧的浓度 在高温条件下，氧的浓度是生成NO的重要因素。在氧浓度低时，即使温度高，NO的生成也受到抑制。

（2）温度 高温是生成NO最重要的条件，即使氧很充足，但燃烧温度不高，氧的分解进行得也很慢，NO生成浓度低。当反应物温度从2237℃提高到2337℃时，NO的生成速率几乎可以快一倍。燃烧进行得越充分，燃烧温度越高，NO浓度越高，这也就是NO与油耗之间相互矛盾的原因。因为从燃油经济性观点看，要求燃烧效率高，燃烧进行得完全，也就是要求燃烧速度快，并使燃烧放热集中在上止点附近，而这样燃烧温度必然很高，因而 NO 生成量也就越多。

(3) 反应滞留时间　如果燃气在高温富氧的条件下滞留时间长，NO 的生成量必然增加。NO 生成反应是可逆反应，但 NO 在燃气中逆反应速度缓慢，从而使缸内 NO 的实际浓度由于逆向反应速率太低而几乎没有下降，NO 就会“冻结”在一个非平衡的高浓度水平上而从尾气中排出。在柴油机中发生冻结，比在汽油机中更快。

4. 微粒

在汽油机中，含铅汽油中的铅和汽油中硫造成的硫酸盐，是排气微粒的主要成分。用含铅 0.15g/L 的汽油时，会排放微粒 100~150mg/km，其中一半左右是铅。如果用无铅汽油，加上汽油含硫量一般都很低，可以认为汽油机基本上不排放微粒。

柴油机的微粒排放量要比汽油机大几十倍。这种微粒由在燃烧时生成的含碳粒子(碳烟)及其表面上吸附的多种有机物组成，后者称为有机可溶成分（SOF)。燃烧系统中碳烟粒子的形成过程如图 8-5 所示。由于柴油机混合气极不均匀，尽管总体是富氧燃烧，但局部的缺氧还是导致碳烟的生成。一般认为碳烟形成的过程如下：燃油中烃分子在高温缺氧的条件下发生部分氧化和热裂解，生成各种不饱和烃类，如乙烯、乙炔及其较高的同系物和多环芳香烃。它们不断脱氢、聚合成以碳为主的直径为 2nm 左右的碳烟核心。气相的烃和其他物质在这个碳烟核心表面的凝聚，以及碳烟核心互相碰撞发生凝聚，使碳烟核心增大，成为直径 20~30nm 的碳烟基元。最后，碳烟基元经过聚集作用堆积成直径 1mm 以下的球团状或链状的聚集物。从核的萌发到成长、集聚这一系列生成过程都伴随着碳烟的氧化。碳烟是可燃的，很大一部分碳烟在燃烧的后续过程中会被烧掉（氧化)。

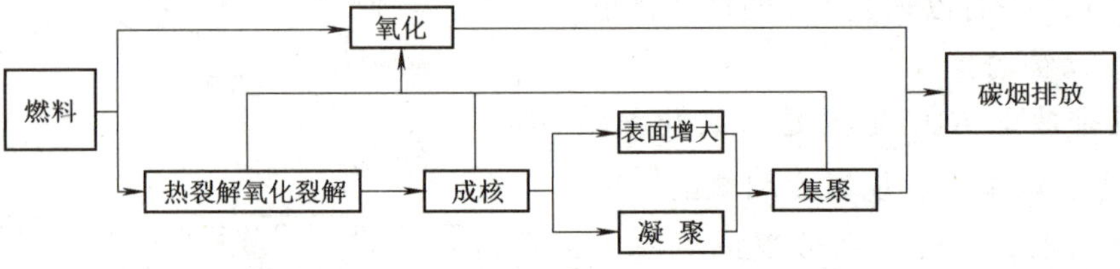

图 8-5　燃烧系统中碳烟粒子的形成过程

图 8-6 所示为碳烟生成与氧化随曲轴转角变化的情况，碳烟的生成主要是在燃烧的初期和中期，而碳烟的氧化主要是在燃烧的中期和后期。碳烟浓度先是上升到一最大值，然后浓度下降表明碳烟的氧化反应加快，碳烟浓度急剧降低。因而柴油机排出缸外的碳烟生成速率是碳烟生成速率与碳烟氧化速率之差。碳烟的氧化过程会一直延续到排气管中。碳烟的氧化速率主要和温度有密切关系，同时还和剩余氧以及在高温下的逗留时间有关。

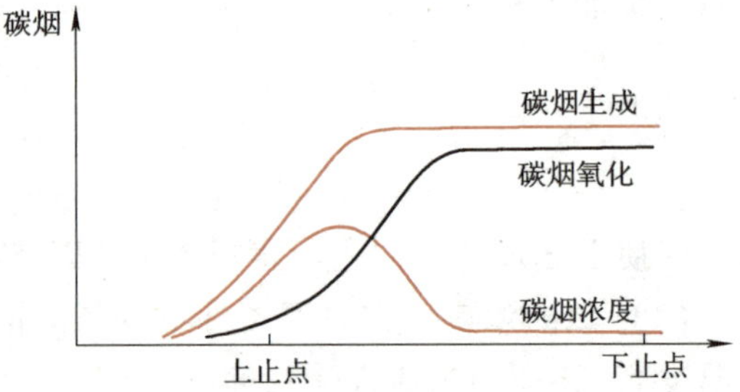

图 8-6　碳烟生成与氧化随曲轴转角的变化情况

5. 光化学烟雾

产生光化学烟雾的基本条件是大气中存在一定浓度的 HC 和 NO_x（一次有害污染物），当 HC 的浓度大于 NO_x 浓度的 3 倍时，在强烈的阳光照射的诱发下产生 O_3 和过氧酰基硝酸盐（PAN）组成的光化学烟雾，即

$$HC+NO_x \longrightarrow O_3+PAN$$

一般这种二次有害污染物常发生在夏秋之间，在污染物多、大气不流畅的大城市或盆地地区，而且在午后 2~3 时，光化学烟雾浓度最高。

第二节　影响汽油机有害排放物生成的主要因素及控制

一、影响因素

1. 混合气成分

汽油机是一种预混燃烧，其可燃混合气浓度范围比较窄，而且在怠速、满负荷等工况下处于浓混合气工作，因而混合气成分是影响排放的最主要因素之一。图 8-7 所示为空燃比与有害排放物浓度的关系。随空燃比 A/F 下降混合气变浓，燃烧时氧气相对不足，不完全燃烧生成物增加，使 CO、HC 迅速增加，在空燃比 A/F 大于 14.9 以后，CO 浓度已经很低了，但随着空燃比再次增加时，因混合气不均匀造成局部缺氧仍有少量 CO 生成。同时，因 CO 氧化反应速度慢，燃烧温度下降，使 HC 排放量增加。NO_x 浓度峰值出现在理论空燃比靠稀的一侧，反映出高的 NO 生成率必须兼具高温、富氧两个条件。HC 的走向则是两头高、中间低，与燃油消耗率的变化趋势基本一致。这是因为当浓混合气逐渐变稀时，在缝隙容积与激冷层中的混合气燃料比例减少，HC 量因而减少；而处于最佳燃烧空燃比范围内时，HC 及油耗均为最低；但当混合气过稀时，火焰有可能熄灭，HC 的生成量又会上升。

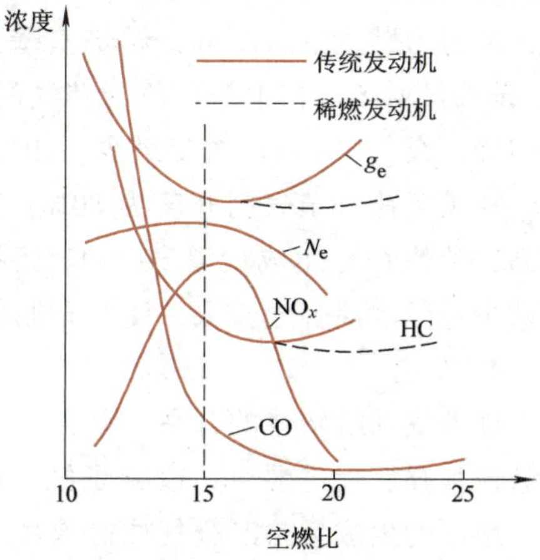

图 8-7　空燃比与有害排放物浓度的关系

g_e—燃油消耗率　N_e—曲轴转速

2. 点火正时

图 8-8 所示为点火提前角对燃油消耗量和有害排放物的影响。点火提前角减小时（推迟点火），后燃增加，膨胀时的温度及排气温度均上升，促进了未燃烧成分的氧化，这对降低 HC 很有利。同时减小点火提前角，可以降低燃烧最高温度、减少燃烧反应滞留时间（图 8-9），对降低 NO_x 十分有利。可见，减小点火提前角对降低 NO 及 HC 均有利，但以牺牲动力性为代价。

3. 负荷

负荷是通过混合气成分对燃烧产物中的有害物质产生影响的。汽油机在怠速及小负荷

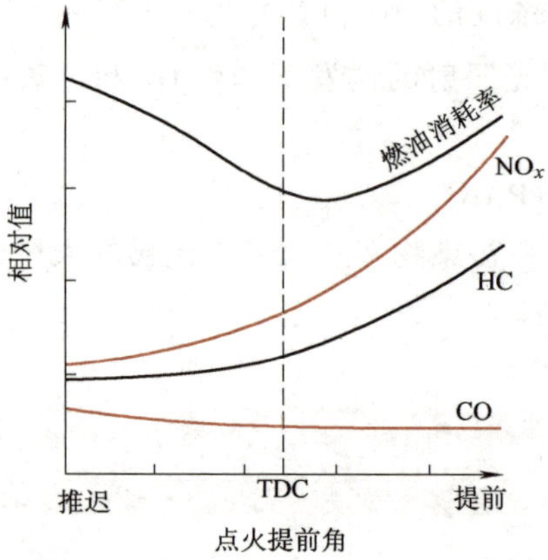

图 8-8　点火提前角对燃油消耗量和有害排放物的影响

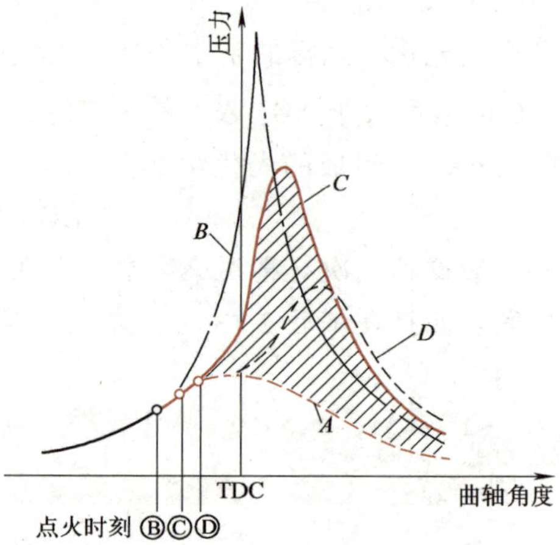

图 8-9　气缸内燃烧压力与点火时刻的关系

工况运行时，节气门分别在几乎关闭和小开度位置，新气量进入少，废气相对增多，供给的混合气偏浓，而且燃烧室温度较低，燃烧速度慢，易引起不完全燃烧，使 CO 排放量增加；又因为燃烧室温度低，燃烧室壁面激冷现象严重，未燃烧的燃油量增多，结果致使 HC 排放量增多。在中等负荷（节气门开度从 25%~80%）时，供给经济混合气，容易完全燃烧，废气中 CO 的含量最少，HC 含量也较低。由于燃烧室温度提高，NO_x 生成量增多。在满负荷（节气门开度为 80%~100%）时，供给浓混合气，使燃烧气体压力、温度升高，致使 NO_x 生成量增多；同时还提高了排气温度，使 HC 在排气中继续燃烧，其排放量减少；但因混合气较浓，使 CO 排放量增加。

4. 转速

随着发动机转速的升高，混合气经过进气系统的流速及活塞运动速度也随之升高，缸内紊流加强，促进混合，改善了缸内的燃烧，减少了激冷层的厚度，使 CO、HC 排放减少。NO_x 的生成量与混合气成分有关，当用浓混合气时，由于转速升高散热时间相对缩短，缸内燃烧温度升高，使 NO_x 生成量增加。当用稀混合气时，由于燃烧持续角增加，燃烧温度反而会下降，使 NO_x 生成量减少。

提高怠速转速使混合气变稀，CO 及 HC 的排放量减少。因此，从减少发动机排气污染出发，可适当提高怠速转速，但同时应注意到随着怠速转速升高，油耗也会有所上升。

5. 工况

汽车发动机主要是在不稳定工况下工作，包括怠速运转、加速运转、定速运转及减速运转等。不同工况由于混合气浓度不同，有害物的排放量相差很大。不同工况下汽油机有害物的排放浓度见表 8-5。怠速与减速工况，是 HC 生成的主要工况。在怠速工况下，燃烧环境温度较低，缸内残余废气量较大，混合气较浓，致使燃烧恶化，HC 排放浓度增加；而在减速工况下，很高的进气管真空度使进气管内沉积的燃料油膜大量蒸发，这是 HC 增加的重要原因。

表 8-5　不同工况下汽油机有害物的排放浓度

排放量	工况/(km/h)			
	怠速	定速	加速	减速
	0	40	0→40	40→0
CO(%)	4.0~10.0	0.5~1.0	0.7~5.0	1.5~4.5
HC($\times10^{-6}$)	300~2000	200~400	300~600	1000~3000
NO_x($\times10^{-6}$)	50~100	1000~3000	1000~4000	5~50

6. 排气再循环（Exhaust Gas Recirculation，EGR）率

将一部分排气回送至燃烧室，利用排气中气体比热大的特点，可以抑制燃烧的最高温度，有利于抑制 NO_x 的生成。在中、高速工况选择恰当的 EGR 率能有效控制 NO_x 的排放量，如果 EGR 率过大，NO_x 浓度虽然下降，但实际进入缸内的可燃混合气减少，燃烧的有效性降低，动力性会变差。

二、机内净化技术

机内净化是指改善可燃混合气的品质和燃烧状况，抑制有害气体的产生，降低排气中的有害成分。

1. 排气再循环（EGR）装置

EGR 装置是将一部分排气（5%～20%）引入进气系统，和混合气一起再进入气缸燃烧，如图 8-10 所示。EGR 是控制 NO_x 排放的主要措施。

NO_x 是在高温和富氧条件下形成的。燃烧温度越高，NO_x 的生成物越多。一部分排气的再循环，减少了排气总量，由于废气的比热值大，使气缸内气体的比热值增加，同时使进入气缸混合气中单位燃料对应的氧浓度也减少，降低了燃烧速度，燃烧温度随之下降，从而有效地控制 NO_x 的生成，如图 8-11 所示。

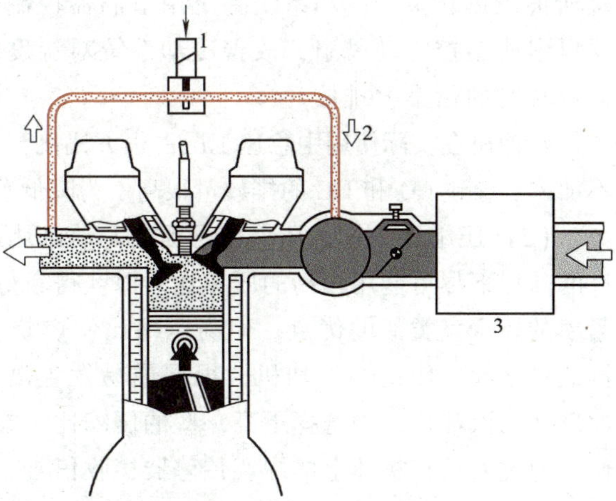

图 8-10　EGR 的工作原理

1—EGR 阀　2—排气再循环　3—混合气形成系统

EGR 率与发动机动力性能、经济性能和排放性能有关，如图 8-12 所示。选择恰当的 EGR 率能有效地控制 NO_x 的生成。EGR 率过大时，燃烧速度太慢，燃烧变得不稳定，失火率增加，使油耗恶化和转矩下降，动力性和经济性变坏，HC 也会增加；EGR 率过小，NO_x 排放达不到法规要求，易产生爆燃和发动机过热等现象。因此，EGR 率必须根据工况要求进行控制。

2. 改进发动机设计

（1）冷起动、暖机和怠速　发动机冷起动时，由于温度低，空燃比小，CO 和 HC 的排放量很高。应尽量缩短起动时间，为此要提高点火能量，增大起动机的功率。暖机期间

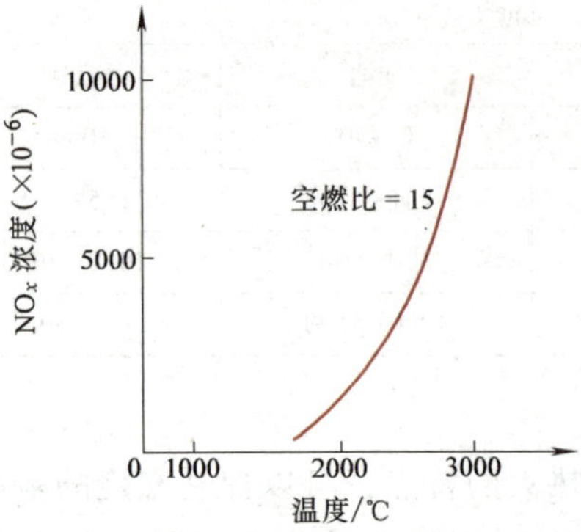

图 8-11　燃烧温度与 NO_x 生成物的关系

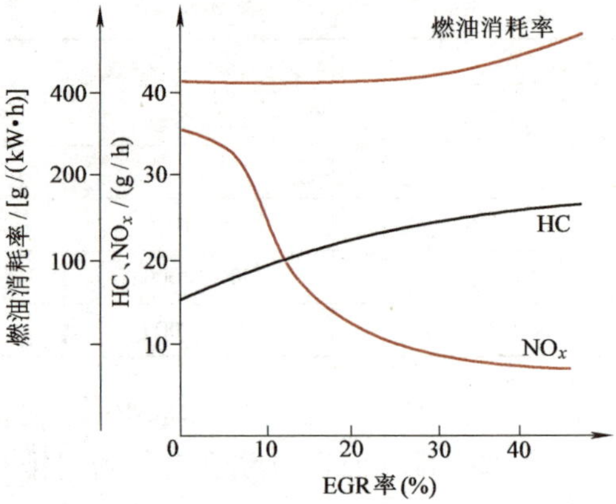

图 8-12　不同 EGR 率对油耗和排放的影响

要使可燃混合气、冷却液和机油尽快热起来。例如，采用进气自动加热系统，有助于改善暖机和寒冷天气运转时的混合气形成。采用进气温度自动调节式空气滤清器，可以保证在外界气温变化很大的情况下，使进气温度保持在 40℃左右，从而得到较稀的混合气。

发动机润滑系统和冷却系统的设计要保证起动后尽快达到正常运转温度。例如，机油冷却器应有自动控制温度的装置，既保证大负荷下机油得到足够的冷却，又保证暖机时使机油很快热起来。冷却系统除了用节温器控制冷却液的循环外，还广泛应用温控硅油离合器风扇或温控电动风扇，改善冷却系统对温度的适应性，以减少发动机在暖机和小负荷冷天运转时的污染物排放。

汽油机在实际使用中怠速工况占很大比例，在怠速工况下由于残余废气量大，混合气不得不加浓，导致 CO 和 HC 的排放量很高。为降低怠速排放可提高怠速转速至 800~1000r/min。

(2) 压缩比　增大压缩比是提高发动机热效率的决定因素，一般都是在汽油辛烷值允许的前提下尽可能用较高的压缩比，以获得较好的功率和油耗指标。较高的压缩比带来与较紧凑的燃烧室类似的优点。但高压缩比使燃烧室内温度增加，使 NO_x 反应速度增加，NO_x 排放量增大。传统的汽油机，根据最易发生爆燃的工况（如最大转矩工况）选择压缩比；而现在的汽油机，则选择更高一些的压缩比，在大部分工况下能正常燃烧，在发生爆燃的时候，通过安装在机体上的爆燃传感器接收信号，用电控单元适当推迟点火消除爆燃。

(3) 燃烧系统　燃烧室的形状主要影响未燃的 HC 排放物浓度。由于燃烧室内缝隙、紧挨缸壁的边界层和形状复杂且表面积大的燃烧室是形成未燃 HC 的主要途径。理想的燃烧室形状应紧凑、表面积小，并带有一定强度的进气旋流。这样可以形成快速燃烧，降低对辛烷值要求。火花塞处的充气旋流，保证了良好的点火性能，使高压缩比、稀燃发动机成为可能。旋流还可以减少工作过程的波动、改善热传导，缩短燃烧持续时间，对减少 NO_x 来说也是很重要的因素。

燃烧室内火花塞位置是影响排放物生成和油耗的另一个重要因素，如图 8-13 所示。火花塞布置在燃烧室中心位置，火焰传播行程短，可为快速和相对完全燃烧提供条件，因而可使未燃的 HC 排放较低。

不论是从改善动力性能、经济性能出发，还是从降低排放出发，对汽油机燃烧系统的要求都是一致的，即应尽可能使燃烧系统紧凑。汽油机燃烧室形状越紧凑，燃烧过程就完成得越快，CO 和 HC 的排放量下降。但另一方面，燃烧变快将导致燃烧温度增高，可能使 NO_x 的生成量增大，因而采用快速燃烧的同时需采取用 EGR 和推迟点火等来降低 NO_x 的生成。紧凑燃烧室、快速燃烧加上优化的 EGR 率和点火定时，可能给出动力性能、经济性能与 NO_x 排放之间的最佳折中。

因此，圆盘形、浴盆形、楔形燃烧室越来越让位于半球形、帐篷形等面容比小的紧凑燃烧室。

(4) 进气系统 采用每缸 3、4 或 5 气门，用涡轮增压代替自然吸气，不仅可以通过增加气缸充量密度、减小泵气损失和机械损失、增大发动机功率来改善动力性和经济性，而且也降低了 CO_2 和污染物的排放量，其中 HC 的降低较为明显（图 8-14）。

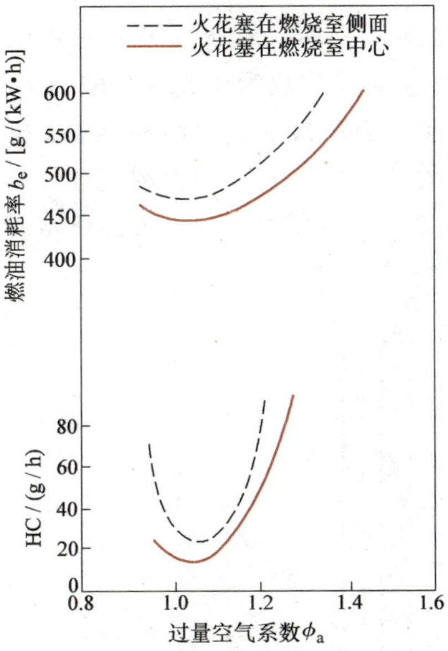

图 8-13 火花塞位置对油耗和 HC 排放的影响

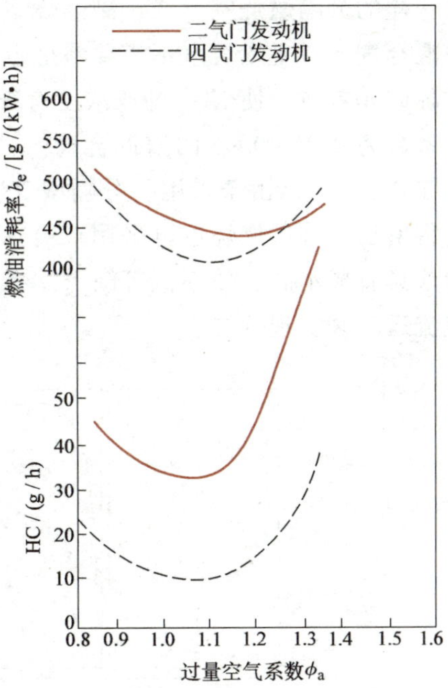

图 8-14 四气门和二气门发动机对油耗和 HC 排放的影响

凸轮形状决定气门开启和关闭时刻以及气门升程曲线，而这些参数影响发动机的充气过程。进入气缸新鲜混合气的数量，决定发动机的转矩和功率。留在气缸内的未燃混合气量和在排气门开启时未被排出的废气量会影响点火性能和燃烧状况。这些都会影响发动机效率、未燃 HC 排放物和 NO_x 排放物的浓度。理想的气门正时，应根据发动机转速和负荷而变化，采用可变配气相位方法。例如，采用可变气门升程和可变气门正时等技术。在高速时增大气门重叠角，以得到高的输出功率；在低速时采用小的气门重叠角，减少 HC 的排放量。

充气好坏不仅受配气相位的影响，也受到进、排气道的影响。进气行程中，在进气道内产生周期性压力波动。这些压力波在进气道内运动，并在进气管的端部反射回来。如果将进气道设计成与气门正时协调，在进气结束前瞬间，压力波峰值到达进气门，这种增压效果使更多的新鲜混合气进入缸内。对排气道的作用也类似。如果将进、排气道设计成在进、排气门同时开启时，均为正压差，则不仅能得到较好的充、排气效果，同时对排放、功率和油耗都有好处。产生进气旋流的进气道的作用和燃烧室内旋流的作用一样。充气的运动使燃烧室内混合气快速燃烧，因而可增加发动机热效率和提高稀燃能力。进气旋流是实现低排放的有效措施之一。

(5) 活塞组设计　活塞、活塞环与气缸壁之间形成的间隙，对汽油的 HC 排放有很大影响，因此要在工作可靠的前提下尽量缩小活塞头部（火力岸）与气缸的间隙，尽量缩小顶环到活塞顶的距离，即减小火力岸高度。为此，要寻找热胀系数更小的活塞材料（如碳纤维复合材料）和耐热性更好的活塞环材料以及合理的结构。

(6) 分层稀薄燃烧　为了保证可靠点火，在火花塞附近形成浓混合气，而在其他区域供给稀混合气，实现分层稀薄燃烧。要实现这样的要求，可采用的办法之一是采用与柴油机一样的分隔燃烧室形式，副燃烧室内装有火花塞，相当于预燃室作用，给副燃烧室提供浓混合气。在主燃烧室不需要考虑点火，可供给稀混合气。由于发动机内燃烧的混合气非常稀或非常浓，使 NO_x 排放浓度有很大降低，如图 8-15 所示，在火花塞附近供给过量空气系数为 0.85~0.95 的浓混合气，主燃烧室供给过量空气系数为 1.55~1.62 的稀混合气（工作极限）。由于采用了分隔型双燃烧室，燃烧室表面积过大，因而未燃 HC 排放物浓度将增加。分层燃烧也可采用缸内直接喷射方法，在火花塞附近，产生浓混合气。但这种方法具有成本高、效率低等缺点。有一些分层燃烧发动机采用混合气进入燃烧室时充气和气流运动来实现分层。

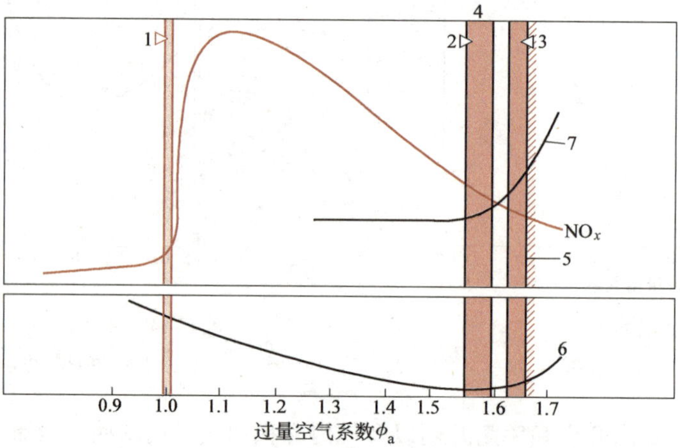

图 8-15　稀燃发动机混合气浓度工作极限

1—A/F = 14.9 时采用三元催化转化器的发动机控制　2—用稀燃传感器控制发动机　3—用燃烧压力传感器控制发动机　4—发动机处于工作极限下运行　5—工作极限　6—燃油消耗　7—发动机运行不稳定

稀薄燃烧是发动机发展的方向之一，有关稀薄燃烧的详细情况参见第六章。

3. 电控燃油喷射系统（EFI）

混合气形成的空燃比特性是决定点燃式内燃机性能和排放的关键因素。小负荷时，根据燃烧稳定性要求提供浓混合气；在常用的中等负荷时，根据燃料经济性要求提供略稀混合气；在大负荷时，根据动力性的要求提供浓混合气。随着排放法规的逐步严格，需要使用三元催化转化器来降低汽油机的排放，而这种转化器只有当 A/F 的值在 14.9 左右时才能有效地同时转化 CO、HC 和 NO_x 三种污染物。控制空燃比最好的方法是采用带氧传感器的闭环控制的电控燃油喷射发动机，电控燃油喷射系统详细内容见第六章。

4. 提高燃油品质

除了限制汽油中铅、硫、磷等各种有害物的含量，提高燃油辛烷值以及增加抗爆燃能力等方法外，采用醇类或烃类等代用燃料也可改善发动机的排放性能。

三、机外净化技术

机外净化是指用设置在发动机外部的附加装置使排出的废气净化后再排入大气。

1. 曲轴箱强制通风（Positive Crankcase Ventilation，PCV）系统

曲轴箱窜气是指在压缩过程和燃烧过程中由活塞与气缸之间的间隙窜入曲轴箱的油气混合气和已燃气体，并与曲轴箱内的机油蒸气混合后，由通风口排入大气的污染气体。发动机所排出的 HC 总量中，来自曲轴箱窜气和燃油蒸发的占 40%左右（图 8-16）。

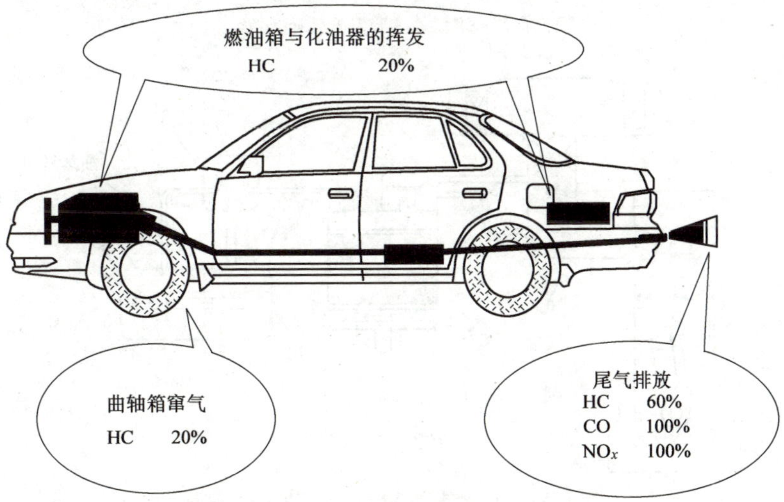

图 8-16　有害成分排放源及其所占比率

如图 8-17 所示，新鲜空气由空气滤清器进入曲轴箱，与窜气混合后，经 PCV 阀进入进气管，与空气或油气混合气一起被吸入气缸燃烧掉。PCV 阀可随发动机运转状况自动调节吸入气缸的窜气量。在怠速和小负荷时，由于进气管真空度较高，阀体被吸向上方（进气管侧），阀口气流流通截面减少，吸入气缸的窜气量减少，以避免混合气过稀，造成燃烧不稳定或失火。而在加速和大负荷时，窜气量增多，进气管真空度变低，在弹簧作用下阀体下移，阀口流通截面增大，使大量的窜气进入气缸被燃烧掉。当发动机高速大负荷运转时，一旦窜气量过多而不能完全被吸净，部分窜气会从闭式通气口倒流入空滤器，经化油器被吸入进气管。

2. 燃油蒸发控制系统

所谓燃油蒸发是指由燃油箱和燃油系统管接头处蒸发并排向大气的燃油蒸气。目前最常用的是活性炭罐式油蒸气吸附装置，其工作原理如图 8-18 所示。由燃油系统和燃油箱蒸发出来的油蒸气，经储气罐流入炭罐被活性炭所吸附。当发动机工作时，在进气管真空度作用下控制阀开启，被活性炭吸附的油蒸气与从炭罐下部进入的空气一起被吸入进气管，最后进入气缸被燃烧掉，而同时活性炭得到再生。

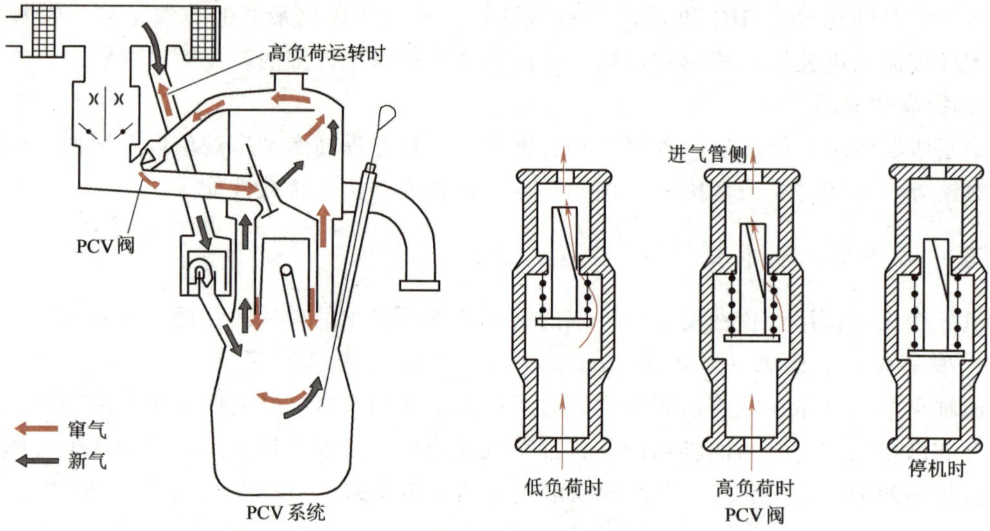

图 8-17 闭式曲轴箱强制通风系统

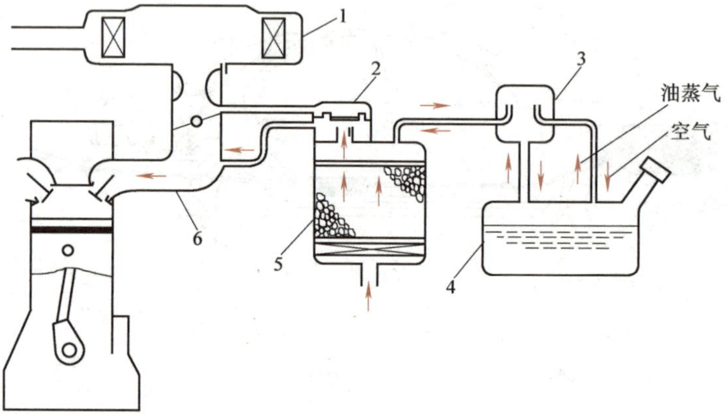

图 8-18 燃油蒸发控制系统的工作原理

1—空气滤清器 2—控制器 3—储气罐 4—燃油箱 5—炭罐 6—进气管

3. 三元催化转化器（Three Way Catalytic converter，TWC）

随着汽油机电控燃油喷射系统的不断完善和无铅低硫汽油的燃用，采用 TWC 成为控制汽车排放最理想和最重要的措施之一。

催化转化器主要由载体、催化剂、垫层和壳体组成，如图 8-19 所示。其中的催化剂是核心部分，内部由上千个孔洞组成，这些孔洞的内表面涂有铂、铑、钯、碱土和稀土等，多孔的表面使其表面积扩大了 7000 倍以上。

利用催化剂的催化作用可以还原 NO_x，并且氧化 HC 和 CO，同时净化这三种主要污染物。它的主要化学反应如下：

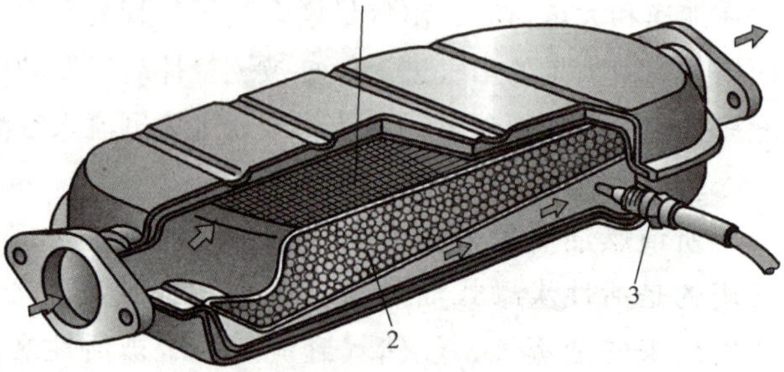

图 8-19 催化转化器的结构

1—壳体 2—载体与催化剂 3—温度传感器

$$2CO+O_2 \rightarrow 2CO_2$$

$$CO+H_2O \rightarrow CO_2+H_2$$

$$2C_xH_y+(2x+0.5y)O_2 \rightarrow yH_2O+2xCO_2$$

$$2NO+2CO \rightarrow 2CO_2+N_2$$

$$2NO+2H_2 \rightarrow 2H_2O+N_2$$

$$C_xH_y+(2x+0.5y)NO \rightarrow 0.5yH_2O+xCO_2+(x+0.25y)N_2$$

传统的均质燃烧的汽油机，只有在过量空气系数 $\phi_a=1$ 附近，催化剂才对 CO、HC 和 NO_x 能同时达到较好的净化效果，如图 8-20 所示。三类化合物经转化后可变成水和氮气，三元催化转化器在理论空燃比附近的转化效率可达 90%以上，工作温度为 200℃～800℃。

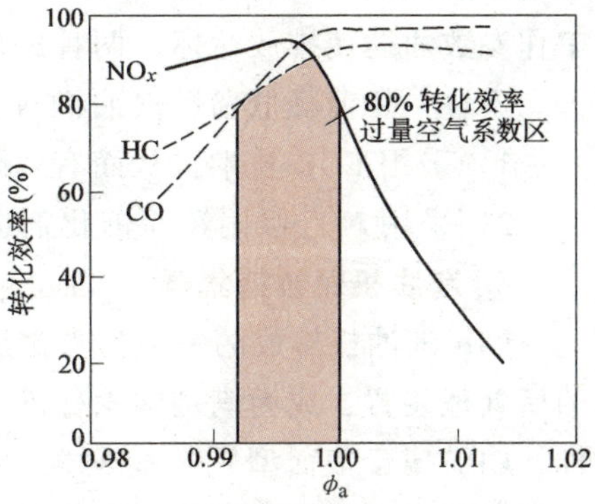

图 8-20　过量空气系数对催化剂转化效率的影响

因此，催化剂一旦起燃，实际有害排放量很少。据统计，70%～80%的 HC 排放是在催化器起燃之前产生的，因此降低冷起动 HC 排放以满足更加严格的排放法规。对此均质燃烧的汽油机多采用多级催化剂+HC 吸附+预热+TWC 的技术方案，如图 8-21 所示的由本田开发的汽油机及排放处理系统。

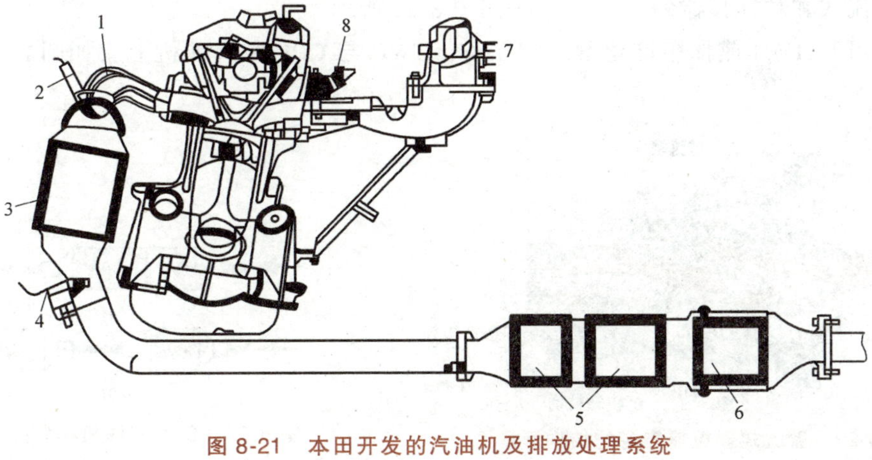

图 8-21　本田开发的汽油机及排放处理系统

1—低热惯量冲压成形排气总管　2—氧传感器Ⅰ　3—Pd 催化剂（1200 孔）　4—氧传感器Ⅱ　5—复合型催化器　6—电加热催化器　7—PGM-F1 电控单元　8—改进雾化的喷油器

4. 稀燃 GDI 汽油机与稀燃催化剂（Adsorption Reduction Catalyst，ARC）

稀燃 GDI 汽油机的排放特点是氧气含量可高达 1.5%～10%，CO、HC 的含量低，排气温度为 300～600℃。上述这些特征使得只能在空燃比为 14.9：1 附近一个很狭小窗口内高效工作的传统三元催化剂对稀燃发动机排放中 NO_x 的转化率大为降低。目前，转化排放中的 NO_x 采用选择催化还原法，具体反应式如下：

1）$2NO_x+2HC+O_2 \rightarrow N_2+2CO_2+H_2O$

2）$2NO_x+CO \rightarrow N_2+CO_2$

因作为还原剂的HC和CO在稀燃发动机排放中的含量低，同时有氧气含量高和排气温度低的条件限制，故须开发适合稀燃汽油机的稀燃催化剂。

思路是将NO_x和HC、CO分开处理，即加装一个LNT（Lean NO_x Trap）装置对NO_x进行捕集，然后经催化使之与排放中的HC和CO反应转化为N_2，但需要加装辅助监控装置对净化的持续时间和频率等参数进行控制。通过控制发动机交替工作在稀燃和浓燃条件下达到使排放净化的目的。其基本原理是稀燃条件下捕集NO_x，然后利用浓燃条件下产生的HC和CO使NO_x还原。汽油机在不同工况下，需要加装传感监控设备不断调整发动机工作参数才能使排放达标。两种燃烧条件下交替工作使油耗升高。

不过，目前降低稀燃汽油机NO_x排放的技术主要还是下列两种：

1）采用EGR技术，从而有效降低燃烧最高温度，抑制或者减少NO_x的生成。

2）采用NO_x吸附还原催化剂进行后处理。

5. 汽油机颗粒捕集器（Gasoline Particle Filter，GPF）

GDI汽油机排放的一个特点是颗粒排放，汽油机GPF作为应对日益严苛的排放法规的后处理装置，成为满足国六标准汽油机后处理系统中的配置。与柴油机的微粒捕集器一样，GPF属于表面型颗粒捕集器，壁流式捕集器的过滤主体由大量正方形的孔道组成，相邻的孔道之间由薄壁的透气陶瓷隔开。当一个孔道的进口被堵住时，相邻的另一个孔道的出口就被堵住。这样排气就可以通过敞开的入口进入孔道，再穿过透气的薄壁陶瓷面进入出口敞开的相邻孔道，排气中的颗粒物因此附着在进口通道的壁面上，达到颗粒捕集的目的。壁流式颗粒捕集器的结构示意图如图8-22所示。

GPF可与TWC或稀燃催化剂一起工作。TWC与GPF在汽油机上有如图8-23所示的布置方案。

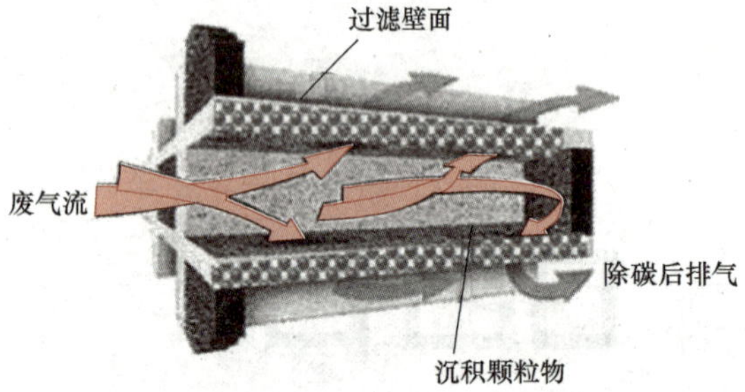

图8-22　壁流式颗粒捕集器的结构示意图

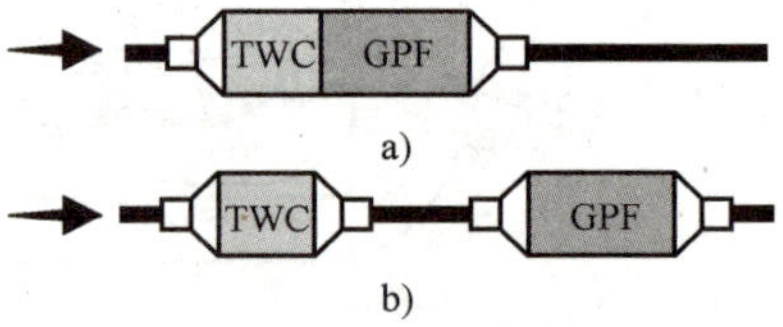

图8-23　GDI汽油机排气处理方案

a）紧耦合式　b）后置式

第三节　影响柴油机有害排放物生成的主要因素及控制

一、柴油机燃烧及排放物生成的特点

柴油机燃烧是一种多相非均匀混合物的不稳定的燃烧过程，喷雾过程、油束形成、混合气的浓度与分布以及燃烧室形式等，对排放物生成均有复杂的影响。由于油束在燃烧室空间的浓度分布、着火部位及局部温度各处都不一样，可以对油束人为地分区并将其与排放物生成的关系作一说明。

如图 8-24 所示，当油束喷入有进气涡流的燃烧室时，由于油雾及油蒸气在空间浓度分布不同，可大致分为稀燃火焰熄灭区、稀燃火焰区、油束心部、油束尾部和后喷部以及壁面油膜。从油束边缘到油束核心部分，局部空燃比可从无穷大变到零。根据负荷不同，各区排放物生成的性质也不一样。

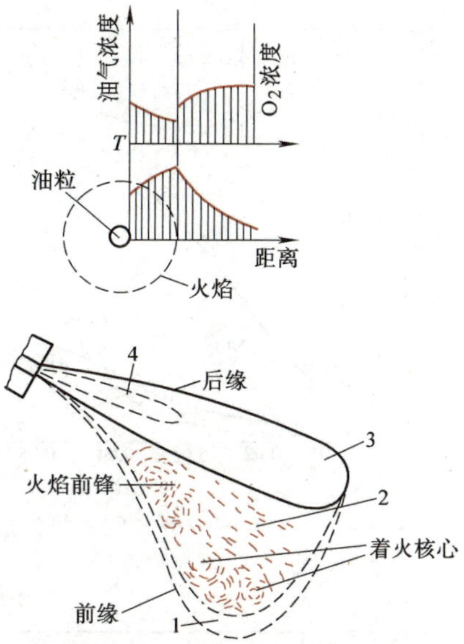

图 8-24　油束各区的燃油情况

1—稀燃火焰熄灭区　2—稀燃火焰区
3—油束心部　4—油束尾部和后喷部

1）未燃 HC：在低负荷时，由于喷油量少，混合气稀，缸内温度低，HC 主要产生在稀燃火焰熄灭区；在高负荷时，混合气浓，HC 主要产生在油束心部、油束尾部和后喷部以及壁面油膜处。

2）CO：低负荷时，缸内温度低，部分燃油难以氧化形成 CO_2，主要在稀燃火焰熄灭区及稀燃火焰区的交界面上生成 CO；高负荷时，在油束心部、油束尾部和后喷部，因局部缺氧而产生 CO。

3）NO_x：在燃烧完全、供氧充分及温度较高的稀燃火焰区及油束心部产生较多。

4）碳烟：高负荷时，在油束心部、油束尾部和后喷部的氧浓度低，气体温度高，燃油分子容易发生高温裂解而形成碳烟。

5）醛类：主要在稀燃火焰熄灭区，由于低温氧化而产生醛类中间产物。

二、影响因素

1. 混合气成分

一般来说，柴油机的燃油供给是质调节，在工作过程中总有一定数量的过量空气，而且柴油挥发性比汽油弱，因此柴油机的 HC 及 CO 排放浓度一般比汽油机低得多。但在接近满负荷时（*A/F* 较小），CO 浓度骤增。如图 8-25 所示，NO_x 生成率最高处仍出现在油量较大的高负荷工况，其浓度随 *A/F* 增加而减少。柴油机排气中有碳烟排出，随着混合气变浓，排烟浓度增多。

2. 喷油时刻

延迟喷油是降低 NO_x 的主要措施之一。如图 8-26 所示，延迟喷油可减少 NO_x 的生成，但减小喷油提前角将导致燃烧变差，最高爆发压力降低，因而使油耗及排气烟度增加。为了在延迟喷油以后燃烧不致恶化，加强缸内气流运动、促进混合气形成、提高喷油速率以及改善喷雾质量是很有必要的。实践证明，延迟喷油的同时提高喷油速率，要比单纯延迟喷油定时的效果好。

3. 燃烧室类型

直喷式及分隔式两类燃烧室的排放特性不同，由表 8-6 可知，分隔式燃烧室生成的 NO_x、CO、HC 和碳烟的排放浓度均低于直喷式燃烧室，特别是 NO_x 排放浓度一般比直喷式燃烧室的低 50%左右。

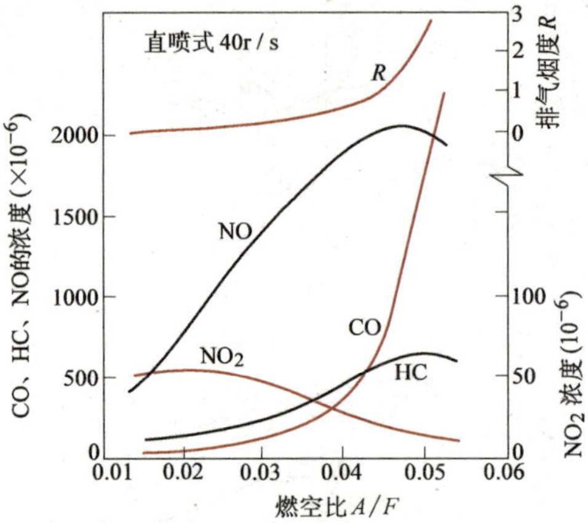

图 8-25 混合气成分与柴油机排放的关系

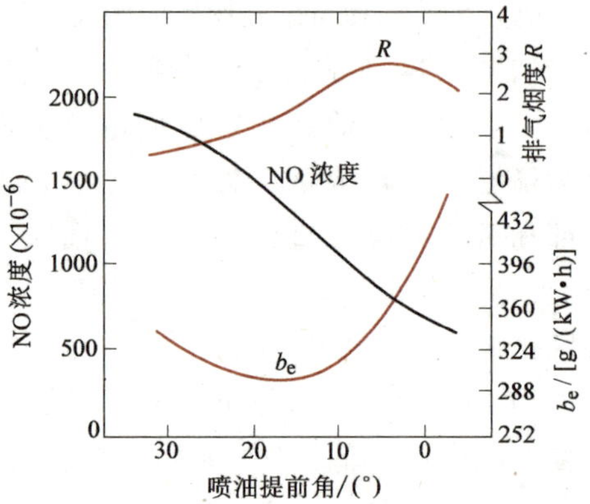

图 8-26 喷油定时对排放的影响

表 8-6 两种燃烧室有害排放物的比较 [单位：g/(kW·h)]

燃烧室类型	排气成分		
	NO_x	CO	HC
直喷式	5.2~9	2~6	1.1~3
分隔式	3~6	1.5~4	0.4~1.5

分隔式燃烧室排放低是因为这种燃烧室的燃烧及排放物的生成分两个阶段进行。在喷油开始和燃烧初期，副燃烧室的空燃比较小，氧浓度较低，燃料不可能燃烧完全，从而形成较多的CO及未燃烃。副燃烧室在着火后温度较高，但氧浓度低，对生成NO_x仍有不利的影响。主燃烧室内有充足的新鲜空气，使来自副燃烧室的CO及HC进一步氧化。高温燃气进入主燃烧室后，温度有所下降，抑制了NO_x的生成。

然而，在非稳定工况下，一些排放物的浓度比稳定工况高，有的甚至高达6倍，分隔式燃烧室起动性能比直喷式差，因此起动工况的排放浓度比直喷式高。

三、机内净化技术

1. 增压中冷技术

高压柴油喷柱与空气的混合，要达到分子级的均匀程度是很困难的，因为它受燃油蒸发、扩散等分子运动的自然限制。较现实的办法是增加空气量，即提高空燃比，使柴油分子更容易找到氧分子，保证燃油充分燃烧。通过增压可以加大循环进气量，提高输出功率。而且，增压后，进气温度提高，滞燃期缩短，混合气又可以适当变稀，这些都有利于降低燃烧噪声、CO及HC的排放；再加上功率提高而机械损失变化不大，泵气功变为正功等原因，油耗有所下降。但是，进气温度上升使NO_x增多，空气密度因温度上升而下降，从而实际进气的质量未达到期望水平。于是出现了将增压后空气再进行冷却的中冷技术，以使进气温度降低，加大循环进气量。这样，增加空燃比改善了柴油机的燃烧，从而降低了微粒排放；同时增加空燃比加上中冷技术又降低了燃烧温度，从而降低了NO_x的排放，而且功率进一步增加。增压中冷柴油机参数选配得当，则柴油机大部分性能都会得到改善，试验证明，采用适度的涡轮增压可使车用柴油机的微粒排放下降50%左右，加上中冷技术则可继续下降到原始排放的 30%~40%。而 NO_x 的排放可能下降到 60%~70%。

2. 改进进气系统

（1）进气组织　间接喷射式柴油机主要靠主、副室中的强烈涡流或紊流实现混合气的雾化、混合。传统的中、小型直喷式柴油机通过气缸盖中的螺旋进气道或切向进气道，或多或少都组织有绕气缸轴旋转的进气旋流，进气旋流的强弱用压缩终了缸内旋流转速与发动机转速的比值表示，称为涡流比。除了横向旋流外，缸内还存在各种有组织或无组织的紊流、挤流及纵向滚流等，如图 8-27 所示。

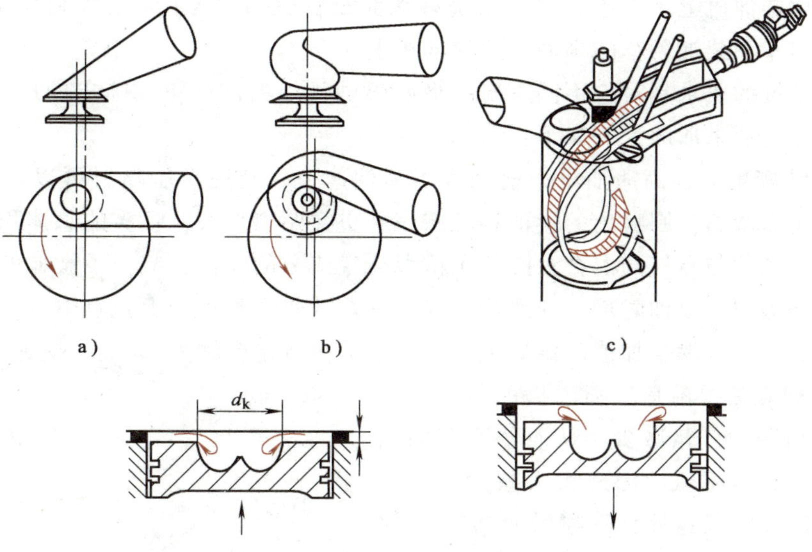

图 8-27　缸内各种有组织的气流

a）切向进气道及其产生的旋流　b）螺旋进气道及其产生的旋流
c）纵向滚流　d）压缩时的挤流　e）膨胀时的逆流

由于涡流比的大小与进气阻力成正比。强涡流会降低循环进气量，从而降低动力性，增大烟度。因此，现在都倾向于加大喷油压力，适当降低涡流比来组织燃烧。大、中型柴油机则向无涡流或弱涡流的方向发展。对小缸径的高速柴油机，由于燃烧室太小，为了减小撞壁的燃油量，强化壁面油膜燃烧，一般都要组织一定强度的缸内旋流或紊流。

（2）多气门　车用中、小型柴油机正紧跟汽油机的脚步，发展多气门技术，加大循环充气量以改善动力性能、经济性能和排放性能，如图 8-28 所示。柴油机采用四气门（两进两排）后可增大进气门总通过最小截面积，增加循环进气量，提高柴油机功率和转速；可

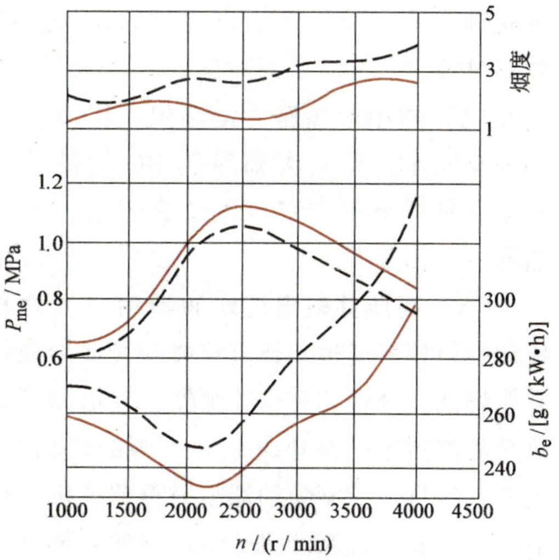

图 8-28　二气门及四气门柴油机性能指标比较

——四气门　- - 二气门

实现喷油器正中布置，保证各喷柱的形态和混合条件相同，使得喷注分布和混合气形成更加合理；在低速时可通过关闭一个进气道来提高缸内旋流速度，并经过特殊设计，充分利用进气惯性来提高低速进气量。这些对减少有害排放物都是有利的。特别是在低速时涡流比和进气量的提高，部分解决了传统机型增压机的加速冒烟和低速转矩下降的问题。

3. 改进喷油系统

柴油机中常用的机械燃油喷射系统主要有直列泵系统和转子分配泵系统两大类，电控燃油喷射系统主要有单体泵泵喷嘴和高压共轨系统。直列泵、单体泵和泵喷嘴系统多用于大、中型车用柴油机上。转子分配泵系统有端面凸轮驱动的 VE 泵系统和高压共轨系统，多用于轻型客车和柴油轿车的小型高速柴油机上。

对喷油系统的要求是对应不同工况有良好喷油规律的前提下，喷出的燃油颗粒要小，雾化要好。相应所采取的方法如下：

(1) 高压喷射 提高喷油压力就加大了喷油速率，利用高压喷射可以较好地控制喷油率曲线。压力增高，则喷出的燃油颗粒减小，贯穿距离加大，喷雾的总体积加大，紊流增强，促进了燃油与空气的混合，降低了浓混合气成分的比例，减小了微粒的生成。同时喷油率增大必然缩短喷油时期，使燃烧加速，燃烧放热更集中于上止点附近，从而降低了燃油消耗率。但是，燃烧加速，温度上升，NO_x 的排放量会增大。

(2) 推迟喷油提前角 喷油提前角减小可使预混油量和混合气量减少，从而使速燃期压力、温度上升程度降低，因此大大减少了 NO_x 的排放量。以此可以弥补高压喷射使 NO_x 排放量增大的缺点。同时，由于燃烧中压力升高率的下降，噪声也降低。

(3) 减小喷孔直径，增加喷孔数目 这样可以使燃油喷柱在燃烧室内的分布将更均匀、更充满，从而加速燃油与空气的混合，降低微粒的排放。

(4) 减小喷嘴压力室容积 压力室容积只要稍有减小，就会大幅降低 HC 的排放量，因而应尽量减小压力室容积或采用无压力室式喷油器。

(5) 高压共轨电控燃油喷射 共轨式电控燃油喷射技术通过共轨直接或间接地形成恒定的高压燃油，分送到每个喷油器，并借助于集成在每个喷油器上的高速电磁开关阀的开启与闭合，定时、定量地控制喷油器喷射至柴油机燃烧室的油量，从而保证柴油机达到最佳的空燃比、良好的雾化和最佳喷油规律，在提高柴油机性能的同时减小了污染物的排放（图 8-29）。

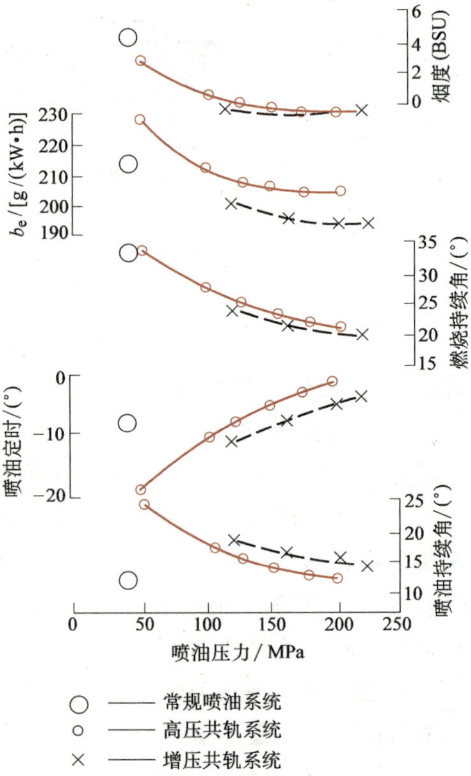

图 8-29 三种燃油系统的喷油压力对烟度及性能的影响

试验条件：转速 1000r/min，$A/F=17$，NO_x 浓度 1200×10^{-6}

4. 改进燃烧系统

（1）燃烧室容积比　燃烧室容积比是燃烧室容积对气缸余隙容积（或压缩室容积）之比。应力求提高此容积比，以提高柴油机的冒烟界限，降低柴油机的碳烟和微粒排放。为此，要避免采用短行程柴油机。而且，长行程、低转速、高增压度的柴油机，其综合性能比短行程、高转速的柴油机好。

（2）燃烧室口径比　口径比 d_k/D 小的深燃烧室可在室中产生较强的涡流，因而可采用孔数较少的喷油器以获得满意的性能。但涡流会造成能量损失，且低转速时往往显得涡流不足。同时，燃烧室口径小增加了喷雾碰壁量，造成 HC 的排放量增加。现在的趋势是除了缸径很小的柴油机（$D\leqslant120$mm）用较小口径比的燃烧室外，一般采用口径比较大的浅平燃烧室（$d_k/D=0.6\sim0.8$），配合小孔径的多喷孔喷油器。

（3）燃烧室形状　缩口燃烧室已经取代应用最广的直边不缩口 ω 形燃烧室。缩口燃烧室加强了燃烧室端口的气体湍流，促进扩散混合和燃烧；燃烧室底部中央的凸起适当加大，以进一步提高空气的利用率。不缩口 ω 形与缩口 ω 形燃烧室的排放特性如图 8-30 所示。用带圆角的方形或五瓣梅花形（分别配 4 孔和 5 孔喷油器）代替圆形燃烧室，加强燃烧室中的微观湍流，加速燃烧，减少碳烟生成（图 8-31）。

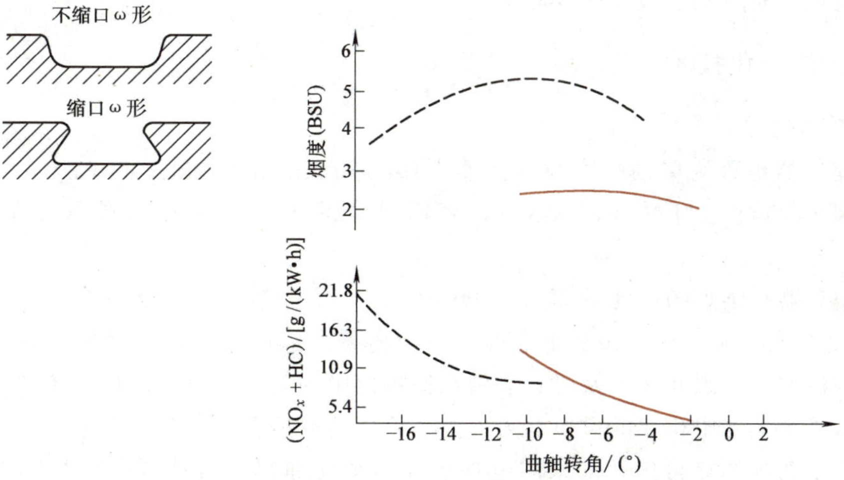

图 8-30　不缩口 ω 形和缩口 ω 形燃烧室的排放特性

--不缩口 ω 形　—缩口 ω 形

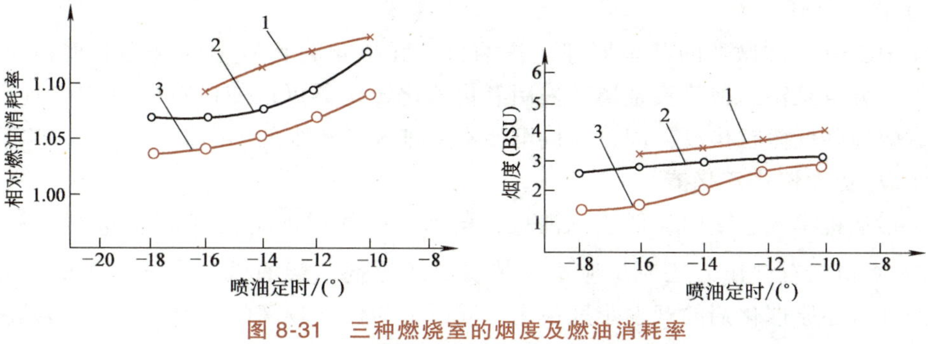

图 8-31　三种燃烧室的烟度及燃油消耗率

1—ω 形燃烧室　2—四角形燃烧室　3—微涡流燃烧室

（4）适当提高压缩比　适当提高柴油机压缩比可降低 HC 和 CO 的排放，并结合推迟喷油获得动力经济性能与 NO_x 排放之间较好的折中。

5. 降低机油消耗

由于柴油机排放微粒有相当一部分是来自窜入燃烧室的机油的不完全燃烧，尽可能减少窜入机油量，同时又保证气缸活塞组的工作可靠性和耐久性，是降低微粒排放的重要方面。为此，必须加强机体刚度，改善气缸盖与机体的连接，尽量减少气缸工作面的变形。要改善活塞、活塞环和气缸表面的设计，以加强机油控制又保证必要润滑，同时减少机油从气门杆的泄漏。

6. 排气再循环

同汽油机一样，柴油机也可以通过排气再循环来降低 NO_x 的排放量。由于柴油机的混合气比汽油机稀，特别是在低负荷时稀得更多，因而可以使用比汽油机大得多的排气再循环量。

7. 提高燃油品质

应提高柴油的十六烷值。柴油十六烷值不足即着火性差，使滞燃期加长，预混合燃烧量过多，导致运转粗暴，噪声加大，NO_x 排放增加。低排放柴油要求降低含硫量，降低柴油含硫量就相应地降低了微粒的排放量。

四、机外净化技术

1. 微粒捕集器

微粒捕集器也称为柴油机微粒滤清器（Diesel Particulate Filter，DPF），主要是通过微粒捕集器内的过滤材料（图 8-32），采用过滤的方法对柴油机排气中的微粒进行净化。

微粒捕集器对碳烟的过滤效率可达 90%以上，可溶性有机成分 SOF（主要是高沸点 HC）也能部分被捕集。但随过滤下来的微粒的积累，造成排气背压增加，导致发动机动力性和经济性恶化。因此必须及时除去微粒捕集器中的微粒，以便能继续工作。

除去微粒捕集器中积存的微粒称为再生，再生的方法分为两类，即断续加热再生和连续催化再生。断续加热再生，即采用电加热或燃烧器加热的方法消除微粒；连续催化再生，则是利用贵金属元素的催化剂涂层的催化作用，可以在柴油机绝大部分工况下自动进行再生。

2. 氧化催化转化器

氧化 HC、CO 和微粒的基本原理与汽油机三元催化转化器中的氧化原理相同，催化剂的活性成分也是铂、钯等贵金属。采用氧化催化转化器可以使微粒中的 SOF 得到氧化，因而可有效地降低微粒排放，同时，也可使本来排放量较少的 HC 和 CO 进一步降低。

3. NO_x 还原催化转化器

由于柴油机排气温度明显低于汽油机，柴油机中妨碍 NO_x 还原反应进行的氧化量是汽油机的 30 倍左右，作为还原反应不可缺少的还原剂，柴油机只有汽油机的十分之一。因此，柴油机还原催化剂的开发难度很大。同时，为保证较高的还原效率，往往要从外部添加 HC、NH_3 等还原剂。

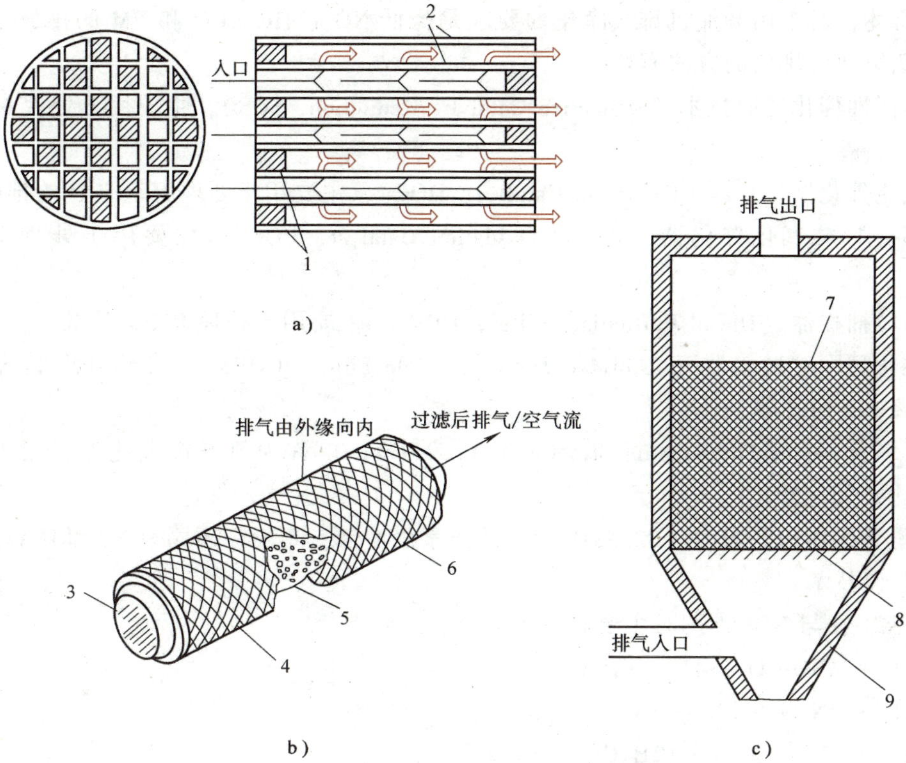

图 8-32　微粒捕集器的过滤材料

a）陶瓷蜂窝载体　b）陶瓷纤维编织物　c）金属线纤维编织物

1—陶瓷封堵　2—多孔堇青石　3—密封端　4—陶瓷纤维　5—支持管

6—菱形网栅　7—金属纤维滤芯　8—多孔板　9—发热元件

4. 车用柴油机排放后处理系统方案

传统的车用柴油机仅具备消声功能，随着排放法规的日趋严格，目前已兼具排气净化和消声的功能。图 8-33 所示为某车用柴油机排气系统净化装置。

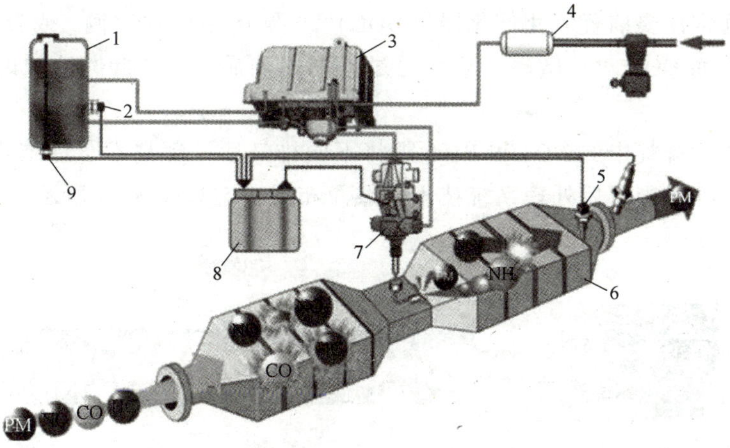

图 8-33　车用柴油机排气系统净化装置

1—尿素溶液箱　2—温度传感器　3—尿素溶液供给模块　4—空气滤清器　5—排气温度传感器

6—SCR 催化转化器　7—计量模块喷雾器　8—电控单元　9—尿素液面传感器

综上所述，对车用柴油机排气净化的要求是降低 NO_x、HC、CO 和 PM 的排放，目前常用的降低柴油机排放的方法有：

1）选择性催化还原技术（Selective Catalytic Reduction，SCR），主要用于处理 NO_x 的排放。

2）氧化催化器（Diesel Oxidation Catalyst，DOC），主要用于处理 HC、CO 的排放。

3）部分颗粒氧化催化器（Partial Oxidation Catalyst，POC），主要用于处理 PM 的排放。

4）颗粒捕捉器（Diesel Particulate Filter，DPF），主要用于处理 PM 的排放。

5）催化型颗粒捕集器（Catalyzed Diesel Particle Filter，CDPF），可部分降低 NO_x 的排放并处理 PM 的排放。

6）氨氧化催化器（Ammonia Slip Catalyst，ASC），也称为氨逃逸催化器，用于降低 SCR 泄漏的氨气（NH_3）。

SCR 是利用体积分数为（32.5±0.5）%的尿素水溶液，将 NO_x 还原为 N_2 和 H_2O，即选择性催化还原技术。

NH_3-SCR 在与 NO_x 作用时主要有以下 4 个反应：

① $4NH_3 + 4NO + O_2 \rightarrow 4N_2 + 6H_2O$

② $4NH_3 + 2NO + 2NO_2 \rightarrow 4N_2 + 6H_2O$

③ $6NO_2 + 8NH_3 \rightarrow 7N_2 + 12H_2O$

④ $4NH_3 + 3O_2 \rightarrow 2N_2 + 6H_2O$

反应①为标准 SCR 反应，由于柴油机排气中的 NO 与 NO_2 的比例一般在 9∶1 以上，此时 SCR 催化器中主要发生标准 SCR 反应。反应②称为快速 SCR 反应，研究表明，此反应可以在较低温度下进行，并且在较低温度下反应速率是标准 SCR 反应的 17 倍。提高 NO_x 中 NO_2 的比例可以使 SCR 在较低温度下发生快速 SCR 反应，有利于提高 NO_x 的转化率。

因此，提高排气中 NO_2 的比率是提高 SCR 转化率的有效途径。SCR 本身对硫不敏感，我国燃油品质较差，含硫量偏高，因此 SCR 适合在我国使用。

SCR 技术通常需要前置氧化催化器（DOC）来调节 NO_2 的比例，或者后置 DOC 来处理泄漏的 NH_3，而 DOC 对硫敏感，只有通过提高燃油品质，降低燃油中的硫含量来解决这个问题。

为了同时去除排气中的 NO_x 和 PM，需将不同排气后处理技术合理结合。国内主流的重型商用车用发动机国Ⅵ后处理系统技术路线及布置方案如图 8-34 所示。

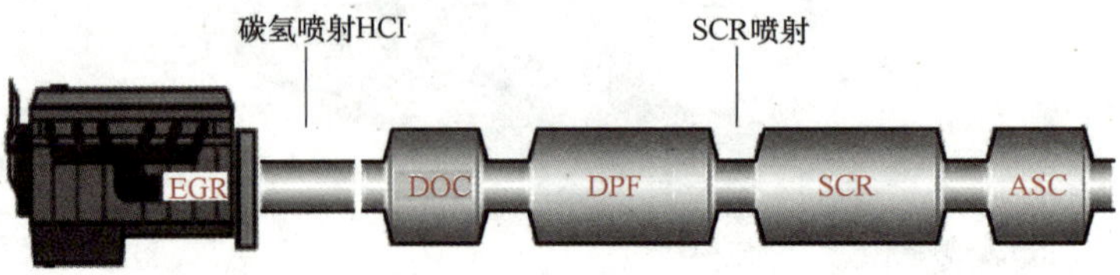

图 8-34 重型商用车用发动机国Ⅵ后处理系统技术路线及布置方案

1）为了减轻 SCR 系统的负担，并考虑燃油经济性，需要一定的 EGR 率。

2）考虑重型柴油机正常工况下的排气温度较低，并避免机油稀释，需要排气管加热装置来辅助 DPF 再生（或其他方式）。

3）考虑对氨气泄漏量的限制，需要在末端安装氨逃逸催化剂。

第四节　发动机排放标准与测试

一、评定标准

为了评定内燃机对环境的污染程度或排放特性，常用下列指标：

（1）排放物体积分数和质量浓度　单位排气体积中排放污染物的体积，称为排放物的体积分数，通常以%和 10^{-6}（百万分比）表示，质量浓度常用 mg/m^3 等计量。

（2）质量排放量　在环境保护实践中，要求对污染物进行总量控制。因此，作为污染源的内燃机或装用内燃机的车辆，要确定运转单位时间、按某标准进行一次测试或车辆按规定的工况组合行驶后折算到单位里程的污染物排放量。质量排放量用 g/h、g/N 或 g/km 等单位表示。

（3）比排放量　内燃机做单位功所排放的污染物质量，以 g/(kW · h) 为单位表示，当然可以更客观地评价内燃机的排放性能。这个指标与燃油消耗率类似，也可以称为污染物排放率。

二、排放标准

针对日益严重的环境问题，世界各国都在制定更加严格的排放法规。美国加州空气资源局（CARB）提出低排放车和零排放车计划。美国有加州及联邦两个标准，而加州标准最严，因此，这里简单介绍加州标准。

1994 年美国加州颁布了清洁燃料和低排放汽车计划 CF/LEV，规定从 1995 年起实施严格的低污染汽车标准（LEV），分四阶段进行：过渡低排放车（TLEV）、低排放车（LEV）、超低排放车（ULEV）和零污染车（ZEV）。表 8-7 列出了加州轻型汽车的排放限值。其中 NMOG，即碳氢化和物（HC），不仅限制总碳氢（THC），还要限制非甲烷碳氢化物（NMHC），且保证里程 80000km，目前执行的是 ULEV 标准。

表 8-7　美国加州轻型汽车排放限值　（单位：g/km）

标准	CO	NMOG	NO_x	PT	HCHO
1993	2.11	0.6	0.25	0.05	—
TLEV	2.11	0.08	0.25	0.05	0.009
LEV	2.11	0.047	0.125	0.05	0.009
ULEV	1.06	0.025	0.125	0.025	0.005
ZEV	0	0	0	0	0

欧洲标准也是逐步严格的，表 8-8 列出了欧洲乘用车的排放标准（节选汽油机部分）。

表 8-8　欧洲乘用车排放标准（汽油机）　　　　（单位：g/km）

标准等级	开始实施日期	CO	HC	NO_x	NMHC	HC+NO_x	PM
Euro 1	1992 年 7 月	2.72（3.16）	—	—	—	0.97（1.13）	—
Euro 2	1996 年 1 月	2.2	—	—	—	0.5	—
Euro 3	2000 年 1 月	2.3	0.2	0.15	—	—	—
Euro 4	2005 年 1 月	1.0	0.1	0.08	—	—	—
Euro 5	2009 年 9 月	1.0	0.1	0.06	0.068	—	0.005
Euro 6	2014 年 9 月	1.0	0.1	0.06	0.068	—	0.005

目前，我国基本上等效采用欧洲的排放标准，到 2015 年我国在全国范围内执行国Ⅳ标准，从 2013 年开始北京、上海、广东先后对汽油车实施国Ⅴ标准，柴油车仍执行国Ⅳ标准。到 2019 年，我国推出国Ⅵ标准，并逐渐在全国施行。图 8-35 所示为我国排放标准实施时间表。

图 8-35　我国排放标准实施时间表

这里只介绍轻型车排放的国Ⅴ和国Ⅵ标准，表 8-9 和表 8-10 分别列出了国Ⅴ、国Ⅵ标准中的排放限值（相当于欧Ⅴ和欧Ⅵ标准，为了完整起见，对轻型汽、柴油车全部列出）。

可以看出，使用新标准的轻型汽、柴油车将减排多项污染物，削减 PM2.5 的排放。从国Ⅳ到国Ⅴ，环保等指标进一步加严，另外，汽油硫含量从 50×10^6 降到 10×10^6，油品质量也进一步提高。将车用汽油牌号由 90 号、93 号、97 号修改为 89 号、92 号、95 号。

表 8-9　国Ⅴ标准排放限值

		基准质量（RM）/kg	限值													
			CO		THC		NMHC		NO_x		THC+NO_x		颗粒物质量①（PM）		颗粒数量②（P）	
			L_1（mg/km）		L_2（mg/km）		L_3（mg/km）		L_4（mg/km）		L_2+L_4（mg/km）		L_5（mg/km）		L_6（个/km）	
类别	级别		PI	CI	PI	CI	PI	CI	PI	CI	PI	CI	PI③	CI	PI	CI
M	—	全部	1000	500	100	—	68	—	60	180	—	230	5.0/4.5	5.0/4.5	—	6.0×10^{11}
N_1	Ⅰ	RW≤1305	1000	500	100	—	68	—	60	180	—	230	5.0/4.5	5.0/4.5	—	6.0×10^{11}
	Ⅱ	1305<RM≤1760	1810	630	130	—	90	—	75	235	—	295	5.0/4.5	5.0/4.5	—	6.0×10^{11}
	Ⅲ	1760<RM	2270	740	160	—	108	—	82	280	—	350	5.0/4.5	5.0/4.5	—	6.0×10^{11}
N_2			2270	740	160	—	108	—	82	280	—	350	5.0/4.5	5.0/4.5	—	6.0×10^{11}

① 应在 4.5mg/km 限值实施之前引入新的修订后的测量程序。
② 2020 年 7 月 1 日前，汽油车适用 6.0×10^{12} 个/km 的过渡限值。
③ 仅适用于装缸内直喷发动机的汽车。

在线诊断系统（OBD）限值：OBD 监测各排放指标，而且一旦 OBD 报警，车辆正常运行就要限制里程，超过限制里程，车辆功率受到限制。另外，应监测 THC 和 NO_x 来判断催化转化器的效率下降程度。新增对点燃式汽车的监测要求，直喷点燃式汽油机应监测 PM。

国Ⅴ的 OBD 限值见表 8-11。

表 8-10　国Ⅵ标准排放限值

		基准质量（*RM*）/kg	限值													
			CO		THC		NMHC		NO_x		THC+NO_x		颗粒物质量[①]（PM）		颗粒数量[②]（P）	
			L_1（mg/km）		L_2（mg/km）		L_3（mg/km）		L_4（mg/km）		L_2+L_4（mg/km）		L_5（mg/km）		L_6（个/km）	
类别	级别		PI	CI	PI	CI	PI	CI	PI	CI	PI	CI	PI[③]	CI	PI	CI
M	—	全部	1000	500	100	—	68	—	60	80	—	170	5.0/4.5	5.0/4.5	—	6.0×10^{11}
N_1	Ⅰ	*RW*≤1305	1000	500	100	—	68	—	60	80	—	170	5.0/4.5	5.0/4.5	—	6.0×10^{11}
	Ⅱ	1305<*RM*≤1760	1810	630	130	—	90	—	75	105	—	195	5.0/4.5	5.0/4.5	—	6.0×10^{11}
	Ⅲ	1760<*RM*	2270	740	160	—	108	—	82	125	—	215	5.0/4.5	5.0/4.5	—	6.0×10^{11}
N_2			2270	740	160	—	108	—	82	125	—	215	5.0/4.5	5.0/4.5	—	6.0×10^{11}

① 应在 4.5mg/km 限值实施之前引入新的修订后的测量程序。
② 2020 年 7 月 1 日前，汽油车适用 6.0×10^{12} 个/km 的过渡限值。
③ 仅适用于装缸内直喷发动机的汽车。

表 8-11　国Ⅴ的 OBD 限值

		基准质量（*RW*）/kg	一氧化碳质量（CO）（mg/km）		非甲烷碳氢化合物质量（NMHC）（mg/km）		氮氧化物质量（NO_x）（mg/km）		颗粒物质量（PM）（mg/km）	
类别	级别		PI[①]	CI	PI	CI	PI	CI	PI	CI
M	—	全部	1900	1900	250	320	300	540	50	50
N_1	Ⅰ	*RW*≤1305	1900	1900	250	320	300	540	50	50
	Ⅱ	1305<*RW*≤1760	3400	2400	330	360	375	705	50	50
	Ⅲ	1760<*RW*	4300	2800	400	400	410	840	50	50
N_2	—	全部	4300	2800	400	400	410	840	50	50

① 仅适用于装缸内直喷发动机的汽车。

点燃式 PM 质量限值仅适于装用直喷汽油机的车辆。与国Ⅳ相比，汽油车国Ⅴ和国Ⅵ标准中的 CO 和 THC 没有变化，NO_x 排放限值（60mg）下降了 25%，新增非甲烷碳氢化物（对人体更为有害）NMHC 的限值（68mg）、装用直喷点燃式发动机车辆的 PM 排放限值（5mg）。

三、排放物测定

1. 试验规范

各国对汽车排放的测试方法都是根据相同的原理，即在底盘测功机（转鼓试验台）

上模拟其特定行驶循环，并测定所排出有害物质的量，通过调节测功机可模拟在实际道路上行驶的功率，而用惯性质量模拟汽车质量。

世界上关于轻型车排放及油耗试验的试验工况主要有三个：欧盟的 NEDC 工况，美国的 FTP75 工况以及日本的 JC08 工况。

NEDC 工况主要在欧洲、中国及澳大利亚等国家及地区使用；FTP75 工况主要在美国、加拿大及南美等国家和地区使用；JC08 工况主要在日本使用。我国国Ⅴ排放标准采用 NEDC 工况。

NEDC 循环由 1 部（市区运转循环）和 2 部（市郊运转循环）组成，如图 8-36 所示。

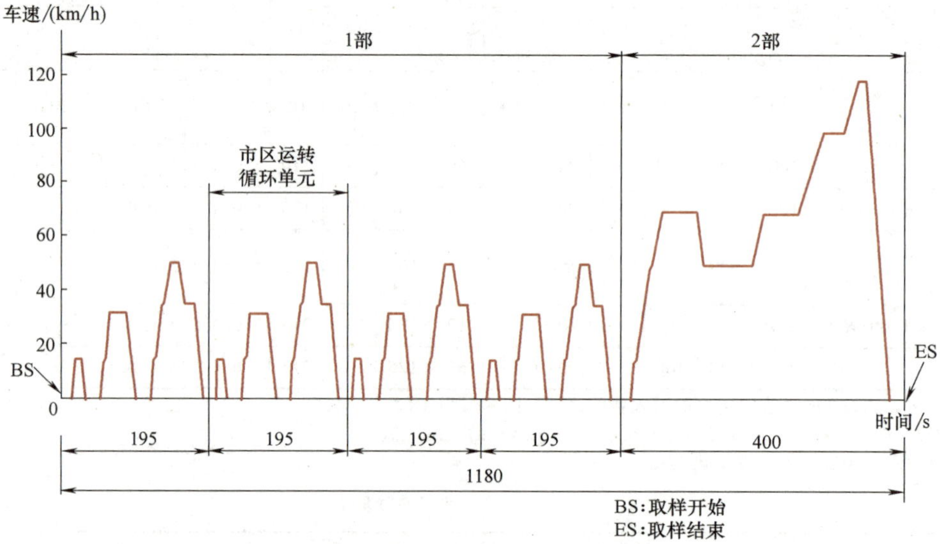

图 8-36 NEDC 循环结构图

循环 1 部（市区运转循环）由 4 个市区运转循环单元组成，具体参数如下：

① 循环单元平均车速为 19km/h；

② 最大车速为 50km/h；

③ 循环单元有效行驶时间为 195s；

④ 单个循环单元理论行驶距离为 1.013km；

⑤ 单个循环的当量距离为 4.052km。

循环 2 部（市郊运转循环）由一个市郊运转循环单元组成，具体参数如下：

① 试验期间平均车速为 62.6km/h；

② 有效行驶时间为 400s；

③ 单个循环理论行驶距离为 6.955km；

④ 最大车速为 120km/h；

⑤ 最大加速度为 $0.833m/s^2$；

⑥ 最大减速度为 $-1.389m/s^2$。

即将执行的国Ⅵ排放标准采用的 WLTC（世界轻型汽车测试规程）工况。图 8-37 所示为 NEDC 工况与 WLTC 工况的比较。

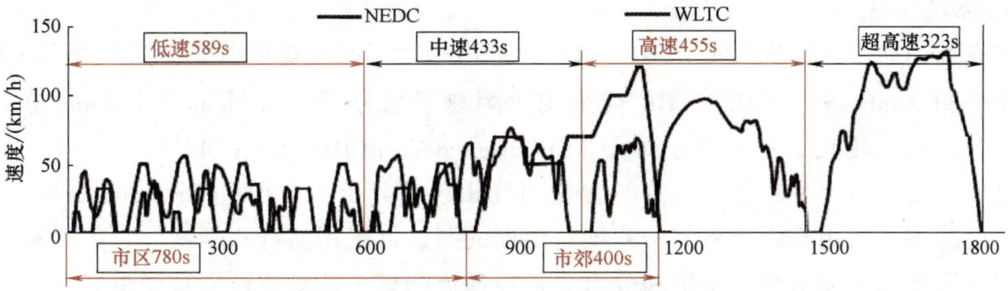

图 8-37 NEDC 工况与 WLTC 工况的比较

2. 排气取样系统

我国规定的排气取样系统是定容取样系统（Constant Volume Sampling，CVS）。定容取样法是一种接近于汽车排气扩散到大气中的实际状态的取样法（图 8-38）。

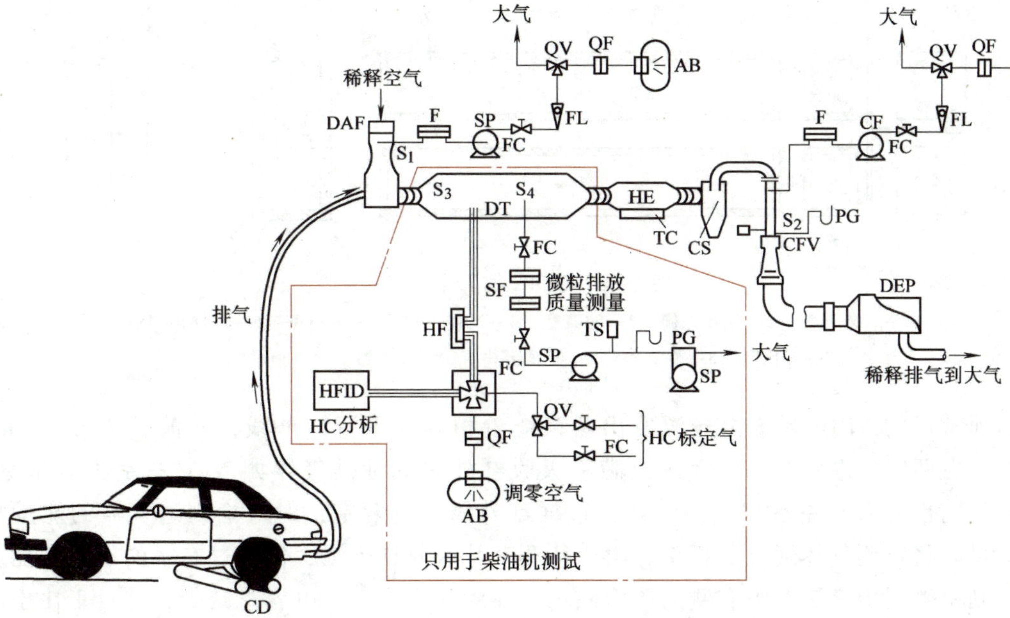

图 8-38 定容排气取样系统示意图

CD—底盘测功机 S_1 ~ S_4—取样探头 F—滤清器 SP—取样泵 FC—流量控制器 PG—压力表 CF—累计流量计 CFV—临界流文杜里管 CS—旋风分离器 HE—换热器 QF—快接管接头 HF—加热滤清器 QV—快速作用阀 SF—测量微粒排放质量取样滤清器 FL—流量计 AB—环境空气取样袋 SB—稀释排气取样袋 DAF—稀释空气滤清器 DT—稀释风道 TC—温度控制器 TS—温度传感器 DEP—稀释排气抽气泵 HFID—氢（火）焰离子化检测器

定容取样系统能计量稀释排气的总体积，并能连续地按规定容积比例将样气收集在取样袋中。它是用经过滤清的清洁空气对样气进行稀释，经换热器保持恒温（±5℃），使稀释样气密度保持不变，然后在定容泵作用下，抽取固定容积流量的样气送入大气，在定容泵入口前的流路上，将稀释样气经滤清器、取样泵、针形阀、流量计、电磁阀抽入气袋中，以供分析。取样气体和定容泵的流量之间有严格的比例关系。CVS 法测试精度高，也被广泛应用于美国、日本及欧洲 ECE15—04 法规以后的试验规范中。

3. 测试仪器

世界各国的排放法规规定，CO、CO_2 应采用不分光红外线吸收型分析仪（Nondispersive Infrared Analyzer，NDIR）；HC 应采用火焰离子型分析仪（Flame Ionization Detector，FID）；NO_x 应采用化学发光型分析仪（Chemiluminescent Detector，CLD）。

另外，测量每一种碳氢化合物的含量用气相色谱分析法（Gas Chromatography，GC），氧气浓度的测量采用顺磁分析仪。我国对烟度的测试常采用滤纸式烟度计，美国和欧洲分别采用全流式稀释通道测量系统和分流式稀释通道测试系统对微粒进行测量。

(1) NDIR　NDIR 的工作原理（图 8-39）基于大多数非对称分子（不同原子构成的分子）对红外波段中一定波长具有吸收能力，其吸收程度与气体浓度有关。如 CO 能吸收波长 4.5～5μm 的红外线，CO_2 能吸收 4～4.5μm 的红外线，HC 能吸收 2.3μm、3.4μm、7.6μm 的红外线。

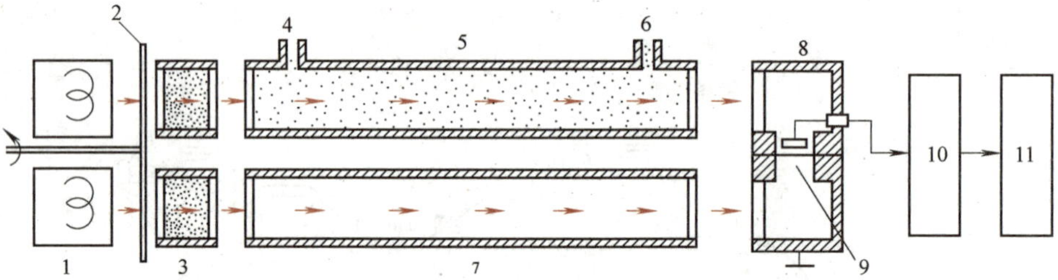

图 8-39　NDIR 的工作原理

1—红外光源　2—旋转光栅　3—滤波室　4—试样入口　5—分析室　6—试样出口
7—参比室　8—检测器　9—金属膜片　10—放大器　11—指示仪

目前常用的 NDIR 装置由光源发出两束能量相等的平行红外线，其波长为 2～7μm，进入左、右两室，左室为基准室，充满不吸收红外线的标准气体如 N_2，右室为分析室，测量开始前也充入与左室相同的气体，这样红外线穿过两室，射入检测电容器的能量相等。测量时将待测气体通过分析室，由于待测气体吸收红外线，使穿过右室的红外线能量减少，则检测器中金属薄膜右侧的压力减小，薄膜向右凸起，电容量减少，并且正比于待测气体的浓度；然后把电容量调制为超低频交流电压的信号，经放大、整流后在记录仪上显示。

为了防止其他气体对被测气体测量的干扰，可在光路上设置滤波室滤掉干扰气体能吸收的波段。如分析 CO 的 NDIR，在滤波室中充以 CO_2、CH_4 等，在分析时就不受排气中 CO_2、CH_4 成分的干扰。同样，分析 CO_2 的 NDIR，要在滤波室中充以 CO、CH_4。由于 NDIR 具有对吸收红外波长的选择性，从而不干扰组成浓度的变化，对组成浓度测量没有影响，不需要预先提纯，把被测气体与非被测气体分开，而且它还具有灵敏度高、测量精度高以及能连续分析等优点，可测量浓度很大或微量（10^{-6} 级）的气体。

(2) FID　FID 的工作原理（图 8-40）是利用 HC 在氢火焰的高温（约 2000℃）中燃烧，部分 HC 分子或原子就会离子化而生成自由离子，而纯氢火焰几乎不会产生自由离子。在外加电场的作用下，离子向两极移动，形成离子电流，离子电流产生微弱的电流信号，经电流放大器可得输出电流。电流大小与氢火焰中待测气体的流量和 HC 浓度成正比。为避免 HC 在取样管路上被吸附和凝聚，以及水蒸气凝结堵塞毛细管，需对管路加热，对汽油机一般为 150℃左右，柴油机则在 200℃以上。

FID 不仅可测量 $(5\sim50000)\times10^{-6}$ 浓度的 HC，而且灵敏度高、响应快、稳定性好、线性范围宽，不但能用于稳态工况测试，也可用于瞬态工况测试。

(3) CLD　CLD 的工作原理如图 8-41 所示，当 NO 与 O_3 反应生成 NO_2 时，约有 10%的 NO_2 处于激化状态（以 NO_2^* 表示）。这些激态分子向基态过渡时，发射出波长为 $0.59\sim2.5\mu m$ 的光量子 $h\nu$，其反应式为

$$NO+O_3 \longrightarrow NO_2^* +O_2$$

$$NO_2^* \longrightarrow NO_2+h\nu$$

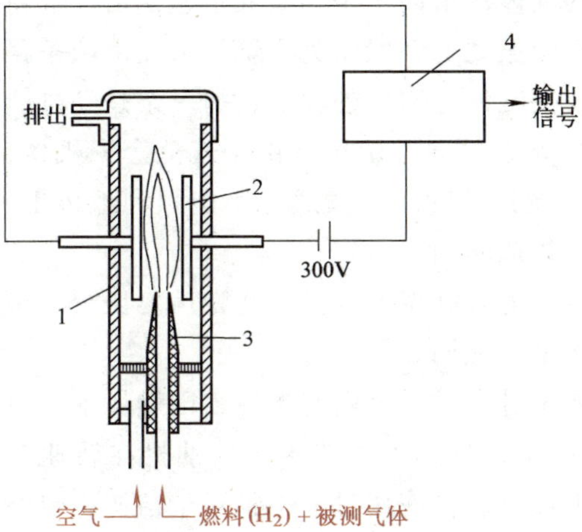

图 8-40　FID 的工作原理

1—陶瓷外壳　2—电极板
3—燃烧器喷嘴　4—直流电流增幅器

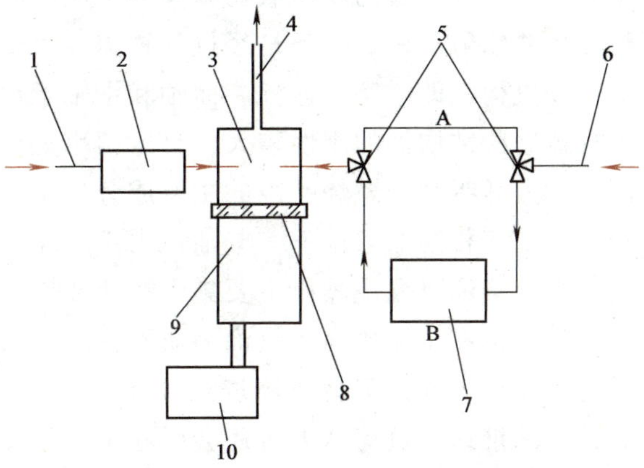

图 8-41　CLD 的工作原理

1—氧气入口　2—臭氧发生器　3—反应室　4—反应室出口
5—转换开关　6—样气入口　7—NO_2→NO 转化器
8—滤光片　9—检测器　10—信号放大器

化学发光强度，即光电倍增管的光电流大小，与样气中 NO 的浓度成正比。利用光电倍增管将这一光能转变为电信号输出，可推算出 NO 的浓度。对于排气中的 NO_2，要通过 NO_2→NO 转换器分解成 NO 后，再用上述方法分析。要经常检查 NO_2 的转换效率是否低于 90%，否则将影响测试精度。

CLD 灵敏度高，响应性好，其感应度可达 0.1×10^{-6}，在 10000×10^{-6} 范围内输出特性为线性关系，适用于连续分析。应注意，为了提高 CLD 的灵敏度，应尽量增大 O_3 浓度，降低其他成分浓度。O_3 发生器是一种放电装置，也需经常检查 O_3 发生器的效率。

第五节　发动机噪声来源与控制

随着国民经济建设事业的迅速发展，城乡内燃机动力装置的数量日益增多，特别是在人口比较集中的大、中城市，机动车辆的噪声已成为主要的噪声源，占城市环境噪声的

30%~50%，而其最终源头是发动机。研究结果已证明，45~50dB的噪声就会影响人们的睡眠；50dB的噪声能干扰人的思考；60dB的噪声开始令人心烦；长期生活在65dB的噪声中，会使人体的心血管系统、消化系统以及神经系统受到损害；若在90dB以上的噪声环境下连续工作将会使人耳聋。因此，为了保护环境，世界各工业发达国家和我国都已制定了发动机的噪声限制法规。

一、发动机噪声的来源

发动机的噪声源主要包括燃烧噪声，机械噪声，进、排气噪声和风扇噪声。

1. 燃烧噪声

燃烧噪声是在燃烧时，气缸内压力急剧上升的气体冲击而产生的，其中包括由气缸内压力剧烈变化引起的动力载荷以及冲击波引起的高频振动。一般认为燃烧噪声经由两条路径传播并辐射出来。一条是经过气缸盖及气缸套由气缸体上部向外辐射；另一条是经过曲柄连杆机构，即活塞、连杆、曲轴和主轴承由气缸体下部向外辐射。由于气缸套、机体、气缸盖这些结构件的刚性较大，自振频率处于中、高频范围，低频成分不能顺利地传出。因此，人耳听到的燃烧噪声的主要成分处于中、高频范围内。

在功率相同的条件下，柴油机由于压缩比高，压力升高率大，其燃烧噪声要比汽油机大得多。柴油机燃烧噪声主要集中在速燃期，其次是缓燃期。

汽油机在压缩比高，汽油品质不良和点火提前角过大时，易引起爆燃，因燃烧室积炭引起表面点火等，都会使燃烧最高压力及压力升高率剧增而产生噪声。柴油机在转速升高，喷油推迟，负荷增大时还会引起工作粗暴产生噪声。在使用过程中，对于结构一定的发动机来说，噪声的强度受发动机转速、负荷、点火或喷油时间、加速运转和不正常燃烧等因素影响。转速升高，负荷加大则噪声增大，点火或喷油推迟噪声减小，加速和不正常燃烧时噪声增大。

2. 机械噪声

机械噪声是指内燃机各运动件在工作过程中，由于相互冲击而产生的噪声。内燃机的机械噪声随着转速的升高而迅速增强。随着内燃机的高速化，机械噪声显得越来越突出。

（1）活塞敲缸噪声 活塞对气缸壁的敲击往往是内燃机最强的机械噪声源。由于活塞与缸壁之间有间隙，在燃烧时气体压力及运动惯性力的作用下，使活塞对缸壁的侧向推力在上、下止点处改变方向，且呈现周期性变化，所产生的侧压力敲击不但在上止点和下止点附近发生，而且也发生在活塞行程的其他位置上，从而形成活塞对缸壁的强烈敲击声。当气缸内的最大压力及缸壁间隙增大、转速及负荷提高、缸壁润滑条件变差时，敲击声随之增大。此外，活塞对气缸壁的敲击还能引起气缸壁的高频振动。

采取①减小活塞与气缸壁的间隙（如采用可控膨胀活塞）；②使活塞销孔向气缸壁的主推力面偏移；③加长活塞裙部和减少活塞环数量；④增加气缸套的刚度；⑤增加活塞敲击气缸壁时的阻尼，如在裙部外表面增加机油的积存等方法可以降低活塞敲击噪声。

（2）配气机构噪声 配气机构噪声包括气门与气门座的冲击，气门间隙引起的机械冲击以及配气机构本身在上述周期性冲击力作用下产生的振动。

配气机构产生的噪声，在低速和中速内燃机中，一般并不突出，但对高速内燃机来说，往往会在机械噪声源中占有较高份额。

降低配气机构噪声可采用顶置凸轮；采用液力挺柱以消除气门间隙；采用新型函数凸轮轮廓线以及对缓冲过渡曲线合理设计，使气门升起和落座时的速度控制在较低值，以有效地抑制气门的跳动。

（3）正时齿轮噪声 正时齿轮噪声是在齿轮啮合过程中，齿与齿之间的撞击和摩擦产生的。正时齿轮噪声与齿轮的结构型式、设计参数、制造精度及运转状态有很大关系。

正时齿轮一般都采用斜齿，由于其重叠系数较大，轮齿上分担的载荷较小，故较直齿噪声大为降低。有些汽油机采用夹布胶木作凸轮轴正时齿轮，也可有效地减小齿轮噪声。

（4）不平衡惯性力引起的机械振动及噪声 内燃机中的活塞曲柄连杆机构在运转过程中将产生往复运动惯性力、离心惯性力及其惯性力矩。这些周期性变化的惯性力和惯性力矩将通过曲轴主轴颈传给机体及其支承（或动力装置），引起振动和噪声。

出于对内燃机运转可靠性、耐久性和动力装置舒适性的考虑，要通过各种平衡措施力求使这些惯性力和惯性力矩尽可能地减小乃至完全消除，最终达到降低内燃机振动和噪声的目的。

此外，曲轴的扭转振动也会引起机体及其支承的附加振动，激发出噪声。

这类噪声的大小与发动机的结构参数（缸径、行程、缸数、缸心距、冲程数）、材料、动力参数（转速、功率）、平衡状况以及支承隔振措施等多种因素有关。一般而言，在内燃机总体设计规划时就应给予考虑。

（5）喷油泵及其他机械噪声 内燃机还附加有若干种机械装置，诸如喷油泵、压气机、发电机及水泵等，它们在运转时同样会产生机械噪声，除喷油泵外，它们和前述几种机械噪声相比所占份额较小。

除了上述对内燃机各主要噪声源采用降噪措施外，按照低噪声的原则设计发动机或者采用局部或整体隔声罩的方法，都可以在较大幅度内降低发动机的噪声。

3. 进、排气噪声

进、排气噪声是由于发动机在进、排气过程中，气体压力波和气体流动所引起的振动而产生的噪声，主要包括吸气、排气部位放射出的空气声和排气系统的漏气声。对非增压内燃机来说，排气噪声最强。进气噪声通常比排气噪声低 8~10dB；对于增压内燃机则进气噪声往往超过排气噪声，而成为最强的噪声源。

进气噪声主要包括空气在进气管中的压力脉动，产生低频噪声；空气以高速通过气门的流通截面，产生高频的涡流噪声；增压内燃机增压器中压气机的噪声。进气噪声在很大程度上受到气门尺寸、转速和气道结构型式的影响。

排气噪声主要包括排气在排气管中的压力脉动，产生低、中频噪声；排气门流通截面处的高频涡流噪声。排气噪声的强弱与内燃机的排量、转速、平均有效压力以及排气口的截面积等因素直接有关。

进、排气噪声都随发动机的转速及负荷状态而变化。随发动机转速升高，进、排气噪声增大；随发动机负荷增加，进、排气噪声增大。

降低进、排气噪声可以合理选择进、排气管，减少压力脉动及涡流强度，并避免发生共振；采用性能良好的进、排气消声器。有些轿车内燃机采用 2~3 个不同类型的消声器串联等措施可大大降低进、排气噪声。

4. 风扇噪声

风扇噪声由旋转噪声和涡流噪声组成。旋转噪声是由风扇叶片对空气分子的周期性扰动而产生的，它的强弱与风扇转速和叶片数成正比；涡流噪声是空气在受叶片扰动后产生的涡流所形成的，它的强弱主要与风扇气流速度有关。风扇噪声在空气动力性噪声中，一般都小于进、排气噪声，但由于普遍装设空调系统和排气净化装置，冷却风扇负荷加大，风扇噪声变得更为严重。

对风扇形式、叶片形状、布置及材料的改进，如采用叶片不均匀分布的风扇、用塑料风扇代替钢板风扇、在车用内燃机上采用风扇自动离合器等措施可取得较好的降噪效果。

二、噪声控制

1. 控制燃烧爆发力和减少不正常燃烧

(1) 适当推迟喷油或点火时间 推迟喷油或点火时间，可使着火延迟期缩短，从而使喷入气缸的燃油量减少，燃烧剧烈程度减弱，燃烧噪声降低。

(2) 选用十六烷值较高的柴油和辛烷值较高的汽油 十六烷值高和辛烷值高的燃油，蒸发性好，可使着火延迟期缩短。

(3) 改变燃烧室形式 采用分开式燃烧室和球形燃烧室都能降低燃烧噪声。因为根据燃烧规律，它们都能降低压力升高率，减小燃烧噪声。

2. 控制转速及减小惯性力

为提高发动机功率，发动机设计转速不断升高。转速升高，在着火延迟期内形成的混合气数量增加，燃烧猛烈，噪声增大；同时，活塞平均速度加快，与其相连的零件一起产生周期性变化的惯性力也会增大，由惯性力激发而引起活塞敲击、轴承撞击以及缸盖、机体变形等机械振动，从而使机械噪声加强。此外，配气机构也将因转速升高、惯性力增大而使气门开闭撞击声、振动声加大。因此应合理设计发动机转速，减小活塞等往复运动零件的质量，采用平衡轴减小惯性力，尽量使发动机平衡，可达到降噪的目的。

3. 减小配合零件的撞击和振动

由于某些运动件存在间隙，如活塞与气缸壁、气门机构、轴与轴承以及齿轮等，在燃烧爆发力和惯性力的作用下，将引起强烈的撞击和振动，并由此引起内部机构的振动，形成较大的机械噪声。减少这些配合零件在运动时的撞击和振动，可降低机械噪声。因此，必须正确地选择运动件间的配合间隙。在维修中，要保持配合副间隙合适、良好的几何精度和尺寸精度，以减小噪声。

在柴油机供给系统中，由于喷油泵、高压油管、喷油器的高压系统的振动引起的噪声，可通过提高泵体刚度、减小喷油泵压力脉动、减小喷油泵凸轮与滚轮体之间的冲击和摩擦等，降低噪声。

适当增加曲轴刚度、减小曲轴转动惯量、合理排列发火顺序、采用抗扭振性能好的球墨铸铁材料以及加装扭转减振器等，可减小曲轴的扭转振动，也可降低机械噪声。

4. 采用隔声、防振措施

在机体侧壁加装隔声罩，采用双层油底壳，在壳体表面涂敷减振涂层以及在进、排气管设置防振支承等均可降低噪声。

复习思考题

1. 简述发动机各种污染物对人体健康的影响。
2. 简述汽油机主要排放污染物及其生成机理。
3. 简述柴油机主要排放污染物及其生成机理。
4. 简述汽油机与柴油机混合气形成和燃烧过程的区别，并对比汽油机与柴油机的排放性能。
5. 论述降低汽油机排放污染物的措施。
6. 论述降低柴油机排放污染物的措施。
7. 试论述降低排放各种措施对发动机的动力性和经济性的影响。
8. 简述我国所采用的发动机排放物的测试方法以及各种检测仪器的工作原理。
9. 简述发动机噪声的来源。
10. 论述降低发动机噪声的措施以及这些措施可能会对发动机动力性和经济性等产生的影响。

第九章 Chapter 9

车用发动机的发展趋势

第一节　概　　述

内燃机自问世至今，已有一百多年的发展历程，相关技术不断创新并走向成熟。但内燃机作为汽车动力仍然面临诸多问题，主要是热效率还不够高（特别是汽油机）；所依赖的石油资源逐渐减少；废气排放污染大气环境，且难以集中治理等。

现在，为了保护环境、节约能源并减少温室气体 CO_2 的排放，人们正不断探索和改进车用动力的解决方案，概括起来有以下三种。

一是寻找新的动力机械取代内燃机。其中主要是电力驱动，各种电力驱动方式已实现，有的接近实用阶段。但是电动汽车的关键环节——电池技术仍然进展缓慢，化学蓄电池的历史和内燃机一样，但其能量密度、功率密度、充电方便性、使用可靠性及成本方面，仍达不到汽车的要求。燃料电池发展很快，但适于车用的紧凑型燃料电池装置仍十分昂贵，距大规模实用化仍然很远。因此，纯电力驱动目前还没有足够的优势，一时还不可能取代内燃机。

二是改善内燃机的自身性能。内燃机自身虽然已经十分成熟，但也有进一步改革的潜力。从内燃机的发展史来看，其效率由最初的7%左右提高到如今的30%～40%，甚至可能达到50%。目前的污染物排放水平也只相当于20世纪70年代的10%，并且从单纯依赖石油产品为燃料扩展到多种燃料来源。内燃机的技术进步可概括为两方面，即工作过程的优化和燃料的多样化。电控技术可以控制和完善燃烧过程，使内燃机更节能和环保。

三是优化内燃机的使用性能。要节约能源、降低排放，光靠单纯提高内燃机自身的燃烧效率远远不够，还必须考虑其使用效率。因为根据汽车的使用要求，内燃机必须在全工况范围内运转，燃烧效率却不能保持在较高的水平。实际上，自汽车产生之日起，优化内燃机的使用性能就是研究的重要课题。如内燃机与传动系统的最佳匹配，各种自动变速器和无级变速器的研究与开发等，但基本改变不了内燃机必然在一定使用范围内效率较低这一特点。人们在开发纯电动汽车遇到一定困难后，转向考虑将内燃机驱动与电力驱动结合起来的可能性，这就是混合动力电动汽车（Hybrid Electric Vehicle，HEV）。从表面来看，HEV是一种折中方案，兼顾了使用电池减少污染和内燃机高比能量的优点。实际上，它是利用电力驱动技术和电子控制技术使内燃机在运用技术上大大前进了一步，即采用适当的控制策略可以使内燃机基本上总在高效率区运行。

本节内容围绕以上三个方面介绍车用发动机在燃烧技术和混合动力驱动技术等方面的发展以及一些新技术，同时介绍了燃料电池作为车用动力的特点及应用。

第二节　燃烧技术的发展

传统意义上认为，汽油机一般采用预混合燃烧，受不正常燃烧（主要是爆燃）的限制，其压缩比不能提高，效率低；柴油机通常采用预混合同时燃烧扩散燃烧方式，可采用高压缩比，有较高的效率。但从排放的角度看，柴油机最难以解决的问题微粒和 NO_x 的排放量高，它被认为是柴油机扩散燃烧方式的痼疾，因此，应用传统的内燃机燃烧方式，不论是火花点火或压缩着火，都因为气缸内温度分布不均匀，存在局部的高温区域，排放物的生成均不可避免。例如，在火花点火发动机中，火花点燃以后，火焰向外传播，火焰前锋把气缸内的工质分隔成两部分——已燃区和未燃区，已燃区是高温度区域，也就是 NO_x 的高生成区。在压燃式发动机中，可燃混合气分布极不均匀，首先是在最适宜的着火点上多点着火，然后进行由混合速率（mixing rate）控制的扩散燃烧，此时气缸内不仅混合气分布不均匀，温度分布也不均匀，在高温稀混合气区生成 NO_x，在高温浓混合气区生成微粒。

近年来，上述柴油机与汽油机固有燃烧方式的区别已经被打破。在缸内直喷式汽油机的部分工况中已经采用了稀燃，从而使汽油机的热效率以及排放性能得到大幅度提高。

柴油机采用均匀充量压燃（预混压燃）（Homogeneous Charge Compression Ignition，HCCI）的燃烧方式被认为是解决排放和节约能源的最有希望的途径之一。应该说，无论是柴油机还是汽油机，要同时实现高效率和低污染都是困难的。HCCI 燃烧方式改变了传统的柴油机的燃烧方式，还保留柴油机热效率高的优势，成为下一代发动机开发的热点。

汽油机的稀薄燃烧与缸内直接喷射在第六章已有阐述，这里不再重复。

柴油机的预混合燃烧

1. HCCI 燃烧特性

柴油机采用 HCCI 的燃烧方式，采用均匀的稀混合气［如当量比（理论空燃比与实际空燃比之比）<0.45，高 EGR 率约 30%，高进气温度>370℃］，几乎是全部混合气同时压缩着火，气缸内燃烧温度并不高，也没有火焰传播，因此 NO_x 的生成量很少。

实现 HCCI 燃烧的最大困难是实现对着火始点（initiation of ignition）和燃烧率（rate of combustion）随发动机工况变化的控制。

HCCI 燃烧放热分为两个阶段，第一阶段是低温化学动力学反应，产生冷焰（和）或蓝焰，然后经一段滞后时间进入第二阶段，即主放热阶段。试验表明，HCCI 是多区域同时着火，并没有明显的火焰传播和火焰面，湍流混合的作用也不明显。由于 HCCI 的着火始点与气缸内的气流状况关系较少，因此 HCCI 燃烧方式的循环变动很小。

HCCI 燃烧方式的排放明显改善。由于 HCCI 燃烧方式在燃烧室内不产生局部高温区，整个气缸的平均温度由于采用十分稀的混合气等原因也比较低，因而 NO_x 排放量可比常规柴油机减少 90%～98%。HCCI 的 NO_x 排放量随负荷的增加而增加，在高负荷时 b_e 和 NO_x 的排放量急剧增长，其指标比一般发动机差得多，它只适用于中、低负荷，同时也表明 HCCI 高负荷运行技术尚不成熟。

同时，由于 HCCI 没有扩散燃烧，也没有过浓区存在，微粒和碳烟的排放量均较低。但是 HC 和 CO 的排放量比普通柴油机要高，其原因是稀混合气和高 EGR 率，使燃烧温度低，减少了 HC 和 CO 燃烧后再氧化的可能。

2. HCCI 实现方法

在柴油机上实现 HCCI 燃烧的主要方法有采用喷雾范围大、油粒细而均匀的燃油喷雾，以快速形成均匀的混合气浓度场；尽量大幅度延长着火延迟期，以便在着火前使燃油有充分的蒸发混合时间；控制前期燃烧速度，以抑制 NO_x 生成和高温裂解产生碳烟。

(1) 丰田 UNIBUS 燃烧方式　由丰田汽车公司推出的 UNIBUS（Uniform Bulky Combustion System）燃烧方式的实质是均匀扩散预混合燃烧。为了得到均匀预混合气，通常采用特殊的喷油器，力求在燃烧室内形成一种油束贯穿距离小、喷雾范围大、油粒细而均匀的燃油喷雾。图 9-1 所示为丰田 UNIBUS 的多层多孔喷油器。多孔喷油器布置在燃烧室的中心，其喷孔直径为 0.08mm，孔数为 20~30 个，喷油夹角分别为 55°、105°和 155°，喷雾几乎充满了整个燃烧室空间，形成的混合气浓度分布非常均匀。另外，为了使着火前燃油有充分的蒸发混合时间，形成均匀的稀混合气，丰田 UNIBUS 燃烧方式采用了大幅度提前喷油时间的措施等。

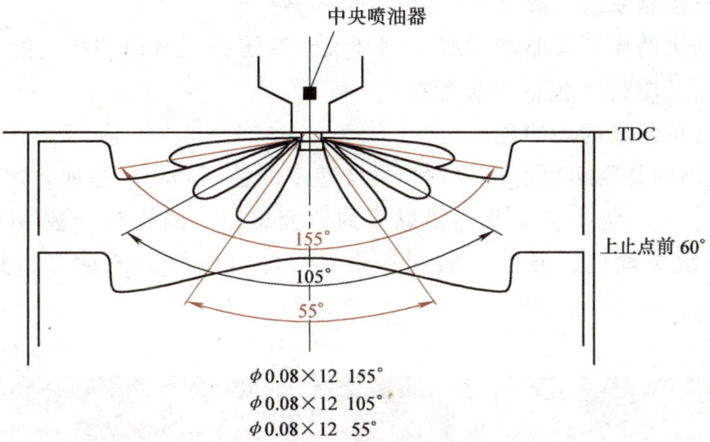

图 9-1　丰田 UNIBUS 的多层多孔喷油器

试验表明，采用 UNIBUS 燃烧方式的柴油机可以大幅度改善柴油机的 NO_x 和碳烟排放，但是仅在较小负荷下才得以实现。另外，如何控制着火时间也是一个关键问题。

(2) 日产 MK 燃烧方式　日产公司开发的 MK（Modulated Kinetics）燃烧方式的核心思想是低温预混合燃烧。产生均匀预混合气的主要方法是延长着火落后期和加速混合气形成速度，为此，MK 燃烧方式大幅度推迟喷油时间并采用 EGR 率高达 45% 的排气再循环。EGR 在这里不仅是控制燃烧速率和燃烧温度以抑制 NO_x 产生的对策，而且是控制着火落后期长短的手段。图 9-2 所示为实现 MK 燃烧过程的主要技术路线及排放降低效果，最终使

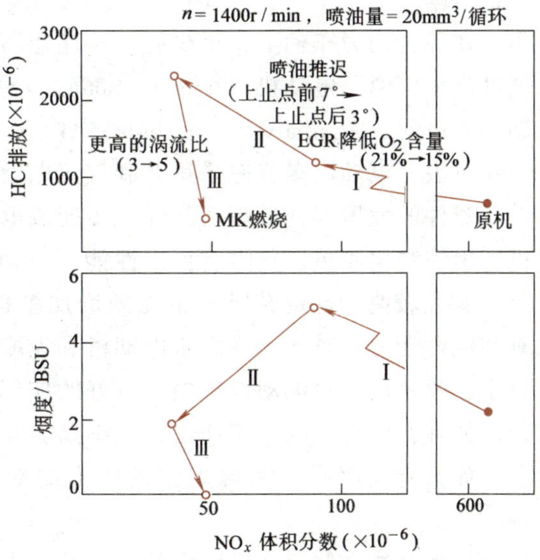

图 9-2　实现 MK 燃烧过程的主要技术路线及排放降低效果

NO 降低到原机水平的 1/12 左右，碳烟由 2BSU（波许烟度）降至几乎为零，HC 也降低了 50%左右。

3. HCCI 技术难点

尽管已有多种柴油机的预混合燃烧方法，如分别由进气吸入和缸内喷入不同燃料、多段组合喷油等，但要达到实用化，尚需克服一些技术难点。

1）在发动机全工况范围内控制着火定时。

2）在发动机全工况范围内控制燃烧率，尤其是高负荷运行时燃烧率的控制（使放热率变缓，限制噪声或过高燃烧压力）。

3）把 HCCI 向高负荷扩展。

4）改善冷起动和瞬态响应特性。

5）发展排放控制系统，降低 HC 和 CO 的排放。

6）发展发动机的控制策略和系统（闭环反馈系统）以及研制相应的传感器。

7）开发合适的燃料（包括混合燃料）。

8）保证多缸机各缸的均匀性。

其中，最关键的是要解决着火时刻和燃烧速率的控制问题。总而言之，柴油机预混合燃烧方案的提出，极大地拓宽了柴油机燃烧的研究思路。围绕对于被 NO_x 和微粒排放问题长期困扰的传统柴油机，开始探索到一条有可能打破僵局的途径，其意义是十分重大的。

第三节　混合动力驱动技术

根据国际电工委员会电动汽车技术委员会建议，对混合动力电动汽车（HEV）的定义是，在混合动力车辆上，至少有一种储能器、能量源或能量转换器能提供电能。混合动力电动汽车由牵引电动机（traction motor）、载荷均衡装置（Load Leveling Device，LLD）、辅助动力单元（Auxiliary Power Units，APU）以及传动系统组成。

在过去，电动汽车普遍采用有刷直流电动机驱动。随着交流电动机控制技术以及大功率电子器件的发展，交流驱动已经逐步变成电动汽车驱动的主流。采用矢量控制的异步电动机，因为结构简单、坚固、控制性能好，而且具有调速范围较宽（允许有合理的最高车速）和在较高的起动转矩时也无须增加多档变速器的优点，目前已被广泛应用于电动汽车和混合动力汽车。永磁同步电动机和无刷直流电动机具有很高的能量密度，体积小、质量小、效率高，在电动汽车中有较好的应用前景。开关磁阻电动机结构较简单、坚固，起动性能好，没有大的电流冲击，效率高，兼有异步电动机变频调速和直流电动机调速的优点，如果能克服噪声和转矩波动较大的缺点，也将在混合电动汽车设计中得到广泛应用。

LLD 也是能量储存装置。它的作用是提供电能和在再生制动时吸收汽车的动能，起到能量缓冲器的作用；当路面为高功率需求时它放电，当路面为低功率需求时它被充电，使燃油发动机能够高效地工作。LLD 的选择依据主要是重量、控制策略、比功率、比能量以及在频繁的高功率充放电状况下的可靠性。目前得到广泛应用的是电化学电池，同时超级电容器和飞轮也已经开始应用于混合动力电动汽车上。

APU 主要有燃气轮机、传统的燃油喷射式汽油机和柴油机以及燃料电池系统。燃气轮机主要以燃气轮机+发电机的形式应用在串联型混合动力电动汽车上，它具有效率高和排放性能好两大优点。大多数现有的混合动力电动汽车使用四冲程汽油机或者四冲程柴油机，近年来，由于技术的发展，可以将发动机的尺寸和质量设计得更小，比功率显著增加。而且，尾气处理技术大大改善了四冲程发动机的排放性能。因此，目前四冲程发动机大规模应用于混合动力电动汽车的设计之中。

通常在汽车上装有内燃机和电动机两种动力源，将产生动力的部件与电能储存元件以不同的方式结合起来，可以形成不同类型的 HEV。与常规的内燃机动力相比，混合动力的主要优点是，由于采用了高功率的载荷均衡装置（飞轮、超级电容器或蓄电池）向汽车提供瞬时能量，可以减小发动机尺寸、提高效率、降低排放。它较纯电动汽车有以下优点：

1）可以最大限度发挥内燃机汽车和纯电动汽车的双重优点。

2）APU 的选用使汽车的续驶里程和动力性能可以达到内燃机汽车的水平。

3）虽然内燃机会有排放产生，但由于其排量小，主要工作在最佳工况点附近，而大大减少了汽车变工况（特别是低速、怠速）时的排放，再由于可回收制动能量，可使混合动力电动汽车成为较低排放且节能的汽车。

4）在一些对汽车排放严格限制的地区（如商业区、游览区、居民区等），混合动力电动汽车可以关闭 APU，由纯电力驱动，暂时成为零排放的电动汽车。

电动汽车基本上不改变现有的汽车产业结构，不改变现有能源（石油燃料）的体系，不改变用户对汽车的使用习惯，这也是它能够迅速实现产业化的重要因素。

混合动力电动汽车的驱动系统是在纯电动汽车和内燃机汽车的基础上发展起来的，按照电动汽车动力驱动系统与 APU 的结合方式划分为串联、并联和混联三种驱动系统。

一、串联式混合驱动系统

串联式混合驱动系统由电动机驱动汽车行驶，发动机与发电机集成为 APU，如图 9-3 所示。发动机在最佳工况点附近驱动发电机以相对稳定的工况运行。当发电机发出的功率无法满足汽车行驶对功率的需求时（如起动、高速行驶及爬坡等），蓄电池组可以向电动机提供额外的电能；当发电机发出的功率超过汽车行驶对功率的需求时（如低速、滑行及停车等），发电机向蓄电池组充电。

三菱公司开发的串联混合动力轻型货车 Canter 就是一种串联式的 HEV，排量为 1.8L 的液化石油气发动机在 2000r/min 的转速下功率为 20kW，发电效率为 27%。铅酸蓄电池组的工作电压为 336V，可由发电机组或回收制动能量进行充电。Canter 串联混合动力控制策略如图 9-4 所示。Canter 的驱动系统中发动机在选定的最佳工作区内以开关的模式参与驱动，采用以蓄电池组的充电状态（State Of Charge，SOC）作为控制信号的单参数控制策略，当蓄电池组 SOC 高于 55%时，发动机停机，由蓄电池组向电动机提供电能，此时 Canter 为零排放的纯电动模式；当蓄电池组 SOC 低于 50%时，发电机组开始向蓄电池组充电，此时也为混合驱动模式；当蓄电池组SOC值再达到55%时，又进入纯电动模式。由于蓄电池组的SOC接近充满状态时充电效率很低，Canter将蓄电池组SOC控制在效率最高的50%～55%之间，蓄电池不充电，以混合驱动模式运行，这样还有利于制动能量的高效回收。

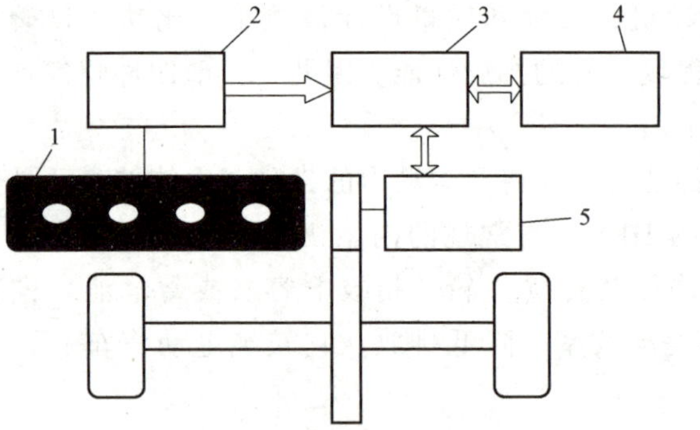

图9-3　串联式混合驱动系统

1—发动机　2—发电机　3—逆变器　4—蓄电池　5—电动机

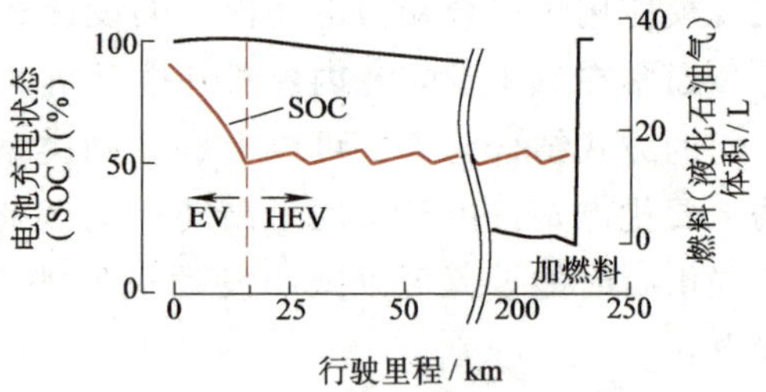

图9-4　Canter串联混合动力控制策略

该系统APU与电动机无机械连接，整车布置的自由度较大，控制系统也简单，但能量转换次数多，效率不高，续驶里程也有限。

二、并联式混合动力系统

并联式混合动力系统（图9-5）是指发动机与电动机可以分别独立地驱动车轮，该系统适用于城市间公路行驶的车辆。当汽车进入市区行驶时，关闭发动机，进入电动状态；当汽车在市郊公路行驶时，关闭电动机，由发动机直接驱动。但与混联式混合动力驱动系统相比，其控制不够灵活。

三、混联式混合动力系统

在混联式混合动力系统中，发动机和电动机既可以分别驱动汽车也可以同时驱动汽车，如图9-6所示，发动机与电动机的工作状态是由计算机控制的。该系统适用于各种行

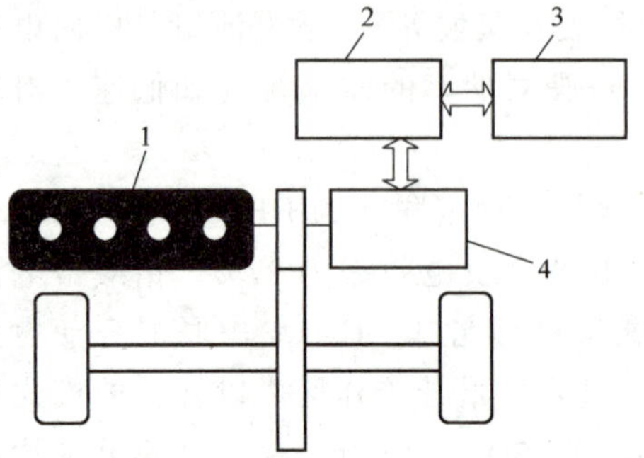

图9-5　并联式混合动力系统

1—发动机　2—逆变器　3—蓄电池　4—电动机

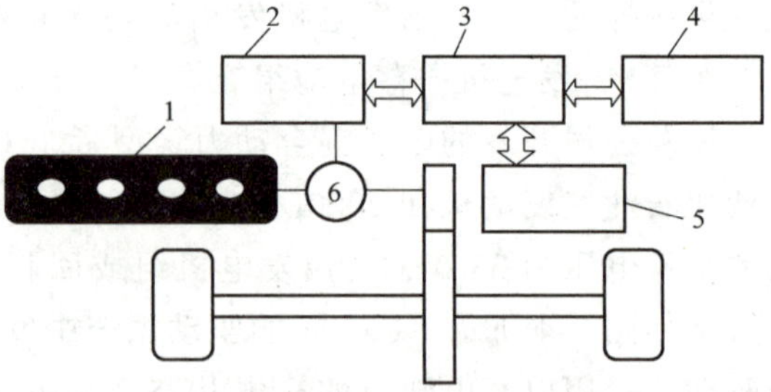

图9-6　混联式混合动力驱动系统

1—发动机　2—发电机　3—逆变器

4—蓄电池　5—电动机　6—动力分配

驶条件，续驶里程与内燃机汽车相当，是最理想的混合电动方案，其技术含量高，控制复杂，以丰田普锐斯驱动系统为例，丰田汽车公司把普锐斯使用的混合动力系统（Toyota Hybrid System，THS）定义为一种并-串联系统，如图 9-7 所示。

THS 的 5 条能量流动途径如图 9-8 所示。从图中可以看出，普锐斯可以在不同模式下运行，分别为 A：纯电动模式，由电动机驱动；B：纯发动机模式，由发动机驱动；C：混合驱动模式，电动机和发动机共同驱动；D：停车充电模式，发动机给蓄电池组充电；E：制动能量回收模式，通过电动机回收车轮动能。

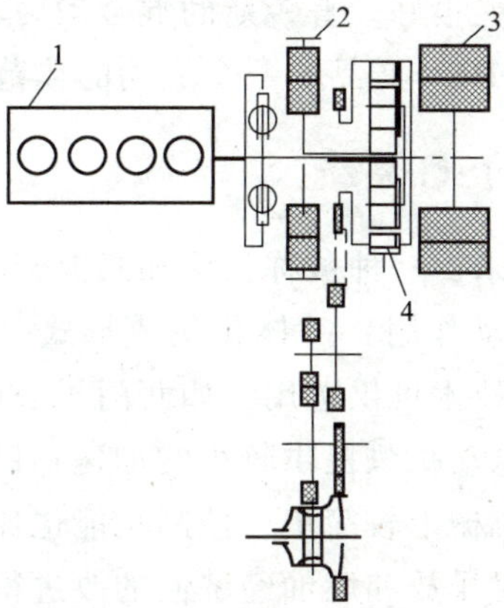

图 9-7 丰田普锐斯混合动力系统

1—发动机 2—发电机 3—电动机 4—行星轮

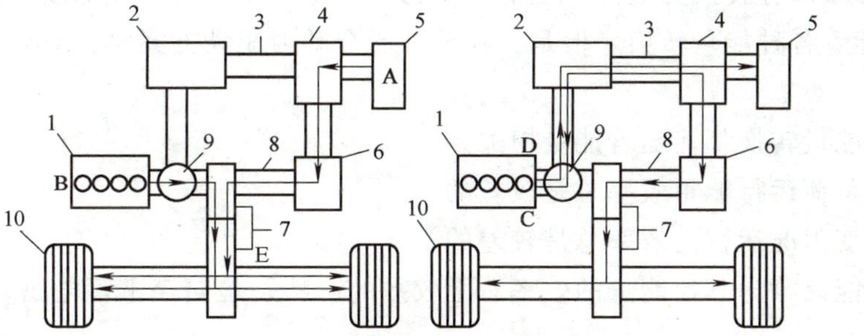

图 9-8 THS 的能量流动途径

1—发动机 2—发电机 3—导线 4—电控元件 5—蓄电池组
6—电动机 7—减速齿轮 8—轴 9—动力分配装置 10—车轮
A：电池组→电动机→车轮 B：发动机→车轮 C：发动机→发电机→电动机→车轮
D：发动机→发电机→电池组 E：车轮→电动机→电池组（A 逆）

THS 的控制核心是一个行星轮系构成的动力分配装置，发动机和发电机分别与行星轮和中心轮相联。该装置通过协调发动机、发电机和电动机的转速，能起到电控无级变速器的作用，无须离合器。它可以通过调节发电机的转速来改变发动机的转速，保证发动机工作在高效率区内。

普锐斯采用以设定车速 v_{mode} 和电池组 SOC 为控制信号的控制策略。通过动力分配装置的执行，灵活地选用最优的能量流动途径，在汽车起动或低速行驶时，汽油机停机，采用纯电动模式（A）；如果车速高于 v_{mode} 且蓄电池组的 SOC 超过了设定的上界值 SOC_{max}，则采用发动机单独驱动模式（B），通过节气门开度来调整功率；在全负荷加速或重载工况下，电动机从蓄电池组获得电能作为辅助动力（B+A），提供峰值功率；减速或制动时，电动机被用作发电机，产生反向转矩，利用回收的制动能给蓄电池组充电（E）；微机控制的充电系统保证了蓄电池组始终处于理想的充电状态（D）。

THS 中的 1.5L 汽油机采用高膨胀比的阿特金森循环，并且始终高效率运转，因而与传统的汽油轿车相比可节油 50%，CO 和 NO_x 等的排放量只有日本排气法规限值的 1/10，且加速性能很好。普锐斯的混合动力驱动系统通过行星轮系的结构实现了控制策略的可操作性，是HEV产品的一个成功的典范，值得深入研究和借鉴。

四、ISG系统

近年来，一种被称为缓和式混合驱动的方式发展起来，它一般采用发电机与起动电动机（兼驱动作用）一体化集成形式（Integrated Starter Generator，ISG），目前已有很多现成产品和技术可供选用，如西门子ISG、博世ISG等。ISG系统具有以下特点：

1）电动机只提供较小的加速辅助动力，系统较轻且蓄电池花费较低。

2）机械上较简单，控制功能也比较容易实现。

3）对排放和燃油经济性的改进得到了较好的效果。

4）可以在汽车42V电源系统中实现。

在混合动力电动汽车中有发动机的转动动能全部或部分直接转换为车辆动能；发动机转动动能全部或部分转换为电能；电能转换为蓄电池电动势（电势能）；蓄电池电势能转换为车辆动能等各种能量转换。但是，在设计混合动力驱动方案时，应该把握住以下能量转换的法则：

1）任何能量转换都伴随着能量损失。

2）部分负荷运行能量效率总是较差的。

3）任何变工况运行的效率总是较差的。

4）将动能储藏为其他能量的效率总是较差的，特别是储存于蓄电池。

第四节　其他新技术

一、VVL技术

可变气门升程技术（Variable Valve Lift，VVL）是一种可以改变气门升程的技术，其优点是在发动机高速工况下，可以提供更大的气门升程，提供更多的进气量，以提高发动机的动力性。其技术思路是根据发动机转速改变气门升程（工作角），根据负荷改变凸轮轴相位（配气相位）的位置。具体方法是在一根凸轮轴上设计两种不同定时和升程的凸轮，并利用油压或者电动机进行切换。

奥迪发动机采用的方式如图9-9所示，即有两个不同的凸轮安装在一根凸轮轴上。当发动机转速较高时，需要增大气门升程，让凸轮轴向右移动，使进入工作的凸轮的形状变大，从而提高气门升程。而当发动机转速较低时，进气量减少，气门升程变小，使凸轮轴左移，让压向气门的凸轮形状变小，从而缩短气门升程。

近年来，日产和宝马则以更为精巧的设计率先推出了自己的连续可变气门升程技术，实现了气门升程的无级可调。以日产的VVEL技术为例，工程师在驱动气门运动的摇臂上增加一组螺杆（螺栓）和螺套（螺母），螺套由一根连杆与控制杆相连，连杆又和一个摇臂和控制杆相连带动气门顶端的凸轮。

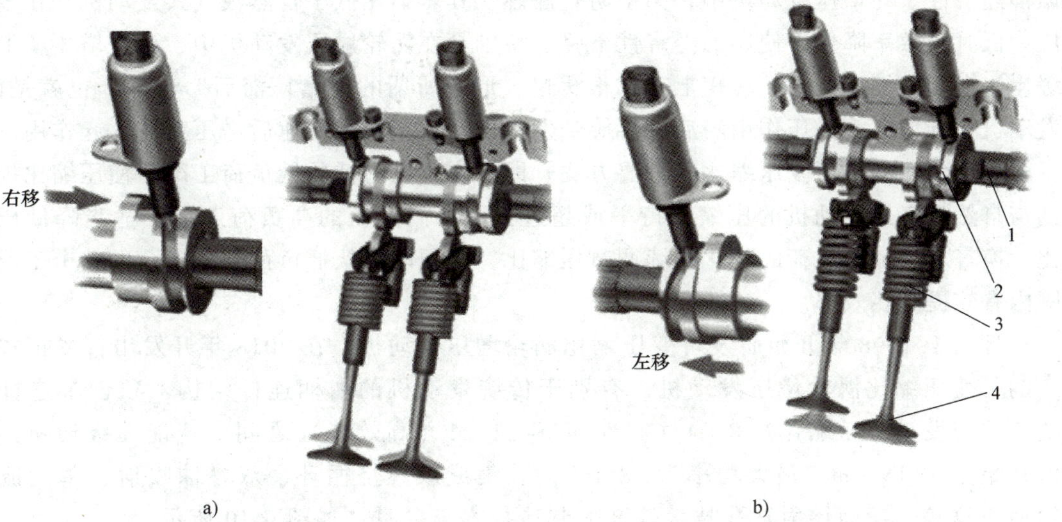

图 9-9 奥迪发动机可变气门工作原理图

a) 提高气门升程 b) 缩短气门升程

1—凸轮轴 2—凸轮 3—气门弹簧 4—气门

可变气门升程技术实现了气门的升程可以随着发动机的转速和工况改变，满足了发动机不同的需求，改善了发动机的高速功率和低速转矩。

二、STT 技术

发动机自动起停技术（Stop & Start，STT）是一套控制发动机熄火或点火的系统，其核心在于行驶过程中根据车速和停车时间，自动控制发动机熄火或点火，尽量减少怠速时产生的燃油消耗并降低排放，主要适用于城市交通中等待信号灯或是堵车时。发动机熄火后，电源还能取代带轮对发动机冷却风扇及车内空调提供运转动力。

其工作原理是，当车辆因为拥堵或者路口停车时，驾驶人踩下制动踏板，停车摘档。这时，STT 系统自动检测：发动机空转且没有挂档；防锁定系统的车轮转速传感器显示为零；电子电池传感器显示有足够的能量进行下一次起动。满足这三个条件后，发动机自动停止转动。而当信号灯变绿后，驾驶人踩下离合器，随即就可以起动“起动停止器”，并快速地起动发动机。在自动档车型上，只要一松开制动踏板，或者转动转向盘，发动机又会马上自动点火，立即又可以踩下加速踏板起步，整个过程都处于 D 位状态。

对于早晚高峰比较拥堵的城市路况，发动机自动起停系统特别实用。目前市场上已经有许多车型搭载该系统，如奥迪（从 A1 ~ A8L 以及 Q3、Q5、Q7）、奔驰（E 级、S 级等）、宝马（1 系 ~ 7 系以及 X1、X3）和沃尔沃等。据统计，此项功能一辆车一年时间可以节省至少 10%的燃油消耗，大大提高了汽车的燃油经济性，同时也降低了汽车的排放。

三、VCR 技术

可变压缩比技术（Variable Compression Ratio，VCR）的目的在于提高增压发动机的燃油经济性。在增压发动机中，为了防止爆燃，其压缩比低于自然吸气式发动机。在增压压力低时热效率降低，使燃油经济性下降。特别是在涡轮增压发动机中，由于增压度上升缓慢，在低压缩比条件下转矩上升也很缓慢，形成所谓的“增压滞后”现象。也就是说，发动机在低速时，增压作用滞后，要等到发动机加速至一定转速后增压系统才起作用。为了解决这个问题，可变压缩比是重要方法。即在增压压力低的低负荷工况下使压缩比提高到与自然吸气式发动机的压缩比持平或超过；而在高增压的高负荷工况下适当降低压缩比。换言之，随着负荷的变化连续调节压缩比，以便能够从低负荷到高负荷的整个工况范围内有效提高热效率。

日产于1998年开始研发可变压缩比涡轮增压发动机，在2018年开发出首款正式量产的可变压缩比涡轮增压发动机。有别于传统发动机的曲柄连杆结构，独创多连杆系统，实现发动机压缩比在8:1（高性能）~14:1（高效能）之间的智能无级切换，峰值转矩为380N·m，最大功率为185kW，并集成双燃烧循环、双燃油喷射、单涡流涡轮增压技术、镜面熔射缸孔技术等8大制造技术于一身，如图9-10所示。

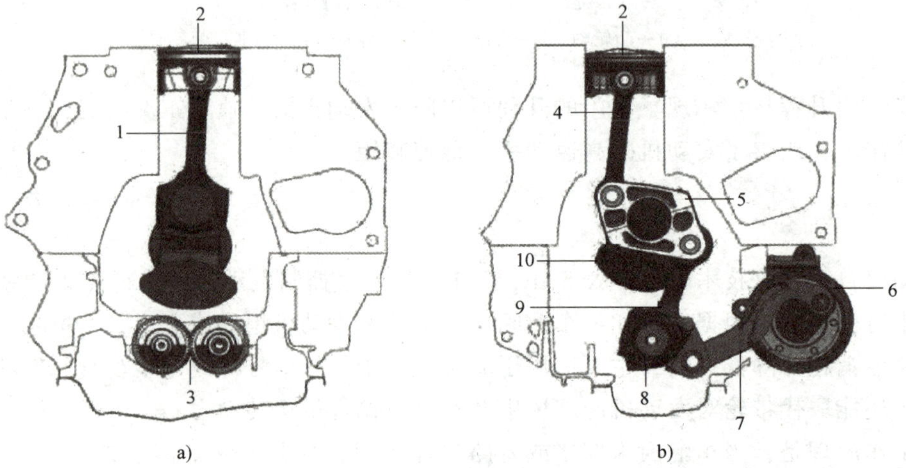

图9-10 可变压缩比发动机的工作原理

a）传统发动机 b）可变压缩比发动机

1—连杆 2—活塞 3—平衡轴 4—上连杆 5—下连杆 6—VCR电机 7—执行器连杆 8—控制轴 9—控制连杆 10—曲轴

四、VGT技术

涡轮增压技术是发动机上常见的技术之一，用废气涡轮驱动空气所带来的增压效果非常可观。当发动机转速较低、产生的废气不足时，涡轮增压器就会由于驱动力不足而无法达到工作转速，涡轮增压器并不能发挥作用，这时涡轮增压发动机的动力表现甚至会小于一台同排量的自然吸气式发动机，这就是“涡轮迟滞（Turbo Lag）”现象。而可变截面涡轮增压技术（Variable Geometric Turbocharger，VGT）可有效解决这个问题，使发动机在高速和低速下都能获得充足的进气量。

在柴油机领域，VGT技术早已得到了广泛的应用。由于汽油机的排气温度要远远高于柴油机，可达1000℃左右（柴油机为400℃左右），而VGT所使用的硬件材质很难承受如此高温的环境，因此这项技术也迟迟未能在汽油机上应用。近年来，博格华纳与保时捷联手克服了这个难题，使用了耐高温的航空材料，从而成功开发出了首款搭载可变截面涡轮增压器的汽油机，保时捷则将这项技术称为可变涡轮叶片（Variable Turbine Geometry，VTG）技术。

VGT技术的核心部分就是可调涡流截面的导流叶片，如图9-11所示，涡轮的外侧增加了可由电子系统控制角度的导流叶片，导流叶片的相对位置是固定的，但是叶片角度可以调整。在系统工作时，废气会顺着导流叶片送至涡轮叶片上，通过调整叶片角度，控制流过涡轮叶片的气体的流量和流速，从而控制涡轮的转速。当发动机转速低、排气压力较低时，导流叶片打开的角度较小。根据流体力学原理，此时导入涡轮处的空气流速就会增加，涡轮处的压强增大，从而可以更容易推动涡轮转动，有效减轻涡轮迟滞的现象，也改善了发动机低转速时的响应时间和加速能力。随着转速的提升和排气压力的增加，叶片也逐渐增大打开的角度，在全负荷状态下，叶片则保持全开的状态，减小了排气背压，从而达到一般大涡轮的增压效果。此外，由于改变叶片角度能够对涡轮的转速进行有效控制，这也就实现对涡轮的过载保护，因此使用了VGT技术的涡轮增压器都不需要设置排气泄压阀。

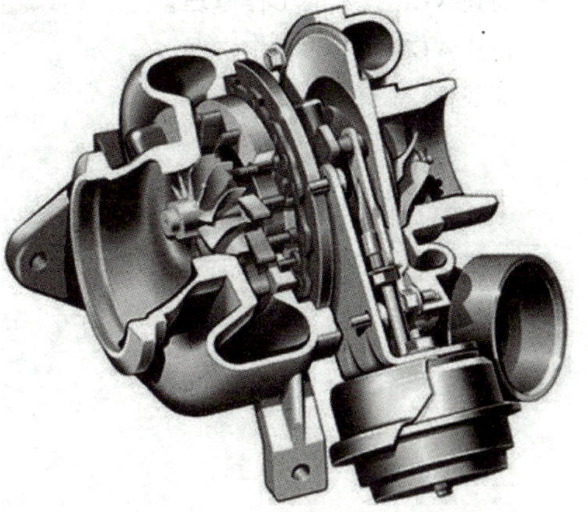

图9-11　VGT涡轮增压结构图

五、VCM技术

发动机可变气缸（Variable Cylinder Management，VCM）技术一般用于6缸、8缸及12缸等大排量车型的发动机上。这些大排量汽车在一般城市道路中使用，会出现功率浪费、油耗高和噪声大等问题。各大汽车厂家进行了探索和研究，研发出了完美解决这一问题的发动机技术——VCM技术，它的优势在于，当车辆不需要如此大的功率输出时，计算机可以自动控制把一部分气缸关闭，这样就可以减少燃油的消耗，大大提高了车辆的燃油经济性。

本田汽车公司研发的VCM技术，可以监测发动机转速、节气门开度、车速等以确定最合适的工作模式，系统自动关闭非工作缸的进、排气门，以精确控制发动机的工作排量，使6缸发动机可实现3缸、4缸、6缸三种不同的工作模式。车辆在起步、加速和爬坡等工况需要大功率输出时，发动机将以6缸的工作模式运行。车辆在中等加速、高速巡航和缓坡行驶等工况需要较大功率输出时，发动机将以4缸工作模式运行。这也使得发动机的排量能在1.75~3.5L之间变化，以适应不同工况的需求。VCM系统有效解决了常规发动机无法实现的动力性和燃油经济性兼顾的问题。

复习思考题

1. 目前 HCCI 有哪些实现方法？遇到哪些技术难题？
2. 混合动力电动汽车（HEV）的定义是什么？具有什么优点？
3. 简述 VVL 技术的工作原理。
4. 简述 STT 技术的工作原理。
5. 简述 VCR 技术的工作原理。
6. 简述 VGT 技术的工作原理。
7. 简述 VCM 技术的工作原理。

参考文献

[1] 董敬，庄志，常思勤. 汽车拖拉机发动机［M］. 3版. 北京：机械工业出版社，2003.
[2] 周龙保. 内燃机学［M］. 北京：机械工业出版社，1999.
[3] 蒋德明. 内燃机原理［M］. 2版. 北京：机械工业出版社，1988.
[4] 冯健璋. 汽车发动机原理与汽车理论［M］. 北京：机械工业出版社，1999.
[5] 刘峥，王建昕. 汽车发动机原理教程［M］. 北京：清华大学出版社，2001.
[6] 陈培陵. 汽车发动机原理［M］. 2版. 北京：人民交通出版社，1999.
[7] 刘永胜. 内燃机原理［M］. 武汉：华中理工大学出版社，1992.
[8] 张志沛. 汽车发动机原理［M］. 北京：人民交通出版社，2002.
[9] 杨玉如. 发动机与汽车理论［M］. 北京：人民交通出版社，1988.
[10] 陈汉平. 热力发动机基础［M］. 北京：机械工业出版社，2000.
[11] 刘炽棠. 内燃机原理［M］. 上海：上海交通大学出版社，1996.
[12] 刘永长. 内燃机原理［M］. 武汉：华中理工大学出版社，1995.
[13] 秦有方，等. 车辆内燃机原理［M］. 北京：北京理工大学出版社，1997.
[14] 陈家瑞. 汽车构造［M］. 北京：人民交通出版社，2004.
[15] 顾宏中. 涡轮增压柴油机性能研究［M］. 上海：上海交通大学出版社，1998.
[16] 陆家祥. 柴油机涡轮增压技术［M］. 北京：机械工业出版社，1999.
[17] 何学良，李疏松. 内燃机燃烧学［M］. 北京：机械工业出版社，1990.
[18] 蒋德明. 内燃机的涡轮增压［M］. 北京：机械工业出版社，1986.
[19] 西安交通大学内燃机教研室. 内燃机原理［M］. 北京：中国农业机械出版社，1981.
[20] 孙军. 汽车发动机原理［M］. 合肥：安徽科学技术出版社，2001.
[21] 倪计民. 汽车内燃机原理［M］. 上海：同济大学出版社，1997.
[22] 汽车工程手册编委会. 汽车工程手册：设计篇：汽车产品的新发展［M］. 北京：人民交通出版社，2001.
[23] 许道延，丁贤华. 高速柴油机概念设计与实践［M］. 北京：机械工业出版社，2004.
[24] 李兴虎. 汽车环境保护技术［M］. 北京：北京航空航天大学出版社，2004.
[25] HOFFMANN K H，HUMMEL K，MADERSTEIN T，等. 柴油机共轨式喷油系统［J］. 国外内燃机，1998（3）：18-28.
[26] DORENKAMP R，等. 高压喷射的潜力［J］. 国外内燃机，200234（2）：31-33.
[27] 蒋德明. 内燃机燃烧与排放学［M］. 西安：西安交通大学出版社，2001.
[28] 刘巽俊. 内燃机的排放与控制［M］. 北京：机械工业出版社，2003.
[29] 李春明，焦传君. 汽车发动机燃油喷射技术［M］. 北京：北京理工大学出版社，2002.
[30] 李朝晖，杨新桦. 汽车新技术［M］. 重庆：重庆大学出版社，2004.
[31] 赵琢. 汽车电控燃油喷射系统的运用与检修［M］. 北京：人民交通出版社，1996.
[32] 王建昕，傅立新，黎维彬. 汽车排气污染治理及催化转化器［M］. 北京：化学工业出版社，2001.
[33] 秦文新，程熙，叶霭云. 汽车排气净化与噪声控制［M］. 北京：人民交通出版社，1999.
[34] 蔡凤田. 汽车排放污染物控制实用技术［M］. 北京：人民交通出版社，2000.
[35] 上海内燃机研究所. 内燃机标准汇编［M］. 上海：上海科学技术出版社，1989.

[36] 李令举. 汽车工程电子新技术 [M]. 北京：人民交通出版社，1995.
[37] 皇甫鉴，范明强. 现代汽车电子技术与装置 [M]. 北京：北京理工大学出版社，1999.
[38] MIYAKI M，FUJISAWA H，MASUDA A，et al. Development of New Electronically Controlled Fuel Injection System ECD-U2 for Diesel Engines [C]. SAE paper No 910252，1991.
[39] MORI K. Worldwide Trends in Heavy-Duty Diesel Engine Exhaust Emission Legislation and Compliance Technologies [C]. SAE paper No 970753，1997.
[40] SUZUKI T，KAKGAWA T，HIKIO K，et al. Development of Diesel combustion for Commercial Vehicles [C]. SAE paper NO 972685，1997.
[41] MORGAN R，EDWARDS S NICAL A，et al. A Premium Heavy Duty Engine Concept for 2005 and Beyond [C]. Detroit：SAE Technical paper 1999-01-0831，1999.
[42] IWAMOTO Y，et al. Development of Gasoline Direct Injection Engine [C]. SAE paper No 970541，1997.
[43] 孙济美. 天然气和液化石油气汽车 [M]. 北京：北京理工大学出版社，1999.
[44] 黄倬，屠海令，张冀强，等. 质子交换膜燃料电池的研究开发与应用 [M]. 北京：冶金工业出版社，2000.
[45] 衣宝廉，等. 燃料电池 [M]. 北京：化学工业出版社，2001.
[46] 李瑛，王林山. 燃料电池 [M]. 北京：冶金工业出版社，2000.
[47] ANTONI SZUMANOWSKI. 混合电动车辆基础 [M]. 陈清泉，孙逢春，译. 北京：北京理工大学出版社，2001.
[48] 杨为琛，孙逢春. 混合电动汽车的技术现状 [J]. 车辆与动力技术，2001 (4)：41-46.
[49] 刘银瑞. 汽车拖拉机理论 [M]. 北京：人民交通出版社，2005.
[50] 阎春利，李长威. 汽车发动机原理 [M]，北京：机械工业出版社，2014.
[51] 中华人民共和国生态环境部. 中国移动源环境管理年报 (2019) [EB/OL] [2019-09-04]. http：//www.mee.gov.cn/hjzl/sthjzk/ydyhjgl/201909/P020190905586230826402.pdf.
[52] 文玉芳. 浅析汽车发动机新技术 [J]. 南方农机，2019. 11：100.
[53] 吴晨. 汽车发动机新技术的应用与分析 [J]. 科技经济导刊，2017 (33)：37-38.
[54] 何东伟. 汽车新技术 [M]. 上海：上海科学技术文献出版社，2016.
[55] 李颖，李昊原，郑永. 汽车构造中汽车发动机技术及其新进展探析 [J]. 内燃机与配件，2019. 13：34-36.
[56] 张治国，赵世来. 浅谈发动机的主流技术 [J]. 汽车实用技术，2019. 12：82-84.
[57] 百川. 动力创新无止境——再探汽车发动机新技术 [J]. 汽车工艺师，2016. 7：30-33.

《汽车发动机原理》第3版信息反馈表

尊敬的老师：

您好！感谢您多年来对机械工业出版社的支持和厚爱！为了进一步提高我社教材的出版质量，更好地为我国高等教育发展服务，欢迎您对我社的教材多提宝贵意见和建议。另外，如果您在教学中选用了本书，欢迎您对本书提出修改建议和意见。

一、基本信息

姓名：__________ 性别：______ 职称：__________ 职务：__________________

邮编：__________ 地址：____

任教课程：____________________ 电话：______—_________(H)____________(O)

电子邮件：____ 手机：______________

二、您对本书的意见和建议

（欢迎您指出本书的疏误之处）

三、您对我们的其他意见和建议

请与我们联系：

100037　北京百万庄大街22号·机械工业出版社·高教分社　宋编辑　收

Tel：010-88379126（O），68994030（Fax）

E-mail：tian. lee9913@ 163. com